全国高等院校工业工程专业系列规划教材

质量管理与工程

陈宝江　编著

北京大学出版社
PEKING UNIVERSITY PRESS

内 容 简 介

本书全面阐述了以质量为核心的管理原理、技术和方法，突出了质量管理科学与工程的知识架构。同时从管理科学角度出发，论述了质量管理的产生和发展及其日益完善的理论基础和管理体系；还从工程角度出发，论述了经典和先进质量工程技术和方法。从先进性和实用性出发，本书特别关注了目前以及将来相当长时期国际流行的高级质量管理模式和先进质量工程方法，如 APQP，PFMEA，MSA，SPC，PPAP，QFD 等。本书的突出立意是使学生或其他读者在树立完整的质量管理与工程知识结构的基础上，掌握流行的质量管理与工程技术和方法，能够学以致用。

本书可作为管理学类与工学类相关学科专业质量管理、质量工程或质量管理与工程课程本科生教材，也可作为相关研究方向的研究生参考教材，还可作为企业高级质量专业人才自学用书和培训教材。

图书在版编目(CIP)数据

质量管理与工程/陈宝江编著. —北京：北京大学出版社，2009.9

(全国高等院校工业工程专业系列规划教材)

ISBN 978-7-301-15643-8

Ⅰ. 质… Ⅱ. 陈… Ⅲ. 质量管理—高等学校—教材 Ⅳ. F273.2

中国版本图书馆 CIP 数据核字(2009)第 137491 号

书　　名：质量管理与工程

著作责任者：陈宝江　编著

策 划 编 辑：郭穗娟

责 任 编 辑：李　楠

标 准 书 号：ISBN 978-7-301-15643-8/TH・0153

出　版　者：北京大学出版社

地　　址：北京市海淀区成府路 205 号　100871

网　　址：http://www.pup.cn　http://www.pup6.com

电　　话：邮购部 62752015　发行部 62750672　编辑部 62750667　出版部 62754962

电 子 邮 箱：pup_6@163.com

印　刷　者：三河市欣欣印刷有限公司

发　行　者：北京大学出版社

经　销　者：新华书店

787 毫米×1092 毫米　16 开本　20.75 印张　482 千字

2009 年 9 月第 1 版　2009 年 9 月第 1 次印刷

定　　价：34.00 元

前　言

随着人类学习自然和改造自然的逐步深入，新学科，特别是由两种或两种以上学科不断渗透和融合所形成的交叉学科（也称边缘学科），解决了不少原来不能或难以解决的问题，引起了人们的兴趣，在教育领域也诞生了不少新专业和新方向，如管理科学与工程、工业工程、质量工程等。

新专业和新方向的诞生，无疑需要优质和适用的教科书。本书就是在这种背景下，以优先满足管理学类、工学类本科质量管理科学与工程教学为出发点，倾作者之全力开发而成的。

当为本书写前言的时刻到来的时候，作者似乎有了一份轻松。但是，想想为了突出全书一致的学术风格，独自一人付出近一年的劳作，着实感到个人的能力是有限的。在本书的编写过程中，参考了许多高水平的文献，特别是目前国际流行的基于福特（Ford）、通用汽车（GM）、克莱斯勒（Chrysler）的质量管理技术和方法，是本书部分内容的重要支撑；还有一些国内学者很有见地的论著，作者对此也是所悟所获颇巨。在此，本书作者向上述作者和单位表示诚挚的感谢。

质量是本书的起点也是终点。但是围绕着质量，为了不出质量问题，为了得到符合要求的质量，国内外大师们进行了孜孜不倦的探索，取得了丰厚的成果，如朱兰的质量“三步曲”、戴明的“质量环”、田口的“田口方法”等。但是多年来，在质量专业称谓上，实际上存在着一些模糊，有人称之为“质量管理”，有人称之为“质量工程”，也有人称之为“质量管理工程”，还有人称之为“质量专业的理论与实务”，等等。实际上，这种情况是很自然的，因为伴随质量学科发展而产生的变化，质量管理越来越更多的不是通过行政的协调而是通过技术实现更科学有效的管理。作者认为，管理是一种活动，这种活动如果主要通过财务的、人事的、福利的政策来达到协调，则人们称之为“管理”，没有人不接受；但是，如果主要是通过技术方法来达到协调，再称之为管理就不容易被人接受。目前，技术本身就是管理，或者说通过技术实现管理，如计算机辅助管理早已不是先前人们印象中的管理了，因此本书起名为《质量管理与工程》。作者开始也定义本书为《质量工程学》，但是，随着写作的深入，觉得《质量工程学》还不能全面反映目前质量学科的内容。围绕着质量，始终存在着深厚的质量文化和哲学思想以及各种有效的非工程性准则和规则。称本书为《质量管理与工程》，应该受到这样的启发：作为质量学人，应该为质量哲学添砖加瓦，更要为探索新质量技术而做贡献。

全书分为 9 章，第 1 章质量管理与工程的理论基础与发展概况，首先为读者奠定一个与质量有关的管理与技术的概念空间，以便更好地理解接下来的每一章的内容；第 2 章质量管理与工程的一般工具，完整地介绍质量管理与工程的“老七种”和“新七种”统计技术以及国际著名质量大师关于质量的著名论断；第 3 章质量管理体系模式化方法；第 4 章产品质量先期策划与控制计划（APQP）方法；第 5 章质量功能展开（QFD）方法；第 6 章潜在失效模式及后果分析（PFMEA）；第 7 章产品质量检验与测量系统分析（MSA）；

第 8 章统计过程控制（SPC）；第 9 章其他质量工程方法简介。因为第 1 章和第 2 章已经为学习质量管理与工程技术和方法奠定了概念基础和背景基础，第 3 章开始就进入专门技术和方法的论述。限于篇幅，第 9 章介绍了较多的质量工程方法，但却用了不多的篇幅，故起名为其他质量工程方法简介，使读者对目前流行的或有人提到过的先进方法都有所了解，必要时再深入研究。

最后，希望本书能够为广大学者的学习和工作带来快乐！希望本书能够不断完善，成为大家的好朋友！

作　者

2009 年 7 月

目　　录

第1章 质量管理与工程的理论基础与发展概况

教学目标

掌握 QM&E 的理论基础，理解与 QM&E 有关的概念和术语，了解质量管理与工程（QM&E）内涵和发展概况。

教学要求

能力目标	知识要点	权重	自测分数
掌握 QM&E 的理论基础	八项原则和十二条原理	40%	
理解与 QM&E 有关的概念和术语	概念逻辑和术语	30%	
了解 QM&E 内涵和发展概况	QM&E 内涵及发展阶段	30%	

引例

1997年3月，作者从北京科技大学转入中国国际质量认证咨询促进会，开始从事质量工作。虽然具有博士学位，也有企业、事业等单位的工作经验，但由于半路出家（专业不对口），作者还是感觉工作概念不清晰。后来，国际标准化组织推出了2000年版质量体系模式标准，提出了关于质量管理与工程的理论基础（包括八项原则和十二条原理）和与质量有关的专业术语。作者如饥似渴地学习这些理论基础和术语，质量专业素质和技能迅速改善，并逐步成为质量管理与工程的行家里手。

质量管理是一种质量活动，质量工程是实现质量活动的技术和方法（包括硬件和软件）；质量管理包括质量工程，质量工程属于质量管理。但质量工程突出的是实现质量的工程技术方法，而质量管理突出的是管理的科学和方法。也正是为了体现这种特点，将本书命名为《质量管理与工程》，而不是《质量管理学》或《质量工程学》，也不是《质量管理工程》。作为从事管理科学与工程学科专业的工程技术人员，在学习质量工程各种专门技术和方法之前，应该熟悉与质量管理有关的原则、原理、术语、一般工具和著名论断，以树立能够与国际社会一致的质量观和方法论，准确把握努力方向。

人类对自己设计制造的产品的质量的管理已经经历了由简陋、简单到文明和精细的发展过程，形成了完整的QM&E学科。特别是20世纪80年代末，国际标准化组织（International Organization for Standardization）组织100多位质量管理与工程领域的学者、专家，开发形成了国际通用的QMS（Quality Management System）模式，提出了质量管理八项原则、十二条原理和十项八十条术语，从此在QM&E领域中，有了国际统一的理论基础和行业术语，形成了国际标准。目前，对于从事QM&E的人员来说，理解和掌握上述理论基础和术语，已经成为必修课。关于QM&E的发展，应该比较详细地了解质量工程的内涵，包括不同产品形态质量工程的主要内容；应该了解质量管理与工程的发展阶段，以总结经验，奠定创新基础。

1.1 八项原则

2000年版ISO 9000族国际质量管理模式标准中的ISO 9000：2000，正式提出了关于质量管理的八项原则（以下可简称八项原则），明确了ISO 9000族标准规范的QMS（质量管理体系）的理论基础，也是质量工程的指导思想。这八项原则是："以顾客为关注的焦点"、"领导作用"、"全员参与"、"过程方法"、"管理的系统方法"、"持续改进"、"基于事实的决策方法"和与供方互利的关系。上述八项原则是国际标准化组织ISO组织100多位国际QM&E权威，历经10余年的开发与完善而形成的，因此不仅适用于质量管理体系模式，也适用于质量工程，构成了质量管理与工程的理论基础（技术和方法的指导思想）。以下给出了八项原则的内容，并对其要点进行必要的分析与说明。

1.1.1 原则1：以顾客为关注的焦点

1. 内容定义

组织依存于顾客。因此，组织应理解顾客当前和未来的需求，满足顾客要求并争取超越顾客期望。

2. 内容分析

顾客是一个组织得以生存和发展的前提条件。组织依存于顾客，只有存在顾客，组织才有创立、生存和发展的业务。因此，一个组织在其创立和发展过程中，其所关注的焦点应该是顾客。

那么，如何做到以顾客为关注的焦点呢？顾客是从组织获得产品的一个人或一个集体。因此，充分识别和理解顾客现时和未来的需求和期望并百分百地满足和力争超越满足之，是体现以顾客为关注焦点的关键。这里的难点在于理解顾客未来的需求。为了获得成功，组织应研究并采用有效的方法及时发现和理解顾客新的和潜在的需求。正确识别和确定顾客的需求和期望，特别是顾客潜在的期望，应该采取适宜的质量工程方法，如产品质量先期策划中的多方论证小组法、质量功能展开（QFD）法等专门技术，可以有效地识别和确定顾客现实的和未来的需求，从而更好地满足或超越满足顾客的期望。

任何一个组织建立一个管理体系，首先是为了更好地生存和发展，否则，这个体系再好，也是徒劳无用的，因此质量管理八项原则的第一条就是以顾客为关注的焦点。

1.1.2　原则 2：领导作用

1. 内容定义

领导者确立组织统一的宗旨及方向。他们应当创造并保持使员工能充分参与实现组织目标的内部环境。

2. 内容分析

一个组织的质量管理体系能否有效地运行，达到预期目标，其关键在于领导体系内的领导者是否真正发挥“领导作用”。领导作用的关键，在于能够为组织制定出经营战略、方针、目标，并为下属规定明确的职权和任务，从而创造形成一种全员工作方向和目标明确并为之努力奋斗的环境氛围。

创造激励员工为实现组织经营目标而奋斗这样一种环境氛围，对领导的能力和人格魅力提出了较高的要求。这一原则还告诉大家，领导者应该“干自己应该干”的事情，不要面面俱到和“体贴入微”，否则难以发挥领导作用。

1.1.3　原则 3：全员参与

1. 内容定义

各级人员都是组织之本，只有他们的充分参与，才能使他们的才干为组织带来收益。

2. 内容分析

以人为本，才能真正调动起各级人员充分参与组织有目的的活动的积极性。只有使各级各类人员具有充分参与权，组织才会得到各级各类人员的才干，并获得益处。一个能够使全体员工“充分参与”并形成强大的团队力量的组织，将不断地获得扩张和永远立于不败之地。

以什么样的人为本？这是应特别注意的问题。原则 3 讲的是“各级人员”，不能仅仅关注“英雄”的参与权，还应关注“群众”的参与权。

真正实现全员参与的关键，在于一个组织的领导作用是否得力。说到底，全员参与决定于领导的文明程度，特别是 D&S 方面的文明程度。

1.1.4　原则 4：过程方法

1. 内容定义

将活动和相关的资源作为过程进行管理，可以更高效地得到期望的结果。

2. 内容分析

所谓过程方法，即：确定所需过程，确定过程要求、过程联系和作用，投入优势资源，开展过程活动，监视和测量过程结果，使过程受控，使过程增值，使过程改进，这是控制论在管理工程上的渗透。

过程方法强调过程的总体效果，为了获得对过程总体的期望，牺牲过程的局部利益在所不惜。比如，“冗余设计”。

真正理解过程方法，应该学点儿控制论原理，以便能理解过程方法的深刻含义。应了解的基本概念，如闭环控制、比较和决策、控制规则、正反馈控制、负反馈控制、过程响应、前馈控制等。

对过程进行管理，重要的是能够对过程的能力进行分析和改进，从而保证过程达到期望的结果。对过程的能力进行分析和改进的方法有很多，但质量工程方法中的数理统计过程控制（SPC）是一种科学的成熟的技术方法。

1.1.5 原则 5：管理的系统方法

1. 内容定义

将相互关联的过程作为系统加以识别、理解和管理，有助于组织提高实现其目标的有效性和效率。

2. 内容分析

过程的特点决定了过程的关联关系。过程的输入是上游过程的输出，过程的输出是下游过程的输入。多个过程相互联系和作用，就形成了系统。

系统的输出决定能否实现组织的战略目标。因此，要以实现组织战略目标为目的，识别实现战略目标所要求的系统、子系统及其联系和作用；系统所含过程及其过程之间的联系和作用，以使系统朝着目标高效运行。

为了实现系统目标，当过程利益和系统利益发生冲突时，要毫不犹豫地保护系统利益。

控制论和系统论是本原则的理论支撑。系统方法可以使组织“看见整体”，牢牢把握管理的大方向和全局利益，并能有效地控制所有过程。

学习型组织的第五修炼原则“系统思考”与此原则的实质是一致的。

1.1.6 原则 6：持续改进

1. 内容定义

持续改进总体业绩应当是组织的一个永恒目标。

2. 内容分析

市场如战场，不进则退。一个组织，自从其创立的第一天起，就开始了不断追求进步的征程。组织需要持续改进其业绩，实质上是市场和顾客的需求和期望不断增长的驱动，只有持续改进，才能满足顾客越来越高的要求，否则不仅创造不了“新顾客”，还要丢失

"老顾客"，组织的发展就会因此严重受阻，甚至被严峻的市场所淘汰。

持续改进的方法多种多样，但是核心内容应该是：①不断提高过程能力，减少产品变差，提高产品等级，创造世界精品；②不断改善服务，提高顾客满意度，保持和增加市场份额；③通过管理和技术等有效方法，不断降低组织运作和产品成本，挖掘降低产品价格的潜力，保持产品竞争力；④履行社会责任，不断提高组织的美誉度，始终追求"我们的朋友遍天下"。

1.1.7　基于事实的决策方法

1. 内容定义

有效决策是建立在数据和信息分析的基础上的。

2. 内容分析

数据和信息分析能提高组织决策的正确性和有效性。真实的数据和信息反映事物发展规律或趋势，对真实数据和信息的正确分析是有效决策的基础。这一原则符合"精确管理"的发展方向。

这一原则的真正实现，需要组织建立规范的数据信息系统，规范地识别确定为了数据分析所需要的数据源、数据类、数据容量、数据流向、数据分析方法等。

采用计算机辅助数据和信息分析是现代组织一个明显的特征。应该大力提倡采用由计算机构成的计算机质量信息系统（CQMIS），使决策过程科学化和自动化。

1.1.8　原则 8：与供方互利的关系

1. 内容定义

组织与供方是相互依存的，互利的关系可增强双方创造价值的能力。

2. 内容分析

本原则对组织的供方的利益给予了关注，增加了对供方实施控制的积极因素，会使供方、组织和顾客都满意，达到"三赢"结果。一个不考虑或不很好考虑供方利益的组织，其发展所需要的支持就会逐步减少或变劣，直至丧失。

1.1.9　八项原则的实质

对于一个组织而言，无论是企业、政府机关，还是事业单位，至少对外提供一种产品（包括硬件、软件、流程性材料、服务），而接收产品者即是顾客。因此，质量管理八项原则，对应用对象而言，是普遍适用的。对于一个组织而言，保证产品质量是核心工作，而八项原则是质量工作的指导思想。

这一指导思想可以概括如下：组织的最高管理者要发挥"领导作用"，采用"过程方法"和"管理的系统方法"，建立和运行一个以"以顾客为关注的焦点"、"全员参与"的 QMS，并且注重"数据分析"等"基于事实的决策方法"，使体系"持续改进"；在保证优先满足顾客利益前提下，使供方也受益，建立起"互利的供方关系"，使供方、组织和顾客这条供应链良性运作，实现供方、组织和顾客“三赢”的共同愿望。

1.2 十二条原理

所谓十二条原理，是指国际标准化组织 ISO 就 QMS 的建立、实施和改进方法而提出的，从 QMS 的意图到 QMS 与优秀管理模式的关系进行的全面论述。虽然，这十二条原理，与八项原则一样，直接涉及的是 QMS，但对质量管理和质量工程也是适用的。因此，质量工程技术人员应该了解这十二条原理。

1.2.1 原理 1：QMS 的理论说明

1. 原理内容

QMS 能够帮助组织增强顾客满意度。顾客要求产品具有满足其需求和期望的特性，这些需求和期望在产品规范中表述，并集中归结为顾客要求。顾客要求可以由顾客以合同方式规定或由组织自己确定。在任一情况下，产品是否可接受最终由顾客确定。顾客的需求和期望是不断变化的，以及竞争的压力和技术的发展，这些都促使组织持续地改进产品和过程。QMS 方法鼓励组织分析顾客要求，规定相关的过程，并使其持续受控，以实现顾客能接受的产品。QMS 能提供持续改进的框架，以增加顾客和其他相关方满意的机会。QMS 还就组织能够提供持续满足要求的产品，向组织及其顾客提供信任。

2. 内容分析

本原理告诉大家，QMS 能够保证顾客的需求和期望得到满足。顾客的需求和期望主要通过产品要求来体现，而产品要求通过产品规范来定义。因此，QMS 能保证产品满足顾客要求，所以能够增强顾客满意度。顾客满意是一个组织得以持续发展的关键因素。所以，QMS 标准模式一出现，立即在国际范围上得以迅速响应。

1.2.2 原理 2：QMS 要求与产品要求

1. 原理内容

ISO 9000 族标准区分了 QMS 要求和产品要求。ISO 9001 规定了 QMS 要求。QMS 要求是通用的，适用于所有行业或经济领域，不论其提供何种类别的产品。ISO 9001 本身并不规定产品要求。产品要求可由顾客规定，或由组织通过预测顾客的要求规定，或由法规规定。在某些情况下，产品要求和有关过程的要求可包含在诸如技术规范、产品标准、过程标准、合同协议和法规要求中。

2. 内容分析

本原理告诉大家，QMS 要求是通用的，不涉及具体的产品要求。但 QMS 要求和产品要求具有关联关系，即 QMS 保证产品要求能被满足。产品要求被满足与否，是确定 QMS 符合性、有效性的关键的和首要的准则。

1.2.3　原理 3：QMS 方法

1. 原理内容

建立和实施 QMS 的方法包括以下步骤。

（1）确定顾客和其他相关方的需求和期望；

（2）建立组织的质量方针和质量目标；

（3）确定实现质量目标必需的过程和职责；

（4）确定和提供实现质量目标必需的资源；

（5）规定测量每个过程的有效性和效率的方法；

（6）应用这些测量方法确定每个过程的有效性和效率；

（7）确定防止不合格并消除产生原因的措施；

（8）建立和应用持续改进 QMS 的过程。

上述方法也适用于保持和改进现有的 QMS。采用上述方法的组织能对其过程能力和产品质量树立信心，为持续改进提供基础，从而增进顾客和其他相关方满意度并使组织获得成功。

2. 内容分析

这一原理说明了建立、实施和改进 QMS 的一般方法。从提出的“八步法”中，可以看到过程方法和 PDCA 法则的精髓所在。近来的实践深刻地说明，只有真正懂得过程方法和 PDCA 法则，才能有一个好的 QMS 。

QMS 包容了质量工程的全过程和所有方面。此原理虽针对国际通用 QMS 提出，但也适用于质量工程技术方法的策划、实施和改进过程。

QMS 方法原理可以归纳为如图 1.1 所示。

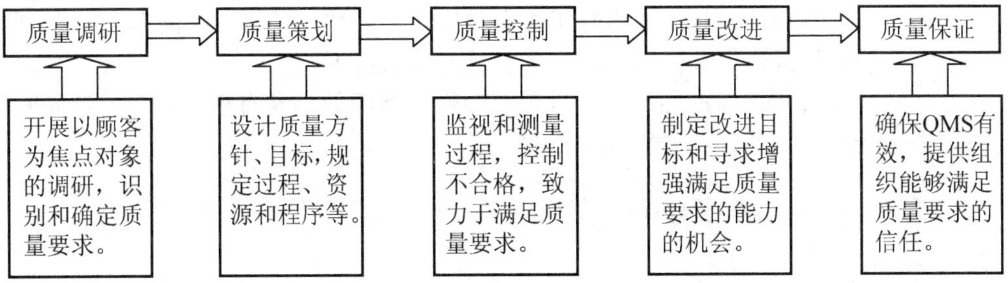

图 1.1　QMS 方法原理图

1.2.4　原理 4：过程方法

1. 原理内容

任何使用资源将输入转化为输出的活动或一组活动可视为一个过程。为使组织有效运行，必须识别和管理许多相互关联和相互作用的过程。通常一个过程的输出将直接成为下一个过程的输入。系统地识别和管理组织所应用的过程，特别是这些过程之间的相互作用，称为“过程方法”。

2. 内容分析

这一原理在对过程作出明确定义的基础上，对过程方法的原理进行了阐述。简单地说，过程是由活动构成的。构成过程的活动可以根据其相对独立性（如具有独立的要求或程序等），划分为一组活动（多项活动）。特殊情况下，一个过程可能只包含一项活动。此时，可认为活动即是过程，过程也是活动。过程和活动具有相同的属性，划分为过程和活动，只是根据所论主题的特征，区分总体和个体、全局和局部，以使系统更有效而主观规定的。

事实上，人们往往根据要实现的目标和结果，规定一些活动并恰当地将某些相互关联的活动规定为一个过程，这样一系列的活动就可能形成首尾相接的多个过程，首尾相接的多个过程即形成了一个系统。过程方法就是要求以系统的眼光识别、确定并管理这些活动所构成的过程，特别是过程之间的作用，以保证过程有效。

1.2.5 原理 5：质量方针和质量目标

1. 原理内容

建立质量方针和质量目标为组织提供了关注的焦点。两者确定了预期的结果，并帮助组织利用其资源达到这些结果。质量方针为建立和评审质量目标提供了框架。质量目标需要与质量方针和持续改进的承诺相一致，其实现需是可测量的。质量目标的实现对产品质量、运行有效性和财务业绩都有积极影响，因此对相关方的满意度和信任也产生积极影响。

2. 内容分析

“系统思考”和管理的系统方法要求，一个体系必须具有明确并“鼓舞人心”的方针和目标。质量体系必须有一个驱使组织为之奋斗的方向和目的。本原理告诉大家：

（1）质量方针和质量目标是对 QMS 的预期结果要求的；

（2）质量方针和质量目标能够引导资源，尤其是引导优势资源的投入方向；

（3）质量方针和质量目标能够引导组织全员所关注的焦点，形成共同奋斗的方向；

（4）方针为目标提供框架，目标是实现方针的度量；

（5）质量目标的实现对产品质量、过程有效性和组织效率具有积极影响，这同时使得与组织业绩或效益有关的相关方看到了希望。

1.2.6 原理 6：最高管理者在 QMS 中的作用

1. 原理内容

最高管理者通过其领导作用及各种措施可以创造一个员工充分参与的环境，质量管理体系能够在这种环境中有效运行。最高管理者可以运用质量管理原则作为发挥以下作用的基础。

① 制定并保持组织的质量方针和质量目标；

② 通过增强员工的意识、积极性和参与程度，在整个组织内促进质量方针和质量目标的实现；

③ 确保整个组织关注顾客要求；

④ 确保实施适宜的过程以满足顾客和其他相关方要求并实现质量目标；

⑤ 确保建立、实施和保持一个有效的 QMS 以实现这些质量目标；
⑥ 确保获得必要资源；
⑦ 定期评审 QMS；
⑧ 决定有关质量方针和质量目标的措施；
⑨ 决定改进 QMS 的措施。

2. 内容分析

最高管理者是国际标准 ISO 9000：2000 中的一个术语，是“在最高层指挥和控制组织的一个人或一组人”，如董事长、总经理、领导班子、工程指挥部等。

根据八项原则中的“领导作用”原则，指出了最高管理者在 QMS 中应发挥作用的具体方面。“领导作用”原则不是一句口号，需要领导者扎扎实实地做工作。

1.2.7　原理 7：QMS 中文件的价值和文件类型

1. 原理内容

(1) 文件的价值：文件能够沟通意图、统一行动。其使用有助于：
① 满足顾客要求和质量改进；
② 提供适宜的培训；
③ 重复性和可追溯性的实现；
④ 提供客观证据；
⑤ 评价 QMS 的有效性和持续适宜性。
文件形成的本身并不是目的，它应是一项增值的活动。
(2) 在 QMS 中应使用下述几种类型的文件。
① 向组织内部和外部提供关于 QMS 的一致信息的文件，这类文件称为质量手册；
② 表述 QMS 如何应用于特定产品、项目或合同的文件，这类文件称为质量计划；
③ 阐明要求的文件，这类文件称为规范；
④ 阐明推荐的方法或建议的文件，这类文件称为指南；
⑤ 提供如何一致地完成活动和过程的信息的文件，这类文件包括形成文件的程序、作业指导书和图样；
⑥ 为完成的活动或达到的结果提供客观证据的文件，这类文件称为记录。

组织可以自行确定其所需文件的多少和详略程度及使用的媒体。这取决于下列因素，诸如组织的类型和规模、过程的复杂性和相互作用、产品的复杂性、顾客要求、适用的法规要求、经证实的人员能力以及满足 QMS 要求所需证实的程度。

2. 内容分析

本原理为组织建立文件化的 QMS 提供了指南，只有把握了这一原理，才能使 QMS 文件既符合国际标准 ISO 9001：2000 的要求，又符合组织的实际需要。

需要指出的是，应在文件的增值特性上下工夫，应摈弃形式主义的“文件化”，加强增值性的“文件化”。

“记录”也是一种文件，如空白的表单，对使用者具有指导作用；充填的表单，携带了丰富的信息，使相关人员得到很好的沟通；在统一行动方面，作业表单具有便捷的突出特点，在组织中发挥着重要作用。根据实际需要，开发信息丰富又便捷的管理表单，是一项越来越有意义的工作，因为一些“乱”表单，着实麻烦了人们不少。根据实际情况，开发出受管理人员和作业人员欢迎的工作表单，是工业工程专业学生不可推卸的责任。

一个推行国际质量管理体系模式的组织，究竟该有多少文件将在后续的案例中讨论。

1.2.8 原理 8：QMS 评价

1. 原理内容

1）QMS 过程的评价

评价 QMS 时，应对每一个被评价的过程提出如下 4 个基本问题。

（1）过程是否已被识别并适当规定？

（2）职责是否已被分配？

（3）程序是否得到实施和保持？

（4）在实现所要求的结果方面，过程是否有效？

综合上述问题的答案可以确定评价结果。QMS 评价，如 QMS 审核和质量管理体系评审以及自我评定，在涉及的范围上可以有所不同，并可包括许多活动。

2）QMS 审核

审核用于确定符合 QMS 要求的程度。审核发现用于评定 QMS 的有效性和识别改进的机会。

第一方审核用于内部目的，由组织自己或以组织的名义进行，可作为组织自我合格声明的基础。

第二方审核由组织的顾客或由其他人以顾客的名义进行。

第三方审核由外部独立的组织进行。这类组织通常是经认可的，提供符合（如 ISO 9001）要求的认证或注册。

3）QMS 评审

最高管理者的任务之一是就质量方针和质量目标，有规则地、系统地评价 QMS 的适宜性、充分性、有效性和效率。这种评审可包括考虑修改质量方针和质量目标的需求，以响应相关方需求和期望的变化。评审包括确定采取措施的需求。

审核报告与其他信息源一同用于 QMS 的评审。

4）自我评定

组织的自我评定是一种参照 QMS 或优秀模式对组织的活动和结果所进行的全面和系统的评审。

自我评定可提供一种对组织业绩和 QMS 成熟程度的总的看法。它还有助于识别组织中需要改进的领域并确定优先开展的事项。

2. 内容分析

本原理提出了 QMS 的评价准则和方法。

QMS 评价准则如下。

（1）过程是否已识别和适当确定；
（2）职责是否已分配；
（3）程序是否被实施和保持；
（4）过程是否有效（预期结果达到了没有）。

QMS 评价方法如下。

（1）审核方法，包括内审和外审；
（2）管理评审方法；
（3）自我评价方法。

采用自我评定的方法可以打破内审、外审的框框，尤其是当参照优秀模式实施这种评定时。

1.2.9　原理 9：持续改进

1. 原理内容

持续改进 QMS 的目的在于增加顾客和其他相关方满意的机会，改进包括下述活动。

（1）分析和评价现状，以识别改进区域；
（2）确定改进目标；
（3）寻找可能的解决办法，以实现这些目标；
（4）评价这些解决办法并作出选择；
（5）实施选定的解决办法；
（6）测量、验证、分析和评价实施的结果，以确定这些目标已经实现；
（7）正式采纳更改。

必要时对结果进行评审，以确定进一步改进的机会。从这种意义上说，改进是一种持续的活动。顾客和其他相关方的反馈以及 QMS 的审核和评审均能用于识别改进的机会。

2. 内容分析

为了增强满足要求的能力，应该进行持续改进。持续改进的范围一般包括：改善产品功能和特性、提高过程有效性和效率、改善服务、降低价格等。

持续改进是一个不断循环的过程，应遵循过程方法和 PDCA（策划—实施—检查—行动）法则。持续改进过程步骤如图 1.2 所示。

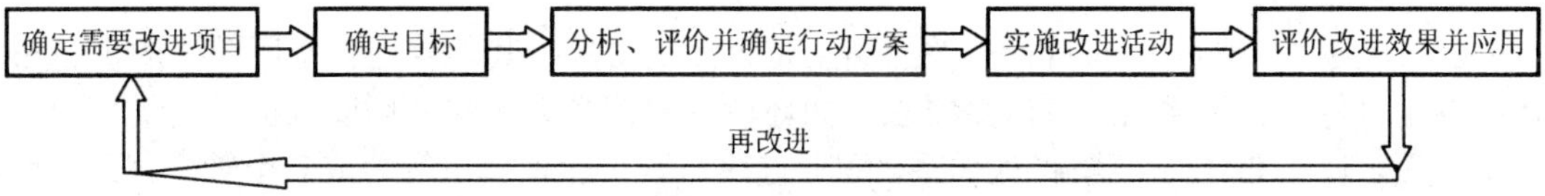

图 1.2　持续改进流程

1.2.10　原理 10：统计技术的作用

1. 原理内容

应用统计技术可帮助组织了解变异（变差），从而有助于组织解决问题并提高有效性和效率。这些技术也有助于更好地利用可获得的数据进行决策。

在许多活动的状态和结果中，甚至是在明显的稳定条件下，均可观察到变异。这种变异可通过产品和过程可测量的特性观察到，并且在产品的整个寿命周期（从市场调研到顾客服务和最终处置）的各个阶段，均可看到其存在。

统计技术有助于对这类变异进行测量、描述、分析、解释和建立模型，甚至在数据相对有限的情况下也可实现。这种数据的统计分析能对更好地理解变异的性质、程度和原因提供帮助，从而有助于解决甚至防止由变异引起的问题，并促进持续改进。

2. 内容分析

统计技术可以帮助组织更好地理解活动的状态和结果变化的性质、程度和原因，从而有助于解决问题，提高有效性和效率，并促进持续改进。

统计技术应用的结果可为基于事实的决策方法提供支持。统计技术的应用，需要有充分的反映过程/活动状态和结果的数据资料作为支持，这些数据资料能反映过程/活动变异。因此，正确使用统计技术，必须正确地采集过程信息数据。形式主义拼凑的图表并不是这里所需要的统计技术。

在质量工程领域中，数理统计技术多用来进行质量分析、过程分析和过程控制等，如对影响产品质量的多因素多水平的实验数据的方差分析与显著性检验、回归分析、产品质量特性分布分析、控制图监控等。有效地应用数理统计技术，是一个工业工程专业人员区别于非专业人员的重要标志。因此，工业工程专业的学生应该学好数理统计知识。

1.2.11 原理 11：QMS 与其他管理体系的关注点

1. 原理内容

QMS 是组织的管理体系的一部分，它致力于使与质量目标有关的结果适当地满足相关方的需求、期望和要求。组织的质量目标与其他目标，如增长、资金、利润、环境及职业卫生与安全等目标相辅相成。一个组织的管理体系的各个部分，连同 QMS 可以合成一个整体，从而形成使用共有要素的单一的管理体系。这将有利于策划、资源配置、确定互补的目标以及评价组织的整体有效性。组织的管理体系可以对照其要求进行评价，也可以对照国家标准如 ISO 9001 和 ISO 14001 的要求进行审核，这些审核可分开进行，也可合并进行。

2. 内容分析

QMS 关注与质量方针/目标有关的结果是否满足要求。其他管理体系所关注的也是与体系规定目标有关的输出是否满足要求，如环境管理体系关注的是环境目标的实现与否。一个组织可以将 QMS、环境管理体系、职业健康与安全管理体系等合成一个管理体系，也可独立建立和运行。对体系的评价可采用一体化方法，也可独立进行。

一些组织希望有一个一体化的管理体系，以方便对体系运行的指导、控制及对体系运行状态和结果的监视、测量和评价。当然，也有一些组织愿意独立建立和运行具有不同功能的体系。此原理考虑了组织对管理体系的一体化要求和独立性要求两个方面。

目前，国际上流行的管理体系越来越多，作为将要从事管理科学与工程的专业人员，应该对这些流行的体系模式有较好的了解。

1.2.12　原理 12：QMS 与组织优秀模式之间的关系

1. 原理内容

ISO 9000 族标准和组织优秀模式提出的 QMS 方法依据以下共同的原则：

（1）使组织能够识别它的强项和弱项；

（2）包含对照通用模式进行评价的规定；

（3）为持续改进提供基础；

（4）包含外部承认的规定。

ISO 9000 族 QMS 与优秀模式之间的差别在于它们的应用范围不同。

ISO 9000 族标准提出了 QMS 要求和业绩改进指南，QMS 评价可确定这些要求是否得到了满足。优秀模式包含能够对组织业绩进行比较评价的准则，并能适用组织的全部活动和所有相关方。优秀模式评定准则提供了一个组织与其他组织的业绩相比较的基础。

2. 内容分析

优秀模式是指能够保证一个组织高效运转且业绩良好的管理系统，如人们熟悉的“A 模式”概念。一个优秀企业一般就蕴涵了一个优秀管理模式。如海尔电器售后服务模式，得到了全社会的赞誉：技术过硬、纪律好、工作整洁、衣冠端正等。

QMS 不是组织优秀模式，是对组织在质量管理方面的要求，适用范围不同。但作为管理模式，也存在许多类似之处，如上述（1）、（2）、（3）、（4）所述。

由优秀模式的概念联想到这样一个问题：目前 QMS 认证注册不能区分 QMS 的等级，这对资源好和实施效果好的组织来讲是一种不公平。未来是否可采用星级评定制，使认证注册的 QMS 有所区分？这应该成为 QMS 认证领域的决策者们要思考的一个问题。

1.3　八十条基本术语

随着国际质量管理体系标准在全球的推行，全球统一的与质量体系有关的 10 组八十条管理术语也已被国际社会认可。

为了使人们对一群概念及其之间的关系易于理解、归类、记忆和比较，ISO 提出了“属种关系”、“从属关系”和“关联关系”之说，并给出了图形描述方法。

1.3.1　术语逻辑关系

1. 属种关系

如果下层概念和上层概念具有完全一致性，即下层概念继承了上层概念的所有特性，或者说下层概念能够完全体现上层概念内涵，则上下层概念为属种关系。属种关系的两个或多个术语，可以采用线段连接，表示它们的逻辑关系。以下举例说明。

1）体系、过程和活动

体系、过程和活动术语之间的关系是属种关系。“体系”是上层次概念；“过程”是

“体系”的下层次概念，是“活动”的上层次概念；“活动”是“过程”的下层次概念。“活动”可以反映“过程”的所有特性，“过程”可以反映“体系”的所有特性。三个层次概念的区别只在于应用的层次不同而已，即仅在区别层次时才是有用的。它们的共同特性均是指使用资源把输入转化为输出。因此可以用图 1.3 来表达体系、过程和活动的属种关系。

图 1.3　体系、过程和活动的属种关系逻辑图

2）人、老人、青年人和儿童

无论是老人、青年人还是儿童，均具有人的属性，也是属种关系，图 1.4 表达了这种属种关系。

图 1.4　人、老人、青年人和儿童的属种关系逻辑图

读者还可以体会“解剖麻雀”的原理，实际上，这也是应用了属种关系原理。“麻雀虽小，五脏俱全”，完全继承了“所论事物”的所有特性。通过“解剖麻雀”，人们可以认识与麻雀具有相同属性的鸟。

2. 从属关系

1）年和春、夏、秋、冬

上下层次概念体系中，下层次概念仅能反映上一层概念的部分特性，这种概念关系为从属关系。如年和春、夏、秋、冬，“年”是上层概念，“春、夏、秋、冬”是季节，是“年”的下层次概念，任一季节均不能反映“年”的所有特性，因此是从属关系，可由图 1.5 来表达。

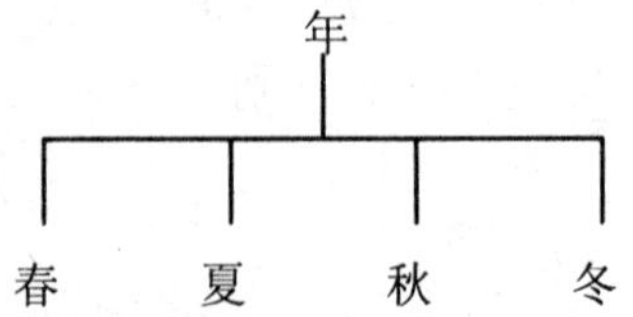

图 1.5　年与春、夏、秋、冬概念的从属关系逻辑图

2）质量管理与质量策划、质量控制、质量保证、质量改进

质量管理和质量策划、质量控制、质量保证、质量改进的概念，也是从属关系，如图 1.6 所示。

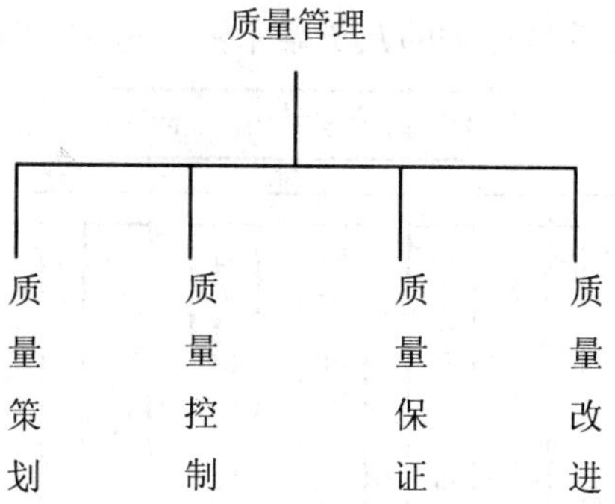

图 1.6　质量管理与质量策划、质量控制、质量改进、质量保证概念的从属关系逻辑图

质量管理是在质量方面指挥和控制组织的协调的活动；质量策划是一种活动，致力于设定质量目标等；质量控制也是一种活动，致力于达到质量要求；质量保证致力于提供信任；质量改进致力于提高满足质量要求的能力。只有将 4 个概念综合起来，才能反映质量管理的所有特性，因此是从属关系。换句话说，仅仅实施质量策划活动、质量控制活动、质量保证活动或质量改进活动，并不能说实施了完整的质量管理。

区分概念群是属种关系还是从属关系，有利于按层次分析问题和解决问题。这种区分往往决定于定义的上层概念。例如，如果定义“社会体系”为上层概念，那么“政治体系”、“经济体系”和“科学体系”等与“社会体系”就是从属关系，而不是属种关系，因为单独的“政治体系”或“经济体系”或“科学体系”等都不能反映“社会体系”的全部特性。但如果定义“体系”为上层概念，则“政治体系”、“经济体系”和“科学体系”等体系就是属种关系，而不是从属关系，因为“体系”的下层是什么“体系”，都与“体系”具有相同属性。

3. 关联关系

在概念之间不存在属种关系和从属关系，但概念之间也存在一定的相互作用，如原因和结果、活动和场所、工具和功能、材料和产品等。具体例子如：不合格和纠正——是原因和结果的关系，即由于存在不合格，导致必要的纠正活动；质量方针和质量目标——是“纲”和“目”的关系；质量手册和程序文件——是引用与支持的关联关系，手册引用程序文件，程序文件支持手册；储存和仓库——是活动和场所的关系，没有仓库，谈不上合适的储存活动。这种概念关系称为关联关系，如图 1.7 所示。

仓库 ⟷ 储存

不合格 ⟷ 纠正

质量方针 ⟷ 质量目标

质量手册 ⟷ 程序文件

图 1.7　关联关系图

1.3.2 术语及其逻辑图

1. 术语构成图

如图 1.8 所示，与质量管理有关的八十条术语分为 10 组。

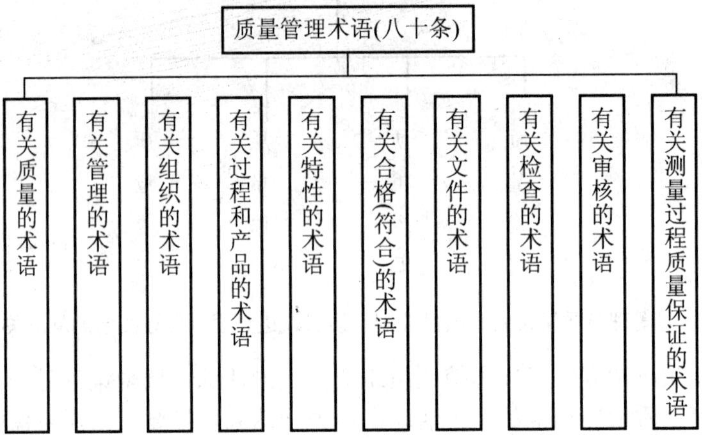

图 1.8 与质量管理有关的八十条术语构成

2. 术语定义表解

与质量管理与工程有关的 10 组八十条术语定义见表 1-1。

表 1-1 质量管理与工程术语一览表

序号	术语类别	术语名称	定义	关键词
1	有关质量的术语	1 质量	一组固有特性满足要求的程度	固有特性满足要求的程度
		2 要求	明示的、通常隐含的或必须履行的需求或期望	明示的、隐含的、必须履行的
		3 等级	对功能用途相同但质量要求不同的产品、过程或体系所作的分类或分级	用途相同、要求不同
		4 顾客满意	顾客对其要求已被满足的程度的感受	满足、程度、感受
		5 能力	组织、体系或过程实现产品并使其满足要求的本领	满足要求的本领
2	有关管理的术语	1 体系(系统)	相互关联或相互作用的一组要素	一组要素
		2 管理体系	建立方针和目标并实现这些目标的体系	建立和实现方针、目标的体系
		3 质量管理体系	在质量方面指挥和控制组织的管理体系	质量、指挥和控制、体系
		4 质量方针	由组织的最高管理者正式发布的该组织总的质量宗旨和方向	质量宗旨和方向

(续表)

序号	术语类别	术语名称	定义	关键词
2	有关管理的术语	5 质量目标	在质量方面所追求的目的	质量目的
		6 管理	指挥和控制组织的协调的活动	指挥和控制、活动
		7 最高管理者	在最高层指挥和控制的组织的一个人或一组人	一个人或一组人
		8 质量管理	在质量方面指挥和控制组织的协调活动	质量、指挥和控制、活动
		9 质量策划	质量管理的一部分，致力于制定质量目标并规定必要的运行过程和相关资源以实现质量目标	制定目标、规定过程、规定资源
		10 质量控制	质量管理的一部分，致力于满足质量要求	达到要求
		11 质量保证	质量管理的一部分，致力于提供质量要求会得到满足的信任	提供信任
		12 质量改进	质量管理的一部分，致力于提供质量要求的能力	增强能力
		13 持续改进	增强满足要求的能力的循环活动	增强能力、循环活动
		14 有效性	完成策划的活动和达到策划结果的程度	完成策划的活动及结果的程度
		15 效率	达到的结果与所使用的资源之间的关系	结果与资源的关系
3	有关组织的术语	1 组织	职责、权限和相互关系得到安排的一组人员及设施	职权关系、有序安排
		2 组织结构	人员的职责、权限和相互关系的安排	人员、职权关系、有序安排
		3 基础设施	组织运作所必需的设施、设备和服务的体系	组织运作所必需
		4 工作环境	工作时所处的意绪条件	工作条件
		5 顾客	接受产品的组织或个人	接受产品者
		6 供方	提供产品的组织或个人	提供产品者
		7 相关方	与组织的业绩或成就有利益关系的个人或团体	与组织有利益关系者
4	有关过程和产品的术语	1 过程	一组将输入转化为输出的相互关联或相互作用的活动	一组活动
		2 产品	过程的结果	过程结果
		3 项目	由一组有起止日期的、相互协调的受控活动组成的独特过程，该过程要达到符合包括时间、成本和资源的约束条件在内的规定要求的目标	起止日期、独特过程、达到要求
		4 设计和开发	将要求转化为产品、过程或体系的规定的特性或规范的一组过程	将要求转化为特性的过程
		5 程序	为进行某项活动或过程所规定的途径	规定的途径
5	有关特性的术语	1 特性	可区分的特性	区分
		2 质量特性	产品、过程或体系与要求有关的固有特性	产品、过程、体系、固有特性

(续表)

序号	术语类别	术语名称	定义	关键词
5	有关特性的术语	3 可信性	用于表述可用性及其影响因素（可靠性、维修性和保障性）的集合术语	可用性、可靠性、可维修性、可保障性
		4 可追溯性	追溯所考虑的对象的历史、应用情况或所处场所的能力	可追溯的能力
6	有关合格（符合）的术语	1 合格	满足要求	—
		2 不合格	未满足要求	—
		3 缺陷	未满足与预期或规定用途有关的要求	—
		4 预防措施	为消除潜在不合格或其他潜在不期望情况的原因所采取的措施	消除潜在不合格原因
		5 纠正措施	为消除已发现的不合格或其他不期望情况的原因所采取的措施	消除不合格原因
		6 纠正	为消除已发现的不合格所采取的措施	消除不合格
		7 返工	为使不合格产品符合要求而对其所采取的措施	使不合格满足要求
		8 降级	为使不合格产品符合不同于原有的要求而对其等级的改变	等级降低
		9 返修	为使不合格产品满足预期用途而对其所采取的措施	使不合格满足预期用途
		10 报废	为避免不合格产品原有的预期用途而对其采取的措施	避免原来的应用
		11 让步	对使用或放行不符合规定要求的产品的许可	不符合、许可
		12 偏离许可	产品实现前，偏离原规定要求的许可	偏离、许可
		13 放行	对进入下一过程的下阶段的许可	阶段许可
7	有关文件的术语	1 信息	有意义的数据	数据
		2 文件	信息及其承载媒体	信息及载体
		3 规范	阐明要求的文件	文件
		4 质量手册	规定组织质量管理体系的文件	规定 QMS
		5 质量计划	对特定的项目、产品、过程或合同，对于由谁及何时应使用哪些程序和相关资源的文件	一种文件
		6 记录	阐明所取得的结果或提供所完成活动的证据的文件	活动或结果的证据
8	有关检查的术语	1 客观证据	支持事物存在或其真实性的数据	存在、真实、数据
		2 检验	通过观察和判断，适当时结合测量试验所进行的符合性评价	符合性评价
		3 试验	按照程序确定一个或多个特性	确定特性
		4 验证	通过提供客观证据对规定要求已得到满足的认定	规定要求已满足的认定

(续表)

序号	术语类别	术语名称	定义	关键词
8	有关检查的术语	5 确认	通过提供客观证据对特定的预期用途或应用要求已得到满足的认定	使用要求已满足的认定
		6 鉴定过程	证实满足规定要求的能力的过程	证实能力的过程
		7 评审	为确定主题事项达到规定目标的适宜性、充分性和有效性所进行的活动	确定“三性”的活动
9	有关审核的术语	1 审核	为获得审核证据并对其进行客观的评价，以确定满足审核准则的程度所进行的系统的、独立的并形成文件的过程	审核证据、审核准则；系统的、独立的、文件化的过程
		2 审核方案	针对特定的时间段所策划的，并具有特定的目的的一组（一次或多次）审核	一组审核
		3 审核准则	用作依据的一组方针、程序或要求	审核依据
		4 审核证据	与审核准则有关的并且能够证实的记录、事实陈述或其他信息	与审核准则有关的证据
		5 审核发现	将收集到的审核证据对照审核准则进行评价的结果	证据；对照；准则；评价
		6 审核结论	审核组考虑了审核目标和所有审核发现后得出的最终审核结果	考虑目标、发现；得出结果
		7 审核委托方	要求审核的组织或人员	要求审核
		8 受审核方	被审核的组织	接受审核
		9 审核员	有能力实施审核的人员	能力
		10 审核组	实施审核的一名或多名审核员	1 名、多名、审核员
		11 技术专家	提供关于被审核对象的特定知识或技术的人员	不作为审核员
		12 能力	经证实的应用知识和技能的本领	本领
10	有关测量过程质量保证的术语	1 测量控制体系	为完成计量确认并持续控制测量过程所必需的一组相互关联和相互作用的要素	计量确认、控制、要素
		2 计量确认	为确保测量设备符合预期使用要求所需要的一组操作	确保、测量设备、符合
		3 测量过程	确定量值的一组操作	确定量值
		4 计量设备	为实现测量过程所必需的测量仪器、软件、测量标准、标准物质或辅助设备或它们的组合	测量标准、设备
		5 计量特性	能影响测量结果的可区分的特征	影响、测量结果、特征
		6 计量职能	组织中负责确定并实施测量控制体系的职能	测量、控制、职能

3. *术语逻辑图*

为了更好地理解、记忆和运用上述八十条术语，根据概念逻辑关系，得到 10 幅术语逻辑图 1.9～图 1.18。

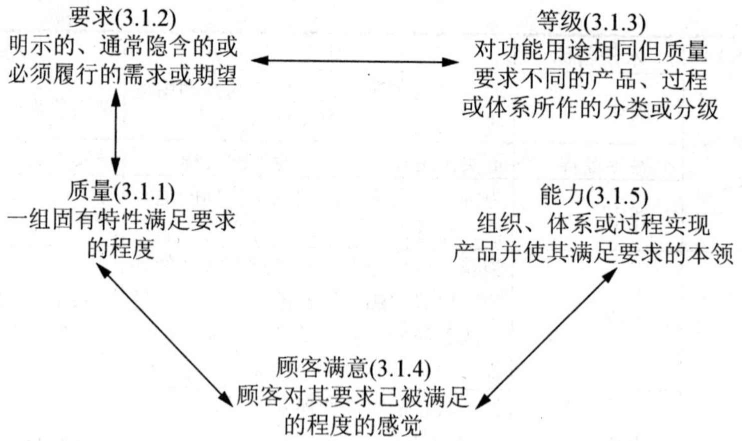

图 1.9 有关质量的术语及其逻辑关系图

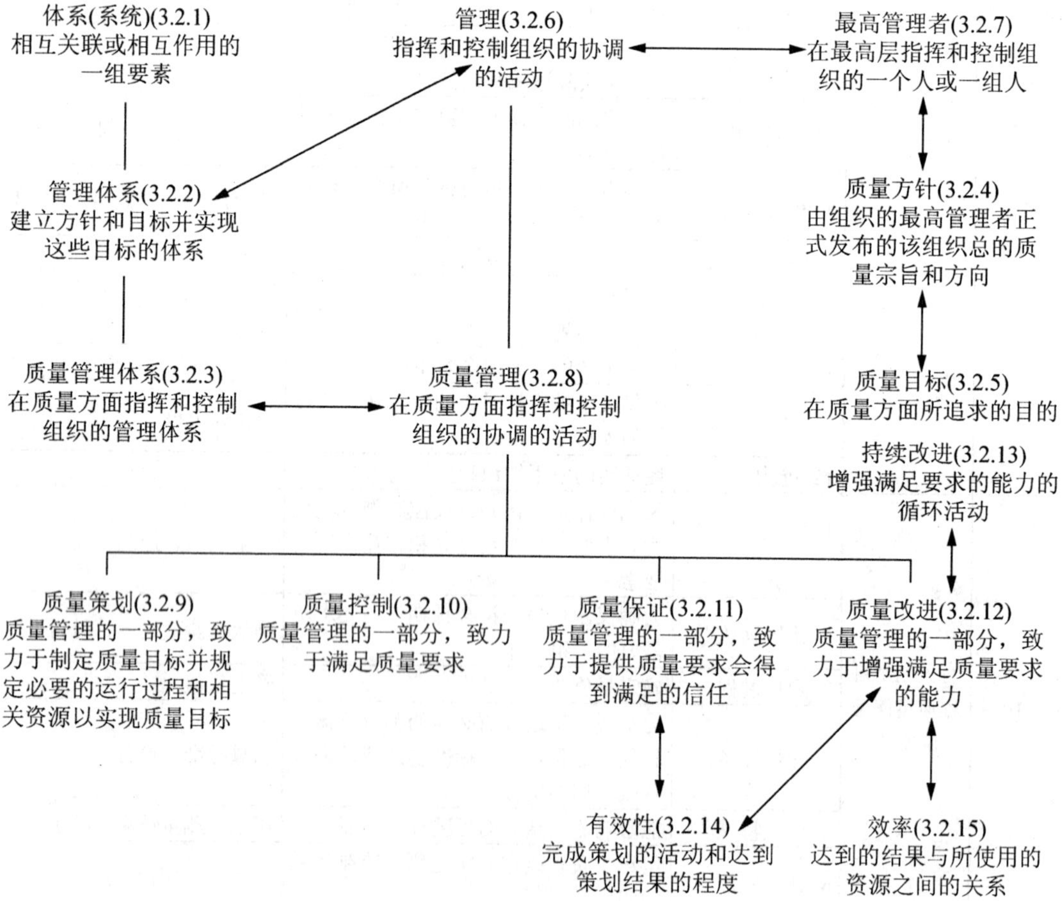

图 1.10 有关管理的术语及其逻辑关系图

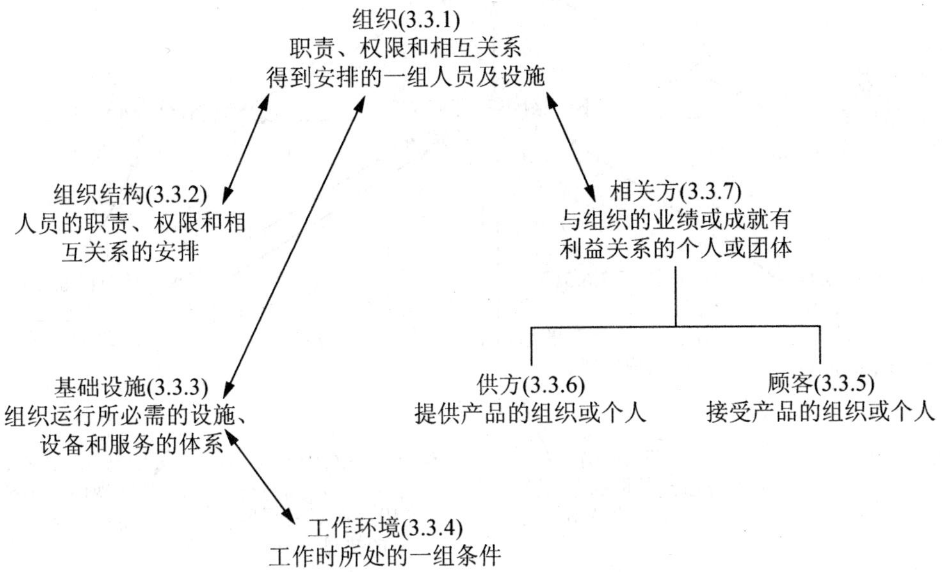

图 1.11　有关组织的术语及其逻辑关系图

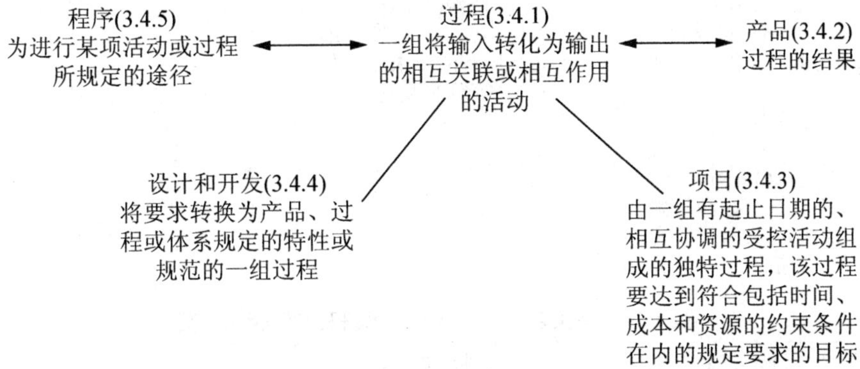

图 1.12　有关产品和过程的术语及其逻辑关系图

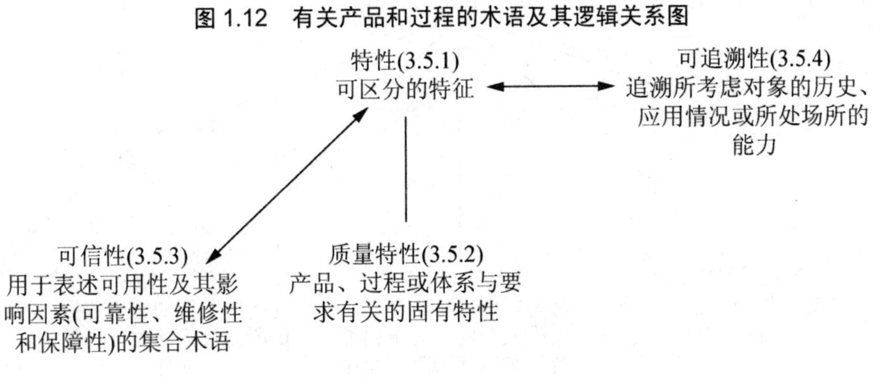

图 1.13　有关特性的术语及其逻辑关系图

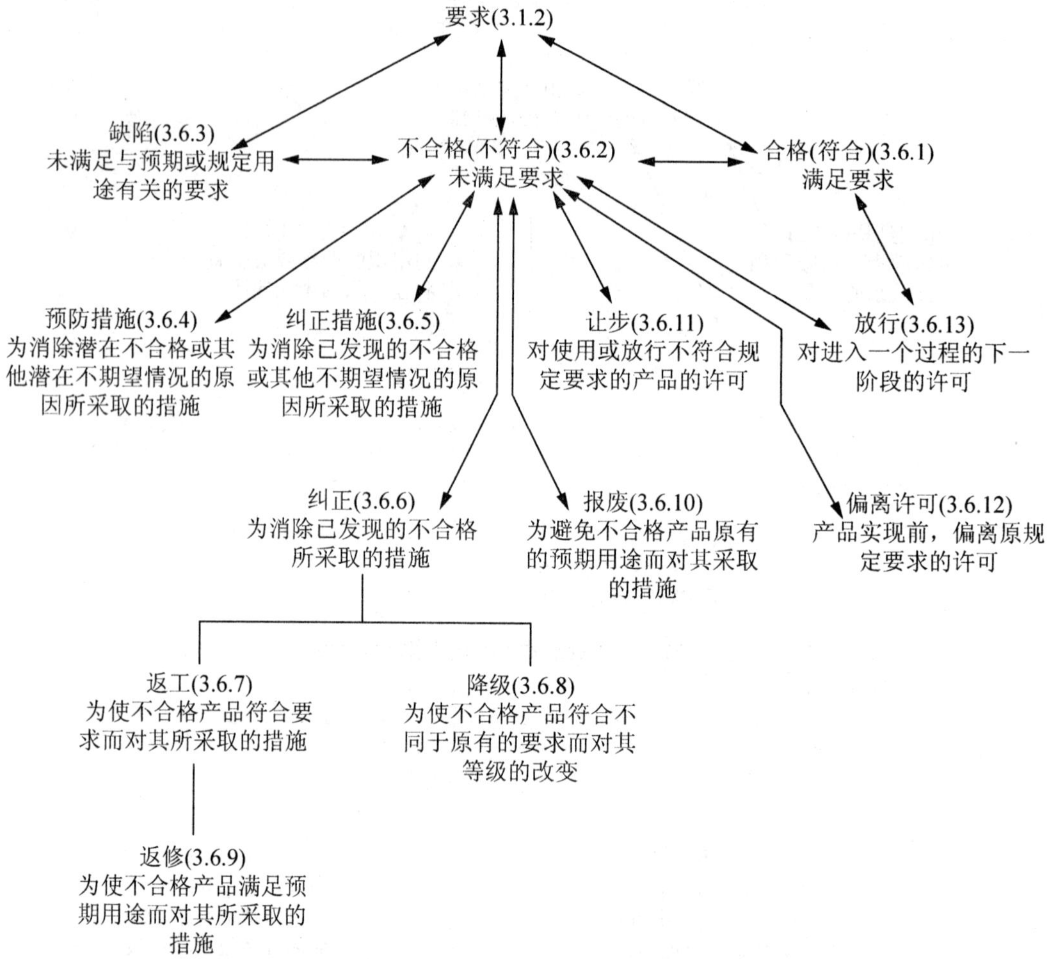

图 1.14　有关合格（符合）的术语及其逻辑关系图

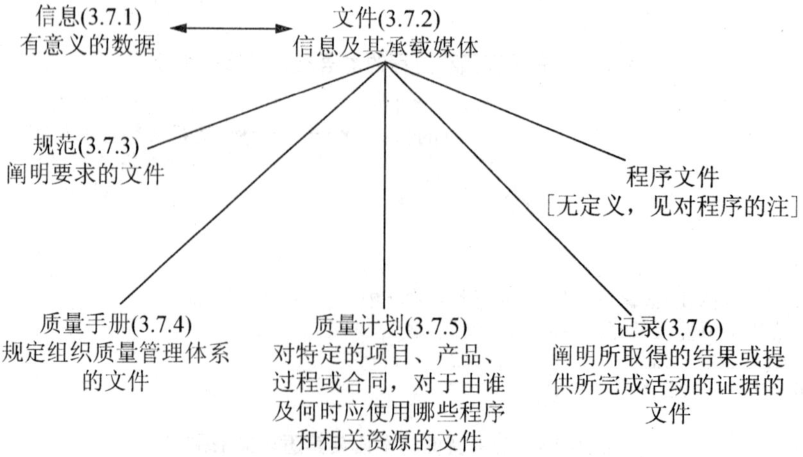

图 1.15　有关文件的术语及其逻辑关系图

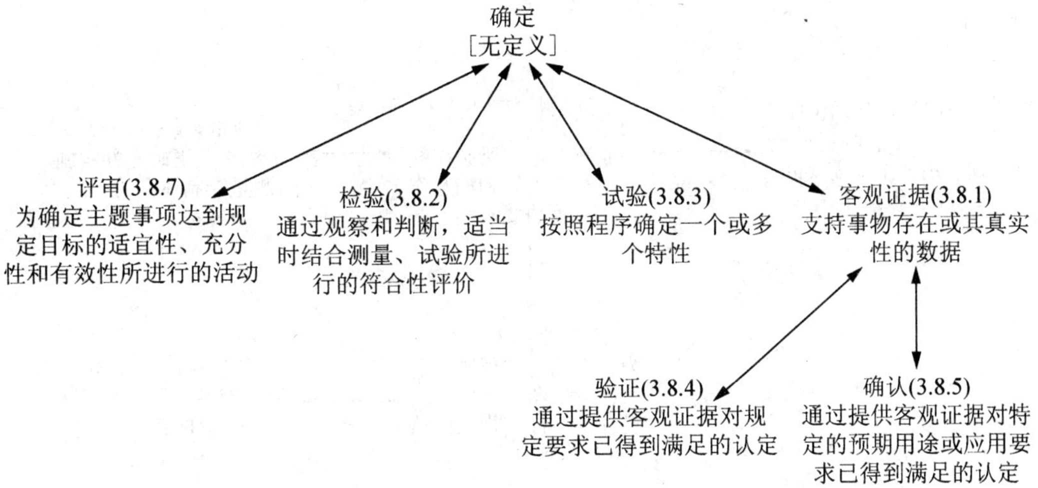

图 1.16　有关检查的术语及其逻辑关系图

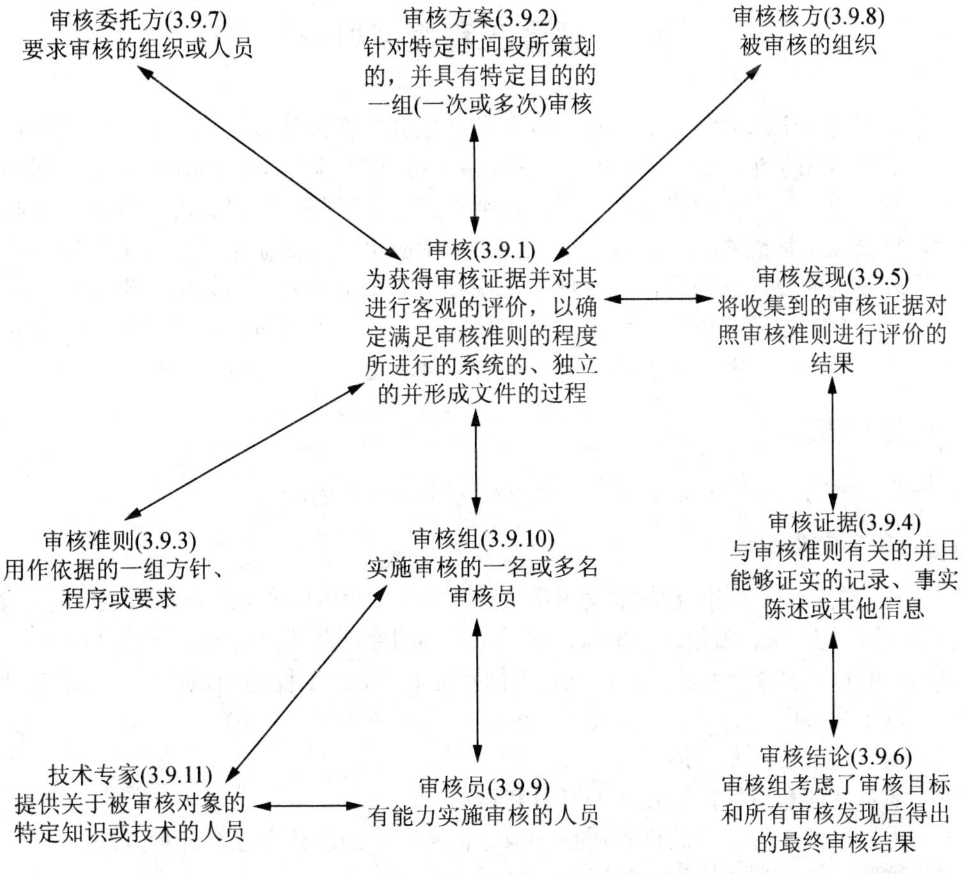

图 1.17　有关审核的术语及其逻辑关系图

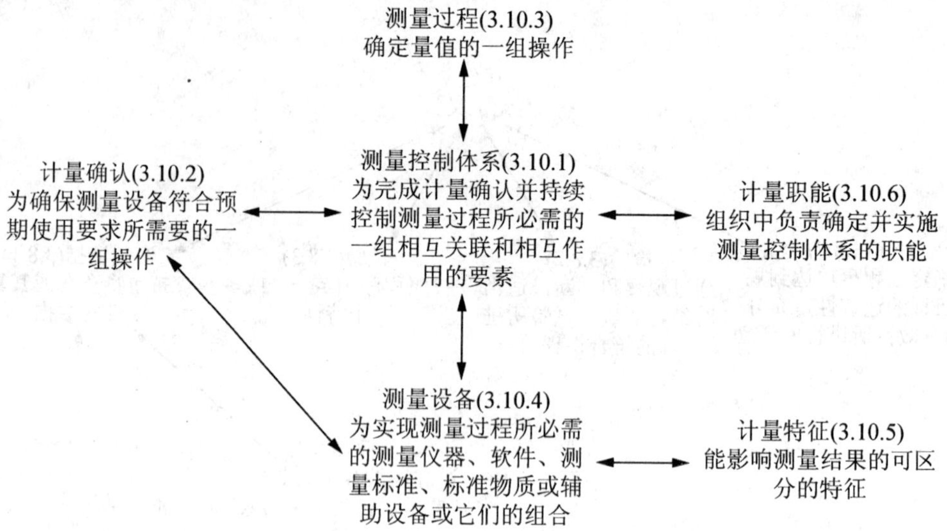

图 1.18 有关测量过程质量保证的术语及其逻辑关系图

1.4 质量工程发展概况

质量工程这一学术名词是 20 世纪 80 年代初期开始在国外技术发达国家中流行的，如美国、日本等。国防科工委质量与可靠性研究中心邵家骏等人，于 1991 年 8 月编撰了《质量工程与健壮设计简介》内部交流手册，详细介绍了作者赴美学习先进质量管理技术方法的体会，将质量工程概念引入我国军工领域并开始应用，以保证军工产品满足我国军工产品质量管理条例的要求。但是，直到现在，在我国非军工领域中，人们对质量工程这一名词还是不太了解。本章对质量工程定义、工程内涵、质量管理与质量工程关系、质量工程发展历史等展开论述，以期读者对质量工程的学科来龙去脉有系统完整的了解。

1.4.1 质量工程定义

各国学者和有关机构对质量工程的定义有着不同的表述。

1. 美国的定义

1978 年，美国国家标准化协会/美国质量管理协会（ANSI/ASQC）对质量工程的定义为："质量工程是有关产品或服务的质量保证和质量控制的原理及其实践的一个工程的分支。"

说明：并不要求每个工程师对以下各方面都能胜任，该工程的知识及应用技术包括（但不限于）以下几方面。

（1）质量体系的开发和运行；

（2）质量保证和质量控制技术的开发和运用；

（3）为控制及改进的目的进行质量参数分析所应用的统计方法和计量方法；

（4）试验、检验和抽样程序的开发和分析；

（5）对人的因素和积极性与质量关系的理解；

（6）质量成本概念和技术的掌握；

（7）开发支配管理信息的知识和能力，包括审核质量大纲以便确定和纠正缺陷；

（8）开发和实施产品、过程和服务的设计评审的知识和能力；

（9）安排恰当的分析，以便确定哪些作业需要采取纠正措施的能力。

2. 英国的定义

1979 年，英国标准化协会对质量工程定义为“质量工程是在达到所需要的质量的过程中，适当的技术和技能的应用。”

3. 日本的定义

1988 年，日本质量专家田口玄一在他的《开发、设计阶段的质量管理学》中对质量工程定义为：“质量工程（Quality Engineering）大体上可分为以下两部分：①质量，特别是功能质量的评价方法；②质量的改善方法。”

田口玄一的观点代表了日本质量学界对质量工程的认识。

上述来自 3 个国家的定义，应该说代表了 20 世纪 70 年代末 80 年代初国际社会对质量工程学科的认识。根据 1987 年国际标准化组织（ISO）发布的 ISO 9000 质量体系模式系列标准和指南，以及 1994 年和 2000 年两度有限修改成的 ISO 9000 族质量管理体系模式标准和指南的《基础和术语》中对质量管理的定义，特别是 ISO 9001 质量管理体系模式要求的内容，分析 3 个国家对质量工程的定义都或多或少存有不足。美国的定义容易让人错误地理解为质量工程只适用于质量保证和质量控制，质量策划和质量改进则不适用，尽管其在说明条款中包含了策划和改进过程。田口玄一的定义比较狭隘，偏重于质量功能评价及改进方法。英国的定义比较精练和完整。

现在有两个概念在流行，一是质量管理，一是质量工程。质量管理是在质量方面指挥和控制组织的协调的活动，包括质量策划、质量控制、质量改进和质量保证。从管理的角度说，质量管理可以采取行政和法律手段开展指挥和控制活动。质量工程是质量管理中所采用的一种专门的技术和方法，如质量功能展开 QFD、产品质量先期策划与控制计划 APQP、潜在失效模式及后果分析 FMEA、测量系统分析 MSA、统计质量控制 SPC、生产件批准程序 PPAP、产品抽样验收理论与技术方法、质量管理体系 QMS 模式开发及运用、计算机辅助质量管理系统开发及运用等。因此，质量工程从属于质量管理范畴，但是侧重于质量管理技术和方法的开发和运用，渗透于质量策划、质量控制、质量改进和质量保证所有过程中。从产品质量产生和实现全过程看，质量工程又贯穿于产品整个生命周期（从产品的概念设计到报废）。所以，当明确了质量管理与质量工程的关系后，对质量工程的定义就不至于偏颇或使之与质量管理概念发生混淆了。从实质上说，质量工程就是为了达到预期目的，在质量管理过程中所开发和运用的技术和方法。

质量工程的应用对象应包括产品、过程和体系三大类实体。但是，在一个组织中，过程和体系是保证产品质量的。因此，本书以后章节将重点研究产品的质量工程技术和方法。

1.4.2 硬件产品质量工程

硬件产品是相对于软件而言的，其形态特征是有形、看得见、摸得着、数量可计。如计算机系统中的主机、键盘、显示器、鼠标、打印机等，主机中的 CPU 芯片、显卡、声卡等。这种硬件产品的质量工程与其质量产生和实现过程的特点有关。

硬件产品质量工程主要是在以下环节中开发和运用适宜的技术和方法，以确保产品质量符合要求和减少质量损失等。

（1）调研过程：识别和确定产品及其质量特性需求和期望，如采用 QFD。

（2）设计和开发过程：根据需求和期望，开展质量设计和对设计过程的质量管理。如采用 QFD，田口方法，设计潜在失效模式及后果分析（DPFMEA），样件生产控制计划，试生产控制计划，设计评审、验证和确认等。

（3）采购过程：根据产品设计和开发输出的原材料清单，评价和选择供方并开发对采购品的验收过程、技术和方法等，如采用管理的和技术的方法按 ISO 9001 模式对供方能力开展评价活动。

（4）生产过程：根据设计要求和产品规范，从确保产品质量特性符合设计要求到最终符合顾客要求、法规要求和组织自身要求，规定生产过程能力并监控生产过程，使生产过程处于受控状态。如开展生产过程能力研究，开发和运用生产控制计划，开展 SPC 活动、MSA 活动、抽样检验活动、PPFMEA（过程潜在失效模式及后果分析）活动等。

（5）产品监视和测量活动：产品监视和测量活动贯穿于设计、采购、生产过程，一般包括进货（采购品）监视和测量、过程/工序半成品监视和测量、成品监视和测量。质量工程应开发产品监视和测量技术、方法，并运用这些技术和方法开展产品监视和测量活动。如测量系统设计与测量系统分析评价，产品监视和测量程序、规范、规程等。

（6）产品储存：质量工程应确保产品在储存过程中质量完好，如采用选择适当的场地、空间和控制环境参数等。

（7）产品交付和交付后的服务：开发交付程序和交付后的服务手册等。

（8）反馈、评定和纠正措施：在稳定生产过程中，通过运用统计技术等方法，开展数据分析和过程确认活动，以提高过程能力，减少产品变差，提高产品精度和性能；改善服务；降低质量成本，降低产品价格；增强顾客满意度。

硬件产品质量环如图 1.19 所示。图 1.19 所述的硬件产品质量环是一般情况，对于一个具体组织或具体产品，有些环节可能是不存在的。

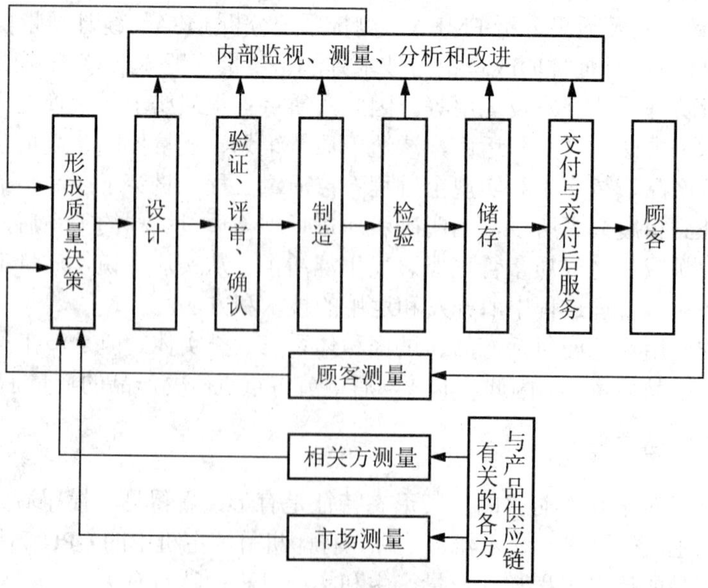

图 1.19　硬件产品质量环

1.4.3　软件产品质量工程

软件产品是相对于硬件而言的，由信息组成，其形态特征一般是无形的，常以方法、论文或程序的形式存在于一定媒体中，实质内容也属于看不见、摸不着的。如计算机系统中的基本输入/输出引导程序、键盘驱动程序、显示器软件产品驱动程序、鼠标驱动程序、打印机驱动程序等。这种产品的质量特性只能从使用过程和结果中感受到。

软件产品种类不同，质量工程内容也不同。如计算机软件产品，可以根据“软件工程”介绍的原理和方法开展质量工程活动。而对于政府文件、法律文件、技术文件、规范类文件等软件产品，质量工程活动一般在审核、评审和试行等过程中有机地开展，如采用分层法和调查表、直方图等统计方法开展质量特性的策划、评价和改进建议等。由于计算机软件产品技术性强，在信息时代的今天非常普遍和重要，工业工程/质量工程技术人员本身也要经常开发和应用这种软件产品，因此以下介绍计算机软件质量工程。

（1）计划阶段：定义系统，确定用户的要求或总目标，进行可行性研究，提出可行的方案，包括资源、成本、效益、进度等，并制定粗略的实施计划。

（2）需求分析：确定软件功能、性能、可靠性、接口标准等要求，根据功能要求进行数据流程分析，提出初步的系统逻辑模型，并据此修改项目实施计划。

（3）软件设计：包括系统概要设计和详细设计。在概要设计中，要建立系统整体结构，进行模块划分，根据要求确定接口。在详细设计中，要建立算法、数据结构和流程图。

（4）编码：把流程图翻译成程序，并对程序进行调试。可见编码的实现方式与软件的处理流程是相对独立的。

（5）测试：通过单元测试，检验模块内部的结构和功能；通过集成测试，把模块联结成系统，重点找接口上的问题；确认测试，就是按照需求的内容逐项进行测试；系统测试，就是到实际的使用环境中进行测试。以上 4 种测试中，单元测试和集成测试是由开发者自己完成的，而确认测试和系统测试则是由用户参与完成的。这是软件质量保证的重要一环。

（6）运行维护：一般包括 3 类工作，为了修改错误而做的改正性维护，为了适应环境变化而做的适应性维护，为了适应用户新的需求而做的完善性维护，这有时会成为二次开发，进入一个新的生命周期，再从计划阶段开始。可见，维护的工作是软件生命周期中重要的一环，通过良好的运行维护工作，可以延长软件的生命周期，乃至为软件带来新的生命。软件生命周期是一个连续的、周而复始的过程，每一阶段都有特定的目的，各个阶段之间都存在着必然的因果关系，所以在软件开发过程当中，应该遵循软件工程的有关要求和规范，按部就班地进行软件开发，特别是在软件开发的初期，如果差之毫厘，那么以后开发出来的软件一定会谬以千里。为了保证在开发过程中可以根据一些新的情况对软件的需求、设计进行合理的调整，在软件工程管理中一般都包含了变更控制。当执行变更控制时，一定要回溯到前面的各个有关联的阶段，保证所做的变更与前期的各项工作保持整体一致性。值得一提的是，软件的质量管理不能单纯地依赖于测试阶段的工作，而是要在整个软件生命周期中，从每一个环节上加强控制，这是保证软件质量的根本方法。

软件产品质量环如图 1.20 所示。

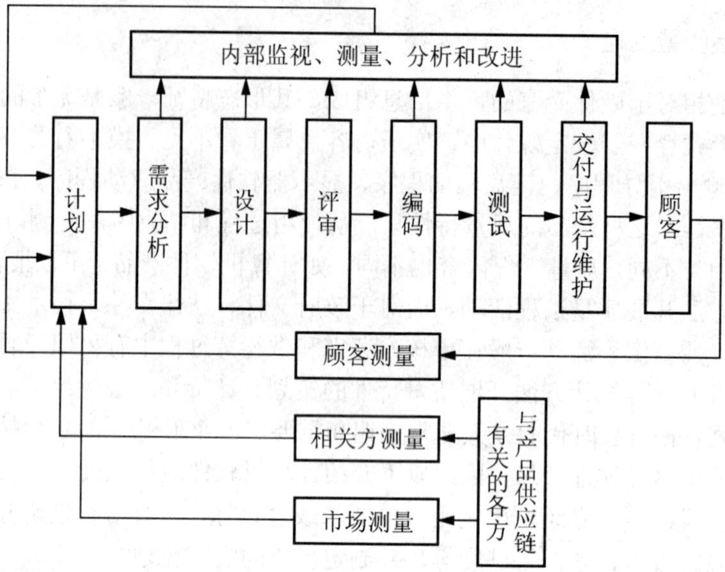

图 1.20　软件产品质量环

1.4.4　流程性材料质量工程

流程性材料属于硬件产品，但是往往属于是把原材料加工成预定的形状或需要采取特殊包装的产品，其量是连续的不可计数，只可计量（或以包装单位计数），一般不是顾客的最终消费品，如水泥、液体、气体等。

既然流程性材料也属于硬件产品，其质量工程内容也与硬件产品类似，只是在包装控制及产品监视和测量方面，要考虑其“可量不可数”的特点即可，如日常交收检验中对电子元件采用称重的方法进行“质量”验收等。

1.4.5　服务产品质量工程

服务通常是无形产品，如运输服务、金融服务、法律咨询服务、进出口代理业务服务、日常生活服务等，在这里那些用来服务的设备、工具等都是服务提供手段，服务的实现只有通过服务提供方与顾客的接触才能完成，也才能监视和测量服务特性（诸如快捷、安全、顺畅、和蔼、微笑、熟练等）。服务具有稍纵即逝的特征，因此说它是无形的。

具体说来，服务的提供可涉及以下几个方面。

（1）在为顾客提供的有形产品（如维修的汽车）上所完成的活动；

（2）在为顾客提供的无形产品（如为准备税款申报书所需要的收益表）上所完成的活动；

（3）无形产品的交付（如知识传授方面的信息提供）；

（4）为顾客创造氛围（如宾馆饭店）等。

既然服务是无形的，并在与顾客的接触过程中才能实现，因此预先控制和顾客评价就变得非常重要，质量工程内容的重点也与其他产品有所区别。

（1）服务环境的建立：根据服务需求建立与顾客交互的界面，使服务能够符合要求。

（2）开发设计和运用 3 个规范：服务规范，规定服务类别和服务质量特性；服务提供规范，规定对服务设施、设备、人员、方法的要求；服务质量控制规范，规定如何控制服务过程和对服务质量进行评价等。

（3）服务提供过程：依据规范，开发和运用适宜的技术和方法，对服务提供实施控制，如采用信息技术实施现场监测等。

（4）服务评价：开发和运用服务评价程序，应考虑自行评价方法对服务人员的激励作用，特别是要认真研究顾客评价及采集顾客评价信息的适宜的有效的方法。

服务产品质量环，如图 1.21 所示。

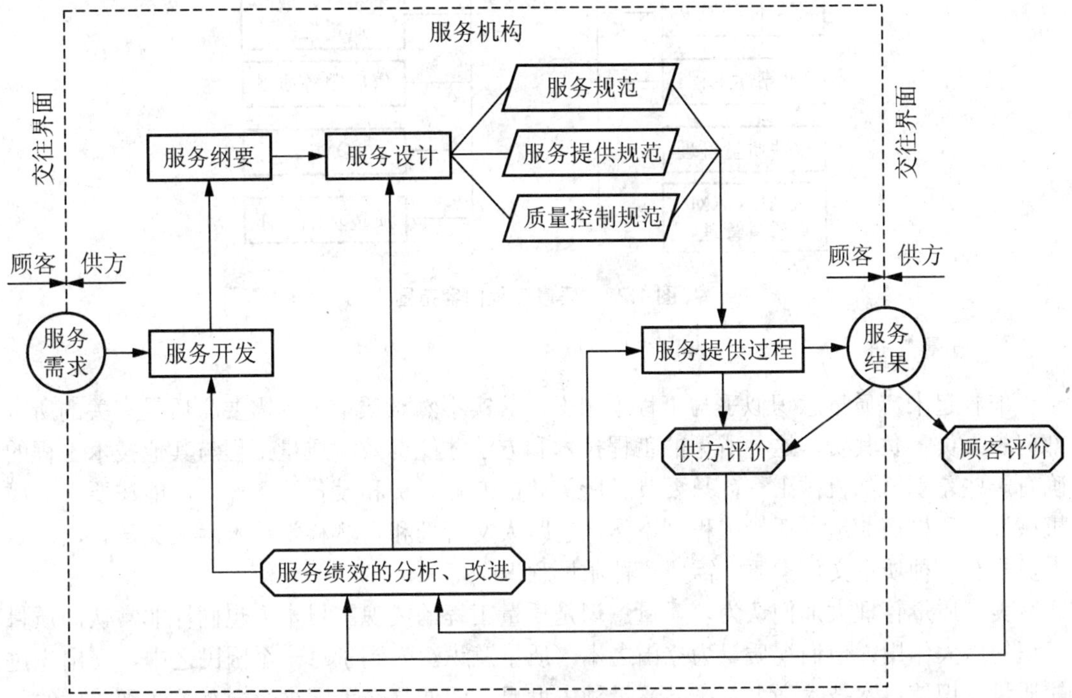

图 1.21　服务产品质量环

1.4.6　质量工程范围

1.4.1 节中讨论的质量工程定义，已经高度概括地隐含了质量工程范围，即质量管理中开发和运用的技术和方法。参考美国的质量工程，具体内容范围如图 1.22 所示。

1.4.7　质量工程内容说明

图 1.22 描述了 20 世纪 90 年代初美国质量工程的具体内容，目前仍然适用。以下对图中内容作一概括说明。

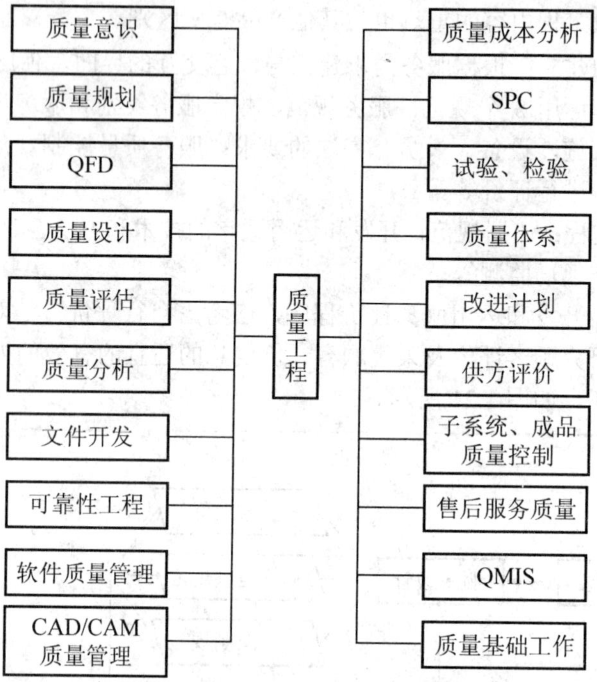

图 1.22　质量工程内容范围

1. 质量意识

乍看起来，质量意识似乎与工程不相干，其实不然。质量工程需要与质量有关的所有部门和人员各负其责，这种所谓的工程技术和方法才能奏效。质量工程与其他技术工程的确有一些差别。如机械工程，只要具备所需要的专业人员和设备等条件，就能按要求完成机械设计和机械制造。质量工程则不然，它跨人文管理和自然科学技术两大类学科，需要人员具有一种质量文化素质，需要一种质量意识。

美国质量管理大师们认为，质量意识是质量工程的灵魂。日本人也同样非常认同质量意识的巨大作用，他们视质量为立国之本，质量意识深入到了每一个国民之中，突出先进的质量意识使日本技术强大，产品质量领先世界。即便是在美国这个向来关注硬条件的国家，在质量方面也强调质量文化。美国公司一向不喊什么口号，也没有张贴标语的习惯，但是在促成质量意识方面却一反常态，公司里的接待大厅和职能部门，镶挂总裁规定的质量政策，诸如“成为最佳”、“质量第一”、“一次成功”等口号。

因此，协助领导制定质量政策、创建质量文化、增强全员质量意识，是质量工程的一项重要任务。

2. 质量规划

质量第一的一个重要方面，就是开发和实施质量规划。美国、日本等质量先进国家的公司一般都要制定质量工作的长远规划（3～5 年或 7～8 年）、短期规划（1～2 年），做到远近结合，目标连续，重点突出。质量规划属于质量管理中质量策划的一种，为单项质量策划规定了方向。质量规划需要充分的数据分析支持。

3. 质量功能展开

Quality Function Development 也许翻译成质量功能开发更为合适，实质上是把顾客的要求转化为对产品实现过程的要求，包括设计要求、零件特性要求、制造工艺要求、生产要求、检验试验要求、交付及交付后服务要求等。显然，QFD 能够做到“以顾客为关注的焦点”，能够满足顾客的要求或超越顾客的期望。

开展 QFD 活动，首先要识别确定顾客要求，按顾客需要“什么”，“如何”做才能满足顾客要求的逻辑，即按 WHAT-HOW 逻辑，将满足顾客要求的设计要求、零件特性要求、工艺要求、生产要求等开发出来并予以应用。开发方法一般是采用关联图表来完成；必要时还须开展一些专门的技术活动，如实验和辨识活动。

关于 QFD 方法的原理和运用，详见本书后续章节。

4. 质量设计

在 QFD 基础上，开展优化设计和鲁棒设计（Robust Design），确保产品技术结构方案最佳，可靠性高，成本低，设计与制造过程无差错等。主要方法有以下几种。

1）实验设计

在设计过程中开展必要的实验研究，尤其是设计参量较多时，需要通过科学实验，确定设计参量最佳匹配取值。实验设计（Design of Experiments）目的是解决优化设计参数，但多因素的实验需要科学合理的安排，这就是实验设计。例如采用正交实验，计算和实验次数适宜，且能全面反映因素的影响。因此，应掌握实验设计方法。

2）田口方法

田口方法（Taguchi Method）即三次设计法，包括系统设计、参数设计、容差设计。田口方法最初也被称为离线质量控制（有人称线外质量控制）。系统设计主要是产品功能开发，确定总体技术方案；参数设计就是通过实验设计利用正交实验方法确定产品参数优化组合；容差设计是在系统功能结构及产品参数确定后，合理规定和分配容差，使产品价廉物美。

3）鲁棒设计

鲁棒设计也可称为健壮设计， 以用户需求为导向，对设计方案进行工程优化，使其具有抵制外部条件变化带来的干扰的能力，产品长期稳定地满足顾客要求。鲁棒设计是由田口方法和实验设计发展而成的，综合使用了 QFD、WBS（Work Breakdown Structure）、SOW（Statement Of Work）、新 QC 七种工具、FMEA（Failure Mode and Effects Analysis）、FTA（Failure Tree Analysis） 和 SPC（Statistical Process Control）等专门技术和方法。

4）新七种工具

质量工程方法中有“老七种”和“新七种”工具之说。所谓“老”，并不过时，只是开发和应用的年代较早，是日本人石川馨学习美国质量管理理论和经验时的创新，是“凭数据说话”，侧重对结果的分析和解决已发生的问题。新七种工具适用于产品开发设计阶段，特别适用于难以获得充分数据的方案论证阶段，摆脱僵化的数据束缚，科学有序地开放创新思维，以图形、线条和符号等为手段，朝着目标，梳理繁杂的思路，提出明确的问题，探索解决问题的最佳方案，并按时间先后排列顺序，确定工作计划。从质量管理角度说，新七种工具质量工程方法适用于质量策划环节，能够科学高效地支持设定目标、规定资源、安排程序等。

5）质量分析

“老七种”工具适用于生产制造阶段产品质量的数据分析，“新七种”工具适用于设计阶段的定性分析与动态规划等。在质量事故分析、预防设计失效、制造过程失效、测量系统失效等方面，分别采用事故树分析 FTA、设计潜在失效模式及后果分析 DPFMEA、过程潜在失效模式及后果分析 PPFMEA 和测量系统分析 MSA 等科学严谨的质量分析技术和方法。

1）～5）中的质量工程方法将是本书重点论述的部分内容。

6）质量评估

在产品实现全过程中，采用适宜有效的专业方法开展质量评价活动。包括设计过程评价，如日本田口玄一提出的质量损失函数和质量“信噪比”方法；生产过程评价，如过程能力指数法等在产品实现的一定阶段采用的适宜的评价方法。

7）可靠性工程

可靠性理论与技术已经自成体系，包括可靠性设计、可靠性试验、可靠性管理等。在质量工程中，FMEA 就是一种可靠性设计和可靠性生产的控制技术和方法。对于某些产品，如军工、家电等这些成本高、意义重和关乎人的生命财产安全的产品，需要规划和实施严格的可靠性试验，可靠性指标构成产品质量特性的一部分。

关于可靠性工程内容，本书不做安排，希望读者专门学习相关内容。

8）软件质量工程

由于软件引起的设备事故频发占总事故率的 50%，20 世纪 80 年代出现了计算机软件危机，人们开始探索用质量工程原理控制软件开发过程，以确保软件质量符合要求。因此，一种根据计算机软件产品生命周期特点而研究开发形成的软件工程学诞生了。软件工程要求从需求分析开始，与软件开发过程紧密结合，同步进行质量控制（见软件产品质量工程概述）。目前国际流行一种称为“软件成熟度模型 CMM”的质量管理模式，由美国一个研究所开发形成，现在已成为软件业规范，并实行第三方评估。北京曾规定，获得 CMM 评审员资格者，补贴 10 万元人民币，由此可见 CMM 以及软件评估的权威性和重要性。

9）质量成本分析

追求质量不能以提高成本为代价，那种认为“名牌产品一定很贵”的观念是不正确的。从质量工程角度讲，产品质量的设计、制造和维护等必须要有财务支持，但是质量工程同样关注产品成本的不断降低，因为顾客肯定希望质量上乘且价格低廉。质量成本分析包括内外故障成本、预防成本和鉴定成本几个方面。质量成本分析是质量工程一项必要的活动。

10）统计过程控制

对于批量连续生产的过程，可以通过产品质量特性的分布来分析评价过程和监督控制过程，发现异常现象，及时进行处理；必要时，开展质量改进，提高过程能力，提高产品等级等。统计过程控制（Statistical Process Control）简称 SPC。

关于 SPC，本书将作为重点内容单独进行讨论。

11）试验与检验

质量工程的精髓在于预防，不是时候检验和试验，因此应尽量减少检验和试验活动，必要的试验和检验活动也应尽量减少样本。

但是，在质量文化素质偏低，技术业务不精，设备不良等过程条件下，时候检验变得非常重要。否则，不仅给自己造成损失，还会失去顾客，失去市场。

应开发和运用检验规范、规程和工具，确保检验和试验活动规范可信，赢得顾客的信任。

12）质量保证体系

现在已统称为质量管理体系（QMS），从文件、管理职责、资源管理、产品实现、监视和测量分析等几个方面，要求组织建立和实施质量管理体系并保持和持续改进。质量工程部门应开发和运用 QMS，以确保 QMS 覆盖的产品符合要求（包括顾客要求、法律法规要求、隐含的要求、组织自身附加的要求）。

关于 QMS 模式，本书将单独介绍。

13）质量改进计划

在产品生产稳定下来后，按 PDCA 法则，持续进行质量改进，以降低产品变差、改善服务和降低价格等。

14）供方质量保证

开发和运用供方选择和评价的准则、技术和方法，定期对供方能力满足要求的范围和程度进行评审，评审的方式、方法根据需要决定。ISO 9001/7.4 规定了对供方的控制要求。

15）售后服务质量

应开发和运用产品售后服务规范和作业指导书类文件，规划服务格局，开发服务技术和方法，实施服务和与顾客进行有关产品质量问题的沟通，巩固顾客，扩大知名度，扩大市场。

16）质量信息系统

开发和运用计算机技术、信息技术，在质量数据的采集、分析、处理等方面，使用计算机辅助技术，使质量工程活动更全面和深入，尽力使质量工程活动与产品设计、制造、检验、储存、交付和交付后服务同步进行。另外，质量信息系统（QIS）可以完成以前靠人工无法完成的工作，如现场快速检索等。

17）质量的组织体系

开发和应用保障质量工程活动按计划开展和确保产品质量的质量组织体系，规定质量职责，确定能力要求，评价人员能力，实施培训等，是质量管理与工程的一项重要内容。美国 Chrysler 公司 20 世纪 90 年代的质量保证体系如图 1.23 所示。

18）质量基础工作

质量工程工作所需的法律法规文件、标准、规范等的收集、保管和利用，计量管理，教育和培训活动的策划和实施等，都属于质量工程基础工作。

本小节介绍了美国质量工程范围和内容。应该说，质量工程包括硬件/技术，更包括软件/方法。质量工程专业人员就是要不断开发和运用更适宜的质量技术和方法，使过程和产品质量持续提高。

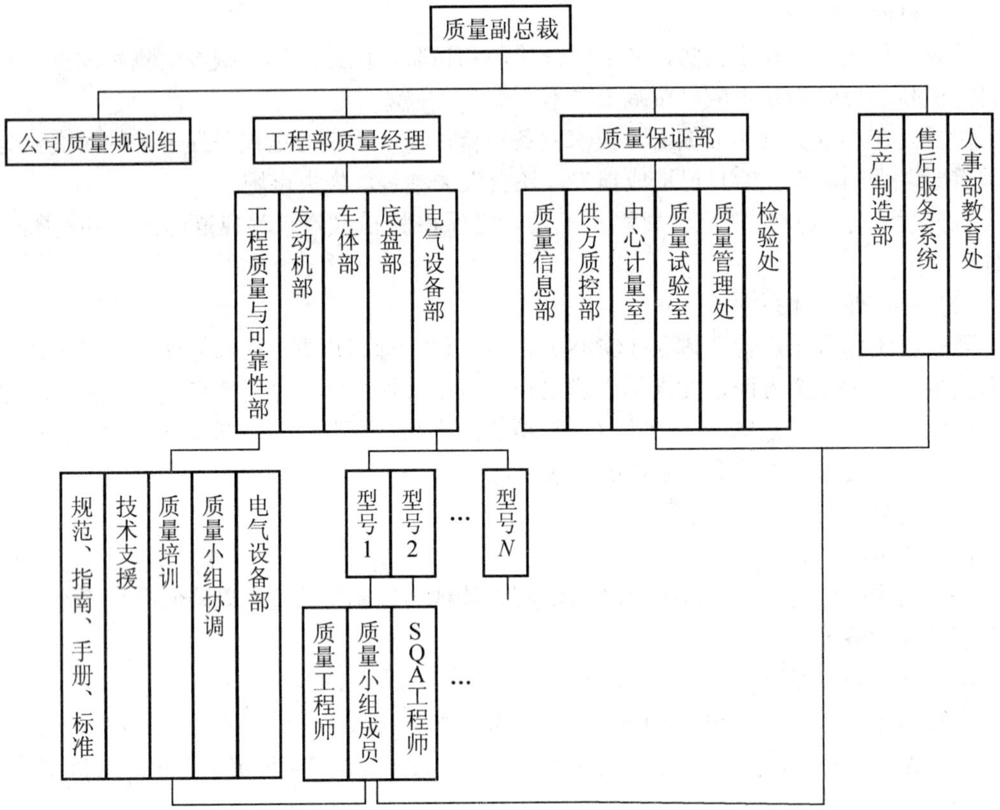

图 1.23 美国 Chrysler 公司 20 世纪 90 年代的质量保证体系

1.4.8 质量管理与工程的发展

在科技不发达的时期，一般说来，质量管理就是通过各种非技术的方法，如法律法规约束、政策激励、人事财务等行政控制或具有简单科学技术含量的方法等，来实现质量管理。质量管理是人文行政，不是工艺，不是工程，不是技术。也正基于此，使得目前人们对质量管理与质量工程的认识有所模糊，有人干脆把现代工程技术含量丰富的质量工作仍然称为质量管理，或干脆把含有传统管理内涵的质量工作称为质量工程。作者认为，科技的高速发展，质量管理特征具有从以人文行政管理为主向以工程技术方法为主方向发展的趋势。目前，在质量方面，管理与工程并重，已经形成了一种以数理统计学、控制论、运筹学、工程技术学为工程基础的质量工程。但是质量工程包含于质量管理，是质量管理的一种工程技术和方法。由于这种工程技术和方法在产品的质量实现过程方面往往比过去的人文行政管理更奏效更受欢迎，所以已经出现专门的论著。本书也起源于此。

称谓的变化实际上反映了质量管理内涵属性的变化。总体来看，从 20 世纪初以来，质量管理 100 多年的历史，已经发生了巨大变化，大师们起了一定的推动作用，更主要是人类智慧和科技的进步改造了所有一切。

本节题目列为质量管理与工程的发展，正是基于上述考虑而定的。谈质量历史，不能把管理和技术割裂开来，在称谓上的排斥，容易使人误解质量工程与质量管理的关系。

根据历史文献记载，按照方法的区别，可以将质量管理与工程的发展历史大致划分为以下 5 个阶段。

1. 原始的质量管理

可以想象，自从地球上有了具有智慧的人类，人们就有了对生存条件的极其简单的需求和期望，也会通过一定方法满足所需。这个一定的方法，可以认为就是原始的质量管理。

日本质量管理专家高木金地认为，早在 1 万年前的新石器时代，人类就有了低级的质量意识和低级的质量管理方法。新石器时代是石器时代的最后一个阶段，此阶段人们以磨制石器为工具获得住所、食物、狩猎、保护自身等。因此，人们需要好用的石头工具，对磨制的石头工具进行极其简单的查看，确定是否满足使用要求。

中国，世界文明古国之一，公元前 400 多年的春秋战国时期，就有质量管理的文献记载。例如，在《周礼》一书中，汉代的《考工记》开头就写道“审曲面势，以饬五材，以辨民器”。所谓“审曲面势”，就是对当时的手工业产品作类型与规格的设计，“以饬五材”是确定所用的原材料，“以辨民器”就是对生产出的产品要进行质量检查，合格者才能使用。还有诸如“命百工查五库”等叙述。所谓“百工”就是木工、金工、皮革工、染色工、刮磨工、陶瓷工。对上述工种产品，具有严格的工艺要求，也规定有验收制度。验收方法是：首先由生产者自查，然后官方委派的官员进行验收，在产品上刻上制作工匠和验收官员的姓名（即实行“勒名”制）。如果出现质量问题，追究责任，严厉处罚。在以后的一些朝代，大多以法律文书做出规定，对产品质量采取强制保证措施。如唐朝有一法律条文规定“诸造器用之物及绢布之属，有行滥、短狭而卖者，各杖六十”。 先秦时期的《礼记》“月令”篇，也载有“物勒工名，以考其诚，工有不当，必行其罪，以究其情”的条文。显然，这是一种法律方法的质量管理。这种管理，显然是一种不文明的不讲科学的残酷的管理，容易引起乱政，但是在控制产品不出质量问题方面，震慑作用是明显的。

公元 1073 年的北宋时期，为了加强对兵器的控制，设立了军器监。北宋军器监总管沈括的《梦溪笔谈》中谈到了兵器生产的质量管理情况。据古书记载，当时兵器生产批量剧增，质量标准也更具体。如对弓的质量标准就有：①弓体轻巧而强度高；②开弓容易且弹力大；③多次使用，弓力不减弱；④天气变化，无论冷热，弓力保持一致；⑤射箭时弦声清脆、坚实；⑥开弓时，弓体正、不偏扭。很明显，这些质量标准是实践经验的总结，产品质量主要依靠工匠的实际操作技术，靠感官估量和监督的度量衡器测量而定，靠师傅传授技术经验来达到标准。

世界上，其他一些国家也有类似的情况。如文明古国古希腊的汉谟拉比法典中规定，如果建造商为他人建造的房屋倒坍，致使房主身亡，要处死建造商。

原始的质量管理，过程简单，但很明确；方法简陋，但很严厉，属于依靠经验和法律来进行的产品质量管理。

2. 操作者的质量管理

这个阶段可以认为是从原始质量管理后期开始到 19 世纪末生产工厂逐步取代家庭手工业作坊为止。

18 世纪中叶，以英国为先驱，出现了世界第一次工业革命，即以技术简单的但能代替人力的“大机器”为标志的工厂制度代替了以手工劳动为主要的家庭工业制度。1769 年，英国的阿克来特申请了水力纺纱机的专利，这是一种体积很大、以非人力为动力的机器，不适合在家庭中使用。1771 年，应用自己发明的机器，阿克来特在克朗福德湍急的溪流边建立了克朗福德工厂，标志着英国工厂制度的诞生。此后，特别是 1885 年阿克来特水力纺纱机专利权的被取消和瓦特蒸汽机在棉纺业中的使用，象征着动力革命技术被解放，工厂如雨后春笋般涌现，而且规模不断扩大，工厂制度逐渐在英国建立。工厂制度带来了一系列的变化：生产远离家庭，工人必须按时到达工厂工作；需要严格的管理，现代的工厂管理制度开始萌芽；但是管理方法简单，还处在家长制管理阶段，即企业家自己亲自管理生产。

显然，这个阶段的科学技术水平还很低，社会生产力仍然极其低下，质量管理比较简单，产品质量依靠工厂主指挥间或亲自实施，靠工人的实际操作经验，靠感官的触摸、观察、嗅觉、闻声等估计产品质量特性和使用简单的度量衡器测量。此阶段质量管理的一般特征是：工人既是操作者又是检验者，经验就是“标准”；生产和检验靠“师傅带徒弟”的口传手教来完成，因此，被称为“操作者的质量管理”。

3. 事后检验管理阶段

这是质量管理历史上的第一次飞跃性变化。

1918 年前后，美国出现了以泰勒为代表的“科学管理运动”，工厂出现了专业化分工，有了专门管理人员，强调工长在保证质量方面的作用，于是质量管理由操作者转移给工长，形成了“工长的质量管理”。

1940 年以前，企业规模不断扩大，专业化分工进一步细化，工厂开始设立专职检验部门和检验人员，由专职的检验人员实施质量检验，形成了“检验员的质量管理”。

因此，质量管理的第一次飞跃是科学管理运动带动促成的。其主要特征是，产品质量由专职检验部门和人员负责。质量管理开始走向科学轨道。

专职检验是从出厂成品中挑出不合格品，最终保证出厂产品的质量符合顾客要求。但是，限于科技水平，这种检验一般是全数检验，占用资源庞大，检验周期长，交货期长。对于紧急需求的产品，往往不能进行检验。如第二次世界大战初期，美国军工产品经常因检验延误交付期，影响反法西斯战场的局面。后来将全数检验改进为固定百分比抽样检验，以减少检验费用。但这种抽样方法科学依据不足，主观地认为样本和总体是成比例的，抽样数总是和受检产品批量数保持一个规定的比值，如百分之几或千分之几，但这种方法对同样条件下生产的产品存在着“大批严、小批宽”的情况。产品批量大，抽样检验就严，使相同质量的产品因批量大小不同而受到不同的处理。另外，这种检验属于“事后检验”，不能在产品生产过程中起到预防控制的作用，只能发现废品，而不能防止出现废品。

4. 统计质量管理阶段

这是质量管理历史上的第二次飞跃。

靠事后检验把关的质量管理的缺陷，随着生产规模的扩大和产品复杂度的提高，变得越来越明显，特别是废品的出现和交付的延误，需要寻求更有效更经济的方法。

1924 年，数理专业背景的贝尔电话公司贝尔实验室的休哈特（W. A. Shewhart），提出了采用数理统计方法解决大规模产品质量管理的问题，并进一步提出了质量预防的概念。后来，休哈特应邀到戴明和朱兰所在的西方电气公司开展关于改进质量检验方法的研究工作，提出了应用数理统计中正态分布模型来预防生产过程不良品的出现的设想，并设计出控制图。1931 年，休哈特将自己数年的研究成果整理成《工业产品质量的经济控制》一书。同时代提出将数理统计方法应用到质量管理领域的还有贝尔电话实验室的道奇（H. F. Dodge）和罗米格（H. G. Romig），他们共同研究破坏性检验的科学方法，提出应采用《抽样检验表》和抽样检验方案。因此，休哈特、道奇、罗米格三人是统计质量管理和统计过程控制理论的奠基人，开创了质量管理的新篇章，当然这期间戴明和朱兰也有一定的贡献。但是，由于 20 世纪 30 年代发生了资本主义经济危机，休哈特等人创立的科学有效的质量管理技术和方法仅在 10 家公司中被应用。因此，通常认为统计质量管理阶段开始于 20 世纪 40 年代。

第二次世界大战爆发后，反法西斯战场急需大批军事物资，军需生产中的检验部门成了明显的软肋。最大的问题是，对生产的产品状况没有科学监控，几乎是黑匣生产，不得不开展大量检验，因此不能按期交付，贻误战机。为此，美国于 1941—1942 年组织了一批数理统计专家和工程技术人员，运用数理统计方法开发形成并制定了战时国防标准《质量控制指南》、《数据分析用的控制图法》、《生产中质量管理用控制图法》。这些方法实现了对生产过程的监视和控制，对生产产品的质量情况了如指掌，因此当未发现生产过程异常变差情况时，若遇紧急需求，可以免检放行产品。

为了应用战时先进的质量管理技术和方法，美国采取了 3 条措施：一是宣传普及，扩大 3 个标准的影响，如在大学开设为期 8 天的培训班，强制公司总检验师等检验人员参加学习；二是开发制定实施指南；三是强制执行。美国陆海空军采购署要求所有部队在采购合同中明确质量管理要求。

上述 3 个标准的推行，使生产得以控制，生产者能够保证产品质量，废品减少；工厂中检验人员减少了，检验成本降低，产品交付及时；军需生产局面得以扭转。

毫无夸张地说，统计质量管理技术和方法为战时参与军工生产的企业赢得了巨大利润，因此战后，很多企业继续采用这种方法，20 世纪 50 年代达到高峰。在联合国科教文组织的赞助下，通过国际统计协会等国际组织的工作，很多国家积极学习和应用统计质量管理技术，如英国、日本、德国、法国、意大利、瑞典、挪威、丹麦、荷兰等，并且给这些国家工业的发展带来不小的益处。日本战后的崛起，就是质量革命带来的奇迹。

多国的应用和参与，这一阶段的质量管理方法主要特征如下。

（1）统计控制过程预防不合格品发生，对事后检验型管理是重大突破；

（2）统计抽样检验，对全数检验和固定百分比检验是重大突破；

（3）配备专业质量控制工程师。

几位数学物理学者创立的统计质量管理方法，数学理性痕迹较重，在文化基础较低的地方，推行起来比较困难，以至于人们认为这种“质量管理方法是数理统计专家的事”，感到“高不可攀”、“望而生畏”。例如，在日本推行这种方法时，一开始完全照搬，由于国民文化基础和条件限制，很难推行下去。后来，日本人对这种方法进行实用性开发，归纳出了简单易行的各种图表，获得了成功，日本产品一跃成为世界名牌。

20 世纪 50 年代，在休哈特之后，戴明系统和科学地提出用统计学的方法进行质量和生产力的持续改进；强调大多数质量问题是生产和经营系统的问题；强调最高管理层对质量管理的责任。此后，戴明不断完善他的理论，最终形成了对质量管理产生重大影响的“戴明十条”。

1958 年，美国国防部制定了 MIL-Q-8958A 等系列军用质量管理标准，在该标准中首次提出了“质量保证”的概念，并在西方工业社会中产生了较大影响。

新中国成立后，我国工业产品的质量管理，一直沿用前苏联 20 世纪 40～60 年代的百分比抽样方法；20 世纪 70 年代末，开始研究统计质量管理原理和方法；20 世纪 80 年代初（1981 年），成立全国统计方法应用标准化技术委员会。我国已开发建立了数理统计方法标准体系，该标准体系主要有 6 个方面的标准。

1）数理统计方法术语与数据标准

（1）GB 3358《统计学名词及符号》，规定了概率论、抽样方法、抽样检查等方面的常用术语 218 条；

（2）GB 3187《可靠性基本名词术语及定义》；

（3）GB 4888《故障树名词术语和符号》，规定了可靠性质量管理领域中常用的术语；

（4）GB 4086.1～GB 4086.6《统计分布数值表》，提供了正态分布、X^2 分布、t 分布、F 分布、二项分布及泊松分布 6 种常见分布的函数表和分位数表。

2）数据的统计处理和解释

（1）GB 4882《正态性检验》、GB 4883《正态样本异常值的判断和处理》等关于分布类型的检验标准；

（2）GB 4889《正态分布均值和方差的估计与检验方法》、GB 3360《均值的估计和置信区间》、GB 4087《二项分布参数的点估计和区间估计》等关于分布参数的估计和检验标准；

（3）GB 4883《正态样本异常值的判断和处理》、GB 6380《Ⅰ型极值分布样本异常值的判断和处理》和 GB 8056《指数样本异议修图判断和处理》等异常值的判断和处理方面的标准；

（4）GB 3359《统计容许区间的确定》，就是以样本为基础，确定统计允许区间，即以一定的置信水平包含了总体分布的某一固定比例的区间的方法标准。

3）控制图标准

（1）GB 4091.1～GB 4091.9《常规控制图总则》、《均值标准差控制图》等标准为生产中需要控制的具体技术指标提供了 8 种常用的控制图；

（2）GB 4886《带警戒限的均值控制图》，在过程标准差已知条件下，对过程均值进行控制用的控制图；

（3）GB 6381《通用控制图》，在样本大小不等的场合，以零线为中心线，以 $\pm 3\delta$ 为上下控制界限时使用的控制图；

（4）GB 4887《计数型累积和图》，在以样本中不合格品数或缺陷数为质量指标时，为了对连续的生产过程进行质量控制，采用此标准。

4）以数据统计方法为基础的抽样检查方法标准

（1）GB 2828《逐批检查计数抽样程序及抽样表》；

（2）GB 6378《不合格品率的计量抽样检查程序及图表》；

（3）GB 2829《周期检查计数抽样程序及抽样表》；

（4）GB 8051《计数序贯抽样检查程序及图表》；

（5）GB 8052《单水平和多水平计数连续抽样检查程序及图表》；

（6）GB 8053《不合格品率的计量标准型一次抽样检查程序及图表》；

（7）GB 8054《平均值的计量标准型一次抽样检查程序及图表》；

（8）GB 14162《产品质量监督计数抽样程序及抽样表》；

（9）GB/T 14437《产品质量计数一次监督抽样检验程序》；

（10）GB/T 14900《产品质量平均值的计量一次监督抽样检验程序及抽样表》等。

5）测量方法和结果的精度分析标准

（1）GB 6379《测试方法的精密度通过实验室间试验确定标准测试方法的重复性和再现性》，为精密度试验的规划、组织和分析制定了基本原则；

（2）GB/T 11792《测试方法的精密度在重复性或再现性条件下所得测试结果可接受性的检查和最终结果的确定》，为检查和确定测试结果规定了规则和方法。

6）可靠性统计方法标准

20 世纪 80 年代以后，产品可靠性已成为产品质量的重要指标。因此制定了以下标准。

（1）GB 2689.1～GB 2689.4《恒定应力寿命试验和加速寿命试验方法总则》等 4 个关于寿命试验和加速寿命试验方面的标准；

（2）GB 5080《设备可靠性试验》标准等。

上述 6 个方面的数理统计方法标准在质量管理过程中的实施，彻底改变了我国落后的质量管理工作，质量工程技术和方法被广泛应用。但应该承认，改革开放前，我国是计划经济，没有真正意义上的企业，由于存在好大喜功、弄虚作假等原因，数理统计方法的研究和应用比较肤浅。但一个成功领域是我国军工系统。国防科工委下设的质量与可靠性研究中心的学者和专家们，真正掌握了统计过程控制等先进的质量工程技术和方法，使军工产品，特别是关键武器，“一次设计成功”，品质不断上升，令世人瞩目。

综观国内国外质量管理发展情况，可以发现，自从修哈特等人创立统计质量/过程控制开始，高等数学和控制论开始渗透到质量管理过程中，质量管理从非人道的无科学的原始管理演变到了科学管理，开始应用自然科学技术和方法研究产品质量规律，并应用工程技术开发及先进检验工具和管理手段，如各种监视和测量设备等。这些情况和现今的实际情况表明，科技越发达，管理越工程化。当今，除了质量管理外，也出现了环境工程、安全工程等类似的工程技术化的管理。

5. 全面质量管理和规范模式阶段

这是质量管理历史上的第三次飞跃。

20 世纪 60 年代开始，社会生产力迅速发展，科学技术日新月异，质量管理上也出现了很多新情况，产品质量与市场、设计、生产、技术、工程、销售、供方等所有有关方面和因素的关联程度更加紧密，仅仅依赖统计方法实施生产过程的控制和质量检验已经很难满足日益增长着的质量要求，甚至是一种对新种文化和新科技的渴望，质量管理必须以系统工程、信息论、控制论等原理来运筹，必须采用管理和技术相结合的方法改进管理水平。

20 世纪 60 年代初，戴明、朱兰、菲根堡姆提出了全面质量管理（Total Quality Management）的概念。1961 年，菲根堡姆发表了《全面质量管理》一书，指出：“全面质量管理是为了能够在最经济的水平上，并考虑到充分满足用户要求的条件下进行市场研究、设计、生产和服务，把企业各部门的研制质量、维持质量和提高质量的活动构成为一体的有效体系。”戴明、朱兰、费根堡姆的全面质量管理理论在日本被普遍接受。日本专家创造了全面质量控制（TQC）的质量管理方法。统计技术，特别是“流程图/分层法”、“调查表”、“排列图”、“因果图”、“直方图”、“散布图”、“控制图”被称为“老七种”工具的方法，被普遍用于质量改进。20 世纪 60 年代中期，北大西洋公约组织（NATO）制定了 AQAP 质量管理系列标准，该标准以美国 MIL-Q-9858A 等质量管理标准为蓝本，增添了对设计质量控制的要求。

20 世纪 70 年代，TQC/TQM 使日本企业的竞争力获得极大提高，轿车、工程机械、电视机、手表等机电产品占领了大批国际市场，促进了日本经济的复兴。日本质量革命的成功，使全面质量管理理论和方法在世界范围产生了巨大影响。日本质量管理学家石川馨、田口玄一等开发创造的质量管理技术和方法包括：JIT，准时化生产；Kanben，看板生产；Kaizen，质量改进；QFD，质量功能展开；田口方法；新七种工具等。由于田口博士的努力和贡献，质量工程学开始形成并得到巨大发展。

1979 年，英国制定了国家质量管理标准 BS 5750，将军方的质量保证方法引入民用市场经济环境，这说明质量保证标准不仅对军工有用，而且对整个工业界也产生了重大影响。ISO 开始组织世界知名质量管理专家，研究开发一套在国际范围推行的质量管理模式。

20 世纪 80 年代，克劳士比提出“零缺陷”的概念。他指出，“质量是免费的”，突破了传统上认为高质量是以高成本为代价的观念，论证了高质量将给企业带来高的经济回报。这一时期，全面质量管理运动在许多国家展开；美国、欧洲、日本、中国等许多国家设立了国家质量管理奖，以激励企业通过质量管理提高生产力和竞争力；质量管理不仅被引入生产企业，还被引入服务业，甚至医院、机关和学校；许多企业的高层领导开始关注质量管理。

随着国际社会的进步、全球经济一体化和市场化的发展，国际贸易需要遵循世界一致的质量管理标准，以便使区域之间、国家之间、组织之间，甚至人与人之间的贸易与合作具有相互信任的客观基础。同时，提供产品的组织希望能够采用一种有效的国际一致的方法在更广泛的范围证实自己的能力。国际社会对具有一定约束力的质量管理模式的需求日益迫切。在世界呼唤国际质量管理标准的时候，1979 年，ISO/TC 176 质量管理和质量保证技术委员会宣告成立，负责制定世界通用的质量管理和质量保证标准。ISO/TC 176 组织了 15 个国家的 100 余位质量管理方面的专家学者，在现代科学思想信息论、控制论和系统论的指导下，在研究英国标准 BS 5750 等一些国家标准的基础上，综合考虑世界各国的需要和发展的不平衡，历时数年，于 1987 年正式发布了国际通用的 ISO 9000 系列标准。ISO 9000 系列标准是 ISO 成立以来第一次向全世界发布的第一项管理类标准。ISO 9000 系列标准满足了世界范围在生产、交流和合作方面对通用质量管理标准的要求，顺应了世界贸易向着有严格规定的约束机制方向发展的历史潮流。因此，ISO 9000 系列标准颁布伊始，即得到了世界范围广泛的响应。

但是，正如 ISO 所言，管理标准应不断改进。1990 年，ISO/TC 176 决定对 ISO 9000 系列标准实施修订，并提出了《90 年代国际质量标准的实施策略》，即人们所称谓的《2000 年展望》。《2000 年展望》提出的目标是："要让全世界接受和使用 ISO 9000 族标准；为提高组织运作能力提供有效的方法；增进国际贸易、促进全球繁荣和发展；使任何组织和个人可以有信心地从世界各地得到任何期望的产品以及将自己的产品顺利销售到世界各地。"1994 年，根据《2000 年展望》提出的目标，ISO/TC 176 组织专家对 1987 版 ISO 9000 系列标准实施了第一阶段的修改，即有限修改。这种有限修改保持了 1987 版 ISO 9000 系列标准的总体结构和思路，仅对 ISO 9000 系列标准的技术内容作局部修订，同时提出了一些新概念和术语，并将 ISO 9000 系列标准定义为 ISO 9000 族标准（ISO 9000 family of standards）。1994 年完成第一次有限修改后，ISO/TC 176 对《2000 年展望》进行了补充和完善，提出了《关于 ISO 9000 族标准的设想和战略规划》。1996 年，在广泛征求意见及提出《2000 版 ISO 9001 标准结构和内容的设计规范》和《ISO 9001 修订草案》的基础上，ISO/TC 176 决定对 94 版 ISO 9000 族标准从结构、逻辑到内容实施重大修订。2000 年 12 月 15 日，ISO 正式发布了 2000 版 ISO 9000 族标准。与 94 版标准相比，2000 版 ISO 9000 族标准具有如下突出特点：信息论、控制论和系统论的科学思想方法更加突出；理论基础更加明确；对各种类型和规模的组织的适用性更强；标准结构的逻辑更符合人们的认识规律。ISO 9000 族标准的不断改进和发展，2000 版 ISO 9000 族标准的隆重推出，ISO 为世界各国提供了足够的信任，一场升级换版采纳新标准的热潮正以不可阻挡之势，涌向全球的每一个角落。早在 1996 年底，ISO 秘书长就 ISO 9000 的应用状况作了如下描述，ISO 9000 标准与其他标准相比起来，一是标准本销量最大；二是响应最迅速；三是响应范围最宽广，并把这些现象称为世界"ISO 9000 现象"。1987 年 3 月 ISO 9000 系列组织正式发布以后，我国迅即组建了"全国质量保证标准化特别工作组"。1988 年 12 月，我国正式发布了等效采用 ISO 9000 标准的 GB/T 10300《质量管理和质量保证系列国家标准》，并于 1989 年 8 月 1 日起在全国实施。1992 年 5 月，我国决定等同采用 ISO 9000 系列标准，制定并发布了 GB/T 19000-1992 idt ISO 9000:1987 系列标准，1994 年又发布了 1994 版的 GB/T 19000 idt ISO 9000 族标准。我国对口 ISO/T 176 技术委员会的全国质量管理保证标准化技术委员会（以下简称 CSBTS/TC 151），是国标准化组织（ISO）的正式成员，参与了有关国际标准和国际指南的制定工作，在国际标准化组织中发挥了十分积极的作用。CSBTS/TC 151 承担着将 ISO 9000 族标准转化为我国国家标准的任务，对 2000 版 ISO 9000 族标准在我国的顺利转换起到了十分重要的作用。目前，ISO 已经推出 2005 年板 ISO 9000 族草案，正在酝酿讨论过程中。

可以说，20 世纪 90 年代以来，伴随着 ISO 9000 族标准的发展，新的质量意识和质量工程方法也不断涌现。1994 年，朱兰提出：“即将到来的世纪是质量的世纪。”世界先进国家已经广泛应用计算机技术、信息技术和控制技术等进行质量策划、监测、控制改进等。如利用信息技术和网络技术监督现场服务质量、监视储存产品质量、在线控制生产线运行、在线检测产品质量、计算机辅助统计过程控制等质量工程技术的成果越来越多。

习题 1

1. 举例论证质量管理八项原则对组织生存和发展的作用。

2. 论述质量体系建立、实施、评价的过程和方法。

3. 如何理解“质量是符合要求，不是好坏”的观点？

4. 原始质量管理具有哪些特征？

5. 质量管理与质量工程有什么关系？质量工程具有什么特征？

6. 举例说明一种产品至少包含的质量工程环节（质量环）及可能采取的科学技术和方法。

7. 统计质量管理 SQM 或统计过程控制 SPC 对产品生产企业的突出贡献是什么？为什么得到美国国防部的青睐？

8. 全面质量管理与 ISO 9000 规范的质量管理体系模式有什么关系？

9. 为什么会产生三次质量管理飞跃？

10. 你对 20 世纪 50～70 年代日本的质量管理及其所带来的业绩有什么想法？中国的质量管理与工程存在什么关键问题，你认为如何突破？

11. 试举出一个质量工程案例供大家课堂分析。

第2章 质量管理与工程的一般工具

教学目标

掌握质量管理与工程的“老七种”工具和“新七种”工具，了解著名质量大师关于质量管理与工程的著名论断。

教学要求

能力目标	知识要点	权重	自测分数
掌握质量管理与工程的“老七种”工具	“老七种”工具方法原理	40%	
掌握质量管理与工程的“新七种”工具	“新七种”工具方法原理	40%	
了解著名质量大师关于质量管理与工程的著名论断	戴明、朱兰等质量论断	20%	

引例

在质量管理与工程领域，有一些质量工作者，包括审核员、咨询师等，没有全面掌握质量管理与工程中的一般工具，包括所谓“老七种”和“新七种”统计技术。由于这些统计技术对质量控制非常有效，因此被先进企业广泛采纳。采纳这些统计技术的企业，对那些不懂或懂得不深的咨询师和审核员颇有微词。采用这些统计技术，可以有效地改进过程和产品质量，如四川温江有一电子元件厂，采用统计过程控制后，生产线发生异常的现象由原来的10%下降到1%，大幅度提高了生产过程效率和产品质量。

在开展质量策划、质量控制、质量改进、质量保证的质量管理与工程活动中，需要采用基于现代管理原理和数理统计原理而形成的专门工具。在质量管理与工程领域，根据这些专门方法出现的早晚，归纳为“老七种”工具和“新七种”工具。“老七种”工具包括：分层法、调查表法、排列图法、因果图法、散布图法、直方图法、控制图法。“新七种”工具包括：关联图法、系统图法、KJ 法、矩阵图法、矩阵数据分析法、网络图法、PDPC 法（过程决策程序图法）。除“老七种”和“新七种”工具之外，国际著名质量管理与工程大师提出的一些著名论断，也是有效的质量管理与工程方法。本书将这些工具归纳为质量管理与工程的一般工具，是因为这些工具既基本而又适用面广，是从事质量管理与工程专业的必需基础。

本章对“老七种”工具和“新七种”工具原理进行系统完整的分析论证，并通过必要的案例解析应用过程和方法，旨在期望读者真正掌握并能在专业工作中灵活运用，取得成效。对质量大师个人经历及其著名论断也进行了较为详细的介绍，以引发和激励读者在质量管理与工程领域有所作为。

2.1 “老七种”工具

战后的日本，需要恢复经济技术的发展。也许是战争的经历使日本人感受到了美国技术的先进和强大，他们渴望探询美国人成功的经验。日本人选择了质量复兴日本的战略。1950—1990 年，日本人邀请质量工程技术专家美国人爱德华·戴明（W.Edward Deming）博士等先后到日本讲学。他们对美国人提出的全面质量管理思想产生了极大兴趣。戴明到日本传授 TQM 原理和方法，开始了深刻的质量救日本的运动。经过数年质量革命，到 20 世纪 60 年代中期，日本的机电产品开始风靡世界，产品质量已经开始超过美国货，引起了美国人和西方世界的极大震惊。

日本人在向美国人学习质量管理与工程技术和方法的时候，没有“人云亦云”，“亦步亦趋”，而是注重实效，灵活运用。美国人戴明也没有陷入深奥的数理学中，而是更注重质量工程的实用方法。因此，随着戴明博士在日本的讲学，日本人不断总结出了一些实用的统计技术。这些实用的统计技术，目前被称为质量管理“老七种”工具。“老七种”工具，可以应用于质量工程所有适用的阶段，但在质量改进过程中更具有针对性。

2.1.1 分层法原理及应用方法

在质量工程活动中，经常需要对获得的与质量有关的数据进行分析，以便发现问题，并进一步解决问题。

那么，面对摆在面前的“一大堆”数据，如何开展分析呢？答案是采用分层法。分层法，就是要把这“一大堆”数据，加以整理，分门别类，再展开分析。接下来的问题就是，如何分门别类。这是分层法原理的关键。

开展数据分析，具有明确的目的。如对于一定的质量问题，可能需要根据不同的人、不同的设备、不同的材料、不同的方法、不同的环境、不同的时间、不同的班次等情况，分析确定导致质量问题的主要因素。即分层法的关键在于分析的目的，“目的”决定“分层”。

如有甲、乙、丙 3 人，在其他条件等同的情况下，在一定时期中各生产了 1000 个零件。现在的问题是，要考查甲、乙、丙三人的生产技术水平。考查生产技术水平，可以通过甲、乙、丙 3 人生产的零件是否符合要求，来确定他们中间谁的生产技术水平更强。显然，此时应该按“不同的人”来“分层”，即收集数据开始，应该将甲、乙、丙 3 人加工的零件隔离存放，然后分别进行检验，确定每个人的合格品数和不合格数，合格率和不合格率等特征数据，从而确定甲、乙、丙 3 人在被测期间各自的生产技术水平。分层分析过程和结果见表 2-1。

表 2-1　甲、乙、丙生产技术水平分析表

人员	零件总数（件）	合格零件数（件）	不合格零件数（件）	不合格率（%）
甲	1000	980	20	2
乙	1000	970	30	3
丙	1000	1000	0	0
合计	3000	2950	50	2.7

如果其他生产条件不同，还可以继续分析导致不合格的主要因素所在。例如加工零件采用车床，工件旋转速度有 3 挡（1000 r /min，1100r/min，1200 r /min）。现在的目的是，通过数据分析来确定导致不合格的主要因素。此时显然应该按人和工件旋转速度的组合来分层。分层过程及分析结果见表 2-2。

表 2-2　导致不合格的主要因素分析表

人员	转速（r/min）	零件总数（件）	合格零件数（件）	不合格零件数（件）	不合格率（%）
甲	1000	1000	980	20	2
	1100	1000	1000	0	0
	1200	1000	980	20	2
乙	1000	1000	970	30	3
	1100	1000	1000	0	0
	1200	1000	970	30	3
丙	1000	1000	990	10	1
	1100	1000	1000	0	0
	1200	1000	990	10	1
合计		9000	8880	120	2.3

由表 2-2 可知，操作者乙在加工时工件转速为 1000r/min 或 1200r/min 的情况，是导致不合格的主要因素，操作者甲的技术水平也需要提高。

上述例子数据不多，因素也不多，比较容易计算。但“分层法”工具的关键在于采集数据。有时，为了通过实验确定产品或过程的主要影响因素，需要按分层法原理设计实验，此时的实验结果数据就具有所需要的“分层”，容易通过实验数据确定显著性影响因素。这样看来，分层法的原理在实验设计中占有重要地位，关于实验设计详见相应章节。

2.1.2 调查表法原理及应用方法

调查表，也叫检查表，根据调查目的，将通过直接或间接以及采用各种有效手段获得的相关数据和信息，利用简捷实用的表格予以描述，从而达到调查的目的。

在质量工程领域，调查的目的通常是为了改进产品的质量、过程和体系的有效性（达到目标的能力）。因此，至少需要存在3点调查。

（1）与产品质量有关的调查，如产品功能性能调查、不合格项调查、缺陷数和缺陷位置调查、不合格原因调查等。产品调查的目的，最终是为了改进产品质量特性，提高顾客满意度。

（2）与过程有效性有关的调查，如过程特性趋势调查、过程变差调查、过程能力调查、设备故障数和故障率调查、人员操作差错次数和差错率调查、过程关键特性调查、工序分布调查等。过程调查的目的，最终是为了改进过程特性，使过程在达到预期目标方面更有效。

（3）与体系有效性有关的调查，如体系质量目标变化趋势调查、质量成本变化趋势调查、业绩变化趋势调查、供方业绩调查、顾客分布及变化趋势调查、顾客满意度调查等。体系调查的目的，最终是为了改进体系的有效性，提高质量系统或组织总体的经营业绩。

在质量工程领域，调查表法一般用在质量问题的调查上，以便发现问题、分析问题和解决问题，使质量体系持续改进。

调查表法是用表格说话，表格的形式应力求新颖，表格的数据内容应真实且富有逻辑性。上节“分层法”所用表格也适用于用作调查表法中的表单。

调查表法的运用应与实际情况相协调。例如，对于一个新建工厂，应关注环境参数和构成资源状况的调查，如不同区域温度、湿度、噪声、烟尘等的调查。对于一个稳定生产的制造系统，应关注产品质量成本调查、产品变差调查、过程能力调查等。

作为一种启发，现在以“工序分布调查表”为例，说明根据具体情况开发调查表的过程。所谓工序分布调查表，实质上是描述某工序制造的产品的某一个质量特性的数据分布，用以考查该工序运转的结果偏离规范的情况是否在可以接受的范围，如果不可接受，则应分析原因并采取措施。

假设该工序加工一根轴，质量特性之一为轴的直径ϕ，其规范为 $9.5 \leqslant \phi \leqslant 10.5$。加工100件，检验100件，$\phi$的分布见表2-3。

表2-3 轴径ϕ工序分布调查表

工序名称：	工厂：
车间：	班组：
人员：	时间：
零件名称：	质量特性：
规范：	加工数：
检验数：	备注：

续表

频数	9.5	9.6	9.7	9.8	9.9	10	10.1	10.2	10.3	10.4	10.5
60											
50						/////					
						/////					
40						/////					
						/////					
30						/////					
						/////					
20						/////					
					/////	/////	/////				
10					/////	/////	/////				
		//	///	/////	/////		/////	/////	///	//	
0		2	3	5	15		15	5	3	2	0

合计频数

表中频数是每检验一根轴，读出直径数据，在相应表格单元格中画一适当符号。如直径为 10 的轴，在 100 根轴中有 50 根，在直径为 10 的一列表格中，在 10 个单元格中画 50 个适当的符号，每个单元格中画 5 个，如符号“/”。

2.1.3　排列图法原理及应用方法

1. 排列图方法原理

产品、过程、体系的实现过程受多种因素影响，概括地说，典型因素包括人的因素、机器的因素、材料的因素、技术和方法的因素、环境因素等。通常情况下，这些因素综合作用影响着产品、过程、体系的质量特性。如果这些因素处于受控状态（即这些因素的匹配符合预期规定），则产品、过程、体系的质量特性符合预期规范要求，存在一定的偏差也是正常的；否则，就不符合规范。那么，一旦产品、过程、体系出现了异常问题，哪些是主要问题？如果导致产品、过程、体系质量特性不符合要求的主要问题得以发现，则可以进一步分析导致主要问题的主要原因，以便消除原因，防止再次发生此类问题。关键问题解决了，一切问题都好办了。排列图就是发现主要质量问题的工具。

排列图又称帕累托图，是由帕累托（Vilfredo Pareto）创造的一种对引起质量事故的所有问题进行量化排列并分析寻找主要问题的方法。帕累托，意大利经济学家、社会学家，1848 年 7 月 15 日生于巴黎，1923 年 8 月 19 日卒于瑞士塞利尼，早年学习自然科学，1868

年在都灵大学获工程博士学位，毕业后从事过一段工程技术工作，1889 年前后转向研究经济学，1893 年任瑞士洛桑大学政治经济学教授，1906 年后致力于社会学研究，主要著作有《政治经济学讲义》（1896—1897）、《社会主义体系》（1902—1903）、《政治经济学教程》（1906）和《社会学通论》（1916）等。帕累托在研究社会经济问题时发现，社会上少数人占有绝大量财富而极其奢富，绝大多数人占有少量财富而极其贫困。这种少数人占有绝大多数财富左右社会经济发展的现象，使社会出现了“关键的少数”和“次要的多数”。后来，美国品管专家朱兰博士（J.M.Juran）把这个原理应用于品管上，并借用 Pareto 的名字，将此现象定名为“帕累托原理”，也叫“二八原则”。从朱兰博士对“帕累托原理”的二次开发以来，“帕累托原理”已经成为大家熟悉的排列图方法。

如图 2.1 所示，排列图由两个纵坐标、一个横坐标、几个根据问题频数大小按高低顺序依次排列的长方形和一条累计频数百分比（问题的频率）折线所组成。左边纵坐标表示质量问题的频数，右边纵坐标表示质量问题的频率，折线（分析线）表示质量问题的累积频率。横坐标表示统计到的所有质量问题，按影响程度的大小（即出现频数的多少）从左到右排列。

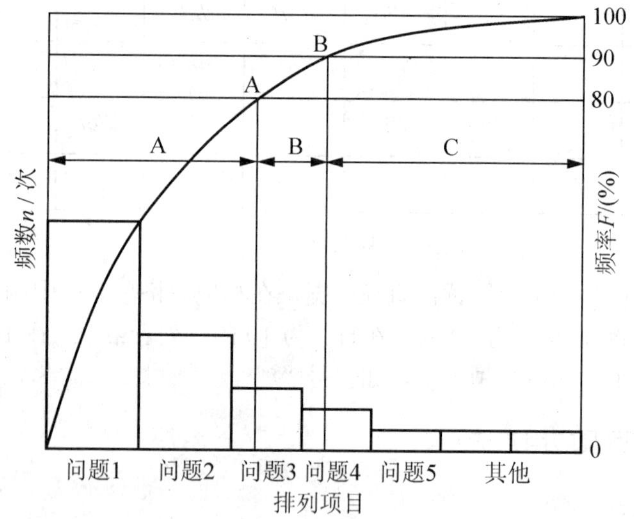

图 2.1　排列图原理

2. 排列图应用方法案例

某电子元器件制造有限公司生产各类电子开关，每天向客户提供 10000 只琴键开关，大概被退回 50%，这种情况长期存在，始终没有认真分析问题的症结所在。1999 年，公司推行 ISO 9000 质量管理体系模式，聘请咨询公司为其质量管理现状进行诊断，以便建立起有效的质量体系。咨询公司很快发现了大量退货问题，便询问老板与技术人员是什么问题导致出现这么多退货。老板和技术人员认为，琴键开关小，不好保证质量。咨询师采用排列图法，对一天的退货情况进行了分析，指出了主要问题所在。

首先采用调查表法，对退货的 10000 只琴键开关的质量问题列出统计分析表 2-4。

表 2-4　某公司 10000 只琴键开关质量问题统计分析表

序号	问题	频数（n_i）	累计频数（N_i）	频率（f_i）%	累计频率（F_i）%
1	设备落后	4500 只	4500 只	45	45
2	加工工艺差	3500 只	8000 只	35	80
3	人员培训不足	1500 只	9500 只	15	95
4	作业指导书有误	300 只	9800 只	3	98
5	检验疏忽	150 只	9950 只	2.5	99.5
6	运输损坏	50 只	10000 只	0.5	100

根据表 2-4 可以画出排列图，如图 2.2 所示。

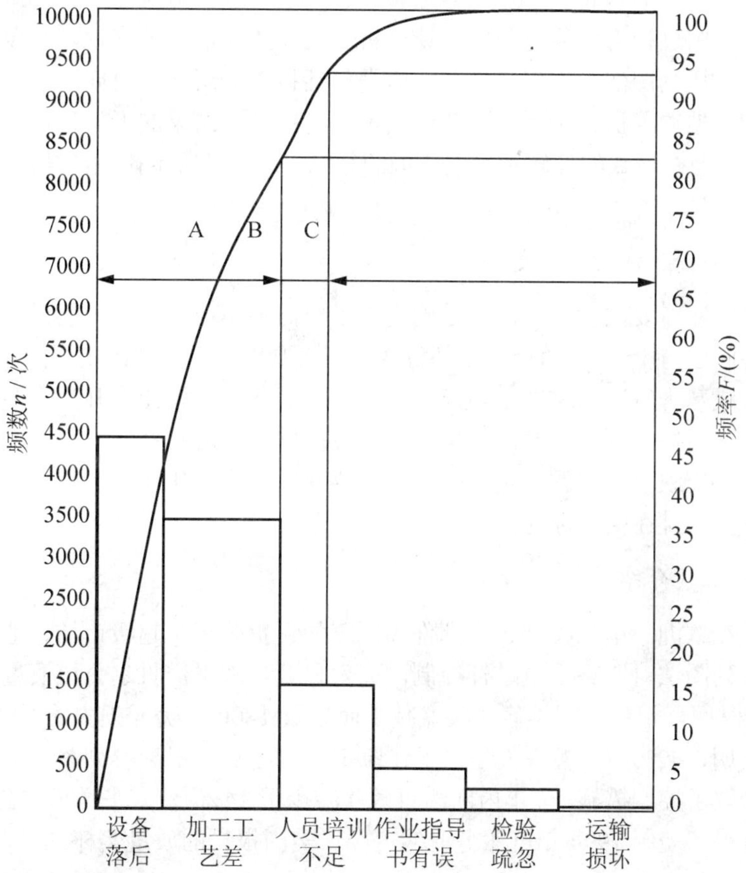

图 2.2　某公司 10000 只琴键开关质量问题的排列图

根据排列图，可以确定影响产品质量导致琴键开关大量被退货的主要问题（A 类问题）、有影响的问题（B 类问题）和次要问题（C 类问题）。

1）主要问题的确定

由图 2.2，画出累计频率为 80%的水平线，该水平线与累计频率折线交点为 A，过 A

点作垂直线，则此垂直线左侧的问题为主要问题。这就是所谓的“80%选 A 法”。

2）有影响的问题的确定

由图 2.2，画出累计频率为 90%的水平线，该水平线与累计频率折线交点为 B，过 B 点作垂直线，则此垂直线和过 A 点垂直线之间的问题为有影响的问题。这就是所谓的“80%～90%选 B 法”。

3）次要问题的确定

A 类、B 类问题以外的问题为次要问题（C 类问题）。

由图 2.2 可知，该公司发生琴键开关大量退货的主要问题是设备落后和加工工艺差。有影响的问题是人员培训不足。实际情况是，该公司为电子元器件类公司，生产线上设备技术水准很低，多为人工操作，人员素质较差。咨询师根据分析结果，向该公司提出整改措施建议：改进生产线，注重专业培训效果。有趣的是，该咨询师还提出了承包要求，承诺可为该公司提高 1 倍利润。

从排列图作图过程看，质量问题统计分析表格完成后，一般来说，主要问题就一目了然了。实际上，排列图法，不仅是作图，而是包括按“分层法”对问题的统计，以及统计表格的制作和数据的分析。最后画出图，只是对“排列”结果的形象化描述，这样做更能统一认识，对问题有一致的理解和采取协调的行动。因此，所谓排列图法，重要的是过程，而不是排列图本身。

3. 应用排列图应注意的问题

使用排列图法需要注意的是，一是确定的主要问题不应过多。一般说来，应用排列图法确定的主要问题为 1～2 项，最多不超过 3 项，否则将失去“列出主要问题”的意义。当采取措施解决或基本解决了这些主要问题后，原来的次要问题便上升为主要问题，可继续通过排列图法来解决问题。二是应适当合并一般问题。在通常储况下，不太重要的问题比较多，为了客观反映全面问题，也不失突出主要问题，且简化作图，可将这些一般问题合并为“其他”项，排在横坐标的末端。

4. 排列图业绩介绍

近年来，在欧洲、南北美洲、亚洲许多国家的百货公司、超级市场、地铁公司等服务部门均采用排列图法对服务质量进行控制，成效显著。太平洋贝尔公司质量改进小组，用 3 个月的业余时间，记录了因维修和收益减少而导致 1800 万美元损失的 2441 起事故。由排列图分析表明，42%的电缆损失是由于建筑工程引起的。根据排列图分析结果，该小组对建筑公司采取了控制措施，一年内断缆事故就减少了 24%，使太平洋贝尔公司节省了 600 万美元，并赢得了美国 1994 年度服务业的《今日美国报》的质量奖杯。

2.1.4 因果图法原理及应用方法

上节排列图列出了引起产品质量事故的 3 类问题。找到问题不是最终目的，而是找到问题的原因，以便消除导致问题的原因，不让导致质量事故的问题再度出现或预防这种问题的出现。那么，如何科学地找到发生问题的原因就是我们要学习的因果图法。

1. 因果图方法原理

1）定义

因果图（Cause and Effect Diagram）又称鱼骨图（Fishbone Diagram），在质量工程中，根据发现的质量问题（如通过排列图确定的主要问题），确定所有可能的原因，并分析确定主要原因的一种质量工程方法。该方法由日本质量控制兼统计专家石川馨（Kaoru Ishikawa）教授发明。石川馨教授，任教于日本东京大学，他是日本杰出的质量工程大师，1943 年他首次运用鱼骨图帮助川崎钢铁厂的工程师们理解造成生产问题的各因素之间是如何相互关联的。因此，因果图往往还被称为石川图（Ishikawa Diagram）。

2）方法流程

因果图方法工作流程如图 2.3 所示。

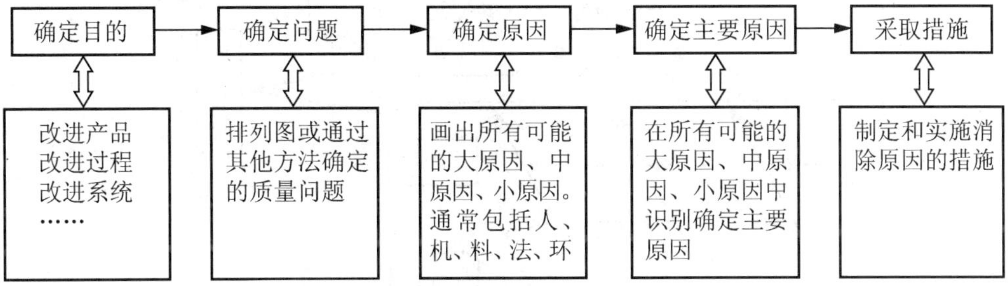

图 2.3　因果图方法工作流程

3）鱼骨图绘制

绘制鱼骨图分两个步骤：首先分析问题的原因/结构，然后绘制鱼骨图。

（1）分析问题原因/结构。

① 针对问题，确定大原因类别（如人、机、料、法、环等）。

② 按“头脑风暴法”（Brainstorming，一种通过集思广益、发挥团队智慧，从各种不同角度找出问题所有原因或构成要素的一种研讨会。“头脑风暴”有四大原则：严禁批评、自由奔放、多多益善、搭便车），分别对各类因素进行分析，识别确定所有可能的原因。

③ 将找出的各要素进行归类、整理，明确其从属关系。

④ 分析选取重要因素。

⑤ 检查各要素的描述方法，确保语法简明、意思明确。

分析要点：（a）确定大原因（大骨）时，现场作业一般从“人、机、料、法、环”着手，管理类问题一般从“人、事、时、地、物”层别，应视具体情况决定；（b）大原因必须用中性词描述（不说明好坏），中、小要因必须是可能导致问题出现的因素，必须使用价值判断（如操作工技术不稳定等）；（c）“头脑风暴”时，应尽可能多而全地找出所有可能的原因，而不仅限于自己能完全掌控或正在执行的内容。特别是对人的原因，宜从行动而非思想态度面着手分析；（d）小原因和中原因之间要有直接的“原因—问题”关系，对“原因—问题”的层层分析，应保证最后引出显而易见的对策；（e）如果某种原因可同时归属于两种或两种以上因素，以关联性最强者为准；（f）选取主要原因时，不要超过 7 项。

（2）绘图过程。

① 填写鱼头（矩形框，描述问题要点），画出主骨。

② 画出大骨，填写大原因（大因素）。

③ 画出中骨、小骨，填写中小原因（因素）。

④ 用特殊符号标识主要因素。

要点：绘图时，应保证大骨与主骨成 60° 夹角，中骨与主骨平行。

鱼骨图画法如图 2.4 所示。

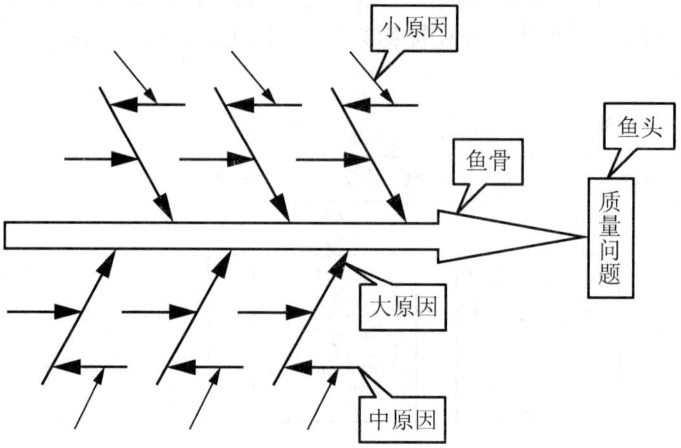

图 2.4　鱼骨图画法

4）特点

因果图能够全面考虑造成问题的所有可能的原因，而不是只看那些显著的表面原因。通过结构性的工作方法，找出造成问题的主要原因。鼓励团队参与，运用集体智慧，关注于因果分析，没有不相干的抱怨或争论，运用有序的、便于阅读的图表格式阐明因果关系。项目过程中，团队成员个人的学习、理解和分析，亦有利于增强组织的流程知识。能够发现工作中的不足，如信息缺乏、研究不深入等。因果图建立在“每一个问题都是由一定数量的原因造成的，这些原因本身又是由一些次级原因造成的；区别这些原因与次级原因，是解决问题的第一步，且是非常有用的一步”这样一种行为哲学上的。因此，采用这种方法，必须首先信任科学。

5）质量工程中两类重要因果图

（1）纠正型因果图：这种因果图可以对现实存在的问题进行分析，找到现实原因，采取纠正措施，防止再次发生此类质量问题。

（2）预防型因果图：这种因果图可以对潜在问题（将来可能会发生的问题）进行分析，找到潜在原因，采取预防措施，防止发生质量问题。

因此，可以将因果图划分为纠正型因果图和预防型因果图。纠正型因果图是在出现问题后所采取的一种质量工程方法；而预防型因果图是在问题还处于萌芽状态时，消除问题萌发的温床，防止问题的出现。因此，预防型因果图更具有质量控制意义，应该大力提倡。纠正型因果图和预防型因果图只是意义不同，在方法步骤上是一致的，但是在绘制因果图时，应该将“问题”更改为“潜在问题”，“原因”更改成“潜在原因”。

6）因果图法应用要点

（1）查找要解决的现实问题或潜在问题。

（2）把问题写在鱼骨的头上。

（3）召开头脑风暴会议，共同讨论导致问题出现的可能原因，尽可能多地找出问题。

（4）把相同的问题分组，在鱼骨上标出。

（5）根据不同问题征求大家的意见，总结出正确的原因。

（6）对于任何一个问题，研究为什么会产生这样的问题。

（7）针对问题的答案再问为什么，这样至少深入 5 个层次（连续问 5 个问题）。

（8）当深入到第 5 个层次后，问题已经“水落石出”了，则列出这些问题的原因，而后列出至少 20 个解决问题的方法，择关键有效的方法而采取行动。

2. 因果图法应用案例

上节排列图案例列出了导致琴键开关大量退货的主要问题为“设备落后”和“加工工艺差”，有影响的问题为“人员培训不足”。对这 3 个问题，可以应用因果图方法寻找导致主要问题的主要原因。如，对于“加工工艺差”的问题，以“为什么加工工艺差”为鱼头，按人、机、料、法、环类别逐层进行分析，得到如图 2.5 所示的纠正型因果图。

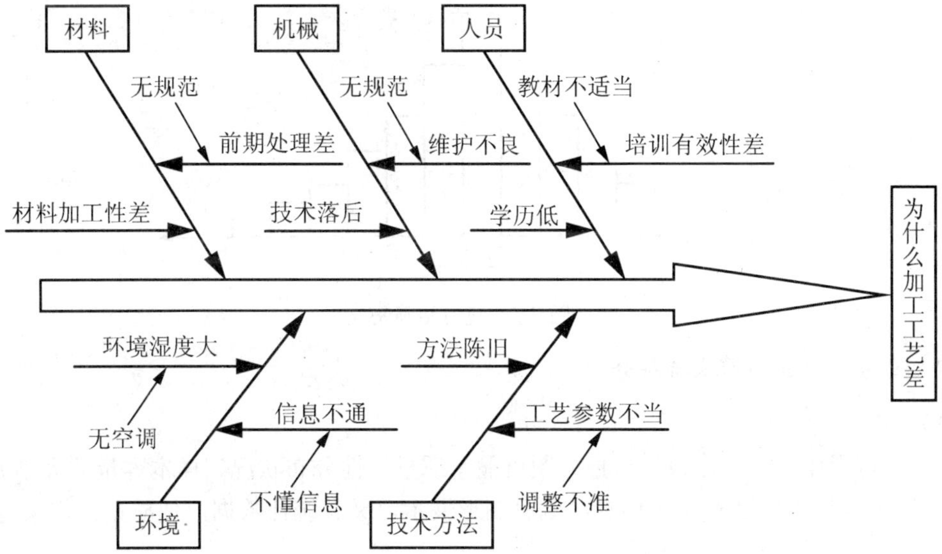

图 2.5　琴键开关加工工艺差问题因果图

通过对分层法、调查表法、排列图法和因果图法的介绍，可以发现这几种方法具有紧密的依存关系，也有人把它们称为解决质量问题的一组程序。分层法是基础、可以科学合理地获得数据；调查表可以把质量数据进行归纳和运算，是排列图的基础；排列图可以发现主要问题，是因果图的基础；因果图利用排列图对问题排列的结果，分析主要原因，为制定解决问题的对策提供依据。因此，一些质量工程方法需要联合运用。人们所说的“二图一表法”，即排列图、因果图、措施表（对策表），排列图“列问题”，因果图“找原因”，对策表“定措施”。

2.1.5 直方图法原理及应用方法

根据生产/服务过程获得的结果数据，分析确定生产/服务过程能力，从而进行必要的过程调整，这是质量工程的一项重要任务。而已经介绍的几种方法不能定量地对过程能力和状态进行分析和评价。

1. 直方图方法原理

一条生产线生产出来的产品具有人们所需要的某种质量特性，如零件的几何尺寸、力学特性、运动特性、物理特性、化学特性等。生产过程处于控制状态时，产品的质量特性数据应符合正态分布，即数据在均值两侧附近变化，质量特性数据为均值的概率密度最大，远离均值的数据概率密度小并趋近于零。因此，可以科学地测量产品质量特性，以确定数据的分布状况，进而评估生产过程是否正常。

直方图，也叫质量分布图，将一定数量（如 100 个）的产品样本数据，按由小到大分成若干等分数据区间，并计算落入每一区间的样本数（频数）。横坐标表示质量特性，每一小区间的中值代表该区间质量特性值，纵坐标表示频数，则一系列等宽不等高的矩形图就是直方图。直方图画法如图 2.6 所示。

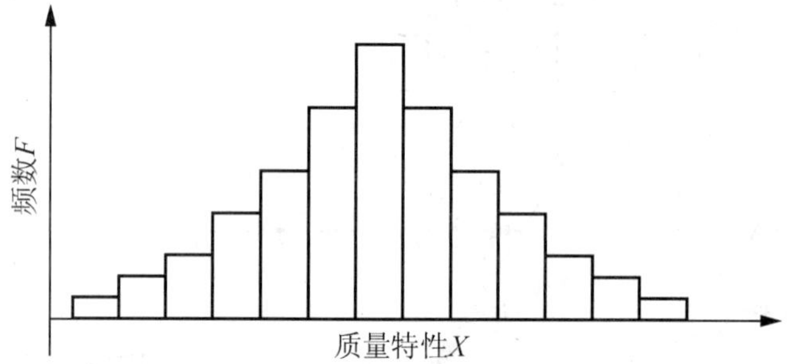

图 2.6 直方图画法

2. 直方图用途和形状特征分析

1）用途

（1）可用作质量工作报告。直方图可显示质量特性分布状况、样本容量的大小 n、样本平均值 x^*和样本标准差 s 等信息，既有图形展示，又有统计数据，使质量工作报告中心思想突出，内容集中，生动可信。

（2）可用于质量分析。不同资源组合起来的过程，会有不同的表现。通过直方图可以反映这种不同的过程形成的结果—产品的质量特性的分布状态，包括分布中心（均值 x^*）、特性离散程度（标准差 s）等，很容易区分不同资源组合的过程结果的特性，从而作出相应的评价，必要时对过程进行调整。在随机性因素（偶然性因素）干扰作用下，过程处于受控状态，过程结果的直方图呈正态分布。如果出现系统性因素（确定性因素），过程结果直方图将与正态分布形状不同。因此不同资源组合的过程，其结果的直方图与正态直方图进行比较后，能够发现过程存在的系统性问题。

（3）可用于过程能力分析。根据技术规范和直方图形状，可以计算过程满足公差要求的程度，即分析过程能力指数 C_P（见后续章节关于 SPC 的论述）。

（4）可促进现场人员质量意识的提高。反映工序的直方图悬挂于生产现场，对存在质量变异的过程是一种刺激，对稳定正常的过程是一种鞭策，有利于提高全员质量意识。

2）形状特征分析

（1）折齿形直方图：如图 2.7（a）所示，这种直方图往往未能反映过程的真实情况，可能是数据分组过多、测量读数有误等人为所致。

（2）陡壁形直方图：如图 2.7（b）所示，一般情况下，这种直方图所反映的情况是样本数据不是来源于过程的客观结果，而是对过程结果进行了全数检验，剔除了不合格以后所形成样本，因此在不符合公差一侧频数为零。

（3）孤岛形直方图：如图 2.7（c）所示，这种直方图反映过程条件曾一度发生较大变化，因此造成过程结果质量特性出现了暂时偏离的情况。

（4）双峰形直方图：如图 2.7（d）所示，这种直方图未能反映过程的真实情况，是数据分层不当造成的，一个峰代表一种类别。

（5）缓坡形直方图：如图 2.7（e）、（f）所示，这种直方图反映了加工习惯带来的影响，如加工孔往往偏小的多，加工轴往往偏大的多，这与“长铁匠短木匠”相似。

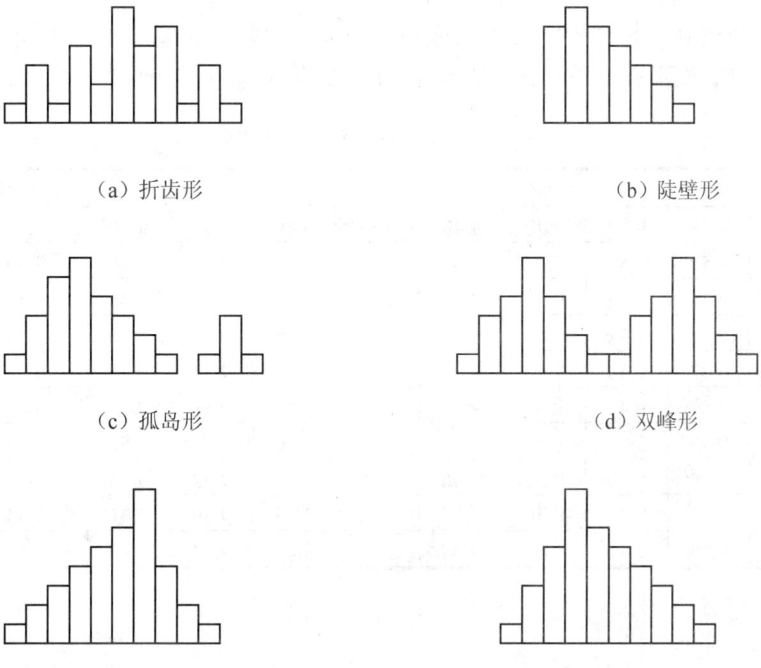

（a）折齿形　（b）陡壁形

（c）孤岛形　（d）双峰形

（e）左缓坡形　（f）右缓坡形

图 2.7 各种各样的直方图

3. 直方图设计

直方图设计步骤如下。

（1）采集数据。针对产品某一质量特性（一种产品可能有多个质量特性），手工收集或自动检测一定容量的样本数据，样本容量一般可取 100 个（n=100），将 100 个数据填入

10 行 10 列的数据表中。

例如，某机械厂工业工程师/质量工程师为了分析轴承外径分布情况，根据分层法原理，到现场测取 100 个轴承的外径，得到如表 2-5 所示的数据。

表 2-5　轴承外径样本数据

计量单位：mm

9.56	9.46	9.48	9.50	9.42	9.43	9.52	9.49	9.44	9.50
9.48	9.56	9.50	9.52	9.47	9.48	9.40	9.50	9.56	9.38
9.41	9.37	9.47	9.49	9.45	9.44	9.50	9.49	9.46	9.46
9.55	9.52	9.44	9.52	9.45	9.44	9.48	9.46	9.52	9.46
9.48	9.48	9.32	9.40	9.52	9.34	9.46	9.43	9.30	9.46
9.59	9.63	9.59	9.47	9.38	9.52	9.45	9.48	9.31	9.46
9.40	9.54	9.46	9.51	9.48	9.50	9.72	9.60	9.46	9.52
9.48	9.50	9.56	9.50	9.52	9.46	9.48	9.46	9.52	9.56
9.52	9.48	9.46	9.45	9.46	9.54	9.54	9.46	9.49	9.41
9.41	9.45	9.34	9.44	9.47	9.47	9.41	9.48	9.54	9.47

（2）找出样本数据的最大值 x_{max} 和最小值 x_{min}。可按行或列寻找每行或列中数据最大值和最小值，最后确定整个表中的最大值和最小值。为此，表 2-5 可以增加两列或两行并增加表头，见表 2-6。从表 2-6 中可以容易找到最大值 x_{max}=9.72 mm 和最小值 x_{min}=9.30 mm。

表 2-6　轴承外径样本数据

计量单位：mm

样本数据										最大值	最小值
9.56	9.46	9.48	9.50	9.42	9.43	9.52	9.49	9.44	9.50	9.56	9.42
9.48	9.56	9.50	9.52	9.47	9.48	9.40	9.50	9.56	9.38	9.56	9.38
9.41	9.37	9.47	9.49	9.45	9.44	9.50	9.49	9.46	9.46	9.50	9.37
9.55	9.52	9.44	9.52	9.45	9.44	9.48	9.46	9.52	9.46	9.55	9.44
9.48	9.48	9.32	9.40	9.52	9.34	9.46	9.43	9.30	9.46	9.52	9.30
9.59	9.63	9.59	9.47	9.38	9.52	9.45	9.48	9.31	9.46	9.63	9.31
9.40	9.54	9.46	9.51	9.48	9.50	9.72	9.60	9.46	9.52	9.72	9.40
9.48	9.50	9.56	9.50	9.52	9.46	9.48	9.46	9.52	9.56	9.56	9.46
9.52	9.48	9.46	9.45	9.46	9.54	9.54	9.46	9.49	9.41	9.54	9.41
9.41	9.45	9.34	9.44	9.47	9.47	9.41	9.48	9.54	9.47	9.54	9.34

（3）数据分组。将样本数据分成 k 组。k 的取值可以按表 2-7 样本分组数经验数值表选取。

表 2-7　样本分组数经验数值表

样本数量 n	适当分组数 k	一般选取的 k
50～100	6～10	10
100～250	7～12	
250 以上	10～20	

本例样本数 n=100，可选 k=10。由经验可知，样本容量应在 50 个以上，组数不能太少也不能太多。通常，组数应保证每组容量为 4～5 个数据。

确定 k 值还有其他方法，如由公式计算和 k-n 关系曲线图查图法选取，具体可参见文献[4]。

（4）确定组距 h。样本容量一定，组数一定，直方图个数也就确定了。直方图中每个小长方形的宽度是组距，因此需要确定组距 h。根据样本数据最大值 x_{max}、最小值 x_{min} 和组数 k，可以确定组距 h 为

$$h=（x_{max}-x_{min}）/k$$

根据表 2-6 给出的样本数据得

$$h=（9.72-9.30）/10=0.042（mm）$$

本例测量单位精度为 0.01mm，应将组距修整为测量单位的整数倍且为奇数，免得数据“踩线”（数据落在组的边界上）。故本例应选取 h=0.05mm。

（5）确定各组的边界值和代表值。以 x_i 表示组的代表值，以 x_{iL} 代表组的下边界值，x_{iU} 代表组的上边界值。因为直方图所反映的质量特性分布范围为[x_{min} ，x_{max}]，所以，首先根据最小值确定最左边的即第一组的上、下边界。第一组的下边界、上边界和代表值为

$$x_{1L}= x_{min}-h/2=9.30-0.05/2=9.30-0.025=9.275$$

$$x_{1U}=x_{min}+h/2=9.30+0.05/2=9.30+0.025=9.325$$

$$x_1=（x_{1L}+ x_{1U}）/2=（9.275+9.325）/2=9.30$$

其他各组的上下边界和代表值的计算方法为：下一组的下边界为前一组的上边界，上边界为前一组的上边界与组距之和。代表值仍然为上下边界和的 1/2，用一般公式表示为

$$x_{(i+1)L}= x_{iU}$$

$$x_{(i+1)U}= x_{(i+1)L}+ h$$

$$x_{i+1}=（x_{(i+1)L}+ x_{(i+1)U}）/2$$

根据上述计算方法，计算出各组的上、下边界和代表值，直到上边界包含了样本数据最大值 x_{max}。本例直方图数据见表 2-8。由表可知，虽然初选为 k=10，但最后分为 9 组数据，因为第 9 组的上边界已经包含了最大值 x_{max}。

表 2-8　直方图数据组计算

组号	边界值	代表值	频数
1	9.275～9.325	9.30	3
2	9.325～9.375	9.35	3
3	9.375～9.425	9.40	9
4	9.425～9.475	9.45	33
5	9.475～9.525	9.50	37
6	9.525～9.575	9.55	10
7	9.575～9.625	9.60	3
8	9.625～9.675	9.65	1
9	9.675～9.725	9.70	1
合计			100

（6）统计落入各组区间的样本数。对 n 个样本数据从小到大排序，然后统计落入各组区间个数，即频数。显然，应该采用计算机辅助检索完成，人工检索太麻烦。本例统计结果见表 2-8。

（7）画出直方图。根据表 2-8 画出直方图（图 2.8），画图时注意最大频数和坐标刻度，还应标出样本质量特性统计量，包括样本容量 n、平均值 x^* 和标准差 s，其计算原理见后续内容。

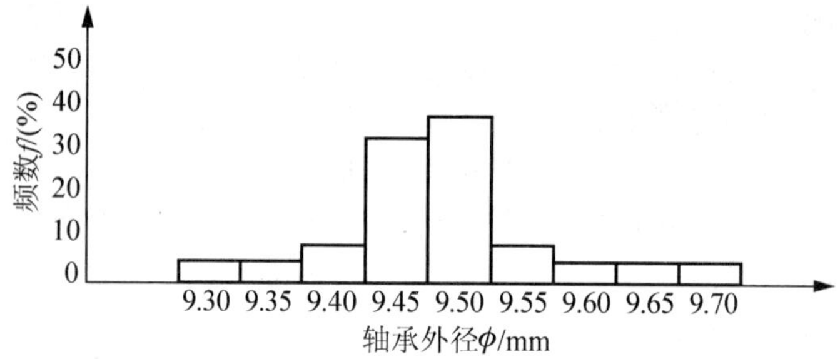

图 2.8　某工厂轴承外径直方图

4. *直方图方法数学原理*

正常情况下，生产过程受许多微小随机性因素影响（也称为普通因素，详见第 8 章），过程输出产品特性在这些因素作用下，不可能完全相同，而是具有一定范围的波动。但是，这种情况下，产品特性的波动是有规律的，即符合数学上一个著名的现象——正态分布。关于正态分布，概率论与数理统计论述很清楚，正态分布的中心决定于平均值，偏离中心的范围决定于标准差。图 2.6 是正态分布；图 2.7 是非正态分布，表明生产过程不正常，发生失控现象。关于均值特别是标准差对直方图的影响可以简单概括为，均值决定位置，标准差决定形状。关于直方图的数学原理更具体的内容，需要时可阅读相关书籍。

2.1.6　散布图法原理及应用方法

在产品的实现过程中，存在两类因素影响产品的质量特性，其一是随机性因素（偶然性因素），其二是系统性因素（确定性因素）。在一定生产力水平下，随机性因素是不可观测和不可控也无须控制的因素，在这种因素作用下产品质量特性的变化不会超出允许的界限，产品质量符合要求。而系统性因素是确定性因素，是构成过程的必要条件，可观测可控制，发生异常变化，产品质量特性则会超出允许的界限，产品质量将不符合要求。因此，在质量工程中，观测和控制这些决定产品质量特性是否符合要求的系统性因素，是一项重要的专业活动。

1. *散布图方法原理*

实际中，有些变量之间没有确定的函数关系，但具有相关关系。如产品质量特性与影响因素的关系，可能没有确定的函数关系，但却具有某种关联，即原因和结果的关系。

如何确定影响产品质量特性的因素之间存在相关关系？能否通过控制相关因素达到控制产品质量的目的？这就是散布图要回答的关键问题。

散布图也叫散点图，即在一个直角坐标平面内将两种因素发生变化的数据用图元（如圆点）标出来，形成散布图，以描述两种因素之间的关系。对于多于两个因素作用的场合，可以通过“两两散布”，确定因素之间的关系。当然，如果要分析一种因素与另外两种因素之间的关系，也可以开发三维空间散布图。更一般的情况，可以开发 N 维空间散布图，来描述某因素与 N-1 个因素之间的关系。但是，在实际中，目前较常运用的是平面散布图。本书也只是介绍平面散布图。

质量工程中的散布图所描述的因素之间的关系，可以是质量特性与原因之间的关系，以控制原因达到所需的质量特性；可以是质量特性与质量特性之间的关系，以控制达到最佳特性组合；可以是同一特性两个原因之间的关系，以寻找最佳控制路径，如通过控制容易控制的因素，达到控制质量的目的。

例如，棉纱水分含量与棉纱伸长度之间的关系、喷漆时室温与漆黏度的关系、热处理工艺淬火温度与硬度的关系，影响教学服务质量的教师情绪和学生情绪两个因素的关系等。图 2.9 所示的散布图描述了钢的淬火温度与硬度的关系（因素与特性的关系）。

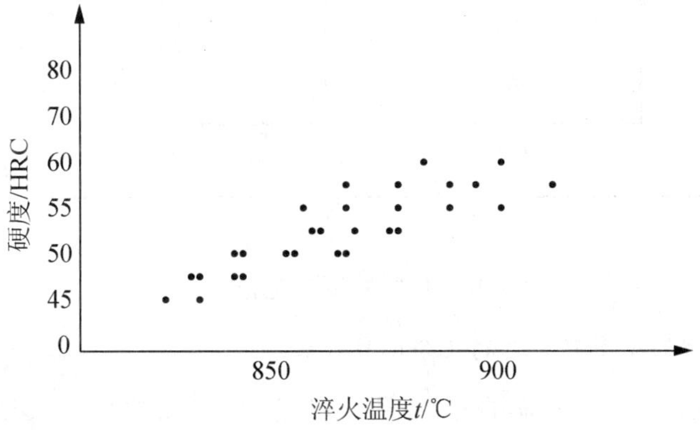

图 2.9　钢淬火温度与硬度的关系散布图

2. 散布图的绘制

散布图绘制有 3 个步骤。

（1）收集数据。收集将要研究的两种变量的数据对 30 组以上，并填入散布图数据表中。

（2）在坐标纸上画出坐标轴，并根据数据大小，确定坐标轴刻度。纵坐标越往上取值越大，横坐标越往右取值越大。

（3）将数据对点在坐标平面上。若有两组数据相同，以两重小圆圈表示；若有三组数据相同，以三重小圆圈表示；其余类推。

3. 散布图的几种特征

散布图的形状反映两因素之间的关系。如线性相关（正强相关、正相关、负强相关、负相关）、非线性相关、无相关关系等。相关关系散布图典型形状如图 2.10 所示。

显然，可以利用因素之间的相关特性，提出所需要的控制决策。例如，如果一个因素与另一因素具有强正相关，可以通过增大容易控制的因素，使另一因素也得以增大。另外，还可以通过回归分析，建立具有相关关系的量之间的回归方程，从而得到所谓的经验公式或称为辨识模型。这种回归分析，以前都是手工对实验数据进行计算，利用一些算法，得到回归公式；目前采用计算机及现成软件，很容易完成。

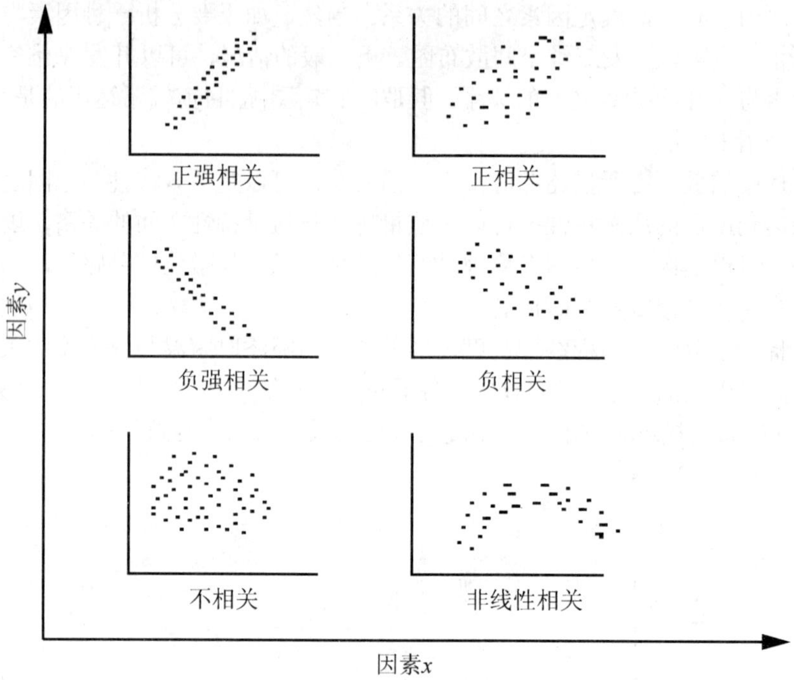

图 2.10　相关关系散布图典型形状

4. 设计和分析散布图应注意的几个问题

(1) 要注意对数据进行正确的分层，否则可能做出错误的判断。这是因为在不分层时，有时从整体上观察不到两因素间的相关性，但分层后却出现相关关系；反之，也可能在不正确的过细分层情况下看不出因素的相关性，而从整体上观察却存在相关关系。

(2) 观察是否有异常点或离群点的出现。对于异常点，应分析发生的原因，确定这种异常是否真实反映客观情况，如果是由于不正常的条件或错误造成的，就应将它剔除；对于那些找不出明显原因的异常点，应慎重处理，它们很可能包含着还没有认识到的其他规律。

(3) 由相关分析所得的结论，应注重数据的取值范围，应界定其适用范围。当取值范围不同时，应再做相应的试验与分析。

(4) 通过散布图可以对变量间的相关趋势做出估计，但是由于缺乏客观的统一判定标准，可靠性较低，还只能说是一种定性判断的方法。为了提高判断的精度，在实际工作中，常采用相关系数检验法。

5. 散布图相关系数的计算和检验

图 2.10 表明，两个变量一般用 x，y 来代表，前者代表自变量，后者代表因变量，具有某种相关关系。显然，图 2.10 还表明，x、y 所代表两个变量相关的情况是不同的，甚至是完全相反的，如正相关和负相关。为定义这种变量之间的关系，用一个系数来定义和表达，

即相关系数 r。$-1\leqslant r\leqslant 1$，$r=-1$，表明两个变量完全负相关；$r=1$，表明两个变量完全正相关；$r=0$，表明两个变量不相关。r 越接近于 1，两个变量正相关程度越强；r 越接近于-1，两个变量负相关程度越强；r 越接近于 0，两个变量相关程度越弱。因此，可以用相关系数来评价两个变量之间的相关程度。那么，如何计算两个变量之间的相关系数呢？相关系数的计算原理来自于概率论与数理统计的回归分析，需要时可阅读相关书籍，本书不展开论述和讨论。相关系数 r 的计算式为

$$r=\frac{\sum(x-\overline{x})(y-\overline{y})}{\sqrt{\sum(x-\overline{x})^2\sum(y-\overline{y})^2}}=\frac{L_{xy}}{\sqrt{L_{xx}L_{yy}}}$$

式中，r——相关系数；

$\overline{x}$——x 变量均值；

$\overline{y}$——y 变量均值；

L_{xy}——x 离差与 y 离差之积；

L_{xx}——x 离差的平方和；

L_{yy}——y 离差的平方和。

在质量管理与工程活动中，有时需要对两个变量的相关性进行判断，首先根据数据计算相关系数，然后还要检验计算得到的相关系数是否符合实际。例如，数据量不足，就可能获得不符合实际的结论。如就 2 个数组，因为平面上的两点肯定连成一线，相关系数不是-1 就是+1，即一定相关，不是完全正相关，就是完全负相关，显然实际情况有可能不是这样。因此，计算时利用的数组个数，对计算结果的置信度有很大影响，应该通过数学方法开发这种检验准则。还好，专门的统计学家为此准备了相关系数检验表，可以轻松地把计算结果与表格对照，获得响应判断。相关系数检验表见表 2-9。表格的使用方法为：计算 n 组数据的相关系数，确定置信度 α，根据 $n-2$ 和 α 确定表格中的用以比较的系数，如果计算的相关系数的绝对值大于或等于表中数据，则可确认两个变量确实存在相关关系，否则不能说明两个变量之间确实存在相关关系。

表 2-9　相关系数检验表

α / $n-2$	0.05	0.01	α / $n-2$	0.05	0.01
1	0.997	2.000	21	0.413	0.526
2	0.950	0.990	22	0.404	0.515
3	0.878	0.959	23	0.396	0.505
4	0.811	0.917	24	0.388	0.496
5	0.754	0.874	25	0.381	0.487
6	0.707	0.834	26	0.374	0.478
7	0.666	0.798	27	0.367	0.470
8	0.632	0.765	28	0.361	0.463
9	0.602	0.735	29	0.355	0.456
10	0.576	0.708	30	0.349	0.449

(续表)

α / n−2	0.05	0.01	α / n−2	0.05	0.01
11	0.553	0.684	35	0.325	0.418
12	0.532	0.661	40	0.304	0.393
13	0.514	0.641	45	0.288	0.372
14	0.497	0.623	50	0.273	0.354
15	0.482	0.606	60	0.250	0.325
16	0.468	0.590	70	0.232	0.303
17	0.458	0.575	80	0.217	0.283
18	0.444	0.561	90	0.205	0.267
19	0.433	0.549	100	0.195	0.254
20	0.423	0.537	200	0.138	0.181

2.1.7　控制图法原理及应用方法

关于控制图方法，本书在第 8 章中作为重点内容予以论述。

2.2　“新七种”工具

关联图法、KJ 法、系统图法、矩阵图法、矩阵数据分析法、PDPC 法以及箭条图法被称为质量管理与工程的“新七种工具”，是日本学者 1979 年正式提出用于质量管理的。一般说来，“老七种工具”的特点是强调用数据说话，重视过程控制；而“新七种工具”则基本是侧重定性运筹帷幄（非数据）的方法，关注的是 PDCA 循环的 P（计划）阶段的有关问题。

2.2.1　关联图法

关联图法，是指用连线图来表示事物相互关系的一种方法，也叫关系图法。如图 2.11 所示，图中各种因素 A、B、C、D、E、F、G 之间有一定的因果关系。其中因素 B 受到因素 A、C、E 的影响，它本身又影响到因素 F，而因素 F 又影响因素 C 和 G……这样，找出因素之间的因果关系，便于统观全局、分析研究以及拟订出解决问题的措施和计划。

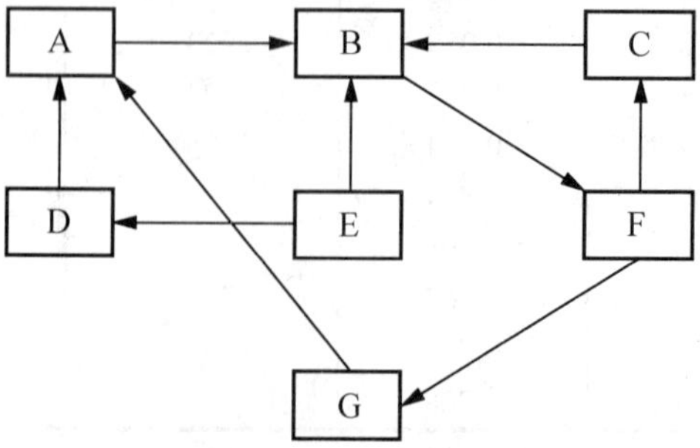

图 2.11　关联图

关联图的用途，归纳起来，至少可用于以下几个方面。

（1）制定方针、目标和计划等；

（2）不合格品原因分析；

（3）开发研究质量故障对策；

（4）规划过程和活动的开展；

（5）用户索赔对象的分析；

（6）其他适用的领域和方面。

关联图是由基本几何元素连接而成的，如矩形框、箭头。关联图制作步骤如下。

（1）确定与问题有关的因素；

（2）用简明而确切的文字或语言对确定的因素予以描述；

（3）把因素之间的因果关系，用箭头符号做出逻辑上的连接（不表示顺序关系，而是表示一种相互制约的逻辑关系）；

（4）根据图形讨论分析、复核和认可各种因素之间的逻辑关系；

（5）确定重点，确定解决问题的着手点，并制定措施计划。

关联图中箭头的指向，通常应符合以下习惯。

（1）对于原因—结果型关系的因素，箭头从原因指向结果（例，原因→结果）；

（2）对于目的—手段型关系的因素，箭头从手段指向目的（例，手段→目的）。

关联图一般有以下 4 种结构形式。

（1）中央集中型的结构特点是，最大限度地把重要项目、问题安排在图的中央位置，并将关系最密切的因素排在它的周围；

（2）单向汇集型的关联图的结构特点是把重要项目、问题安排在右边或左边，并按因果关系将因素从左向右或从右向左排列；

（3）关系表示型的关联图的结构特点是以各项目或各因素间的因果关系为主体的关联图；

（4）应用型关联图，以上面 3 种图型为基础而形成关联图是应用型关联图。

日本科技联盟曾就公司开展全面质量管理应从何入手的问题进行调查，并根据获得的调查结果，确定了如下几个与开展全面质量管理有关系的因素。

（1）确定方针、目标、计划。

（2）思想上重视质量和质量管理。

（3）开展质量管理教育。

（4）定期监督检查质量与开展质量管理活动的情况。

（5）明确管理项目和控制点。

（6）明确领导的指导思想。

（7）建立质量保证体系。

（8）开展标准化工作。

（9）明确评价标准尺度。

（10）明确责任和权限。

（11）加强信息工作。

（12）全员参与。

（13）研究质量管理的统计方法。

确定上述 13 项因素后，讨论分析确定了它们相互之间的因果关系，绘制出关联图（图 2.12）。通过关联图分析，确定首先应从第（1）项和第（6）项入手，解决进一步开展全面质量管理的问题。

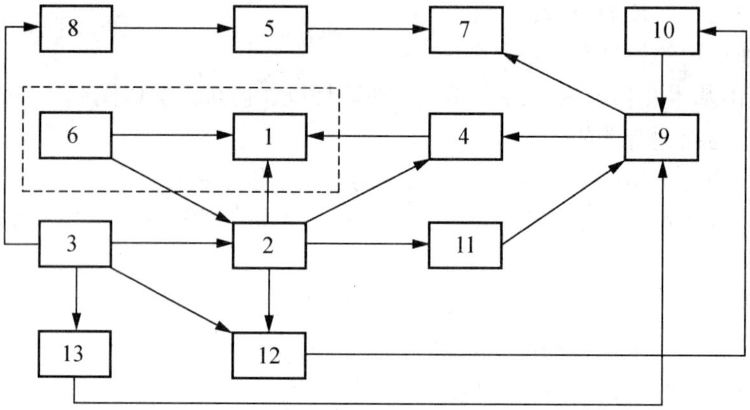

图 2.12　日本科技联盟关联图应用案例图

2.2.2　KJ 法

KJ 法是日本川喜二郎提出的。这一方法是从错综复杂的现象中，用一定的方式来整理思路、抓住实质、找出解决问题新途径的方法。

KJ 法与统计方法强调一切用数据说话有所不同，主要靠用事实说话、靠“灵感”发现新思想和解决新问题。KJ 法认为许多新思想、新理论，往往是灵机一动、突然发现。但应指出，统计方法和 KJ 法的共同点，都是从事实出发，重视根据事实考虑问题。KJ 法与统计方法的特点和区别见表 2-10。

表 2-10　KJ 法与统计方法的特点和区别

	KJ 法	统计方法
1	发现问题型	验证假设型
2	不需数量化、收集语言、文字类的资料（现象、意见、思想）	现象数量化，收集数值性资料（数据）
3	侧重于综合	侧重于分析
4	凭“灵感”归纳问题	用理论分析（即数理统计理论分析）

KJ 法的主要用途如下。

（1）认识新问题、新办法。

（2）整理归纳思想。

（3）从现实出发，采取措施，打破现状。

（4）提出新理论，进行根本改造，“脱胎换骨”。

（5）促进协调，统一思想。

（6）贯彻上级方针，使上级的方针变成下属的主动行为。

KJ 法工作步骤如下。

（1）确定对象。KJ 法适用于那种非解决不可且又允许花费一定时间去解决的问题。KJ 法不宜用于时间紧迫的问题的处理。

（2）收集语言、文字资料。收集时，要尊重事实，找出原始思想（“活思想”、“思想火花”）。具体方法可采用：直接观察法、面谈阅览法、个人思考法。应根据不同目的，采用适宜的方法，见表 2-11。

表 2-11　KJ 法收集语言、文字资料方法的选择

收集方法 使用目的	直接观察	面谈阅览	查阅文献	个人思考	回忆	检讨
认识新事物	◎	△	△	△	○	×
归纳思想	○	◎	○	○	○	◎
打破现状	◎	○	○	◎	◎	◎
脱胎换骨	△	◎	◎	×	○	○
参与计划	×	×	×	◎	○	○
贯彻方针	×	×	×	◎	○	○

符号说明：◎常用；○使用；△通常不使用；×不使用。

（3）把所有收集到的资料，包括“思想火花”，都写成卡片。

（4）整理卡片。对于这些杂乱无章的卡片，不是按照已有的理论和分类方法来整理，而是把自己感到相似的归并在一起，逐步整理出新的思路来。

（5）把同类的卡片集中起来，并写出分类卡片。

（6）根据不同的目的，选用上述资料片段，整理出思路和报告。

2.2.3　系统图法

系统图法是指系统地分析、探求实现目标的最好手段的方法。在质量管理与工程中，为了实现某种目的，需要采取某种手段；为了实现采取某种手段，又需考虑采取的下一层次相应的手段。这样，目的—手段—目的……便形成一个目的-手段链。因此，把要达到的目的和所需要的手段，按照系统来展开，按照顺序来分解，作出图形，就能对问题有一个全貌的认识。最后，从图形中找出问题的重点，提出实现预定目的的最理想途径。它是系统工程理论在质量管理中的一种具体运用。系统图结构如图 2.13 所示。

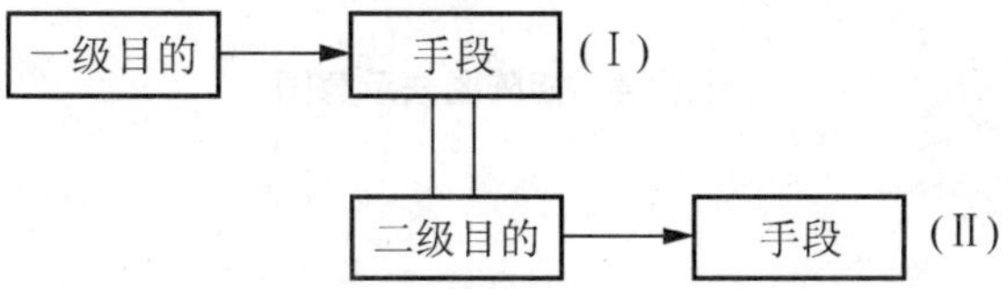

图 2.13　系统图法目的—手段系统结构示意图

系统图法的主要用途如下。

（1）新产品设计方案的展开。

（2）质量保证事项和工序质量分析事项的展开。

（3）目标和实施项目的展开。

（4）应用于价值工程功能分析的展开。

（5）结合因果分析图，使之进一步系统化。

系统图法的工作步骤如下。

（1）确定目的；

（2）提出手段和措施。

系统图法的步骤为如下。

（1）确定目的；

（2）提出手段和措施；

（3）评价手段和措施，决定取舍；

（4）把各种手段（或方法）都写成卡片；

（5）把目的和手段系统化；

（6）制定实施计划。

2.2.4 矩阵图法

矩阵图法是指以图形符号描述行、列因素关系的一种方法。这种方法，先把要分析问题的因素，分为两大类（如 *R* 类因素和 *L* 类因素），把属于 *R* 的因素（*R*1、*R*2…*Rm*）和属于 *L* 的因素（*L*1、*L*2…*Ln*）分别排列成行和列。在行和列的交点上表示 *R* 和 *L* 的各因素之间的关系，这种关系可用不同的图形符号予以表示（如用“○”表示有关系等）。图 2.14 所示为一般矩阵图。这种方法用于多因素分析时，可做到完整、清楚和突出重点。在质量管理中，可用于寻找新产品研制和老产品改进的着眼点和分析质量问题原因等方面。

		R					
		*R*1	*R*2	…	*Ri*	…	*Rm*
L	*L*1	△	◎		◎		△
	*L*2	◎	○		○		◎
		…	…		…		…
	Li	△	◎	…	◎	…	△
		…	…		…		…
	Ln	◎	△	…	△	…	◎

◎密切关系；○有关系；△好像有关系

图 2.14 矩阵图法示意图

2.2.5 矩阵数据分析表法

这种方法与矩阵图法类似，区别在于矩阵数据分析表法不是在矩阵图上填图形符号，而是填数据，形成一个数据分析矩阵。这种方法属于定量分析，而矩阵图往往属于定性分析（但如果图形符号代表数据，则是定量分析）。矩阵数据分析法往往需求借助电子计算机来求解。矩阵数据分析表见表 2-12。

表 2-12　矩阵数据分析表

		R					
		*R*1	*R*2	…	*Ri*	…	*Rm*
L	*L*1	5	9		14		18
	*L*2	35	57		89		100
		…	…		…		…
	Li	35	78	…	98	…	56
		…	…		…		…
	Ln	74	328	…	376	…	93

2.2.6　PDPC 法

PDPC 法（Process Decision Program Chart）又称为过程决策程序图法。它是在制定研制计划阶段，对计划执行过程中可能出现的各种障碍及结果做出预测，并相应的提出多种应变计划的一种方法，如图 2.15 所示。

图 2.15 中，为了将较高不合格品率 A_0 降低到可接受的范围 Z，计划采取两条途径实现目标，即 A_0—A_1—A_2—…Z 和 A_0—C_1—C_2—…Z。

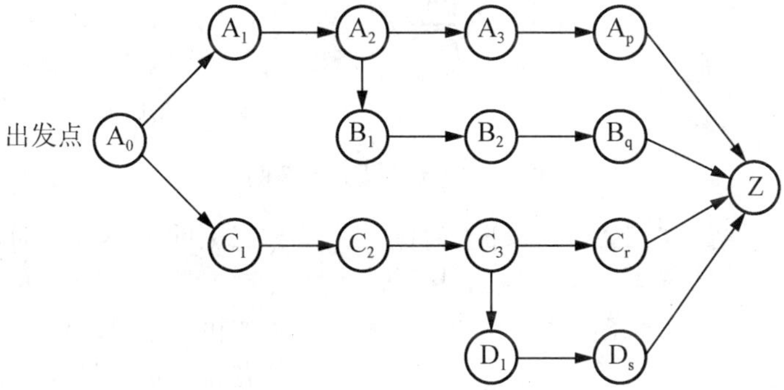

图 2.15　过程决策程序图

由于技术或管理上的原因，要实现措施 A_3 有不少困难。于是，从 A_2 开始制定出应变计划（即第二方案）经 A_1—A_2—B_1—B_2—…B_q 到达 Z 目标。在另一条路径中 C_r 的实现有困难，因此也策划了第二方案，即经 C_1—C_2—C_3—D_1—D_s 到达 Z 目标。这样，当前面的活动计划遇到问题，难以实现 Z 水平时，仍能及时采用后面的活动计划，达到 Z 的水平。

当在某点碰到事先没有预料到的问题时，就以此点为起点，根据新情况，重新考虑和制定新的活动计划，付诸实施，以求达到最终目标 Z。

2.2.7　箭条图法

箭条图法，又称矢线图法。它是计划评审法在质量管理中的具体运用，使质量管理的计划安排具有时间进度内容的一种方法。

箭条图法工作步骤如下。

（1）调查工作项目，把工作项目的先后次序，由小到大进行编号。

（2）用箭条→代表某项作业过程，如◎→①、①→②等。箭杆上方可标出该项作业过程所需的时间数，作业时间单位常以日或周表示。

可用经验估计法求出各项作业过程所需的时间。通常，作业时间按3种情况进行估计：乐观估计时间，用 a 表示；悲观估计时间，用 b 表示；正常估计时间，用 m 表示。则经验估计作业时间＝（a+4m+b）/6，这种经验估计法，又称三点估计法。

例如，对某一作业过程的时间估计 a 为2天，b 为9天，m 为4天。则用三点估计法求得的作业时间为（2+4×4+9）/6=4.5（天）。

（3）画出箭条图。假定某一箭条图，如图2.16所示。

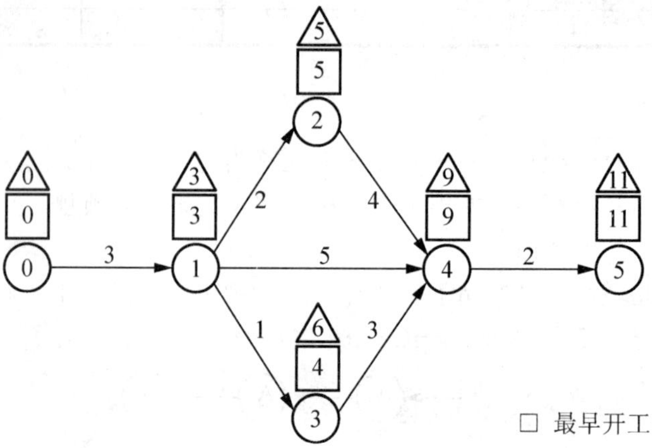

图2.16　箭条图法示意图

（4）计算每个结合点上的最早开工时间。某结合点上的最早开工时间，是指从始点开始顺箭头方向到该结合点的各条路线中，时间最长的一条路线的时间之和。例如，经过图2.16的结合点④，有3条路线，这3条路线的时间之和，分别为9，8，7。所以，结合点④的最早开工时间为9，通常可写在方框内表示。其他各结合点最早开工时间的计算同理。

（5）计算每个结合点上的最晚开工时间。某结合点上的最晚开工时间，是指从终点逆箭头方向到该结合点的各条路线中时间差最小的时间，如图2.16中的结合点①。从终点到①有3条路线，这3条路线的时间差，分别为3，4，5。所以，结合点①的最晚开工时间为3。通常可将此数写在三角形内表示。其他各结合点的最迟开工时间计算同理。

（6）计算富余时间，找出关键线路。富余时间，是指在同一结合点上最早开工时间与最晚开工时间之间的时差。有富余时间的结合点，对工程的进度影响不大，属于非关键工序。无富余时间或富余时间最少的结合点，就是关键工序。把所有的关键工序按照工艺流程的顺序连接起来，就是这项工程的关键路线。如图2.16中◎→①→②→④→⑤就是关键路线。

2.3　质量大师及其著名论断

质量及围绕质量而开展的各类活动，越来越受到国际社会的重视。长期以来，在质量管理科学与工程领域，许多专家学者辛勤耕耘，取得了不朽业绩，也提出了一些精辟论断。这些论断（实质是质量管理与工程的方法），在质量管理与工程领域中发挥着重要作用。

因此，作为管理科学与工程学科专业的学生，应该掌握这些著名论断的哲理和应用方法。

2.3.1　戴明 14 条

戴明博士于 1900 年 10 月 4 日生于美国爱荷华州，其父经营农场但收入不多，儿提时代的家属于贫穷阶层，少年时就开始打工，如点亮街灯、除雪、饭店打杂、洗床等。

戴明是颇负正义感和爱心的人。在日本指导“质量革命”期间，发现一位精神病医院的院长不能善待患者而愤慨，并利用他对当时驻日美军的影响力而将此人解聘。

戴明 1921 年于怀俄明大学（Univ. of Wyoming）本科毕业，1925 年于科罗拉多大学获得数学物理硕士，1928 年取得耶鲁大学的物理博士学位。戴明博士在大学期间在芝加哥西电公司的霍桑工厂认识了当时在贝尔研究所的 W.A.休哈特博士（美国早期著名数理统计专家），并于 1927 年相识后就成为亦师亦友的莫逆之交。

戴明博士毕业后应聘到华盛顿的美国农业部的固氮研究所工作。其间，他利用一年的休假到伦敦大学与 R. A. Fisher 做有关统计方面的研究。

戴明 1950 年应聘到日本讲学，并将其报酬捐出，而后几乎每年都赴日继续指导，奠定了日本企业界良好的质量管理基础。戴明的辉煌，质量大师的荣誉，也就伴随着日本质量革命给日本制造业带来的惊人业绩而享誉全球。

戴明博士的贡献可分为几个阶段。第一个阶段是对美国初期 SQC（统计质量控制）推行的贡献。第二次世界大战期间，这种 SQC 为反法西斯同盟战场做出了一定的贡献，如保证军工产品质量，确保军需物资及时到达指定地点等。第二阶段是对日本的质量管理的贡献。戴明博士早期辅导日本企业的质量管理时曾经预言，五年之内日本产品必将雄霸世界，事实果然不出所料，20 世纪 50 年代末日本机电产品已令人刮目相看，甚至超过美国货，日本企业界对戴明博士怀有最崇高的敬佩而称其为日本质量管理之父。第三阶段是对美国及全世界推行 TQM（全面质量管理）的贡献。由于日本质量革命的成功，让美国人震惊，更不可思议的是日本成功的背后竟然有一位美国人老师。1980 年 6 月 24 日美国广播公司（NBC)在电视播放举世闻名的“日本能，为什么我们不能”(If Japan Can, Why Can’ t We?)，使戴明博士一夜成名。从此以后美国企业家重新研究戴明的质量管理经营理念。戴明继续在美国及各国积极传授他的品质 14 条（Deming’s 14 Points），实际为美国各大公司如福特或 AT&T 公司提供品质顾问工作而收到了实质上的效果。事实上戴明品质 14 条就是美国在 20 世纪 80 年代开始盛行起来的 TQM 的基础。目前在美国及英国都有 Deming Institute（戴明研究院）。

戴明博士不但具有学问上的成就，对世界各国质量管理与工程学科的推动更有功不可没的伟大贡献，堪称一代宗师。戴明 14 条内容如下。

第一条 要有一个改善产品和服务的长期目标，而不是只顾眼前利益的短期观点。为此，要投入和挖掘各种资源。

第二条 要有一个新的管理思想，不允许出现交货延迟或差错和有缺陷的产品。

第三条 要有一个从一开始就把质量造进产品中的办法，而不要依靠检验去保证产品质量。

第四条 要有一个最小成本的全面考虑。在原材料、标准件和零部件的采购上不要只以价格高低来决定对象。

第五条 要有一个识别体系和非体系原因的措施。85%的质量问题和浪费现象是由于体系的原因，15%的是由于岗位上的原因。

第六条 要有一个更全面、更有效的岗位培训。不只是培训现场操作者怎样干，还要告诉他们为什么要这样干。

第七条 要有一个新的领导方式，不只是管，更重要的是帮，领导自己也要有个新风格。

第八条 要在组织内有一个新风气。消除员工不敢提问题、提建议的恐惧心理。

第九条 要在部门间有一个协作的态度。帮助从事研制开发、销售的人员多了解制造部门的问题。

第十条 要有一个激励、教导员工提高质量和生产率的好办法。不能只对他们喊口号、下指标。

第十一条 要有一个随时检查工时定额和工作标准有效性的程序，并且要看它们是真正帮助员工干好工作，还是妨碍员工提高劳动生产率。

第十二条 要把重大的责任从数量上转到质量上，要使员工都能感到他们的技艺和本领受到尊重。

第十三条 要有一个强而有效的教育培训计划，以使员工能够跟上原材料、产品设计、加工工艺和机器设备的变化。

第十四条 要在领导层内建立一种结构，推动全体员工都来参加经营管理的改革。

2.3.2 戴明循环

戴明循环（Deming Cycle）又称“PDCA 循环”，是由美国质量管理学家和统计学家戴明提出的一种全面质量管理方法。P、D、C、A 分别是英语 Plan（计划）、Do（实施）、Check（检查）、Action（处置）的字头。经过计划、实施、检查、处置 4 阶段构成一个循环。每经一次循环，解决一批质量问题，使产品质量和工作质量达到一个新的水平，然后再进入下一循环。戴明循环既是一个循序渐进的流程，也是一个反复的过程和可量化的过程。戴明循环包括 4 个阶段和 8 个步骤。

4 个阶段：①计划（Plan），根据市场要求，设计和制定质量目标，并提出实现目标的措施和办法；②实施（Do），按计划进行生产活动，实现设计目标；③检查（Check），检查计划的执行情况，确保产品质量和信誉；④处置（Action），对每一个循环进行总结。

8 个步骤：4 个阶段中主要内容的具体化。第一步，调查现状，确定问题；第二步，分析存在问题的原因；第三步，找出主要原因；第四步，制定计划和活动的措施；第五步，按预定的计划认真执行；第六步，调查了解采取对策后的实际效果；第七步，根据检查的结果进行总结；第八步，把本次循环没有解决的问题转入下一次 PDCA 循环中去。其中第一步至第四步是 P 阶段的具体化，第五步是 D 阶段的具体化，第六步是 C 阶段的具体化，第七、八步是 A 阶段的具体化。

PDCA 循环有如下 3 个特点。

（1）大环带小环。PDCA 循环可以同时在不同职能层次上实施，较高职能层次可以称为大环，较低职能层次可以称为小环，大环带动小环，一级带一级，有机地构成一个运转的 PDCA 循环体系。

（2）阶梯式上升。PDCA 循环不是在同一水平上循环，每循环一次，就解决一部分问题，取得一部分成果，工作就前进一步，水平就提高一步。到了下一次循环，又有了新的目标和内容，更上一层楼。

（3）PDCA 循环得以持续运转并不断提高的关键在于 A 阶段。

戴明循环在国际社会获得广泛认可，在质量工程领域被普遍运用。目前流行的质量体系模式 ISO 9000，充分运用了 PDCA 循环法则，如模式内容结构、过程方法等，都体现了 PDCA 循环思想。

PDCA 循环原理如图 2.17 所示。

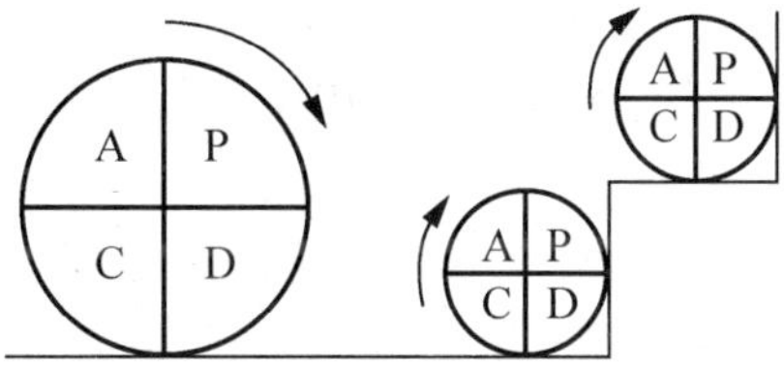

图 2.17　PDCA 循环原理

2.3.3　朱兰三部曲

朱兰（Joseph H.Juran，1904—2008），1904 年 12 月 24 日生于罗马尼亚布勒伊拉的一个贫苦家庭；1925 年获得电力工程专业理学士学位并任职于著名的西方电气公司芝加哥霍索恩工作室检验部；1937 年成为西方电气公司总部工业工程方面的主席；1928 年发表了《解决生产问题的统计方法》（Statistical Methods Applied to Manufacturing Problems） 的小册子；1951 年，发表了流行广泛的《朱兰质量控制手册》（Juran Quality Control Handbook）；1954 年到日本讲学并召开中高级管理者专题研讨会；1979 年建立朱兰学院，如今已成为世界领先的质量管理咨询公司。

朱兰是举世公认的现代质量管理的领军人物。他协助美国政府创建了美国马尔科姆·鲍得里奇国家质量奖，是该奖项监督委员会的成员。他获得了来自 14 个国家的 50 多种嘉奖和奖章。如同质量领域中的另一位大师戴明博士一样，朱兰对于日本经济复兴和质量革命也做出了巨大贡献，得到了上至日本天皇的高度赞誉。美国总统为表彰他在为企业提供产品和过程质量的基本原理和方法方面所做出的贡献，授予他国家技术勋章。在他所发表的 20 余部著作中，《朱兰质量手册》被誉为“质量管理领域的圣经”。朱兰大师于 2008 年 2 月 28 日逝世。

朱兰三部曲，也叫“质量三元论”。该论断将质量管理过程分为 3 个步骤：策划、控制和改进。

（1）质量策划（Quality Planning）：质量工作必须进行质量策划，设定目标和要求，规定完成目标和要求所需的资源、程序、作业指导书和质量记录等文件。

（2）质量控制（Quality Control）：致力于达到质量策划所设定的质量目标和要求。质量控制，通过采用适宜的技术和方法，特别是将要介绍的专门的质量工程方法，可以使过程结果达到策划要求。质量控制是“三部曲”的重要环节。

（3）质量改进（Quality Improvement）：致力于增强满足要求的能力。更合理和有效的质量控制技术和方法往往是在质量改进中被挖掘出来。一般情况下，质量改进活动内容和流程为：确定改进项目-组织项目团队—发现原因—找出解决方案—证明措施的有效性—处理文化冲突—对取得的成果形成规范。

2.3.4 朱兰突破历程

（1）突破的需求。管理层必须先明确突破的迫切性，并创造有利于实现突破的环境。因此，应搜集资料证明问题的严重性，如最具说服力的质量成本数据资料。为了获得丰富的资源推进改革，应将预期的效果用货币形式表示出来，并以投资回报率的形式展现出来。

（2）抓关键的少数项目。在众多的问题当中，要善于找出关键的少数，集中精力优先处理。

（3）寻求知识上的突破。成立两个不同的组织去领导和参与变革，其一为“策划委员会”，其二为“诊断小组”。策划委员会主要由来自不同部门的高层管理人员组成，让他们亲自负责制定突破计划、指出问题存在的原因，并授权作试点改革、协助克服突破的阻力，以及贯彻执行突破方案。诊断小组可以由质量管理专业人员及其部门经理组成，全面负责查找和分析问题。

（4）进行综合分析。诊断小组研究问题时首先要提出假设，必要时通过试验来找出真正的原因。此外，它还有一个重要任务，诊断小组应调查确定不合格品的出现是操作人员的责任还是管理人员的责任。

（5）决策怎样克服变革的抗拒。对变革中的关键人物，首先要使他们明确变革对他们的必要性。光凭逻辑上的论证是绝对不行的，必须让他们参与到制定决策及变革内容的工作中来。

（6）推进变革。所有要变革的部门必须密切合作，每一个部门都要清楚问题的严重性、解决方案、预期效果、变革所需成本，以及评估变革给员工带来的影响。管理者必须对这些因素进行全面的分析，并给员工提供适当的培训。

（7）建立监督体系。在变革过程中，必须有适当的监督系统，定期反映进度及有关的突发情况。适当的跟进工作非常重要，因为它能够监测整个实施过程和及时解决突发问题。

2.3.5 朱兰质量螺旋和二八法则

1994 年，朱兰博士预言，“20 世纪以‘生产力的世纪’载入史册，未来的 21 世纪将是‘质量的世纪’。”

“质量螺旋”或“质量环”，是朱兰博士提出的另一个关于质量控制的重要论断。朱兰认为，为了获得产品的最佳使用效果，需要进行一系列相关的质量管理与工程活动，包括市场调查、开发、设计、计划、采购、生产、控制、检验、销售、反馈等各个环节。这些环节，在产品的生命周期中，一环接一环，周而复始地循环，并不断得以改进，因此被称为“质量螺旋”或“质量环”。

朱兰博士依据大量的实际调查和统计分析认为，在发生的质量问题中，20%的问题是由于基层操作人员的失误造成的，80%的问题是领导者造成的；同时，80%的质量问题是在 20%的环节中产生的。这就是著名的 80/20 原则，也叫二八法则。因此，质量控制应依据这一法则，抓关键的人和控制关键的环节。

2.3.6　朱兰大质量观

朱兰认为，现代科学技术的发展和环境状况与质量密切相关。随着全球经济和科学技术的快速发展，有关质量的概念必然会拓展到社会各个领域，其中包括人们赖以生存的环境质量、卫生保健质量，以及人们在社会活动中的精神需求和满意度等。

2.3.7　克劳士比零缺陷

菲利浦·克劳士比（Philip B. Crosby），1926 年 6 月 18 日生于西弗吉尼亚州的惠灵市；1952 年任克罗斯莱公司质量部初级技术员、质量工程师，并加入美国质量学会（ASQ）；1957 年加入马丁玛瑞埃塔公司，先后担任高级工程师和质量经理；1961 年提出“零缺陷（Zero Defects）”的概念；1964 年获美国政府“杰出公民服务勋章”；1965 年任著名的 ITT 公司质量总监，1968 年升任 ITT 公司副总裁；1975 年担任 ASQ 总裁，因对质量运动的杰出贡献荣获 ASQ 的“爱德华奖”；1979 年出版颇具创意的《质量免费》（Quality is free）一书，奠定了大师地位，标志着质量管理学的诞生；1979 年创立了 PCA 及克劳士比质量学院；1981 年 PCA 设立“灯塔奖”；1984 年出版《质量无泪》，成立“质量书苑”，启动“校友会”制度；1985 年 PCA 在美国证券交易所（Amex）上市，开创了全球管理咨询机构资本化运作的先河；1986 年被美国筹款执行委员会（SFE）评为“年度杰出慈善家”；1995 年世界最大的专业组织之一“美国竞争力协会”（ASC, American Society for Competitiveness）专门设立了“克劳士比奖章”（Philip B. Crosby Medals）用于奖励全球在质量与竞争力方面具有杰出成就的企业和个人，IBM、GE、米利肯（Millikan）、可口可乐、SCI 系统、朗讯科技和福特汽车等都曾经因为卓越贡献而获得该奖章；2000 年 5 月 28 日，荣获麦克菲里奖（W.M. McFeely），该奖旨在颁给为国际管理委员会（IMC）和在管理界的教育与训练领域有杰出贡献的个人，历史上获得同此殊荣的还有戴明等；2001 年，获美国质量界最高荣誉——美国质量学会“ASQ 终身荣誉会员”；2002 年，美国质量学会（ASQ）设立以克劳士比命名的“克劳士比奖章”以提携、表彰质量管理方面的优秀作家；2001 年 8 月 18 日，在北卡罗林纳州高地市家中病逝，享年 75 岁。 克劳士比发表的 15 部畅销专著中，《质量免费》由于引发一场美国以及欧洲的质量革命而备受称赞，该书被译成 16 种文字，销量已超过 250 万册。

克劳士比对世人有卓越贡献及深远影响，被誉为当代“伟大的管理思想家”、“零缺陷之父”、“世界质量先生”，终身致力于“质量管理”哲学的发展和应用，引发全球质量活动由生产制造业扩大到工商企业领域。

克劳士比零缺陷经历了4个发展阶段。

（1）探索期（1952—1957年），在克罗斯莱公司和本迪克斯公司工作，先后担任质检员、质量工程师和可靠性工程师工作，并作兼职售货员。其间，他用医学的思维和售货员的逻辑思考工业组织，提出了“缺陷预防”的概念。

（2）形成期（1957—1965年），在马丁公司作质量经理和“潘兴”导弹项目经理期间，从人类学和管理学方面省思，提出了“零缺陷”的概念和“过程管理”的方法，并付诸实践。

（3）发展期（1965—1979年），在ITT担任质量总监和公司副总裁期间，从经营管理的角度提出了用钱来衡量质量的基本概念和方法；从文化变革的战略层面提出了“质量组织”、“质量学院”的基本概念和方法，并一一付诸实践。

（4）成熟期（1979—2002年），在担任ASQ（美国质量协会）总裁及创立和领导“克劳士比学院”期间，提出了“质量免费”的原理、质量管理的“四项基本原则”、组织的“质量完整性”概念、“质量领导力”概念，以及“创建质量文化”、创建“永续成功的组织”和“可信赖的组织”的理论与方法。

克劳士比零缺陷内容中的“零缺陷”又称无缺点，主张一个组织应发挥人的主观能动性来进行经营和管理，生产者和工作者要努力使产品和业务没有缺点，并向更高质量目标奋斗。“零缺陷”要求生产者一开始就把工作做得准确无误，在生产中从产品的质量、成本与消耗，交货期等方面的要求来合理安排，而不是依靠事后的检验来纠正。零缺陷强调预防控制和过程控制，第一次把事情做对并符合要求。开展零缺陷运动可以提高全员对产品质量和业务质量的责任感，从而保证产品质量和工作质量。

2.3.8 克劳士比四项基本原则

原则1：质量即符合要求，而不是好。

原则2：预防产生质量，检验不能产生质量。

原则3：产品和工作标准是零缺陷，而不是“差不多就好”。

原则4：不符合要求的代价是金钱，而不是其他。

2.3.9 费根堡姆TQM/TQC

阿曼德·费根堡姆（Armand Vallin Feigenbaum），1920年出生于纽约，先后就读于联合学院和麻省理工学院（MIT），1951年毕业于麻省理工学院，获工学博士学位；1942—1968年在通用电气公司工作，1958—1968年任通用电气公司全球生产运作和质量控制主管，1992年入选美国国家工程院。费根堡姆发展了“全面质量管理/控制”思想，被称为“全面质量控制之父”。

费根堡姆主张用系统或者说全面的方法管理质量，在质量工程中要求所有职能部门参与，而不局限于生产部门。这一观点要求在产品形成的早期就建立质量，而不是在既成事实后再做质量的检验和控制。概括地说来，全面质量控制就是全面（不仅仅是产品，还包括工作）、全员（不仅仅是生产部门和人员，而是所有人员）和全过程（整个产品生命周期）的质量管理。

2.3.10　田口方法

田口玄一（Genichi Taguchi）博士出生于 1924 年，于 1942—1945 年服务于日本海军水路部天文科，之后在公共卫生与福利部以及教育部的统计数学研究所工作。1950 年，他加入日本电话与电报公司组建的电子通讯实验室，在那里他训练工程师使用有效的技巧来提升研发活动的生产力。田口博士在该实验室待了超过 12 年的时间，于此期间逐渐发展了他的方法，质量“三次设计”法，即系统设计（总体设计/一次设计）、参数设计（二次设计）和容差设计（三次设计）。其中，系统设计确定产品总体结构，参数设计定量地确定产品结构数据，容差设计是权衡产品各构成部分偏离规范带来的质量损失。参数设计是田口方法的核心。

田口博士在电子通讯实验室工作的期间，也广泛地担任日本企业的顾问，因此在 20 世纪 50 年代的早期，即有日本公司开始大规模应用田口方法，包括丰田公司及其附属的公司。田口于 1951 年出版了第一本专著，《介绍正交表》（Orthogonal arrays）。

其他有关质量的著名论断，有兴趣的读者可检索网络查找。

习题 2

1. 应用排列图和因果图分析考试成绩低（质量问题）的主要原因，并提出有效对策。
2. 应用直方图分析一个生产过程中产品质量数据分布状况（提示：采用计算机模拟方法产生 100 个随机数作为样本）。
3. 寻找一个实际例子，运用散布图和相关分析，确定两个因素的相关关系。
4. 举例应用 PDCA 法则。
5. 应用箭条图分析一种活动的关键路线。
6. 简述“老七种”和“新七种”质量管理与工程工具的关键内容和主要区别。
7. 分析“戴明循环”的工作原理。
8. 分析朱兰“三步曲”的工作原理。
9. 如何理解克劳士比的“四项基本原则”？
10. 如何理解朱兰的“二八法则”？

第3章 质量管理体系模式化方法

教学目标

了解 QMS 模式化的必要性和先进 QMS 模式的特点；理解和掌握国际通用 ISO 9001 QMS 模式的结构和内容，能够应用 ISO 9001 QMS 模式设计、实施和评价 QMS。

教学要求

能力目标	知识要点	权重	自测分数
能够说明 QMS 模式化的必要性	QMS 模式必要性分析	5%	
能够描述国际流行的几种先进 QMS 模式	国际先进 QMS 模式特点	10%	
能够应用 ISO 9001 QMS 模式进行设计和分析	ISO 9001 QMS 内容解析	85%	

引例

20 世纪 80 年代末开始流行于国际社会的质量管理体系模式，已经得到近 170 多个国家和地区的认可和采纳，足见其在质量管理与工程中具有的重要地位。20 世纪 90 年代，广东东莞后街是鞋的世界加工厂。美国某公司在后街有 17 家制鞋厂供应商，为了保证鞋的质量,美国公司每年对 17 家制鞋厂的质量管理体系进行审核，合格者可列入合格供应商名录，否则排除在合格供应商名录之外。被列入合格供应商名录的鞋厂，也不是高枕无忧，因为每年被评价一次。1998 年，为了使质量管理体系持续满足美国公司的要求，这 17 家鞋厂联合寻求咨询专家，为其策划建立和推行国际标准模式规范的质量管理体系。咨询专家根据国际惯例，将 ISO 9000 质量管理体系模式引入上述 17 家企业。经过 3 个月的培训、建立手册、程序和开展活动，这些制鞋厂有了良好的质量管理体系 QMS，能够持续稳定地满足要求，获得了美国公司的赞许。

一方面，随着国际经济贸易与技术合作的日益广泛和深入，国际市场对进入者的资格有了越来越严格的要求，国际社会呼唤建立和推行国际统一的质量管理体系模式。另一方面，人类长期的与质量管理与工程有关的科学方法的研究和工程技术的积累，已经具备在国际范围建立和推行统一的质量管理体系模式的条件。因此，20 世纪 80 年代末，国际标准化组织推出了一套国际质量管理体系模式 ISO 9000 族标准，包括 ISO 9000、ISO 9001、ISO 9002、ISO 9003、ISO 9004，2000 年更新为 ISO 9000、ISO 9001、ISO 9004、ISO 19011。其中，ISO 9000 为基础和术语、ISO 9001 为质量管理体系要求、ISO 9004 为业绩指南、ISO 19011 为管理体系评价指南。目前，全球已有 170 多个国家采纳 ISO 9000 族标准，推行国际通用的 QMS 模式。因此，管理科学与工程类专业学生应该了解 QMS 模式的产生、发展及其应用情况，对 ISO 9001 QMS 模式要求应该有更深入的学习和讨论，以便日后开展类似的工作。

3.1　QMS 模式化的必要性

促进世界范围质量管理与工程进步的 ISO 9000 族 QMS 模式是世界上许多经济与科技发达国家质量管理实践经验的科学总结，具有通用性、指导性和理念及结构的先进性，能够促进世界范围质量管理体系的建立、运行和改进，能够将全面质量管理的质量意识和方法通过一种体系发挥实效，能够促进质量工程的深入开发和大范围应用，系统和全面地提高质量管理水平。

（1）在质量管理与工程方面，有利于形成国际一致的质量意识和国际交流。ISO 9000 QMS 模式对质量管理原则（八项原则）、原理（十二条原理）和术语（八十条）以及概念逻辑（属种逻辑、从属逻辑和关联逻辑）都做出了明确规定和论证，使得推行国际模式标准的国家在质量概念上能够达到高度统一。

（2）扶优限劣。国际通用的 QMS 模式的提出，使得可以在世界范围内对质量管理体系水平开展评价，并在国际国内贸易中作为一种除产品技术外的附加要求，形成一种合理的管理限制，形成一种市场准入的质量保证制度。这样一来，对质量管理符合要求的，就有了一种资格，就可以在有这种要求的范围开展经济贸易；反之，就没有这种资格，就不能在这些范围开展经济贸易。

（3）有利于提高产品质量，保护消费者利益。现代科学技术的飞速发展，使产品向高科技、多功能、精细化发展。但是，消费者在采购或使用这些产品时，一般都很难在技术上对产品加以鉴别。国际通用的 QMS 模式能够实现产品质量持续稳定地符合要求，无疑是对消费者利益的一种最有效的保护。如模式对供应商的要求，提高了合格供应商提供的产品的质量可信程度。

（4）为提高组织能力提供了有效的方法。ISO 9000 族标准鼓励组织在制定、实施质量管理体系时采用管理的系统方法和过程方法，通过识别和管理众多相关联的活动，以及对这些活动进行系统的管理和连续的监视与控制，以实现符合要求的产品。过程方法及 PDCA 法则是质量改进的基本逻辑，能够增强组织满足要求的能力。

（5）有利于增进国际贸易，消除技术壁垒。没有国际通用的 QMS 模式，各国按自己的质量体系模式提出贸易附加技术要求，则在国际经济贸易中，形成的技术壁垒会五花八门，使人会四处碰壁。特别是发展中国家，受到的限制就会更多。显然，建立国际通用的QMS 模式，采用恰当的国际认可和评价机制，能够消除这种技术壁垒。当然，国际通用的QMS 也是一种贸易技术壁垒，这是国际社会公认的合理的可以接受的贸易附加要求，只要积极推行就可以符合要求，也就没有了这种壁垒。

（6）有利于持续稳定地满足顾客的需求和期望。顾客要求产品具有满足其需求和期望的特性，这些需求和期望在产品的技术要求或规范中表述。但是顾客的需求和期望是不断变化的，这就促使组织持续地改进产品和过程 QMS 模式。这不是产品要求，而是为任何一个组织持续稳定地满足顾客的需求和期望提供了一条有效途径，能够保证组织持续改进和持续稳定地满足顾客的需求和期望。

（7）减少浪费。ISO 9000 QMS 模式要求组织的质量管理合理组合资源并进行运作的监视、测量、预防和改进，这就从体系上有利于避免或减少不合格，从而减少过程浪费。过程浪费是实质浪费，必须靠管理体系解决。另外，作为组织的顾客和重要相关方，有权要求通过 QMS 保证产品质量和服务质量，并有权实施相关评价活动。这样一来，一个组织可能面临大量顾客评估（包括国内和国外顾客）和相关方评估，出现大量重复评估，给组织和顾客等都带来麻烦和浪费。而 ISO 9000 QMS 模式可以由第三方认证机构（独立于组织与顾客之外的组织）对 QMS 进行认证，顾客和相关方可以相信第三方认证的结果，减少或避免重复评估，减少大量浪费。

3.2 先进体系模式介绍

在一些特殊行业中，如国际汽车行业、电信行业、软件行业等，在 ISO 9000 QMS 模式基础上，规定了一些附加要求，因此构成了行业通用 QMS 模式。

3.2.1 国际汽车行业 QMS 模式 ISO/TS 16949

1. 产生和发展

1996 年，世界先进汽车制造厂商组成国际汽车工作小组（the International Automotive Task Force，IATF）。ISO/TS 16949 就是由国际汽车工作小组和日本汽车制造协会在ISO/TC 176 质量管理和质量保证委员会的支持下共同制定的。ISO/TS 16949 是以 ISO 9001 为基本要求、美国三大汽车公司（福特、通用和克莱斯勒）的质量体系模式 QS 9000、德国汽车行业质量体系模式 VDA 6.1、意大利汽车行业质量体系模式 AVSQ 和法国汽车行业质量体系模式 EAQF 为基础整合成的通用汽车工业质量体系模式要求。

1999 年 10 月，IATF 正式提交 ISO 国际标准化组织批准和发布的 ISO/TS 16949 第一版；2002 年 3 月，IATF 正式提交 ISO 国际标准化组织批准和发布 ISO/TS 16949 第二版，其名称是：质量管理体系汽车行业产品和相关服务产品的组织实施 ISO 9001：2000 的特殊要求。第二版 ISO/TS 16949 等同采用了 QS 9000 的 APQP、FMEA、SPC、MSA、PPAP 五大质量工程方法；等效采用了 VDA6 中的过程审核、产品审核方法，吸收了 EAQF、AVSQ 等标准的优点及日本精益生产、5S 等先进的管理方法，是目前世界上优秀质量管理体系模式。

2. 适用范围

1）应用范围

ISO/TS 16949 适用于在汽车行业产品和相关服务产品的组织中建立、实施和改进质量体系，包括汽车供应商、零件（材料）制造组织等整个汽车供应链。例如以下几个方面。

（1）为主机配套的生产厂家；

（2）为市场提供维修件的生产厂家；

（3）散装材料生产厂家；

（4）整车厂（OEM）；

（5）承揽汽车零件/总成加工的厂家，如提供下述产品或服务的组织：生产材料，生产零件和维修零件，热处理、喷漆、电镀或其他表面处理服务，工模具和生产设备。

2）适用车辆范围

适用范围包含小汽车、卡车（轻型、中型、重型）、公共汽车、摩托车等，不适用于工业用、农业用和非道路交通用（矿业、林业、建筑业等）车辆。

3. 特点和作用

1）特点

（1）以 ISO 9001：2000 为基础内容，在此基础内容之上添加特殊要求，对先进质量工程方法的要求更丰富、更深刻；

（2）采用以顾客为导向的过程方法；

（3）关注绩效、改进、成本及效率；

（4）突出顾客要求的满足性。

2）作用

（1）统一全球汽车行业质量管理模式标准，通用的语言以提高对质量要求的理解；

（2）释放供方其他质量活动的资源，为全球货源提供附加信心；

（3）相同的质量体系方法，在供应链中保持组织/供方的开发一致性，有利于质量管理体系升级和全球性的资源采购与共享；

（4）改进产品和过程质量；

（5）减少变更和提高效率与效益；

（6）发行在全球登录的证书（由 IATF 统一），只有一个认证，减少第二方体系审核，避免多次进行第三方审核。

4. 目标

（1）持续改进（改进质量、改进生产力、降低成本）；

（2）缺陷预防（SPC 的应用、防错技术）；

（3）减少变差和浪费（确保库存周转与最低库存量、质量成本、非质量的额外成本）。

5. 模式精神重点

（1）突出“质量第一”的意识；

（2）立足“顾客满意”的理念；
（3）强调“持续改进”的思想；
（4）强化“管理职责”的要求；
（5）基于“预防为主”的观念；
（6）重视“精益生产”的模式。

3.2.2 国际电讯行业 QMS 模式 TL 9000

1. 产生和发展

国际汽车行业成立国际汽车工作小组，开发和发布了行业 QMS 模式，并作为适用范围汽车供应链质量管理体系模式的标准。类似的情况是，航天行业开发了 AS 9000。随着电信行业的全球化，对在该行业中设立一套统一的质量管理体系模式，便成为全世界电信企业的共同愿望。1996 年春，以美国贝尔电信为首的国际知名电信服务商对开发设立本行业质量体系标准达成一致，并于 1997 年 10 月成立了 QuEST 论坛（Quality Excellence for Suppliers of Telecommunications Forum）。

QuEST 论坛是电信业服务商和制造商之间合作沟通的国际论坛，负责国际电信行业通用质量管理体系模式标准的制定、发布和修改，并保持行业标准和其他标准的一致性。国际电信行业质量管理体系模式标准的名称，参考 ISO 9000，定义为 TL 9000。

TL 9000 模式包括两大部分，即质量管理体系要求和质量管理体系指标。前者为电信产品（硬件、软件和服务）的供方，规定了行业通用的质量管理体系要求，这些要求兼容了国际标准化组织发布的 ISO 9000 QMS 模式内容；后者定义了一系列基本绩效指标，作为评价质量管理体系运行的效果的标准。

2. TL 9000 的目标

（1）培养能经济有效地保证电信产品使用性和可靠性的质量体系；
（2）建立并保持一套通用的质量体系要求；
（3）减少电信业质量体系标准的数量；
（4）确定有效的成本绩效指标，以评价和改善质量体系运行的结果；
（5）促进持续改善；
（6）加强客户和供应商的关系；
（7）规范行业的认证过程。

3. TL 9000 产生的背景和意义

20 世纪 90 年代，与其他高科技行业类似，电信国际化趋势越来越明朗。全球电信行业需要一套国际范围适用的质量体系模式，因此引发了 TL 9000 QMS 模式标准的出现。美国大多数电信业的服务提供商原来都属于 AT&T 这个强大的集团。虽然经 1984 年 AT&T 的分裂，电信公司开始独立，但其质量体系模式来自 AT&T。而对于制造商而言，其多数成员的质量体系模式来源于 Bellcore 和 Western Electronic。因此，与美国情况类似，电信行业服务商和制造商之间、各国之间等，在质量体系要求和表达方式上都存在差异。这种差异显然与电信国际化的发展不相适宜，给服务商、制造商及客户之间的沟通带来了一些困难，增加了不少麻烦，也增加了交易成本。20 世纪下半叶是电信行业飞速发展的一个时代，随着电信业全球化的快速推进，这种矛盾日益突出。

1998 年 1 月，QuEST 论坛正式启动 TL 9000 QMS 模式标准的开发工作。论坛成员起草了 TL 9000 概论；硬件、软件和服务要求；硬件、软件和服务指标三项规范类文件。目前，TL 9000 标准的 4.0 版本已经发布。

TL 9000 QMS 模式标准制定了一系列的成本绩效考核指标，为服务商和制造商提供了一套可比较的测量方式和有效的沟通方法。成本和绩效指标能够有效地监控产品质量和服务结果，评价产品和服务成熟程度，并且明确那些通过努力能够最有效地降低成本、增加利润和提高行业整体水平的区域。推行 TL 9000 标准不仅能通过改善硬件产品质量来降低成本、增加利润，同时也能通过改善措施降低软件产品和服务的成本，增加所有者的利润。TL 9000 对全球电信业的质量体系标准作了统一，加强了供应商和客户的沟通，减少了重复审核，降低了供应商的商业成本。QuEST 论坛的目标是只要符合了 TL 9000 的要求，就满足了电信业的其他质量体系要求。通过 TL 9000 的认证，可以使供应商在激烈的市场竞争中处于有利的地位。TL 9000 标准在其附录中规定了对认可机构、认证机构的要求和作业规范以及认证的程序，能够统一和规范认证过程，更好地为电信企业服务。

4. 适用范围

TL 9000 QMS 模式标准适用于电信行业的硬件、软件和服务产品及其相关组合的质量体系。推行 TL 9000 QMS 模式对象可以是一个完整的公司，也可以是一个公司的一部分、电信装置或者是被供方和认证机构共同认可的明确的生产线。TL 9000 的认证范围将在证书中明确。TL 9000 证书有 3 种不同的形式：TL 9000-HW，硬件；TL 9000-SW，软件；TL 9000-SC，服务。电信行业任何一个组织都可以申请上述任何一种认证。

3.2.3 CMM

1. 概述

CMM 是英文 Capability Maturity Model（能力成熟度模型）的缩写词。在计算机软件业，CMM 是指软件开发过程能力的成熟度模型（这里的“模型”与 ISO 9001 QMS “模式”的英文描述一样，都是 Model，只是翻译不同），是美国国防部对软件承包商软件开发能力评估的一种模型，也是承包商改进其软件开发过程的一种途径。有时，在一些文献中也会看到，CMM 被描述成 Capability Maturity Model for Software。

CMM 的本质是对计算机软件开发组织软件开发过程保证软件功能性能的一种质量体系模式。CMM 模型成熟度分为 5 个层次，即 1～5 级成熟度。1 级最低，5 级最高。

2. CMM 产生的背景与其发展

1）软件生产的特殊性与复杂性

（1）无形产品。硬件产品是有形产品，一般说来，其质量特性在使用前可查可见，如一根轴的几何特性。与硬件不同，软件产品是无形产品，只能见其承载媒体，不能见其本质内容，其功能性能只能通过使其运行才能验证。因此软件的开发与其他任何工业产品的生产有着很大的不同。

（2）过程主观性强，难以控制。随着软件复杂性的提高，软件的开发需要群体的智慧。但是，软件开发过程基本上还是手工作坊式生产，多人开发就是一个群体作坊，开发过程难以监视与控制，软件质量难以测量与评价。就世界范围看，数十年来，软件开发技术获得了巨大的进展，但是软件开发项目的失败还是屡见不鲜。据资料显示，仅美国，每年大约有 18 万个以上的信息技术项目，耗资累计 2500 亿美元，其中 25%～30%的项目开发失败。由此可见，软件开发项目失败的损失是巨大的，需要有效的软件开发过程的管理技术和方法。

（3）软件开发的首要问题。软件工程的引入和实施在一定程度上改善了软件开发过程，但因为软件开发过程突出的主观随意性和不可控性，软件工程这种技术方法对这种改善是有限度的。软件开发过程的首要问题是管理问题，必须通过管理的方法解决它。例如，规定大家认可的过程模型，开发能力不符合模型要求，就不允许承揽软件项目，对开发公司和人员的作用是显而易见的。

CMM 就是在这种情况下提出来的，其主要目的是着眼于使一个软件组织对于软件过程的管理有法可依、有章可循，最大限度地克服开发过程随意性的影响，逐步达到高效率、低成本和高质量的状态。同时，也为软件发包商评估软件开发承包商的能力提供了依据。

2）CMM 的诞生与演变

受美国国防部委托，1987 年，美国卡内基梅隆大学（Carnegie Mellon University，CMU）软件工程研究所（Software Engineering Institute，SEI）开始研究开发“承包方软件工程能力评估方法”。1990 年，SEI 公布 CMM 的 0.0 版；1991 年，SEI 公布了包含第二级 KPA 方案的CMM 0.4版及包含第三级方案的CMM 0.5版；同年，又发布了包含第四级和第五级 KPA 方案的 0.7 版。

1991 年底发布 CMM 1.0 版，1993 年 SEI 公布 CMM 1.1 版。目前通行的版本是 1.1 版，改进版 2.0 版于 1997 年 11 月完成，但应美国国防部的要求未予发布，改而致力于 CMMI 的研究。

CMMI（Capability Maturity Model Integration，能力成熟度模型集成）将把现有的和将来发展出来的各种能力成熟度模型集成到一个框架中去。这个框架用于解决两个问题：第一，软件获取办法的改革；第二，从集成产品与过程发展的角度出发，建立一种包含健全的系统开发原则的过程改进。因此，CMMI 整合了 Software CMM、Systems Eng-CMM、People CMM 和 Acquisition CMM 等，由此建立起包括软件工程、系统工程和软件采购等在内的诸模型集成，以解决除软件开发以外的软件系统工程和软件采购工作中的迫切需求。

目前，CMMI 框架包括了软件能力成熟度模型 CMM 2.0 草案，即软件工程能力成熟度模型（SW-CMM）、系统工程能力成熟度模型（SE-CMM）、集成的产品和过程开发能力成熟度模型（IPPD-CMM）、软件采购能力成熟度模型（SS-CMM） 4 大模型。

SEI 推出的 CMMI 模型并不是对原来 CMM 模型的简单升级，而是更广更深层次的系统集成，其中“关键过程域”由 CMM 的 18 个上升到 CMMI 的 25 个，“目标”由 CMM 的 52 个上升到 CMMI 的 105 个，“关键实践”由 CMM 的 316 条上升到 CMMI 的 485 条。CMMI 融入了最新的软件管理实践，同时弥补了 SW-CMM 中的缺陷。

1997 年 10 月 SEI 停止了对 CMM 的研究。2000 年 8 月 11 日 SEI 发布了 CMMI 1.0，2001 年 12 月颁布了 CMMI 1.1 版，2006 年 8 月 SEI 又推出了 CMMI 1.2 版本。

当前，学术界和工业界公认 CMM 和 CMMI 是目前最好的软件过程管理模型，已成为业界事实上的软件过程的工业标准。

3）背景因素和历史与 CMM

软件管理工程引起广泛注意源于 20 世纪 70 年代中期。当时美国国防部曾立题专门研究软件项目做不好的原因，发现 70%的项目是因为管理不善而引起，而并不是因为技术实力不够，进而得出一个结论，即管理是影响软件研发项目全局的因素，而技术只影响局部。到了 20 世纪 90 年代中期，软件管理工程不善的问题仍然存在，大约只有 10%的项目能够在预定的费用和进度下交付。软件项目失败的主要原因有：需求定义不明确；缺乏一个好的软件开发过程；没有一个统一领导的产品研发小组；子合同管理不严格；没有经常注意改善软件过程；对软件构架很不重视；软件界面定义不善且缺乏合适的控制；软件升级暴露了硬件的缺点；关心创新而不关心费用和风险；军用标准太少且不够完善等。因此，软件 CMM 就有了诞生的土壤。

3.2.4 AS 9000

1. 产生和发展

AS 9100 是由国际标准化组织航空技术委员会（ISO TC20）与美国的 AAQG、欧洲的 EAAI（European Association of Aerospace Industries）及日本 SJAC（Society of Japanese Aerospace Companies）等国家的相关机构合作，开发形成的与 ISO 9000 族标准相一致的适用于国际航空航天行业的质量管理体系模式标准。该标准获得了 IAQG （International Aerospace Quality Group）的认可，于 1999 年正式公布，2001 修改为 SAE AS 9100：2000 版标准。航空航天（Aerospace）质量体系标准的发展简述如下。

（1）1995 年夏，美国汽车工程师协会航空航天部开始航空航天质量体系标准开发工作；

（2）1996 年 10 月，第一次发布有关标准草案 SAE ARD 9100；

（3）1997 年 5 月 1 日，美国汽车工程师协会出版 AS 9100 最终版“航空航天基本质量体系标准”；

（4）1999 年 6 月，发布 AS 9100 标准最终草案；

（5）1999 年 11 月，正式发布 AS 9100：1999；

（6）2000 年，按 ISO 9001：2000 要求作相应更新开发；

（7）2001 年 8 月，颁布 SAE AS 9100：2000 版标准。

2. 目的意义和适用范围

SAE AS 9100：2000 是航空航天质量体系要求，在 ISO 9001：2000 基础之上，增加了航空航天产品在安全、可靠度及质量上的特殊要求，期望在合理成本下确保顾客的满意并创造世界级的产品。SAE AS 9100：2000 可使航空航天行业具有统一的质量体系模式，大大降低过去为应付不同顾客所需付出的质量体系建立与后续的审核等活动的成本。

2001 年 8 月颁布的 AS 9100：2000 版标准包括两部分：第一部分，“质量管理体系—航空航天—要求”，以 ISO 9001：2000 为架构；第二部分，“质量体系—航空航天—设计、开发、生产、安装和服务的质量保证模式”，以 ISO 9001：1994 为架构。

AS 9100 适用于从民用到国防的航空航天工业复杂而独特的要求，适用于包括飞机及其零部件和附件的设计和制造，机场和航空公司的运作，航空备件的供应，飞行器及其附件的维护和修理，飞行的操作和货物的处理等航空航天各个领域。

3. 企业的预期效益

（1）航空器制造商可通过第三方认证的方式获得其他制造商的认可，以合理的成本来争取更多的商机。

（2）通过第三方认证，可证明组织的质量体系符合国际航空航天行业国际标准，提升组织的形象。

（3）精简竞争流程，降低工作成本，提升工作效率。

（4）建立一个具有 P-D-C-A（计划-执行-检查-改进）循环功能的管理体系，使组织能透过内部自我审核的活动，获得持续改善的机会。

3.2.5 医疗器械行业质量体系模式标准

医疗器械行业一直将 ISO 13485 作为行业质量体系模式标准和开展认证的依据。这个标准先是在 ISO 9001：2000 标准基础上，增加了医疗器械行业的特殊要求制定的，是所谓“1+1”标准。因此，满足 ISO 13485 标准也就符合了 ISO 9001：2000 要求。现在的有效版本是 ISO 13485：2003 标准，我国的等同标准为 YY/T 0287-2003。

ISO 13485：2003 标准主要内容包括：术语和定义、质量管理体系、管理职责、资源管理、产品实现、测量、分析和改进等方面。ISO 13485：2003 在 ISO 9001：2000 标准基础上增加了以下内容，是指导医疗器械企业产品生产和质量管理的重要标准。

（1）医疗器械通用要求；

（2）有源植入性医疗器械特殊要求；

（3）有源医疗器械特殊要求；

（4）植入性医疗器械特殊要求；

（5）无菌医疗器械特殊要求等。

3.3 ISO 9000 QMS 模式

3.2 节简单介绍了几种基于 ISO 9000 的质量管理体系模式，它们适用于特殊或高技术行业。ISO 9000 族标准所规范的 QMS 模式是基本要求，适用于所有行业。因此，本书对 ISO 9000 族标准规范的 QMS 模式（以下可简称 ISO 9000 QMS 模式或 ISO 9000 QMS 模式标准）将做深入讨论。

3.3.1　ISO 9000 族总体构成及其分析

2000 年版 ISO 9000 族由 4 个核心标准构成，除此之外的文件均为“附件”，应用者可根据需要参考。2000 年版 ISO 9000 族标准总体构成可由图 3.1 描述。

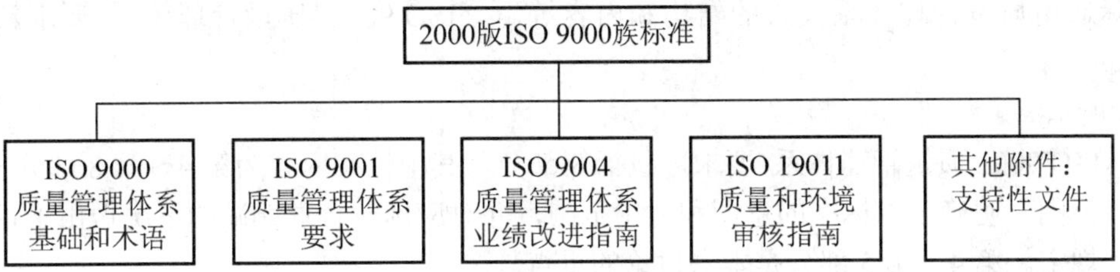

图 3.1　2000 版 ISO 9000 族标准总体构成

如图 3.1 所示，2000 版 ISO 9000 族标准包括《ISO 9000 质量管理体系　基础和术语》、《ISO 9001 质量管理体系　要求》、《ISO 9004 质量管理体系　业绩改进指南》、《ISO 19011 质量和环境审核指南》、《ISO 9000　质量管理体系　支持性文件》。其中，ISO 9001 就是所谓的国际通用质量管理体系模式标准，适用于所有在硬件、软件、流程性材料和服务 4 大类及其某种组合形态产品领域从事设计、生产、安装和服务等经济活动的组织。ISO 9000 是基础和术语，在本书《基础和术语》一章详有论述。ISO 9004 对开展质量管理改进业绩的指南，任何一个组织均可参考，并不是专门针对实施 ISO 9001 的组织。ISO 19011 是关于质量和环境管理体系的审核指南，因为除质量管理形成了国际标准模式之外，环境管理也形成了类似的管理体系标准模式，对这两种管理体系审核的方法是类似的。因此，这个指南可以用来指导质量体系审核，也可以用来指导环境管理体系审核。

任何一个组织，都可以按 ISO 9001 建立、实施和不断改进质量管理体系，可以寻求第三方认证、第二方认证（顾客或以顾客名义实施的认证），也可以自行声明。

3.3.2　《ISO 9000 质量管理体系　基础和术语》总体构成

如图 3.2 所示，《ISO 9000 质量管理体系　基础和术语》包括引言、范围、质量管理体系基础、术语和定义 4 大部分。其中，引言部分提出了质量管理的八项原则，质量管理体系基础提出了十二条原理，这些原则和原理是开展质量管理的理论基础，在本书《基础和术语》中详有论述。术语和定义中规范了 10 项八十条术语，以统一概念，利于沟通和交流，利于国际社会对质量及质量管理与工程的认识的统一。

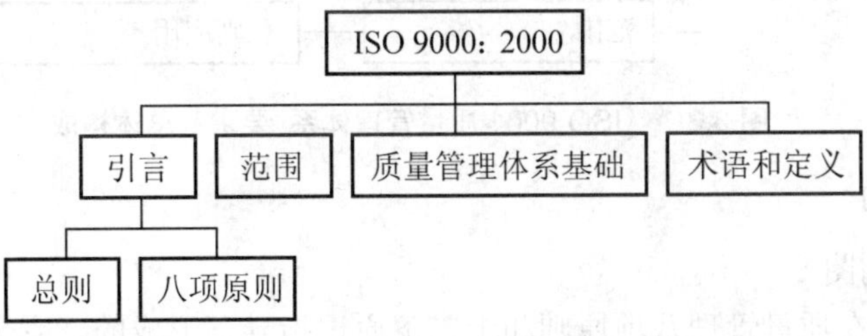

图 3.2　《ISO 9000 质量管理体系　基础和术语》总体构成

3.3.3 《ISO 9001 质量管理体系 要求》总体构成及其分析

1. 总体构成

ISO 9004 与 ISO 9001 结构一致，只是内容有别，用途不同，因此以 ISO 9001 为例分析国际通用质量管理体系模式的结构和内容等。《ISO 9001 质量管理体系 要求》总体构成如
图 3.3 所示。

《ISO 9001 质量管理体系 要求》包括 8 部分，其中核心内容为第 4～第 8 部分。第 1 部分“范围”明确了本标准的意图和适用范围，并对应用时合理删减的情况做出了说明和限制性规定。第 4～第 5 部分是本书讨论的重点。

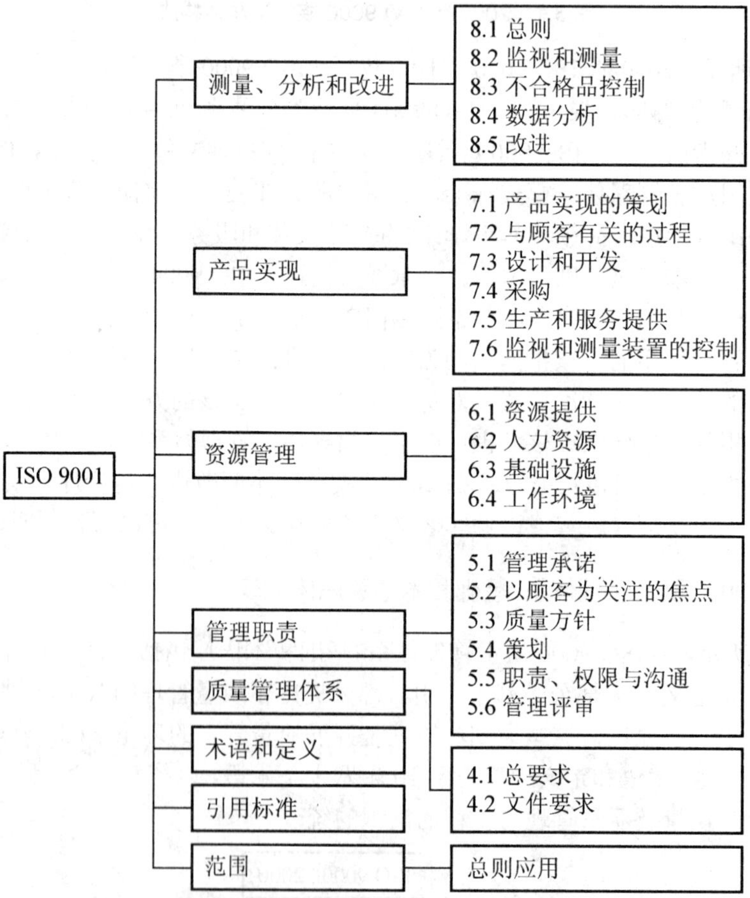

图 3.3 《ISO 9001 质量管理体系 要求》总体构成

2. 过程结构

1）过程结构图

ISO 9001 是在质量管理八项原则和十二条原理指导下形成的，完全遵循了管理的系统方法、过程方法等原则和原理，其过程结构如图 3.4 所示。

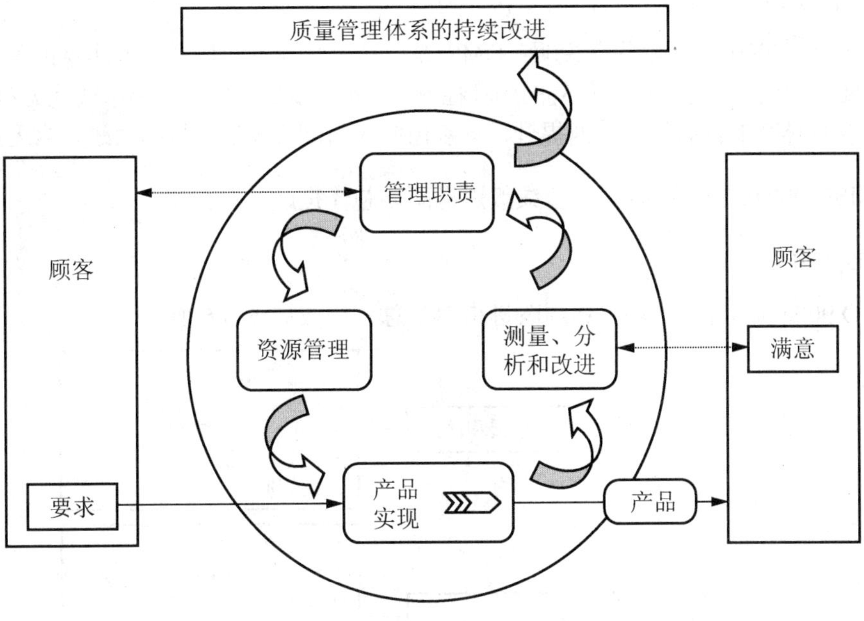

图 3.4　ISO 9001 QMS 模式过程结构

2）过程结构控制原理分析

从管理控制的角度分析，ISO 9001 QMS 模式过程属于一个闭环控制系统。这个控制系统可以消除干扰、可以实现正反馈和负反馈，其具体特点分析如下。：

（1）闭环控制特点如图 3.5 所示。

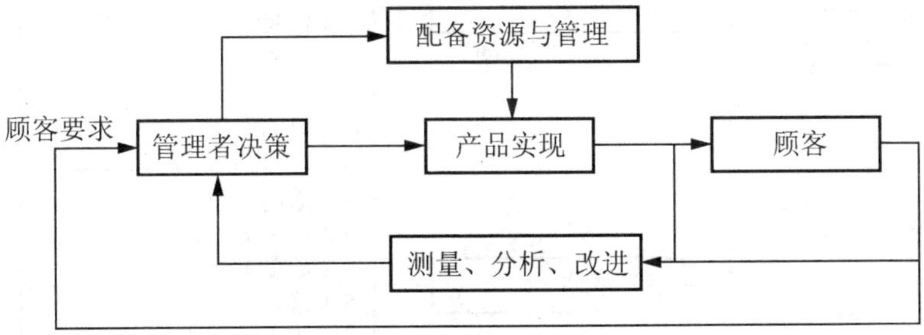

图 3.5　ISO9001 QMS 模式过程闭环控制框图

① 组织的管理者应倾听顾客的呼声和组织内部的有关信息，并在充分识别顾客的要求之后，配备实现顾客要求所需要的资源并对资源实施管理；

② 使用资源实现顾客要求并对产品实现过程进行管理；

③ 对实现过程及顾客反馈的满意信息进行测量、分析并实施产品、过程、体系方面的改进；

④ 管理者综合比较 QMS 运行结果和规定的要求是否一致，并继续履行职责。

（2）稳定消扰系统。

当顾客要求在一定时间内相对稳定的情况下，QMS 是一个排除消极干扰确保满足顾客要求的负反馈系统，使 QMS 运行结果与顾客要求的误差控制在顾客满意的限度之内。

（3）螺旋形上升系统。

ISO 9001：2000 过程模式图说明：QMS 是一个持续改进的体系，不能停止在一个水平上，即随要求的提高，通过循环往复的闭环控制，实现正反馈，使满足要求的能力不断提升，使所需的管理体系的固有特性不断提升，逐步由低级向高级发展，持续改进，永无止境。

3.3.4 《ISO 9004 质量管理体系 业绩改进指南》总体构成及其分析

1. 总体构成

《ISO 9004 质量管理体系 业绩改进指南》总体构成如图 3.6 所示。

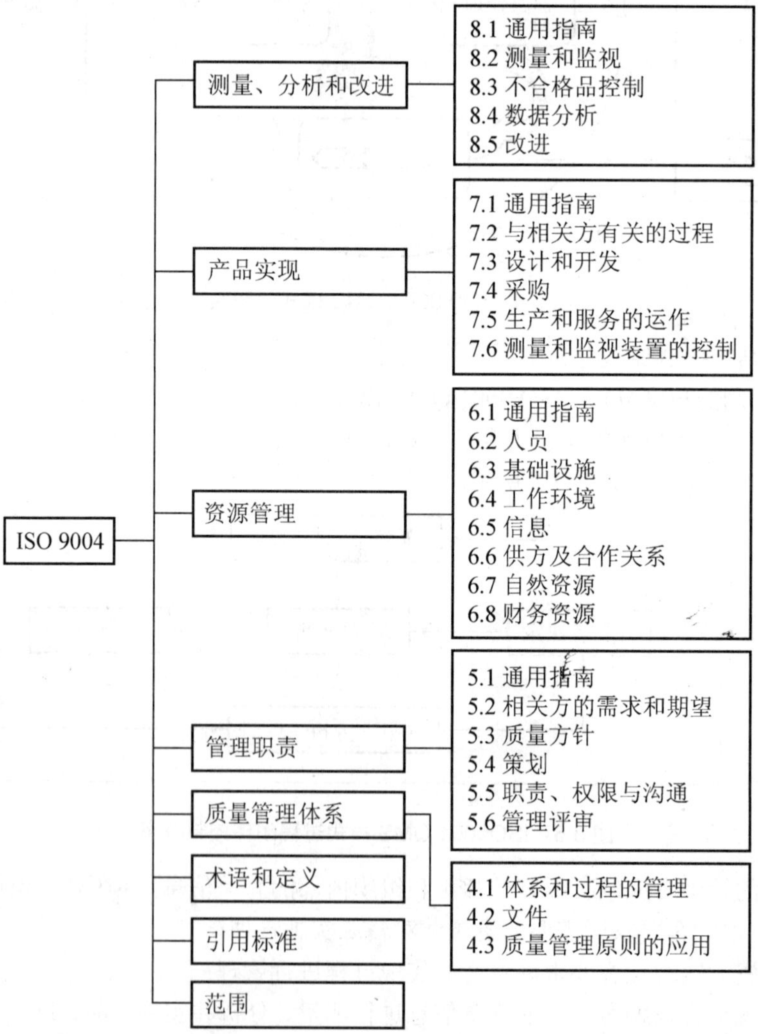

图 3.6 《ISO 9004 质量管理体系 业绩改进指南》总体构成

2. 总意图及与 ISO 9001 的关系

1）总意图

ISO 9004 为组织（尤其是那些希望超出 ISO 9001 要求的组织）实施业绩改进提供指南，

它不是强制性标准要求，因此不能作为第三方认证的依据。但将 ISO 9004 和 ISO 9001 联合使用，将使组织的 QMS 更有效（包括效率）。

2）与 ISO 9001 的关系

ISO 9001 与 ISO 9004 的关系见表 3-1 和表 3-2。

表 3-1　ISO 9001 与 ISO 9004 的共同点

序号	项　目	共　同　点
1	结构形式	共同的过程模式结构，结构相似
2	质量管理原则	遵循相同的质量管理八项原则
3	质量管理基本原理和术语	相同的术语和质量管理体系基本原理
4	目的	实现“持续的顾客满意”
5	质量体系的评价	内部审核和管理评审
6	措施	通过改进过程达到持续改进
7	结果	提高质量管理体系的适宜性、充分性和有效性
8	与其他标准的关系	与 ISO 14000 兼容，结构、思路、基本思想均一致
9	供应链的组织关系	供方-组织-顾客

表 3-2　ISO 9001 和 ISO 9004 的区别和联系

序号	项目内容	ISO 9001：2000	ISO 9004：2000
1	目的	为评定组织具有满足顾客和适用的法规要求的能力	有助于组织使顾客满意和相关方受益，改进组织的总体业绩
2	性质	质量管理体系要求	质量管理体系业绩改进指南，不是 ISO 9001 的实施指南
3	用途	根据要求，可用作审核和/或认证依据	可帮助组织追求卓越，不用作审核/认证依据，可作为自我评价的依据
4	管理内容	规定使顾客满意所需的最低要求	为希望超过 ISO 9001 最低要求，寻求更多业绩改进的组织，提供改进的指南
5	评价质量管理体系的方法	内部审核和管理评审	除内部审核和管理评审外，增加了自我评定
6	结果	提高组织质量管理体系的有效性、充分性和符合性	除了提高组织质量管理体系的适宜性、充分性和有效性外，还提高组织的效率和整体业绩

3.3.5　《ISO 19011 质量和环境审核指南》总体构成及其分析

1. 总体构成

《ISO 19011　质量和环境审核指南》适用于对质量管理体系和环境管理体系的审核过程。各国应根据此指南制定审核规范和实施细则。ISO 19011 总体构成如图 3.7 所示。

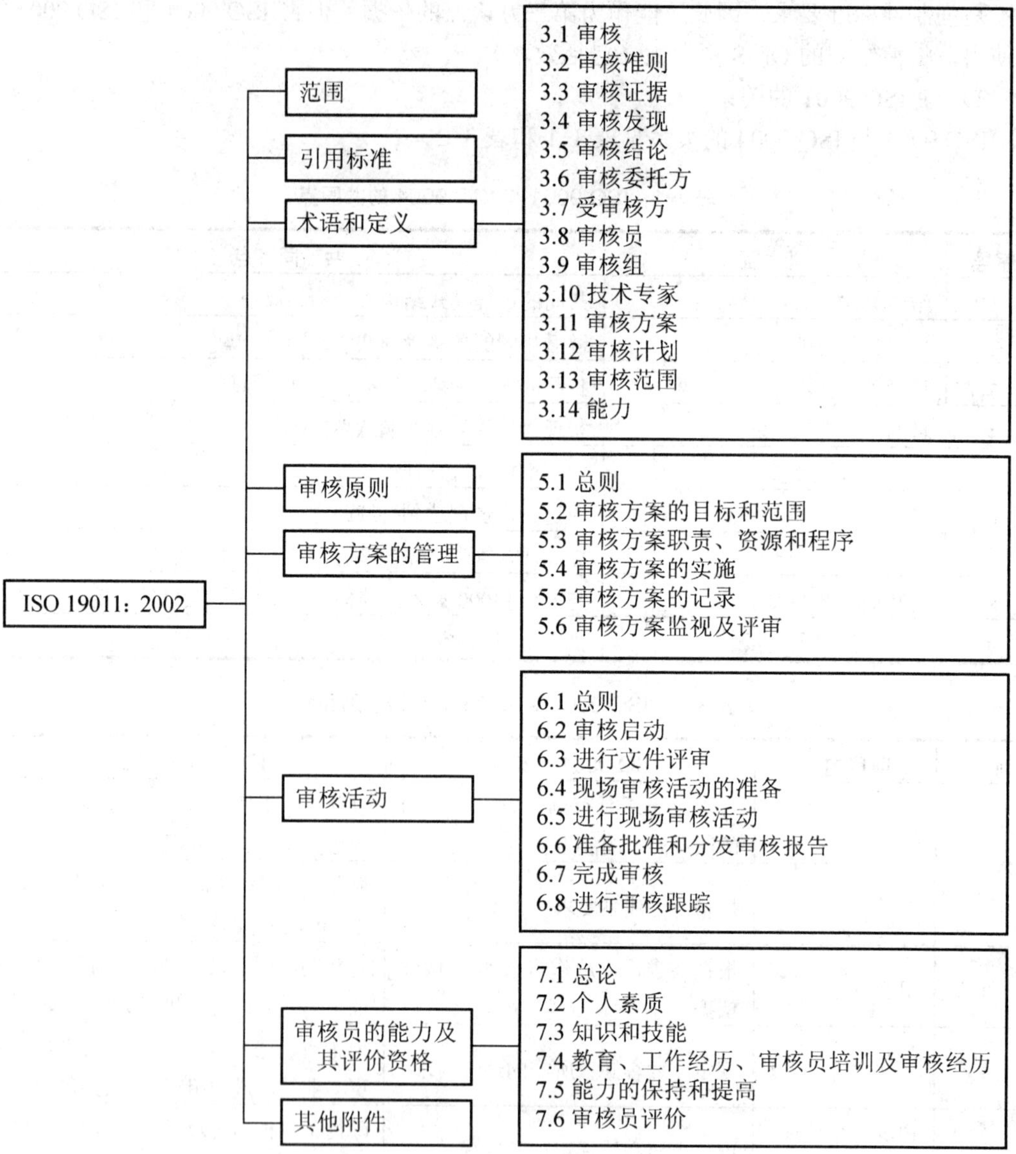

图 3.7　ISO 19011 总体构成

2. 审核种类

质量管理体系审核有两种基本类型，即内部审核（第一方审核）和外部审核（第二方审核和第三方审核）。两个及多于两个的审核机构合作共同审核一个对象时称为联合审核。两个管理体系或多于两个的管理体系被一起审核时，称为一体化审核（也有定义为“结合审核”的，但这种定义太牵强，本书不予采纳）。图 3.8 表达了供应链中经常发生的审核类型。

1）关于内审

内审也称为第一方审核，由组织自行实施或以组织的名义实施审核。例如，实施 ISO 9000 标准的组织在学习标准过程中，训练了一批可对 QMS 进行评价的人员——内审员，这些内审员在组织安排下进行的审核即为内审。

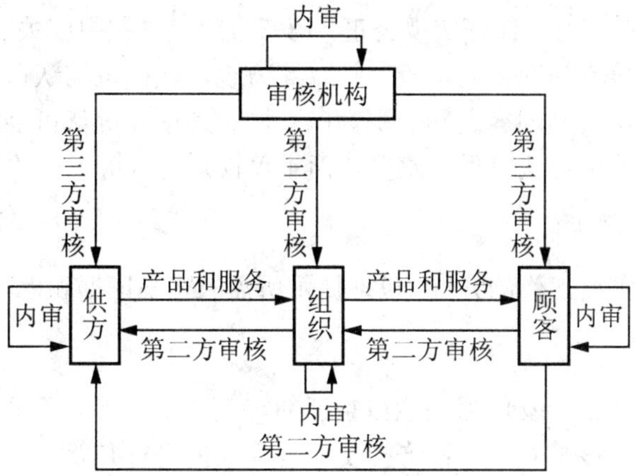

图 3.8　供应链中经常发生的审核类型

内审的定义，应注意“以组织的名义进行”这一句话的含义。这句话说明，内审活动可由组织外部人员实施。这些外部人员可以是咨询机构人员，可以是顾客人员，也可以是第三方认证机构人员。无论这些人员来自何方，只要是以组织名义进行审核，则属内审范畴。

内审的目的是为了改进 QMS 和管理，与以顾客名义或第三方认证机构名义进行的审核有严格区别。

内审也必须是客观的、系统的和独立的。系统性易于保证。为保证客观性和独立性，内审应禁止审核者审核自己的工作或与自己利益相关程度较高的区域、部门和活动。显然，内审的独立性较难实现。因此，许多组织委托外部人员进行内审。由此看来，创建专门为组织提供内审服务的组织也许会有一定的市场生命力。

内审过程与外审过程是类似的，因此，ISO 提出的 ISO 19011 对内审同样适用。

2）关于外审

外审包括第二方审核和第三方审核。第二方审核的要点是这种审核是以组织相关方的名义进行的。而根据 ISO 9000：2000 的定义，相关方“是与组织的业绩或成就有利益关系的个人或团体”，因此，凡是以与组织的业绩或成就有利益关系的个人的名义或团体的名义进行的审核，均为第二方审核，如顾客审核、股东组织的股东审核、员工组织的员工审核等。这里所举的审核，其审核方均与组织业绩有利益关系。顾客期望产品降价（管理改善成本，则产品可达降价），股东期望从盈利中获得投资回报，员工则期望从组织的盈利中得到较多的薪酬和职位晋升机会，这些都是利益关系。

但是，非常遗憾，社会事实表明，第二方审核往往局限于顾客审核或以顾客名义进行的审核。而股东审核或员工审核等，几乎没有实例可陈。当然，众所周知，顾客或以顾客名义进行的审核越来越多，越来越有权威性。如跨国集团开展的第二方审核，大规模定期实施的第二方审核等。如前文叙述，美国某公司对东莞后街 17 家制鞋厂的审核即为典型的第二方审核。

第三方审核是由外部独立的组织实施的审核。这种独立的组织应与受审核方及其相关方均无利益关系，特别是与受审核方和受审核方的顾客均无利益关系。只有这样，才能保证第三方审核的公正性。

这里需要提醒的是，为了保证实现公正，第三方审核过程中应关注来自相关方的声音，而不能仅仅是对受审核方的观、问、查、记。比方说，认证机构认可委是为认证服务的，或者说认证机构是认可委的顾客之一，那么国际同行评审评价认可委时，应关注认证机构及其认证机构中的审核员对认可委的感受，而不仅仅是对认可机构的观、问、查、记。

3. 对受审核方的要求

受审核方应配合审核工作的开展，包括提供所需的客观证据和保障审核过程顺利进行。

4. 对审核方的要求

应从大量的客观证据中发现那些能被验证的客观证据，不能验证的客观证据不能成为审核证据。这就要求审核员对受审核方提交的客观证据进行必要的追溯，以证实证据的可验证性和真实性。

（1）应将审核证据与审核准则认真比较，才能得到可信的审核发现。

（2）审核方应明确审核准则，必要时应与受审核方沟通，取得一致。

（3）审核方必须系统地、独立地开展审核活动。“系统地”则要求审核是有计划、有实施、有结果的过程，符合 PDCA 法则。

5. 审核流程

ISO 19011 规定的一般审核流程如图 3.9 所示。

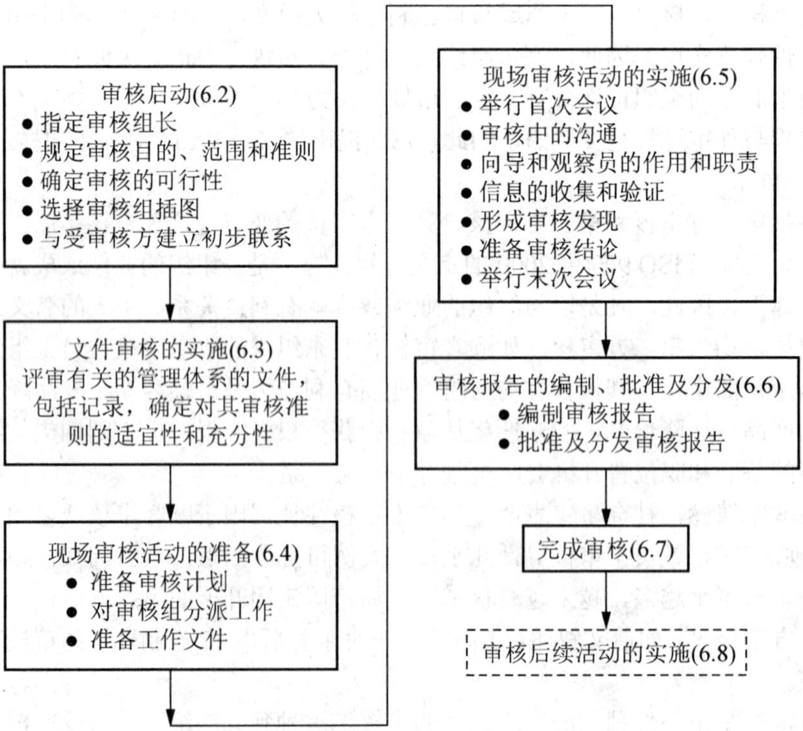

图 3.9 ISO 19011 规定的一般审核流程

管理体系审核工作是一项涉及管理学原理和一定工程技术专业方向的复杂活动，要求审核员具有大专以上学历和1～6年（博士1年，硕士2年，本科4年，专科6年）相关工作经历。

3.3.6　《ISO 9001质量管理体系　要求》内容及其分析

准确理解标准是有效实施和正确评价QMS的关键。否则，即便是简单问题，也容易出错。对于一个具体的组织，其产品是什么，顾客是谁，供方是谁，这是一个确定产品、确定供应链、进而确定过程的问题，是应用标准首先要明确的问题。现以对进出口贸易公司产品和供应链的分析为例，说明规范地确定产品和供应链的方法，见表3-3。

表3-3　ISO 9001 供应链分析案例

组织类型	产品类型	顾客	供方
进出口公司	自营出口	国外采购商	货源厂商＋出口业务分包方
	自营进口	国内采购商	货源厂商＋进口业务分包方
	代理出口	委托方＋国外采购商	代理服务分包方
	代理进口	委托方	代理服务分包方＋国外供货商
	出口包销	国外采购商	包销委托方＋出口业务分包方
	进口包销	国内采购商	包销委托方＋进口业务分包方

当产品和供应链确定之后，接下来的关键即是识别和确定产品实现过程及与产品实现过程有关的测量分析过程、资源过程、管理过程等。所有这些的关键在于正确理解标准。在实践中，由于对标准的理解不正确、不恰当等，造成许多困惑和带来不少的麻烦。例如，某公司要求每人保留一个记录本，记录每天做的所有工作，认为这是标准要求的，还振振有词："做所写，写所做，记所做。"因此，本节对《ISO 9001质量管理体系　要求》展开详细分析。

1. 条款"1.1"剖析及案例

1）标准原文

> 1. 范围
>
> 1.1 总则
>
> 本标准为有下列需求的组织规定了质量管理体系要求：
>
> a）需要证实其有能力稳定地提供满足顾客和适用的法律法规要求的产品；
>
> b）通过体系的有效运用，包括体系持续改进的过程以及保证符合顾客与适用的法律法规要求，旨在增强顾客满意。
>
> 注：在本标准中，术语"产品"仅适用于预期提供给顾客或顾客所要求的产品。

2）条款剖析

（1）对于有需求通过一种管理模式证实能力和有效的模式方法增强顾客满意的组织提供了一种质量管理体系模式。这种模式不是强制性的要求，而是组织有需求的情况下才适用的。

（2）顾客要求和适用的法律法规要求，这些要求来自于组织外部。顾客要求和适用的法律法规要求是由组织为顾客提供的产品决定的。特别是在界定适用的法律法规要求时，不能脱离与产品紧密联系范畴而扩大法律法规要求范围。

3）案例讨论

【例 1】 一审核员在审核为顾客提供计算机系统的组织时发现，该组织在识别与产品有关的要求时，未考虑合同法的要求，因此在评价该组织的 QMS 时指出，组织在识别与产品有关的法律法规要求方面考虑不周，未将合同法纳入适用法律法规范围，不符合标准 1.1 的有关要求。

提示：如果像这位审核员这样要求，所谓的适用法律法规范围将变得无边无岸，变得不可控。显然，这不是标准的原意。标准所提及的法律法规主要是产品质量法、产品技术规范等强制性法规。当然在与顾客或供方签订合同时，符合合同法才受法律保护。本例是要说明与产品有关的要求不包括合同法。

2. 条款“1.2”剖析及案例

1）标准原文

> 1.2 应用
>
> 本标准规定的所有要求是通用的，旨在适用于各种类型、不同规模和提供不同产品的组织。
>
> 当本标准的任何要求因组织及其产品的特点而不适用时，可以考虑对其进行删减。除非删减仅限于本标准第 7 章中那些不影响组织提供满足顾客和适用法律法规要求的产品的能力或责任的要求，否则不能声称符合本标准。

2）条款剖析

（1）标准适用于任何组织。标准的适用性与组织的产品和规模无关。至于对组织属性的要求，各国有所差别。在我国，要求这样的组织必须具有合法性。

（2）标准提出的产品实现过程模式与组织的产品实现过程有不适用情况时，组织可以对相应部分进行删减。这种删减应不影响组织提供满足要求的产品的能力，也不影响提供满足产品要求的责任。

（3）能力和责任是否被影响，将是确定删减范围的准则。

3）案例讨论

【例 2】 一组织百年一贯地生产自行开发的某种产品，产品规范和技术图纸都很完善，生产也很顺利。顾客很欢迎该组织的产品，并经常对产品的改进提出建设性意见。试问，该组织申请 ISO 9001 认证，是否可删减条款 7.3 设计和开发要素？

答案：不能。

为了使读者掌握判断删减条款 7.3 设计和开发要素正确与否的准则，作者这里给出一个快捷判断法——“标准件判断法（包括顾客标准件）”，即无论组织生产什么样的产品，只要组织生产的不是“标准件”，组织就有设计和开发的责任，只有满足这种责任，组织才具备相应的能力。比如，生产标准电阻器的组织，不仅无责任进行设计和开发，而且没有权利对标准电阻器进行设计和开发，即便是顾客要求，也只能将这种要求的信息反馈到有关部门处理。这样的组织删减条款 7.3 设计和开发要素不影响其提供满足顾客要求和适用法律法规要求的产品的能力和责任要求。再如，生产标准医疗器械的组织，也无权根据顾客要求进行设计开发或产品更改设计，可以删减条款7.3设计和开发要素。

【例3】 北京某科技开发公司于2005年6月申请认证审核。审核员与总经理进行了深入交谈。总经理介绍说，公司主要是开发设计，生产和检验委托外单位完成，产品由公司交付给顾客，因此删减了条款7.5、7.6和8.2.4。该公司是否存在不符合？为什么？

答：存在不符合。因为所述产品由该公司向顾客提供，应对产品负全权责任。虽无生产和检验能力（或许无必要），但有责任，不能删减条款7.5，7.6和8.2.4，应该建立体系并按体系对供方进行控制。同时，删减条款8.2.4已超出了标准允许的范围。

3. 条款"4.1" 剖析及案例

1）标准原文

4. 质量管理体系 4.1 总要求 组织应按本标准的要求建立质量管理体系，形成文件，加以实施和保持，并持续改进其有效性。 组织应： a）识别质量管理体系所需的过程及其在组织中的应用（见1.2）； b）确定这些过程的顺序和相互作用； c）确定为确保这些过程的有效运行和控制所需的准则和方法； d）确保可以获得必要的资源和信息，以支持这些过程的运行和对这些过程的监视； e）监视、测量和分析这些过程； f）实施必要的措施，以实现对这些过程策划的结果和对这些过程的持续改进。 组织应按本标准的要求管理这些过程。 针对组织所选择的任何影响产品符合要求的外包过程，组织应确保对其实施控制。对此类外包过程的控制应在质量管理体系中加以识别。 注：上述质量管理体系所需的过程应当包括与管理活动、资源提供、产品实现和测量有关的过程。

2）条款剖析

总要求实质上是要求采纳标准的组织按过程方法和PDCA法则原理建立、保持和改进QMS，并恰当地按标准要求形成文件。因此，一个符合ISO 9001标准的QMS ，必须策划和确定：QMS所需过程；运作过程，测量、分析和改进过程所需要的条件和措施；指导过程实施所需要的文件和追溯过程所需要的记录等。

根据标准的要求，QMS过程必须包括管理过程、资源过程、产品实现过程、测量分析和改进过程。有些过程可以由组织外部提供，这种情况必须予以确定。

3）案例讨论

【例4】 一组织在按ISO 9001要求建立QMS体系时，QMS文件中无与标准4.1相对应的内容。试问，如果你是审核员，怎样判断该组织的QMS与标准4.1的符合性？

答案：该组织的QMS符合要求。

【例5】 北京某公司提交的质量手册4.1条款与标准4.1条款相对应，对过程、资源、方法等都做作了规定，但该条款中未说明外包过程。审核组长立即开了一项文审不符合。试问，这位审核员做得对吗？该怎么做？

答案：这位审核员做得不对。应该打电话询问或现场审核确认，只要该公司对供方（包括外包方）进行了控制就符合要求。

【例 6】 审核员发现某学校的管理体系覆盖的产品不清楚。但审核员未开不合格。怎么办？

答案：不符合条款 4.1。因为产品不清楚，过程不可能被识别确定。

4. 条款“4.2.1”剖析及案例

1）标准原文

4.2 文件要求 4.2.1 质量管理体系文件应包括： a）形成文件的质量方针和质量目标； b）质量手册； c）本标准所要求的形成文件的程序； d）组织为确保其过程的有效策划、运行和控制所需的文件； e）本标准所要求的记录（见 4.2.4）。 注 1：本标准出现“形成文件的程序”之处，即要求建立该程序，形成文件，并加以实施和保持。 注 2：不同组织的质量管理体系文件的多少与详略程度取决于： a）组织的规模和活动的类型； b）过程及其相互作用的复杂程度； c）人员的能力。 注 3：文件可采用任何形式或类型的媒体。

2）条款剖析

（1）提出了符合标准要求必需的文件种类。

（2）规定了决定文件多寡和详略程度的因素。

（3）文件媒体：任何有效的文字载体。

3）案例讨论

【例 7】 某组织接受文件审核时向审核员声明，QMS 文件汇总在被称为质量手册的文件中。审核员拒绝了对该组织 QMS 文件的审核，并要求组织将方针文件、目标文件、手册文件、程序文件和记录文件独立列出。试问，审核员的做法有无不当？为什么？

答案：审核员的做法是错误的。因为标准没有要求各类文件一定要单独列出。

5. 条款“4.2.2”剖析及案例

1）标准原文

4.2.2 质量手册 组织应编制和保持质量手册，质量手册包括： a）质量管理体系的范围，包括任何删减的细节与合理性（见 1.2）； b）为质量管理体系编制的形成文件的程序或对其引用； c）质量管理体系过程之间的相互作用的表述。

2）条款剖析

（1）必须编制质量手册。

（2）质量手册应阐明质量管理体系包括的过程及产品实现过程删减的详细说明。

（3）手册中可以对过程活动的方法形成程序文件，则此时不必再单独编制程序文件。

（4）如果标准要求的程序文件未在手册中包含，则应单独编制程序。这往往是突出手册的纲领性和法规性的需要。

（5）对QMS的过程要求应在手册中进行规定，同时还应明确过程接口关系，即过程顺序和相互作用关系。

（6）手册作为文件应按文件控制要求进行恰当控制。适时评审的要求在手册中规定清楚。应保持手册的适应性和充分性。

3）案例讨论

【例8】 组织的质量手册中未包括质量手册管理规定、未包括产品范围、未包括程序、未对删减的细节进行说明。试问，该组织质量手册存在哪些不符合？为什么？

答案：未包括产品范围和未对删减的细节进行说明是不符合。因为标准中4.2.2a）所述质量手册包括质量管理体系范围和删减细节的说明，而质量管理体系范围包括产品范围。

6. 条款“4.2.3”剖析及案例

1）标准原文

> 4.2.3 文件控制
>
> 质量管理体系所要求的文件应予以控制。记录是一种特殊类型的文件，应依据4.2.4的要求进行控制。
>
> 应编制形成文件的程序，以规定以下方面所需的控制：
>
> a）文件发布前得到批准，以确保文件是充分与适宜的；
>
> b）必要时对文件进行评审与更新，并再次批准；
>
> c）确保文件的更改和现行修订状态得到识别；
>
> d）确保在使用处可获得适用文件的有关版本；
>
> e）确保文件保持清晰、易于识别；
>
> f）确保外来文件得到识别，并控制其分发；
>
> g）防止作废文件的非预期使用，若因任何原因而保留作废文件时，对这些文件进行适当的标识。

2）条款剖析

（1）该条款有形成文件的程序的要求，必须满足。

（2）该条款所论文件的范围为与QMS有关的文件。

（3）文件控制的重点是：文件需求的识别和确定、文件的制定和批准、文件的发放和使用、文件的更新和作废等，并且这种控制是一动态过程，循环往复以至无穷。

（4）文件的修订状态即平常所熟悉的文件版本。如Windows 98/2000，DOS 1.0等，这些特殊的字符代表了文件从开始到现时有效版本的经历状态。

（5）外来文件是指与QMS有关的外来文件，如顾客来文、与产品有关法律法规部门来文等。

3）案例讨论

【例 9】 一组织的产品和组织结构发生了几次变化，但审核员发现该组织的文件始终未发生修改。试问，该审核员是否给该组织开出文件控制方面的不符合？如果是，将如何对标？

答案：不符合文件控制条款 4.2.3 b）。

【例 10】 一组织给一临时咨询机构提供的文件为受控版本，给认证机构提供的文件为非受控版本，该组织的做法是否正确？为什么？

答案：不正确。因为认证机构按文件对组织进行监督审核，应保持有效，即组织更改文件后应及时通知认证机构。而给咨询机构的文件可以是非受控版本，不负责撤旧换新。

【例 11】 某审核员对某组织的外来文件进行审核时，发现该组织未将外来文件的控制方法单独形成文件，因此开了不合格。试问，该审核员的做法对否？据说该审核员是按其所在认证机构的内部统一要求而行事的。试问，该认证机构有没有不符合？为什么？

答案：审核员的做法是错误的，该认证机构存在不符合。审核准则不符合标准。

7. 条款“4.2.4”剖析及案例

1）标准原文

> 4.2.4 质量记录的控制
>
> 应建立并保持记录，以提供符合要求和质量管理体系有效运行的证据。记录应保持清晰、易于识别和检索。应编制形成文件的程序，以规定记录的标识、储存、保护、检索、保存期限和处置所需的控制。

2）条款剖析

（1）必须编制形成文件的程序。

（2）质量记录的主要作用：证实产品符合要求和 QMS 有效运行。同时为可追溯和纠正预防措施、持续改进、体系评审等管理活动提供依据性资料。

（3）控制的主要内容是记录的标识、储存、保护、检索、保存期限和处理。保存期限有时涉及法规要求，应满足这种要求。

（4）有的时候，记录至关重要，如公检法领域的案卷、医院的病历、学生考卷等。

3）案例讨论

【例 12】 某组织未建立质量记录清单，但对质量记录进行了控制。试问，该组织是否存在不符合？为什么？

答案：无不符合，因为标准未要求建立质量记录清单。

【例 13】 审核员来到办公室检查记录管理情况，审核员要到记录清单，发现办公室管理的记录有几千种。办公室人员见审核员认真浏览记录清单，感到自己工作得到了重视，他们相互传送着微笑的眼神。审核员按记录清单抽样，要求办公室人员找到 Y 产品设计控制记录。5 分钟过去了，没有找到。又过了 5 分钟，还是没有找到，……，责任人额头都浸出了汗水。试问，该公司是否存在不符合？为什么？

答案：不符合条款 4.2.4 有关记录易于检索的要求。

8. 条款“5.1”剖析及案例

1）标准原文

> **5. 管理职责**
>
> **5.1 管理承诺**
>
> 最高管理者应通过以下活动，对其建立、实施质量管理体系并持续改进其有效性的承诺提供证据：
>
> a）向组织传达满足顾客和法律法规要求的重要性；
>
> b）制定质量方针；
>
> c）确保质量目标的制定；
>
> d）进行管理评审；
>
> e）确保资源的获得。

2）条款剖析

（1）组织的最高管理者（一个人或一组人）对于建立、实施和改进 QMS 应有承诺；

（2）最高管理者的承诺应是具体的、可操作的、可以供人评价的；

（3）最高管理者的承诺必须通过以下活动的开展予以证实：传达顾客要求和法律法规要求；组织制定和批准方针并确保目标的制定；实施管理评审；保证资源需求。

其他见原文。

最高管理者履行质量承诺的关键是适时开展质量策划活动，如举行质量会议。

3）案例讨论

【例 14】 北京某 IT 公司，其产品是计算机软件。审核员与最高管理者进行了深入交谈。最高管理者讲：“我们的产品由信息产业部控制，我不需要了解有关的法规要求，这个产品涉及哪些法律法规，我不清楚。”如果你是审核员，如何继续与该组织的最高管理者谈下去？

答案：与最高管理者讨论条款 5.1，说明最高管理者掌握法规的重要性，并对条款 5.1 开出不合格。

9. 条款“5.2”剖析及案例

1）标准原文

> 5.2 以顾客为关注的焦点
>
> 最高管理者应以增强顾客满意为目的，确保顾客的要求得到确定并予以满足（见 7.2.1 和 8.2.1）。

2）条款剖析

（1）作为一个组织的领导者或领导集体，为了使组织生存和获得发展，首先是应使组织的产品满足顾客的要求，使顾客满意并不断增进顾客满意度。

（2）应有恰当的办法使顾客的需求和期望得到及时确定，如通过市场调查，确定市场需求和期望，通过合同评审，确定顾客的要求；通过与顾客沟通确定顾客满意的方面和不满意的方面，以及顾客变化着的需求和期望。

（3）应有恰当的办法，将顾客的需求和期望转化为组织要求，以指导和控制产品的实现过程达到要求，使顾客满意。

（4）需求和期望应包括明示的、通常隐含的、法律法规要求的、义务的。

（5）顾客和最终使用者所关心的与产品有关的特性：符合性、可信性、可用性、交付能力、售后服务等。

（6）条款 7.2.1 和 8.2.1 可协助本条款的要求的实现。

其他见原文。

3）案例讨论

【例 15】 某国际知名家用电器公司对售后的家电实施维修服务，维修人员走后屋里留下许多脏物，用户怨声载道。维修换件也比市场零售价贵。用户更愿意买零件自己动手换件。试问该公司是否存在不符合，为什么？

答案：不符合条款 5.2。最高管理者应保证识别确定顾客的需求和期望，长期的维修服务过程应能够实现这种识别和确定。

10. 条款“5.3”剖析及案例

1）标准原文

> 5.3 质量方针
>
> 最高管理者应确保质量方针：
>
> a）与组织的宗旨相适应；
>
> b）包括对满足要求和持续改进质量管理体系有效性的承诺；
>
> c）提供制定和评审质量目标的框架；
>
> d）在组织内得到沟通和理解；
>
> e）在持续适宜性方面得到评审。

2）条款剖析

（1）最高管理者组织制定、正式批准发布的方针应反映组织在质量方面的总的宗旨和方向，并且与组织的总经营目的相一致。

（2）方针的内容应包括满足顾客要求、法律法规要求、组织要求的承诺，应包括持续改进 QMS 有效性的承诺。方针只有涉及满足要求和持续改进的承诺时，QMS 运行才有正确的方向和推动力，QMS 才会不断改进，才符合 ISO 9000 意图。

（3）方针的内容结构应为制定和评审目标奠定基础。

（4）全员理解，行动一致。

（5）方针应是动态的、发展变化的，应定期或根据需要评审和修订，使方针始终与资源相适应，与变化了的顾客要求、法规要求、组织要求相适应。

（6）方针应形成文件，并按文件程序进行控制，即制定、批准、发布、更改等各环节均应按程序执行。

（7）方针是战略性文件，概括性强，以定性描述为主。内容应丰富且简练通畅，文字应生动且富有号召力，但忌空喊口号。

其他见原文。

3）案例讨论

【例16】 某公司的质量方针是："顾客至上，质量第一"。试问，该方针符合标准要求吗？

答案：不符合。没有体现持续改进质量体系有效性的承诺。

11. 条款"5.4.1"剖析及案例

1）标准原文

> 5.4 质量策划
>
> 5.4.1 质量目标
>
> 最高管理者应确保在组织的相关职能和层次上建立质量目标，质量目标包括满足产品要求所需的内容（见7.1a）。质量目标应是可测量的，并与质量方针保持一致。

2）条款剖析

（1）质量目标是方针的展开和具体化，其内容应与方针一致。质量目标至少应包括满足产品要求所需的内容，如产品等级、过程能力、产品特性及合格率、资源水准等方面。

（2）质量目标应是可测量的，以定量描述为主，，但这并不是要求目标必须是量化的。为了方便测量和用数据说话，应尽可能地量化目标，并将目标分解为一定的指标。

（3）目标可从上层到下层制定，上下一致。制定层次应适当。

（4）制定目标应有依据，应与过去的数据、同行业标杆、竞争对手等进行比较，综合考虑市场竞争、产品质量、工作业绩等制定出合适的目标。

（5）目标可分为短期（1年）、长期（2年以上）目标。如果不对目标规定实现的期限，则任何时候考核目标实现情况时，应是有效的。

（6）目标同方针一样，也是动态的。

其他见原文。

3）案例讨论

【例17】 某审核员发现组织对质量目标的测量结果未形成记录，交谈时仅仅是领导口头汇报，审核员生气地给领导开了不合格。你认为该审核员的做法对还是错？

答案：审核员的做法是错误的。标准要求目标可测量，没有要求测量结果必须记录。

【例18】 审核员发现组织未按文件控制程序控制质量目标。你认为该组织是否存在不合格？为什么？

答案：存在不合格，未执行程序，导致不符合有关质量目标的要求。

12. 条款"5.4.2"剖析及案例

1）标准原文

> 5.4.2 质量管理体系策划
>
> 最高管理者应确保：
>
> a）对质量管理体系进行策划，以满足质量目标以及4.1的要求。
>
> b）在对质量管理体系的变更进行策划和实施时，保持质量管理体系的完整性。

2）条款剖析

（1）最高管理者对质量管理体系策划的开展和有效性负有领导责任。

（2）质量管理体系策划的目的是使实现质量目标有充分的体系保障，这种体系即为标准在条款 4.1 提出的要求。

（3）质量管理体系策划的项目和内容包括以下几点。

① 实现目标所需的 QMS，QMS 由哪些过程 / 要素构成才适宜。

② 确定过程后，为使过程有效和高效率，需要什么样的资源，如何配备和组织运作、指导和控制、测量和监控等。

③ QMS 一旦建立并稳定运行后，质量管理体系策划的重心转移到质量体系的持续改进上来，这是经常性的策划，包括推翻旧的 QMS 建立新的 QMS。

（4）质量管理体系策划活动应受控，尤其是策划的结果批准后，更改前应经批准，更改后也应经批准。如建立文件化的体系是策划的结果，要更改已建立并生效的文件，应受控，尤其要确保体系完整。

（5）策划输出应定期评审或适时评审（条件发生重大变化），以使策划结果持续适宜有效。

（6）策划以目标实现为目的，但也应有充分的依据，即策划过程应有如下输入。

① 顾客要求、员工期望、投资者要求、社会要求、法规要求、供方期望，重点是顾客要求和法规要求。如环保法对城市社区噪声有限制要求，那么策划时要考虑噪声大的设备是否合适。采购商要求接待人员和蔼可亲，配备接待人员就应考虑安排性格温和又端庄大方的人员。

② 产品性能（对于服务业则为服务规范）要求和改进。产品性能构成产品质量特性，性能要求不同，对技术、设备、人员、工艺等的要求也不同。

③ 过程表现。如果过程变差不适合，应策划提高过程能力的措施，如 QS 9000 要求过程能力指数 $C_p>1.66$，则必须根据过程测量结果分析是否满足，不满足则应改进。对于服务业，服务结果的顾客满意率，综合反映了服务过程能力。如果顾客满意率低，则应策划改进。

④ 经验教训和改进机会。有经验教训显然应策划吸取经验的方法，有改进机会显然应策划改进方案。如减少浪费的机会是很多的，组织应持续策划减少浪费的过程。服务改善的机会也是很多的，如改善服务环境、改善服务手段等。突出的例子如某市的电话交费，还存在一些不尽如人意之处，电信系统则应策划改进方案。

⑤ 风险评估和风险减少的要求。质量管理体系应保证在整个产品寿命期，风险最小，这需要策划。

其他见原文。

3）案例讨论

【例 19】 某组织对 QMS 进行部分更新。在新文件发布前，停止了原文件的使用，对此未制定其他有关文件也无口头约定。试问，该组织在策划 QMS 活动中是否存在不合格？为什么？

答案：不符合条款 5.4.2。更新过程体系出现不完整的情况。

13. 条款“5.5.1”剖析及案例

1）标准原文

> 5.5 职责、权限和相互关系
>
> 5.5.1 职责和权限
>
> 最高管理者应确保组织内的职责、权限得到规定和沟通。

2）条款剖析

（1）为使质量管理有效，组织结构应满足要求，这包括应配备必要的人员，形成必要的部门机构。设立的机构应具有质量管理所需的职能职责，并规定清楚。

（2）职能职责应层层规定。职能部门之间应相互协调，纵向承上启下，横向分工不分家，上下左右相互沟通，形成管理合力，形成“共点力”，这个“点”就是支持质量管理有效的点，支持质量目标实现的点。

（3）职能职责应层层分解落实，形成部门人员的职责和权限。

其他见原文。

3）案例讨论

【例 20】 审核员对某公司进行认证审核。审核员到几个部门后发现，一些部门经理不了解其他部门的职责。于是审核员开出了不符合。你认为有不符合吗？为什么？

答案：不符合条款 5.5.1。职责沟通无效。

【例 21】 一组织的各级各类人员的职责规定未形成文件。试问该组织是否存在不合格？为什么？

答案：不存在。因为职责已规定，标准未要求这种规定必须形成文件。

14. 条款“5.5.2”剖析及案例

1）标准原文

> 5.5.2 管理者代表
>
> 最高管理者应指定一名管理者，无论该成员在其他方面的职责如何，应具有以下方面的职责和权限。
>
> a）确保质量管理体系所需的过程得到建立、实施和保持；
>
> b）向最高管理者报告质量管理体系的业绩和任何改进的需求；
>
> c）确保在整个组织内提高满足顾客要求的意识。
>
> 注：管理者代表的职责可包括与质量管理体系有关事宜的外部联络。

2）条款剖析

质量管理体系是组织的管理体系最重要的方面，并且是一个完整的系统，为使它有效和高效率，应由专人代表最高管理者负责指导和控制。指定 MR（管理者代表）的另一原因，是因为最高管理者的正职，往往管理事务繁忙，需要精力集中于大政方针，全方位发展的战略筹划方面。而 QMS 从大问题到小问题，可以说是无处不有，必须由指定的专门人员（管理人员）负责。管理者代表来自于组织的管理层，不一定是最高管理层。

其他见原文。

3）案例讨论

【例 22】 许多组织的 QMS 职能分配矩阵图中，将条款 5.5.2 管理者代表要素分配给管理者代表主管。请问，这种安排是否恰当？是否存在不合格？

答案：不恰当。无不合格。

【例 23】 某公司安排技术部经理为管理者代表。审核员因此开了不合格。你认为是否存在不符合？为什么？

答案：不存在不合格。因为管理代表由最高管理者指定，该公司安排技术部经理作为管理者代表是可行的。

15. 条款“5.5.3”剖析及案例

1）标准原文

> 5.5.3 内部沟通
>
> 最高管理者应确保在组织内建立适当的沟通过程，并确保对质量管理体系的有效性进行沟通。

2）条款剖析

（1）建立适当的沟通过程，这就要求沟通是规范的要求，不是可有可无的。

（2）沟通的内容是关于 QMS 的有效性，如部门主管向最高管理者报告目标实现情况、部门之间的质量数据通报、各种质量会议、质量数据和业绩的发布和公示等。

其他见原文。

3）案例讨论

【例 24】 审核员与人力资源部经理就内部沟通情况进行交谈，人力资源部经理说：“每月我们开一次例会，讨论员工工资，让大家都发言，广泛进行沟通。我们的沟通就是让员工满意。”试问，人力资源部是否存在不符合？为什么？

答案：存在不符合。沟通的内容应是有关质量过程的有效性等质量业绩。

16. 条款“5.6.1”剖析及案例

1）标准原文

> 5.6 管理评审
>
> 5.6.1 总则
>
> 最高管理者应按策划的时间间隔评审质量管理体系，以确保其持续的适宜性、充分性和有效性。评审应包括评价质量管理体系改进的机会和变更的需要，包括质量方针和质量目标。
>
> 应保持管理评审的记录（见 4.2.4）。

2）条款剖析

（1）最高管理者组织实施。这里的最高管理者是指与 QMS 有关的所有领导。一般由总经理负责实施，MR 协助。

（2）应规定评审频次和特殊情况下的评审要求。

（3）评审范围是整个 QMS。

（4）评审目的是保证 QMS 持续适宜、充分、有效。

① 适宜性的含义是指 QMS 运行周围条件发生变化时，应对 QMS 进行适当调整以适应这种变化。这种变化是多方面的，如资源条件、顾客条件、供方条件、社会条件等。特别是顾客要求和法规要求及资源条件发生变化时，一定要及时调整体系的框架和内容。

② 充分性的含义是指：为达到顾客满意、符合法规、相关方要求及组织的业绩期望等，QMS 的固有特性应足够。如要素和过程足够，资源条件足够，特别是当条件发生变化时，必须及时补充所需的要素/程和资源等。另一个原因是在建立 QMS 时，可能考虑不全面，有遗漏之环节，均造成 QMS 不充分。

③ 有效性的含义是指：QMS 完成所策划的活动并达到所策划的结果的程度。QMS 是否做到有效，特别是目标实现程度、顾客满意程度、持续改进业绩程度、产品符合程度、法规符合程度等均是最关心的有效性的问题。

④ 评审“三性”（适宜性、充分性、有效性）要有充分可靠的数据和资料，MR 应事先认真准备，届时向“评审”作正式的报告。

⑤ 对“三性”评价的结果，可能导致体系变更和方针目标的变更，这是重大问题，在管理评审过程中给予中肯分析和确定。报告体系效果者，也应提出变更和改进需要，并得以评价和确定。

其他见原文。

管理评审是组织在质量管理方面的高层管理活动。实践表明，这种活动与组织的其他高规格管理活动结合起来进行更为有效，如企业的年终总结。坚决反对管理评审与组织工作节奏的脱节和“两层皮”现象，更反对走过场拼凑文件和记录。管理评审一般采取正式会议的形式进行。

3）案例讨论

【例 25】 审核员发现某公司总是不能按计划完成生产订单要求的任务。审核员开出了不符合。这是一项什么不符合？

答案：生产能力不足，不符合条款 5.6.1 要求确保 QMS 具有充分性的要求。

17. 条款“5.6.2”剖析及案例

1）标准原文

> 5.6.2 输入
>
> 理评审的输入应包括以下方面的信息：
>
> a）审核结果；
>
> b）顾客反馈；
>
> c）过程的业绩和产品的符合性；
>
> d）预防和纠正措施的状况；
>
> e）以往管理评审的跟踪措施；
>
> f）可能影响质量管理体系的变更；
>
> g）改进的建议。

2）条款剖析

（1）管理评审输入关注的是条款 5.6.2 当前的业绩和改进机会。

（2）审核结果包括内审、外审、自我评价的结果。

（3）顾客反馈重要的是对产品和服务的满意程度及新的需求带来的改进机会。

（4）过程的业绩主要是过程能力和过程效率、过程结果质量等级和质量水平等。

（5）产品符合性即产品的质量特性符合要求的程度。

（6）预防措施和纠正措施的开展及其有效性情况。

（7）上一次管理评审要求的措施完成情况。

（8）提出 QMS 变更和改进要求及其原因。

其他见原文。

3）案例讨论

【例 26】 一组织在一定的期间内对 QMS 进行了管理评审。检查有关文件发现，几次管理评审的输入信息加起来，才包括了标准要求的 7 个方面。根据这种情况，你认为该组织是否存在不合格？为什么？

答案：不存在。标准未要求管理评审一次完成。

18. 条款“5.6.3”剖析及案例

1）标准原文

5.6.3 输出 管理评审的输出应包括与以下方面有关的任何决定和措施： a）质量管理体系及其过程有效性的改进； b）与顾客要求有关的产品的改进； C）资源需求。

2）条款剖析

（1）管理评审输出至少提出必要的决定和措施，尤其是：QMS 有效性改进的决定和措施、过程有效性改进的决定和措施、产品改进的决定和措施、资源需求的决定和措施等。

（2）决定和措施应在管理评审记录中予以表述。

其他见原文。

3）案例讨论

【例 27】 一组织进行了管理评审，管理评审提出了两个问题，一是文件管理存在问题；二是纠正和预防措施实施有问题。但在管理评审输出文件中没有包括解决上述两个问题的决定和措施。如果你是审核员，应如何评价该组织的管理评审活动的符合性？为什么？

答案：存在不符合。标准要求作出相应的决定。

19. 条款“6.1”剖析及案例

1）标准原文

6.资源管理 6.1 资源提供 组织应确定并提供以下方面所需的资源：

> a）实施、保持质量管理体系并持续改进其有效性；
> b）通过满足顾客要求，增强顾客满意。

2）条款剖析

（1）QMS 实施、保持和改进均需要资源。资源包括人员、设施设备、材料、技术方法、信息、资金、环境等。

（2）应及时确定所需资源并提供充分且必要的资源。

（3）资源提供是动态的，即组织应定期识别所需资源以满足变化的需要。

（4）应以增进顾客满意为尺度评价资源的充分性，以效率评价资源的必要性。

其他见原文。

3）案例讨论

【例28】 审核员与某公司总经理就资源提供问题进行交谈，审核员问："如何确定所需资源并进行提供？"总经理说："根据产品生产确定采购设施和设备，根据工艺要求等招聘人才，只要能生产出顾客要求的产品，资源就满足了要求。"试问，有没有不合格？为什么？

答案：有不合格。提供资源还应考虑改进和增强顾客满意。

20. 条款"6.2"剖析及案例

1）标准原文

> 6.2 人力资源
> 6.2.1 总则
> 基于适当的教育、培训、技能和经验，从事影响产品质量工作的人员应是能够胜任的。
> 6.2.2 能力、意识和培训
> 组织应：
> a）确定从事影响产品质量工作的人员所必需的能力；
> b）提供培训或采取其他措施以满足这些需求；
> c）评价所采取措施的有效性；
> d）确保员工认识到所从事活动的相关性和重要性，以及如何为实现质量目标作出贡献；
> e）保持教育、培训、技能和经验的适当记录（见4.2.4）。

2）条款剖析

（1）应识别确定所需人员的能力，应从所受教育水准、培训情况、所具有的技能、工作经历经验4个方面确定从事影响产品质量的人员的能力是否满足要求。

（2）影响产品质量的工作，包括直接影响和间接影响两类工作。如产品设计开发、产品加工、产品检验、产品储存、产品采购等，是直接影响产品质量的工作。间接影响产品质量的工作，如与产品质量有关的管理、与资源有关的管理、销售等。

（3）识别确定对人员的能力需求。人员能力应从3个方面考虑：基础能力、业务能力和素质能力，如图3.17所示。

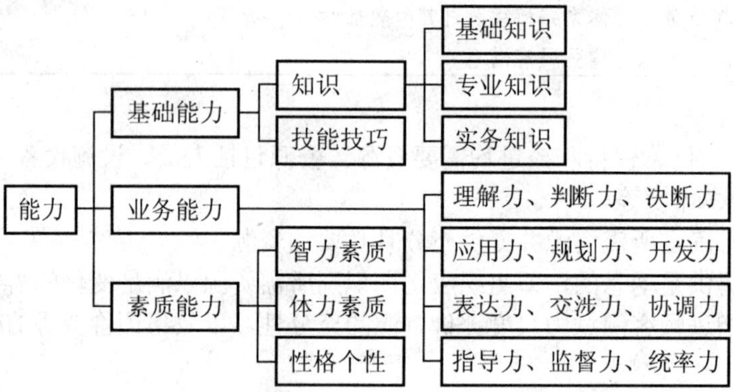

图 3.17　人员能力图

（4）评价培训和措施的有效性：所规定的培训和措施实施及结果，即人员能力需求的事项是否解决了，应比较培训前后人员的能力；对培训人员的工作业绩进行跟踪考核。

（5）员工应明白自己所从事的工作对其他工作的影响作用和重要性，应能态度积极地为目标实现做贡献。员工的态度应从以下几方面考虑：纪律性、协调性、责任感、自我创造热情。

（6）所有的培训应予以记录，并至少保留能说明培训有效性的证据。

其他见原文。

3）案例讨论

【例29】　一组织中，许多人员不能恰当地对文件进行必要的标识和编号。试问，如果你去审核这个组织的质量管理体系，是否对“条款 6.2.2”开不合格？为什么？

答案：开不合格。因为许多人员不会对文件标识和编号，这会影响产品质量。如，可能因为文件编号错误，导致产品配方差错。

21. 条款“6.3”剖析及案例

1）标准原文

6.3 基础设施 组织应确定、提供并维护为达到产品符合要求所需的基础设施。适用时，基础设施包括： a）建筑物、工作场所和相关的设施； b）过程设备（硬件和软件）； c）支持性服务（如运输或通信）。

2）条款剖析

（1）识别需要；

（2）提供所需；

（3）维护设施。

这些设施是保证主要产品符合性的工作场所及相应设施、设备（硬件和软件）及支持性服务。工作场所的相应设施应是使工作场所正常运行的设施，包括水、电、气供应系统和办公工具；软件包括计算机系统软件、标准规范、文件等；支持性服务主要是指支持组织正常运作的服务设施。

其他见原文。

3）案例讨论

【例 30】 某公司的生产设备都已超过使用寿命，产品合格率下降。是否存在不合格？为什么？

答案：不符合条款 6.3。因为生产设备超过了使用寿命，产品质量下降。

22. 条款“6.4”剖析及案例

1）标准原文

6.4 工作环境 组织应确定并管理为达到产品符合要求所需的工作环境。

2）条款剖析

（1）识别工作环境中人和物的因素，进行管理，创造好的工作环境。

（2）组织的宗旨和行为理念需要什么样的价值观？工作人员应具备什么样的心理素质？如何保证社会影响有利于人员积极热情地工作？这些问题与工作环境紧密相关。

（3）识别和管理物的因素。可以考虑工作场所所需的硬件和软件是否充分和适宜？人员和设备/设施所处环境参数（温湿度、噪声、粉尘、洁净度、大气压等）是否适宜？法规要求是否符合？

（4）一旦工作环境不适宜，应提出配备或改进意见。日本人搞的 5S 运动可以借鉴，即对工作环境进行“整理、整顿、清扫、清洁和修养”活动。

其他见原文。

3）案例讨论

【例 31】 某公司工作现场很乱，据此，怎样去进一步审核？

答案：继续审核，确定工作环境是否影响过程有效性，从而确定是否存在不符合。

23. 条款“7.1”剖析及案例

1）标准原文

7.产品实现 7.1 产品实现的策划 组织应策划和开发产品实现所需的过程。产品实现的策划应与质量管理体系其他过程的要求相一致（见 4.1）。 在对产品实现进行策划时，组织应确定以下方面的适当内容： a）产品的质量目标和要求； b）针对产品确定过程、文件和资源的需求； c）产品所要求的验证、确认、监视、检验和试验活动，以及产品接收准则； d）为实现过程及其产品满足要求提供证据所需的记录（见 4.2.4）。 策划的输出形式应适合于组织的运作方式。 注 1：对应用于特定产品、项目或合同的质量管理体系的过程（包括产品实现过程）和资源作出规

定的文件可称为质量计划。
注2：组织也可将7.3的要求应用于产品实现过程的开发。

2）条款剖析

（1）以产品质量目标和产品要求为主线，对实现产品的过程进行策划。为了实现产品的质量目标和其他要求，对产品实现过程也要从策划、实施、测量和改进4个方面考虑进行总体策划。

（2）自行开发产品，应在设计之前对实现过程进行策划，包括产品质量目标和其他产品特性，并通过后续的设计予以实现。

（3）顾客要求的产品，应在与顾客签订合同之后对产品实现过程进行策划，保证满足顾客的要求。

策划的实质内容如下。

① 产品质量特性及其水平；

② 实现产品所需资源和过程；

③ 确定产品质量特性、监视产品质量特性所需设备和技术方法；

④ 产品实现过程所需文件；

⑤ 证实产品实现过程及其结果所需记录等。

条款7.3所述关于产品的设计开发方法可以用以产品实现过程的开发，即可以把“过程”当作产品来设计开发，但这不是标准的必须要求。

其他见原文。

3）案例讨论

【例32】 审核员对一公司进行审核，就产品实现过程的策划与技术总监进行交谈。技术总监说：“所有产品都是自行开发，因此不需要对实现过程进行策划。”试问，该公司是否存在不合格？为什么？

答案：不符合条款7.1。实现过程包括产品生产等其他环节，不能因为自行开发就不进行实现过程的策划。

24. 条款“7.2.1”剖析及案例

1）标准原文

7.2 与顾客有关的过程
7.2.1 与产品有关的要求的确定
组织应确定：
a）顾客规定的要求，包括对交付及交付后活动的要求；
b）顾客虽然没有明示，但规定的用途或已知的预期用途所必需的要求；
c）与产品有关的法律法规要求；
d）组织确定的任何附加要求。

2）条款剖析

（1）应注意区分与产品有关的要求和顾客要求的不同。顾客要求只是与产品有关的要求的一部分。

（2）与产品有关的要求可通过书面调查、市场调研、沟通活动、走访、招标书、合同文件、产品标准规范的研究等方法分析确定。

（3）与产品有关的要求包括：顾客规定的产品要求（包括交付及交付后的活动的要求）；顾客未明示，但预期或规定用途所必要的产品要求；法律法规要求和与产品有关的义务要求；组织为更好地满足顾客和法律法规要求而附加的要求。

其他见原文。

3）案例讨论

【例33】 某开发区管理委员会对上级主管和下辖单位提供服务。审核员在检查该组织的与产品有关的要求的确定时发现，该组织的业务部门对上级的要求进行了确定。审核员问有关责任人："为什么没有确定下辖单位的要求？"责任人回答："我们都归上级领导，因此上级代表了下级。"试问，是否存在不合格？为什么？

答案：不符合条款 7.2.1。下级单位是顾客，必须确定顾客的要求。

25．条款"7.2.2"剖析及案例

1）标准原文

> 7.2.2 与产品有关的要求的评审
>
> 组织应评审与产品有关的要求。评审应在组织向顾客作出提供产品的承诺之前进行（如：提交标书、接受合同或订单及接受合同或订单的更改），并应确保：
>
> a）产品要求得到规定；
>
> b）与以前表达不一致的合同或订单的要求已予解决；
>
> c）组织有能力满足规定的要求。
>
> 评审结果及评审所引起的措施的记录应予保持（见 4.2.4）。
>
> 若顾客提出的要求没有形成文件，组织在接受顾客要求前应对顾客要求进行确认。
>
> 若产品要求发生变更，组织应确保相关文件得到修改，并确保相关人员知道已变更的要求。
>
> 注：在某些情况下，如网上销售，对每一个订单进行正式的评审可能是不实际的。而代之对有关的产品信息，如产品目录、产品广告内容等进行评审。

2）条款剖析

（1）评审的范围：与产品有关的要求，包括顾客规定的、法规要求的、义务的和组织确定的附加要求。

（2）评审时机：做出提供产品承诺之前进行。

（3）评审内容至少包括：产品要求是否得到规定；口头要求是否得到确认（如对要求的复核）；前后不一致的问题是否已解决；组织是否有能力按时、按量、按质交货。

（4）评审的结果和相应必要的措施应予以记录。必要的措施应理解为：为了满足和增进顾客满意，可能提出的一些建议和方法。

（5）产品要求变更情况应得到控制，包括必要的文件修改和有关范围的传达。

其他见原文。

3）案例讨论

【例34】 某公司对于与产品有关的合同的评审由总经理在合同原件上签字完事。审核员了解情况后，对该公司的与产品有关的要求的评审活动开了不合格。不合格事实描述为："公司未对合同进行评审。"试问，审核员的做法对还是错？为什么？

答案：错。因为该公司对与产品有关的要求进行了评审。

【例35】 某审核员发现某公司经常接受顾客口头要求。于是给该公司开了一项这样的不合格："顾客的口头要求在接受之前未经顾客确认。"试问，不合格开得对不对？为什么？

答案：不对。标准只要求顾客的口头要求在接受之前得到确认。

26. 条款"7.2.3"剖析及案例

1）标准原文

> 7.2.3 顾客沟通
>
> 组织应对以下有关方面确定并实施与顾客沟通的有效安排：
>
> a）产品信息；
>
> b）问询、合同或订单的处理，包括对其修改；
>
> C）顾客反馈，包括顾客抱怨。

2）条款剖析

（1）产品信息，至少包括：产品种类、规格型号、质量等级、质量特性、产品用途、产品使用方法、产品维护方法、与正常使用有关的重要特性如安全特性等，还可包括顾客对产品的使用、维护、更改的要求和对新产品的期望。

（2）在合同履行过程中，及时了解顾客的建议和意见，保证满足顾客的合理要求。

（3）特别注意了解顾客对产品和服务不满意的情况，采取及时有效的措施，以使顾客满意。

其他见原文。

3）案例讨论

【例36】 某公司定期为顾客提供某种产品。产品结构和外观进行了设计更改。审核员与有关部门就与顾客沟通一事进行了交谈。通过交谈发现，该公司产品的设计更改情况未及时向顾客传递。试问，是否存在不合格？为什么？

答案：不符合条款7.2.3。未将产品更改信息向顾客传递。

【例37】 审核员在审核北京某房地产公司时发现，该公司经常向顾客发布一些尚未形成事实的信息。试问该公司是否存在不合格？为什么？如果存在不合格，性质如何？

答案：不合格。不符合条款7.2.3。性质严重。

27. 条款"7.3.1"剖析及案例

1）标准原文

> 7.3 设计和开发
>
> 7.3.1 设计和开发策划
>
> 组织应对产品的设计和开发进行策划和控制。

在进行设计和开发策划时，组织应确定：
a）设计和开发阶段；
b）适合于每个设计和开发阶段的评审、验证和确认活动；
c）设计和开发的职责和权限。
组织应对参与设计和开发的不同小组之间的接口进行管理，以确保有效的沟通，并明确职责分工。
随设计和开发的进展，在适当时，策划的输出应予更新。

2）条款剖析

（1）控制范围：产品设计和开发的策划。

（2）策划内容如下。

① 确定设计开发阶段，如方案研究阶段、技术设计阶段、试生产设计阶段、生产设计阶段等；

② 确定职责和相互关系，如材料组、电气组、机械组、动力组、资料组等；

③ 确定控制活动，至少包括设计评审、设计验证和设计确认。

（3）策划的更新：必要时，对策划结果进行更新。

其他见原文。

产品设计开发过程的一般流程，如图 3.10 所示。图中设计评审、设计验证、设计确认时机应与设计开发策划规定相一致，该图表达了设计开发控制活动和设计阶段的关系。箭头所表达的设计评审、设计验证和设计确认活动不一定在所有阶段都发生，但都可能发生。设计验证强调适当设计阶段输出结果与输入要求的对比。

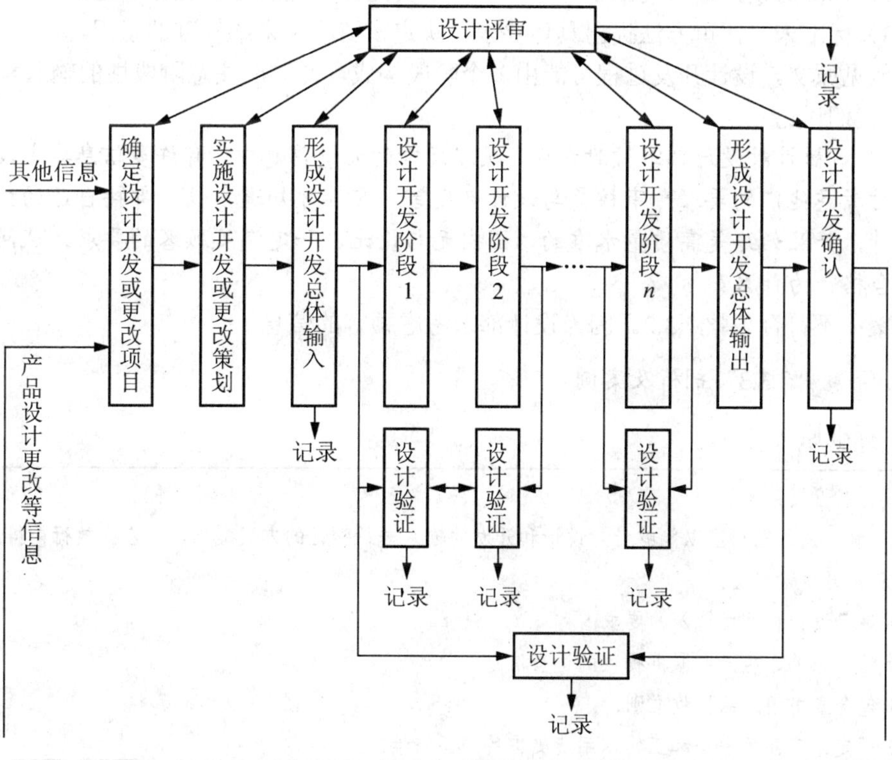

图 3.10　产品设计开发流程及控制

3）案例讨论

【例 38】 审核员对一高技术公司进行了为期 3 天的现场审核。该公司的设计开发活动频繁。当审核员检查设计开发策划时，该公司技术负责人口头介绍了每一个设计项目的过程阶段和控制点。审核员问：“有没有书面的设计策划结果？”技术负责人回答：“没有，根本不需要。”试问，如果你是审核员，是否开不合格？为什么？

答案：不。标准没有要求设计策划一定形成书面文件。

28. 条款“7.3.2”剖析及案例

1）标准原文

> 7.3.2 设计可开发输入
>
> 应确定与产品要求有关的输入，并保持记录（见 4.2.4）。这些输入应包括：
>
> a）功能和性能要求；
>
> b）适用的法律、法规要求；
>
> c）适用时，以前类似设计提供的信息；
>
> 4）设计和开发所必需的其他要求。
>
> 应对这些输入进行评审，以确保输入是充分与适宜的。要求应完整、清楚，并且不能自相矛盾。

2）条款剖析

（1）标准要求设计输入要形成文件（记录）。

（2）标准对设计输入提出了评审要求，主要是评审输入是否充分和适宜。

（3）标准未对评审方法提出具体要求，决定权留给了采纳标准的组织。

其他见原文。设计开发过程可能由多个阶段构成，此时应注意阶段性的输入和输出。

3）案例讨论

【例 39】 审核员对设计部审核时发现，顾客反馈的大量信息中，有许多信息要求设计部设计产品时考虑他们的要求。审核员与设计部发言人交谈才知道，设计部按自己的技术理解进行设计，产品始终是高质量水准的，国内无与伦比，一定满足顾客的要求。试问，是否存在不合格？为什么？

答案：不符合条款 7.3.2。因为设计部未考虑顾客的信息。

29. 条款“7.3.3”剖析及案例

1）标准原文

> 7.3.3 设计和开发输出
>
> 设计和开发的输出应以能够针对设计和开发的输入进行验证的方式提出，并应在放行前得到批准。
>
> 设计和开发输出应：
>
> a）满足设计和开发输入的要求；
>
> b）给出采购、生产和服务提供的适当信息；
>
> c）包含或引用产品接收准则；
>
> d）规定对产品的安全和正常使用所必需的产品特性。

2）条款剖析

（1）设计输出应能为产品生产和材料采购提供充分的信息，应形成易于与设计输入相对照的形式并经批准后才能放行。

（2）设计输出不仅包括文件化的信息，更重要的是设计得到的实物产品。

（3）设计输出必须包括产品的接收准则或引用接收准则。如形成产品接收准则文件或在设计输出文件中指出产品接收准则的出处。产品接受准则一般被称为产品规范。

（4）对产品的安全和正常使用所需的要求，防止使用错误和发生安全事故。

其他见原文。

3）案例讨论

【例 40】　某计算机软件公司形成了丰富的设计输出，其应用软件 CyberGuide 被许多地区使用。审核员审核该公司的设计输出时，就产品的接收准则与发言人进行了交谈，发言人说：“按顾客合同要求验收，验收准则没有必要归纳到设计输出文件中，我们的程序无此项规定。”如果你是审核员，你将怎么做？

答案：查合同看其是否包括充分的产品验收准则，如果不充分，则存在不符合。

30．条款“7.3.4”剖析及案例

1）标准原文

7.3.4 设计和开发评审 在适宜的阶段，应依据所策划的安排（见 7.3.1）对设计和开发进行系统的评审，以便： a）评价设计和开发的结果满足要求的能力； b）识别任何问题并提出必要的措施。 评审的参加者应包括与所评审的设计和开发阶段有关的职能的代表。评审结果及任何必要措施的记录应予以保持（见 4.2.4）。

2）条款剖析

（1）设计评审在适宜阶段进行，不要求该阶段已形成完整的与设计输入相对照的设计输出。

（2）设计评审的目的和方法与设计验证和设计确认有明显的差别。设计评审的目的是识别发现设计过程中存在的问题并提出解决的措施和评价设计结果满足要求的程度。

（3）设计评审是对设计结果达到设计要求的适宜性、充分性和有效性的评价，宜在形成关键的设计结果时进行，如方案形成时，“样机”形成时，设计完成后设计确认之前等可进行设计评审。

其他见原文。

3）案例讨论

【例41】　某公司某产品的设计涉及技术部门、生产部门、采购部门、质量部门。在设计评审时，生产部门忙，没有参加设计评审，但设计评审结论正确。审核员未开不合格。试问，审核员的做法对否？为什么？

答案：不对。因为生产部是与设计有关的职能部门，必须参加。

31. 条款“7.3.5”剖析及案例

1）标准原文

> 7.3.5 设计和开发验证
>
> 为确保设计和开发输出满足输入的要求，应依据所策划的安排（见 7.6.1）对设计和开发进行验证。验证结果及任何必要措施的记录应予以保持（见 4.2.4）。

2）条款剖析

（1）认定：对设计输出是否满足设计输入要求进行核实，即通过恰当方法如评审、试验、比较、变换设计方法等，可核实符合性。

（2）提供：验证获得的客观证据应根据需要向需求方提供，包括设计组织结构中的信息传递要求的满足。

（3）对验证结果及措施予以记录并保持。

① 设计输出包括过程输出和最终输出，并且这两种输出还可细分为阶段性过程输出和阶段性最终输出。

② 设计过程输出的验证是设计“自检”，对于最终输出的验证应结合最终设计评审进行，使评审依据充分。当然，验证的方法和结果可用于设计评审和设计确认。

其他见原文。

3）案例讨论

【例42】 某公司设计开发自动化仪表。按规定在样机阶段进行了设计评审。在投入生产后发现某个构件不易买到，也难于加工制造。试问，问题出现在哪里？问题的性质如何？

答案：设计输出和设计评审失效。问题严重。

32. 条款“7.3.6”剖析及案例

1）标准原文

> 7.3.6 设计和开发确认
>
> 为确保产品能够满足规定的使用要求或已知的预期用途的要求，应依据所策划的安排（见 7.6.1）对设计和开发进行确认。只要可行，确认应在产品交付或实施之前完成。确认结果及任何必要措施的记录应予以保持（见 4.2.4）。

2）条款剖析

（1）确认目的：产品满足规定的或已知的预期使用要求的客观证据的认定。

（2）确认时机：最好在试生产完成后，正式生产开始之前，或单件产品交付之前进行确认。

（3）局部确认：产品交付前不能全面确认，可进行局部确认。

（4）试用确认：产品交付之前不能确认，可实施顾客试用等方法进行确认。

（5）保持确认结果及所制定的必要的措施。

其他见原文。

3）案例讨论

【例 43】 某地区生产力促进中心代表地区科委为广大企业和村镇开发提供网络信息服务。该中心开发了各类信息服务系统，如房地产信息系统、农产品价格信息系统、科教信息系统等。最终，该中心将开发的结果上报地区科委，科委给予了很高的评价。根据科委的意见，该中心立即应用所开发的系统对广大用户提供信息服务。如果你是审核员，认为该中心在设计开发过程中是否存在不符合 ISO 9001 的地方？

答案：存在。设计确认人员应该包括用户或用户代表。

33. 条款“7.3.7”剖析及案例

1）标准原文

> 7.3.7 设计可开发更改
>
> 应识别设计和开发的更改，并保持记录。适当时，应对设计和开发的更改进行评审、验证和确认，并在实施前得到批准。设计和开发更改的评审应包括评价更改对产品组成部分和已交付产品的影响。
>
> 更改的评审结果及任何必要措施的记录应予以保持（见 4.2.4）。

2）条款剖析

（1）更改应形成文件，不得随意进行。

（2）评价更改带来的影响。

（3）适当时，对更改过程结果进行评审、验证和确认。

（4）更改实施必须经批准。

（5）保留更改评审、验证和确认结果及必要措施的记录。

3）案例讨论

【例44】 某组织的技术部门正在进行一项设计，审核员到现场审核，来到技术部，正好发现一设计人员进行图纸更改。审核员问：“你对图纸进行更改，经验证和确认了吗？”设计人员回答：“在设计过程中对图纸更改，不需要验证和确认。”审核员将如何动作？

答案：审核员会调查图纸是否经过正式验证或评审，如果是，则开不符合，否则不开。

34. 条款“7.4.1”剖析及案例

1）标准原文

> 7.4 采购
>
> 7.4.1 采购过程
>
> 组织应确保采购的产品符合规定的采购要求。对供方及采购的产品控制的类型和程度应取决于采购的产品对随后的产品实现或最终产品的影响。
>
> 组织应根据供方按组织的要求提供产品的能力评价和选择供方。应制定选择、评价和重新评价的准则。评价结果及评价所引起的任何必要措施的记录应予以保持（见 4.2.4）。

2）条款剖析

（1）采购品的范围是指用于组织最终产品的原材料、外协件和外包等。抽象地说，可以用“劳动采购”来概括标准所说的采购范围，这个劳动是围绕产品实现而进行的活动。

（2）对采购过程应进行控制，控制的方式和程度取决于“采购品”对产品实现的影响和对成品的影响。

（3）对供方的评价和选择取决于组织对供方提供产品的能力的要求。

（4）组织应制定选择和定期评价供方能力是否符合要求的准则。

（5）对供方的评价结果及需要采取的措施要进行记录并保持。

这种评价是一个动态过程，必须规定跟踪控制和评价的方法，使供方始终符合要求。对“新供方”应主要评价：产品质量状况或相关经验；质量体系保证100%按期交付的能力；供方的顾客满意度；支持服务状况；其他方面，如信义、美誉度等。对“老供方”，应关注其供货业绩，包括产品、交付和交付后的服务等。

其他见原文。

3）案例讨论

【例45】 某公司对供方评价选择的准则、评价结果采取的措施等均未保留记录。试问，是否存在不合格？

答案：不符合条款7.4.1。

35. 条款“7.4.2”剖析及案例

1）标准原文

7.4.2 采购信息 采购信息应表述拟采购的产品，适当时包括： a）产品、程序、过程和设备的批准要求； b）人员资格的要求； c）质量管理体系的要求。 在与供方沟通前，组织应确保所规定的采购要求是充分与适宜的。

2）条款剖析

（1）采购信息应表达对采购产品的质量特性、规格、数量、价格、交货期等要求的信息。

（2）适当时，采购信息可包括资格批准或鉴定要求。

（3）采购信息必须适宜。

采购信息实质上是“顾客要求”，此时顾客是组织对供方而言，是组织为满足顾客要求而以“顾客”身份向供方提出的要求（如在采购合同、质量技术协议中规定等）。口头表述有时也是可行的采购信息，但不易追溯。

其他见原文。

3）案例讨论

【例46】 某公司采购部以口头形式进行采购，多少年来未发生采购差错。实施ISO 9001体系接受某认证机构审核时，审核员要求，采购要求等信息必须形成文件。该公司按审核员要求去做，供方嫌麻烦从此不再供货。试问，问题出在那里？

答案：审核员超标要求。

36. 条款“7.4.3”剖析及案例

1）标准原文

> 7.4.3 采购产品的验证
>
> 组织应确定并实施检验或其他必要的活动，以确保采购的产品满足规定的采购要求。
>
> 当组织或其顾客拟在供方的现场实施验证时，组织应在采购信息中对拟验证的安排和产品放行的方法做出规定。

2）条款剖析

（1）确定验证方式方法，如要求供方提供产品符合性证据，根据验收准则（采购文件中规定的要求）进行进货检验、到供方现场验证、品牌认定等适宜的必要方法。

（2）在供方现场验证，必须在采购信息中说明具体安排。

组织或顾客在供方现场验货时在采购信息中予以说明的要求，是因为这种验证方式会对供方生产、产品储存、维护等有要求，否则会带来不利影响。顾客要求现场验证，销售合同中应说明。

其他见原文。

3）案例讨论

思考：顾客要求到供方现场验证宜在何时提出？

答案：宜在签订合同时提出。

37. 条款“7.5.1”剖析及案例

1）标准原文

> 7.5 生产和服务提供
>
> 7.5.1 生产和服务提供的控制
>
> 组织应策划并在受控条件下进行生产和服务提供。适用时，受控条件应包括：
>
> a）获得表述产品特性的信息；
>
> b）必要时，获得作业指导书；
>
> c）使用适宜的设备；
>
> d）获得和使用监视和测量装置；
>
> e）实施监视和测量；
>
> f）放行、交付和交付后活动的实施。

2）条款剖析

（1）首先，生产或服务提供的要求要明确。这些要求可能在产品图样、工艺规范、服务规范、检验规范中规定。生产和服务提供必须在受控条件下进行。

（2）作业人员必须能够方便地得到必要的作业指导书。

（3）使用适宜设备。适宜的设备，首先要满足工艺要求。不能永无止境地使用和维护那些应该淘汰的设备，特别是法规规定使用年限的设备，到期必须报废。

（4）应按法规要求和组织要求或顾客要求实施测量和监控，因此生产和服务过程必须拥有这些手段，尤其是法规要求的测量。

（5）对生产和服务作业进行监控，可包括：产品特性监控、工艺参数监控、人员资格监控、作业规范监控、工作环境监控等。使一切影响生产和服务的因素处于受控状态，使过程结果符合要求。

（6）按规定实施放行、交付和交付后的活动。

其他见原文。

3）案例讨论

【例47】 某汽车配件厂检验贮气筒的密封性能的文件是依据国家标准制定的，但是执行起来很不方便。因此技术厂长要求按更严格的规范且方便实用的方法进行检验。于是检验员在未修改文件的情况下采用新方法进行检验。某认证机构的审核员据此开出了一项检验不合格。试问，审核员的做法对还是错？为什么？

答案：审核员的做法是错误的。应该从结果来分析问题。即便是开不符合，也应开在文件适宜性上。

38．条款“7.5.2”剖析及案例

1）标准原文

> 7.5.2 生产和服务提供过程的确认
>
> 当生产和服务提供过程的输出不能由后续的监视或测量加以验证时，组织应对任何这样的过程实施确认。这包括仅在产品使用或服务已交付之后问题才显现的过程。
>
> 确认应证实这些过程实现所策划的结果的能力。
>
> 组织应对这些过程作出安排，适用时，包括：
>
> a）为过程的评审和批准所规定的准则；
>
> b）设备的认可和人员资格的鉴定；
>
> c）使用特定的方法和程序；
>
> d）记录的要求（见 4.2.4）；
>
> E）再确认。

2）条款剖析

（1）控制范围：指特殊过程的一种，即过程结果不能予以验证，缺陷在产品使用或服务已交付之后才能显见的过程。

（2）建立准则，对上述特殊过程进行确认和再确认。

其他见原文。

关键是规定确认准则。过程试运行是一种有效的确认方法。我国的生产许可证制度具有过程确认的意义，但是这种制度是针对某些产品的，这些产品的生产不一定存在标准所述的需要确认的过程。因此，可以认为我国的生产许可证制度是比较严格的产品实现过程控制方法。

3）案例讨论

【例48】 某公司对热处理工序进行确认，其做法是对热处理的工艺参数、人员资格要求、设备要求等规定形成详细的文件以指导作业。是否存在不符合？为什么？

答案：不符合条款 7.5.2。应该制定确认准则，对热处理过程结果达到策划的能力进行确认。

39．条款“7.5.3”剖析及案例

1）标准原文

> 7.5.3 标识和可追溯性
>
> 适当时，组织应在产品实现的全过程中使用适宜的方法识别产品。
>
> 组织应针对监视和测量要求识别产品的状态。
>
> 在有可追溯性要求的场合，组织应控制并记录产品的唯一性标识（见 4.2.4）。
>
> 注：在某些行业，技术状态管理是保持标识和可追溯性的一种方法。

2）条款剖析

（1）关于标识和可追溯性对象。产品是过程的结果，对有形产品是指提供给顾客的产品及其组成部分，包括原材料、半成品，这容易理解也易于实施。而对于无形产品，如服务，应该如何理解和实施呢？“无形”产品只能采用在“无形”的承载媒体上进行标识或对实现过程予以记录。如招标代理材料中，以适当标记、标签、标识招标代理服务的内容，服务完成后的状态即服务合格与否，在记录中标识或在媒体上标识服务结果，如“草案”、“待审”、“审批通过”、“审批未通过”等。

（2）标识包括两方面，一是产品特征标识，如来源、所处场所、去向、名称、规格、型号、数量、用途等；二是状态标识，即对测量和监视结果做出明示的标志，通俗地说是做得好与坏的标识。

（3）产品标识不是强制性要求，目的是防止产品混淆而造成误用错发，造成损失。状态标识基于测量和监视要求，是强制性要求，因此，体系中必须规定这种要求。

（4）有可追溯性要求时，对产品的标识是唯一的，并且应进行记录。即在产品上作标志标记，在文件上作记录，这种记录可体现在其他有产品特征、项目特征的文件中。如招标、投标过程产生的服务多以书面承载或磁盘承载，这时应对服务承转媒体进行标记和记录每一标记所对应的已完成的服务内容、服务时间、服务对象等，从而实现可追溯，即由媒体和记录可追溯服务的来源、形成和去向。

3）案例讨论

【例49】 一公司的顾客带一件产品到该公司询问该件产品是何时生产的、采用的原材料及原材料检验报告、该公司未能提供。是否存在不符合？

答案：不符合条款 7.5.3。

40．条款“7.5.4”剖析及案例

1）标准原文

> 7.5.4 顾客财产
>
> 组织应爱护在组织控制下或组织使用的顾客财产。组织应识别、验证、保护和维护供其使用或构成产品一部分的顾客财产。若顾客财产发生丢失、损坏或发现不适用的情况时，应报告顾客，并保持

> 记录（见 4.2.4）。
> 注：顾客财产可包括知识产权。

2）条款剖析

顾客财产是指顾客拥有但在组织控制之下或由组织使用的产品、设施、信息、财物等，如成品所需原材料、半成品等。

（1）顾客提供的用于修理、维护或升级的产品，如用来修理的车辆、用来升级的软件等；

（2）顾客直接提供的包装材料；

（3）服务所涉及的顾客财物，如仓储业所储存的顾客物资；

（4）将顾客的财物运到第三方的服务中所涉及的顾客财物；

（5）顾客知识产权，如招投标中、顾客提供的项目数据资料、代理进口硬件产品中的产品规范等；

（6）顾客提供的设备、工具、人员和一切用于生产顾客所需产品的“东西”。

从“顾客”中购买的财产不在此控制范围，因为对于组织购买的财产而言，组织已成为“顾客”的顾客。

其他见原文。

3）案例讨论

【例50】 某公司为顾客提供小轿车，顾客为该公司提供轮胎。审核员问：“为什么使用顾客提供的轮胎？”公司主管回答：“顾客提供的轮胎质量好价格低，所以我们愿意买，更何况他们是我们的顾客。”查顾客财产控制清单发现，该清单上无轮胎一项。是否存在不符合？为什么？

答案：不存在。因为就轮胎而言，该公司是“顾客”。

41. 条款“7.5.5”剖析及案例

1）标准原文

> 7.5.5 产品防护
> 在内部处理和交付到预定的地点期间，组织应针对产品的符合性提供防护，这种防护应包括标识、搬运、包装、储存和保护。防护也应适用于产品的组成部分。

2）条款剖析

（1）防护产品范围：原材料、半成品、成品等，不同过程又有不同形态。如招标代理过程中的投标书资料，投标书初稿、正稿（标准稿）等。

（2）防护活动范围：标识、搬运、包装、贮存、保护。

（3）对于成品的防护应符合顾客要求，即根据顾客要求进行标识、搬运、包装、贮存和保护。顾客无明确要求，以组织要求为准。当然必须符合法律法规要求。

其他见原文。

3）案例讨论

【例51】 审核员在一家软件公司审核，当问到软件防护问题时，发言人说：“软件不需要防护，卖出时附带防病毒工具就可以了。”是否存在不符合？为什么？

答案：不符合条款 7.5.5。软件也需要防护。

42. 条款“7.6”剖析及案例

1）标准原文

7.6 监视和测量装置的控制 组织应确定需实施的监视和测量以及所需的监视和测量装置，为产品符合确定的要求（见 7.2.1）提供证据。 组织应建立过程，以确保监视和测量活动可行并以与监视和测量的要求相一致的方式实施。 为确保结果有效，必要时，测量设备应： a）对照能溯源到国际或国家标准的测量标准，按照规定的时间间隔或在使用前进行校准或检定。当不存在上述标准时，应记录校准或检定的依据； b）进行调整或必要时再调整； c）得到识别，以确定其校准状态； d）防止可能使测量结果失效的调整； e）在搬运、维护和贮存期间防止损坏或失效。 此外，当发现设备不符合要求时，组织应对以往测量结果的有效性进行评价和记录。组织应对该设备和任何受影响的产品采取适当的措施。校准和验证结果的记录应予以保持（见 4.2.4）。 当计算机软件用于规定要求的监视和测量时，应确认其满足预期用途的能力。确认应在初次使用前进行，必要时再确认。 注：作为指南，参见 ISO 11022.1 和 ISO 11022.2。

2）条款剖析

（1）控制范围：确保产品符合规定要求的监视和测量装置。

（2）确定测量任务，配备所需的监视和测量装置。测量任务取决于产品情况，如产品质量的固有特性。不同产品形态的测量任务不同，如服务业、无形产品的测量往往通过有资格的人员来规定，或通过试运行来确定，如软件的测量要通过软件运行来衡量正确性、功能性、可靠性等。

（3）当有必要确保结果有效时。

① 定期或使用前对测量装置进行检定，检定设备应是可溯源到国际或国家标准的装置，不存在这些标准时，组织可自行检定，但应记录检定依据；

② 检定结果应记录并保持，应对检定状态进行标识；

③ 发现测量设备不符合要求时，应评价和记录已测量结果的有效性，需要时采取纠正措施；

④ 应妥善管理，防止失效。

计算机测控系统中的软件，初次使用前必须进行确认，并根据需要进行重新确认。

监视和测量装置是确定产品质量特性的，国家专门制定了法律法规，必须符合国家计量法规。

其他见原文。

3）案例讨论

【例52】 某建筑工程处，在竣工后发现一水准仪失效，但不知何时发生的失效。审核员据此开了不合格报告。该公司对不合格的仪器进行重新检定后即向审核员报告已完成了整改。试问，如果你是审核员，则认为整改是否符合？

答案：不符合。还应分析水准仪测量结果的有效性。

43. 条款“8.1”剖析及案例

1）标准原文

> 8.测量、分析和改进
>
> 8.1 总则
>
> 组织应策划并实施以下方面所需的监视、测量、分析和改进过程：
>
> a）证实产品的符合性；
>
> b）确保质量管理体系的符合性；
>
> c）持续改进质量管理体系的有效性。
>
> 这应包括对统计技术在内的适用方法及其应用程度的确定。

2）条款剖析

（1）要求组织对监视、测量、分析和持续改进过程进行策划并实施。

（2）上述策划和实施的目的：使产品、体系符合要求，使体系的有效性得以改进。

3）案例讨论

【例53】 公司管理人员在实施测量和分析活动时，对何时使用统计技术方法不清楚。是否存在不符合？

答案：不符合条款8.1。

44. 条款“8.2.1”剖析及案例

1）标准原文

> 8.2 监视和测量
>
> 8.2.1 顾客满意
>
> 作为对质量管理体系业绩的一种测量，组织应对顾客有关组织是否已满足其要求的感受的信息进行监视，并确定获取和利用这种信息的方法。

2）条款剖析

（1）质量管理体系业绩的首要特性是顾客满意。

（2）顾客满意的监视和测量包括获取顾客满意和不满意两方面的信息。

（3）监视和测量方法应予以确定。方法多种多样，取决于实际情况。可考虑采用按顾客的方法、按产品的方法、按产品批次的方法、按时间的方法等分门别类地进行监视和测量。同时要考虑顾客反馈与自我评价相结合的方法，使这种监视和测量更可信。

其他见原文。

3）案例讨论

【例54】 审核员发现，某公司的顾客满意度调查单中，顾客没有填写任何意见，公司据此得出结论是顾客满意。你认为审核员应如何做？

答案：调查顾客是否满意。

45. 款“8.2.2”剖析及案例

1）标准原文

> 8.2.2 内部审核
>
> 组织应按策划的时间间隔进行内部审核，以确定质量管理体系是否：
>
> a）符合策划的安排（见 7.1）、本标准的要求以及组织所确定的质量管理体系的要求；
>
> b）得到有效实施与保持。
>
> 考虑拟审核的过程和区域的状况和重要性以及以往审核的结果，应对审核方案进行策划。应规定审核的准则、范围、频次和方法。审核员的选择和审核的实施应确保审核过程的客观性和公正性。审核员不应审核自己的工作。
>
> 策划和实施审核以及报告结果和保持记录（见 4.2.4）的职责和要求应在形成文件的程序中做出规定。
>
> 负责受审区域的管理者应确保及时采取措施，以消除所发现的不合格及其原因。跟踪活动应包括对所采取措施的验证和验证结果的报告（见 8.5.2）。
>
> 注：作为指南，参见 ISO 19011.1、ISO 19011.2 及 ISO 19011.6。

2）条款剖析

（1）目的：确定质量管理体系是否符合策划的安排、本标准的要求、组织规定 QMS 要求，是否得到有效的实施和保持。

（2）审核方案策划的重点是规定审核准则、范围、频次和方法。

（3）必须建立文件化程序，按程序实施并记录审核结果。

（4）管理者对审核发现的问题及时采取纠正措施并得以验证。

（5）审核应具公正性、客观性，应实施回避制度。

3）案例讨论

【例55】 某公司按程序进行内审，首先发了一个内审通知，然后内审员进入现场各区域检查。是否存在不合格？为什么？

答案：不存在。内审过程有些环节可简单进行，如首次会议等。

46. 条款“8.2.3”剖析及案例

1）标准原文

> 8.2.3 过程的监视和测量
>
> 组织应采用适宜的方法对质量管理体系过程进行监视，并在适用时进行测量。这些方法应证实过程实现所策划的结果的能力。当未能达到所策划的结果时，应采取适当的纠正措施，以确保产品的符合性。

2）条款剖析

（1）控制范围：质量管理体系过程（不仅仅是产品实现过程）。

（2）目的：证实过程实现预期目的的能力。

（3）方法：适当的方法（这里的要求不同于对过程确认方法的要求）。应考虑统计技术方法的应用，尤其是那些适合于过程监视和过程分析的统计技术，如直方图、控制图等。

（4）发现过程不合格时，采取必要的纠正和纠正措施。对过程的测量和监控是发现过程不合格的较为有效的方法。发现过程不合格（无论是偶然性不合格还是系统性不合格）后，可纠正的，应立即进行纠正。对于系统性不合格，应分析原因，采取有效的纠正措施，防止再次发生。

凡过程结果不便数据化或样本容量小，则最好的方法是资源确认方法，即采用恰当的方法对人员、设备、设施、技术方法、环境等进行控制。

其他见原文。

3）案例讨论

【例56】 某公司规定必须对生产过程、采购过程进行监视和测量，对其他过程如交付过程、检验过程、管理过程等根据需要再实施。是否存在不合格？为什么？

答案：不符合条款8.2.3。因为标准要求对质量体系所有过程进行监视和测量，这种规定不符合标准要求。

47．条款“8.2.4”剖析及案例

1）标准原文

> 8.2.4 产品监视和测量
>
> 组织应对产品的特性进行监视和测量，以验证产品要求已得到满足。这种监视和测量应依据所策划的安排（见7.1），在产品实现过程的适当阶段进行。
>
> 应保持符合接收准则的证据。记录应指明有权放行产品的人员（见4.2.4）。
>
> 除非得到有关授权人员的批准，适用时得到顾客的批准，否则在策划的安排（见7.1）已圆满完成之前，不应放行产品和交付服务。

2）条款剖析

（1）控制范围：验证产品（包括原材料、半成品、成品）特性是否符合要求。在产品实现过程的策划阶段对产品监视和测量的实施进行了策划和规定，应按策划实施。

（2）控制时机：在产品实现过程的适当阶段进行。显然，对于硬件制造业而言，目前普遍实行的三阶段检验（进货检验、过程检验、成品检验）是在适当的阶段进行的检验。

（3）测量和监控依据：产品验收准则是主要依据。

（4）产品符合性证据：形成文件化的验证记录，并表明产品放行权限者。

（5）特殊放行：除非得到批准（顾客或授权人批准），否则验证活动未圆满完成前，不能放行和交付产品。

其他见原文。

3）案例讨论

【例 57】 某公司生产一种新型儿童玩具，国家没有产品规范，公司也没有接收准则。审核员发现，检验人员实施成品检验采用与标准样比较的办法进行，但只是进行外观比较，其他性能不做检验。检验人员说，公司生产设备优良，外观好，性能肯定好，产品很受顾客欢迎。是否存在不合格？为什么？

答案：不符合 8.2.4。没有接收准则，产品实现过程的策划不充分。

【例 58】 某公司总经理放行了一批未完成检验的产品。如果你是审核员，将做出什么样的审核结论？

答案: 调查是否经过授权.

48．条款“8.3”剖析及案例

1）标准原文

> 8.3 不合格品控制
>
> 组织应确保不符合产品要求的产品得到识别和控制，以防止其非预期的使用或交付。不合格品控制以及不合格品处置的有关职责和权限应在形成文件的程序中做出规定。
>
> 组织应通过下列一种或几种途径，处置不合格品:
>
> a）采取措施，消除已发现的不合格;
>
> b）经有关授权人员批准，适用时经顾客批准，让步使用、放行或接收不合格品;
>
> c）采取措施，防止其原预期的使用或应用。
>
> 应保持不合格的性质以及随后所采取的任何措施的记录，包括所批准的让步的记录（见 4.2.4）。
>
> 在不合格品得到纠正之后应对其再次进行验证，以证实符合要求。
>
> 当在交付或开始使用后发现产品不合格时，组织应采取与不合格的影响或潜在影响的程度相适应的措施。

2）条款剖析

（1）控制范围：不合格品（包括不合格的原材料、半成品和成品）。

（2）控制目的：防止不合格品非预期使用或交付。

（3）控制要求如下。

① 必须建立程序文件，规定对不合格品的识别和控制活动。

② 在程序文件中规定对不合格品的评审和处置的职责和权限。

③ 对不合格品应采取恰当的措施，以便消除不合格品、正确的让步处理、防止用于原来的用途、防止进一步应用等。

④ 对不合格品的性质及采取的措施予以记录。

⑤ 交付或开始使用后发现不合格品，应对后果采取必要的措施。如对组织采购的产品，使用后发现不合格，则立即停止使用，与供方协商解决。如交付给顾客后，发现不合格品，应立即通知顾客，并与顾客协商，妥善解决。

⑥ 对不合格品采取纠正后应重新验证产品的符合性。

其他见原文。

3）案例讨论

【例59】 某公司的检验员在检验过程中发现不合格品时，对于自己能做出判断的不合格品，立即做出处置决定。对于自己不能做出判断，立即上报有关部门/人员。试问，是否存在不合格？

答案：不存在。

【例 60】 某公司产品质量目标合格率规定为 90%。但审核员在生产线上的不合格品区域没有发现不合格品。审核员想起质量目标数据，感到很纳闷。这时检验员说，我们检验很严格，发现不合格产品后立即返工合格。审核员查检验记录发现，记录详细记载了产品初次检验情况，没有返工后的检验记录。检验员说，返工后不用检验，总经理说的，我们必须加快生产进度。是否存在不符合？为什么？不符合程度？

答案：不符合条款 8.3。返工后的产品未检验。严重。

49．条款“8.4”剖析及案例

1）标准原文

> 8.4 数据分析
>
> 组织应确定、收集和分析适当的数据，以证实质量管理体系的适宜性和有效性，并评价在何处可以持续改进质量管理体系的有效性。这应包括来自监视和测量的结果以及其他有关来源的数据。
>
> 数据分析应提供以下有关方面的信息：
>
> a）顾客满意（见 8.2.1）；
>
> b）与产品要求的符合性（见 7.2.1）；
>
> c）过程和产品的特性及趋势，包括采取预防措施的机会；
>
> D）供方。

2）条款剖析

（1）数据范围：与产品质量有关的数据；与体系运行有关的数据。

（2）目的：证实 QMS 适宜性、有效性和实施改进。

（3）数据分析至少应得到如下结果：顾客满意信息；产品要求的符合性信息；过程、产品特性及趋势信息；供方产品、过程、体系和相关信息；采取预防措施的机会的信息等。

其他见原文。

3）案例讨论

【例61】 审核员发现某公司在进行数据分析时，数据范围和数据量均不充分，导致分析效果差。试问，问题出在哪里？

答案：策划和数据收集不符合要求。

【例 62】 北京某公司轴承生产过程能力指数为 1.3～1.6，必须对过程能力按小时进行连续监控。2004 年，该公司质量部在年终对生产过程能力进行了汇总分析，是否存在不合格？

答案：不存在。

50．条款“8.5.1”剖析及案例

1）标准原文

> 8.5 改进
>
> 8.5.1 持续改进
>
> 组织应利用质量方针、质量目标、审核结果、数据分析、纠正和预防措施以及管理评审，持续改进质量管理体系的有效性。

2）条款剖析

（1）策划持续改进，即确定持续改进目标、所需资源和活动安排等。

（2）方法：通过方针、目标、审核结果、数据分析结果、纠正和预防措施，管理评审促进质量管理体系有效性的持续改进。

（3）范围：持续改进至少应包括降低产品和过程变差、减少浪费、降低价格、改善服务等方面。

（4）持续改进的前提：质量管理体系已处于稳定运行状态。

其他见原文。

持续改进是重要活动，可以按一定间隔进行策划，如每年年底对下一年的改进活动进行策划，确定项目、资源需求和活动程序等。

3）案例讨论

【例 63】　某公司产品生产控制图反映，许多生产因素已趋于平稳，于是对生产方法进行改进。可是，后来的控制图表明，产品质量波动变大。试问，问题出在哪里？

答案：数据分析失效，改进依据不可靠，不充分。

【例 64】　北京某公司的产品合格率目标为：2000 年 90%；2001 年 90%；2002 年 90%；2003 年 90%；2004 年 90%。公司总经理对审核员说：“我们的持续改进工作搞得很好，每次认证审核前我们的内审员们都昼夜奋战，把材料搞得很好。”审核员问：“产品合格率为什么不提高？”总经理说：“产品质量目标不是持续改进的范围。”是否存在不符合？为什么？

答案：不符合条款 8.5.1。质量目标是持续改进范围。

51．条款“8.5.2”剖析及案例

1）标准原文

> 8.5.2 纠正措施
>
> 组织应采取措施，以消除不合格的原因，防止不合格的再发生。纠正措施应与所遇到不合格的影响程度相适应。
>
> 应编制形成文件的程序，以规定以下方面的要求：
>
> a）评审不合格（包括顾客抱怨）；
>
> b）确定不合格的原因；
>
> c）评价确保不合格不再发生的措施的需求；
>
> d）确定和实施所需的措施；
>
> e）记录所采取措施的结果（见 4.2.4）；

f）评审所采取的纠正措施。

2）条款剖析

（1）范围：对已发现的产品、过程、体系等不合格的原因采取的措施。

（2）目的：消除实际不合格的原因，防止不合格再次发生。

（3）步骤：见标准条款。

（4）评审：应将纠正措施活动情况的信息提交管理评审或以其他恰当的方式进行评审。其他见原文。

3）案例讨论

【例65】 某公司经常出现“毛边“不合格品。审核员来到现场时，发言人告诉审核员，虽然产品毛边还存在，但是已做出了巨大努力。“毛边”是不可避免的。审核员翻阅有关国家产品规范发现，该公司现在产品的“毛边”现象仍然超过规范的限制。是否存在不合格？为什么？不合格性质如何？

答案：不符合条款8.5.2。纠正措施无效。性质严重。

52. 条款“8.5.3”剖析及案例

1）标准原文

8.5.3 预防措施

组织应确定措施，以消除潜在不合格的原因，防止不合格的发生。预防措施应与潜在问题的影响程度相适应。

应编制形成文件的程序，以规定以下方面的要求：

a）确定潜在不合格及其原因；

b）评价防止不合格发生的措施的需求；

c）确定和实施所需的措施；

d）记录所采取措施的结果（见4.2.4）；

E）评审所采取的预防措施。

2）条款剖析

（1）范围：对潜在的产品、过程、体系等不合格的原因采取的措施。

（2）目的：消除潜在不合格的原因，防止不合格发生。

（3）步骤：见标准条款。

（4）评审：应将预防措施活动情况的信息提交管理评审或以其他恰当的方式进行评审。其他见原文。

3）案例讨论

【例66】 某公司注塑工序控制图表明，注塑机的温度在直线上升，操作工对此现象未予以重视，认为这种现象经常发生，也未出设备故障。但未过多久，设备的加热部件被烧毁。试问，问题出在哪里？怎样做才能避免上述事故的发生？

答案：发现潜在不符合时，未按预防措施要求采取行动。检查加热系统，排除隐患，即可避免上述事故的发生。

习题 3

1．试论述质量管理八项原则的辩证关系。

2．通过网络检索当代世界流行的先进质量管理体系模式，并写出总结报告。

3．论述 ISO 9001：2000 规定的供应链的结构。在质量方面，对供应链如何控制，才符合标准 ISO 9001：2000？

4．ISO 9001 规定的质量管理体系模式包括哪些模块？关键模块是什么？

5．什么是文件？记录是文件吗？ISO 9001：2000 要求的文件有哪些？什么是文件的有效性？如何保持文件有效？

6．简述质量管理体系适宜性、充分性和有效性的含义。

7．如何评价质量目标？

8．依据 ISO 9001：2000 模式，如何建立质量管理体系？如何实施？如何评价？如何改进？

9．依据 ISO 9001：2000 模式，如何开展管理评审活动？

10．依据 ISO 9001：2000 模式，如何开展文件和质量记录的控制？“计划”是文件还是记录？

11．依据 ISO 9001：2000 模式，如何开展管理评审活动？

12．依据 ISO 9001：2000 模式，如何开展采购控制？标准规定的采购对象是什么？

13．依据 ISO 9001：2000 模式，如何开展设计过程的控制？举例说明什么样的组织可以删减设计要素？

14．依据 ISO 9000：2000 模式，产品有几种类型，举例说明？产品生产过程达到受控的条件是什么？此时产品特性分布规律为何？

15．依据 ISO 9001：2000 模式，如何开展过程测量？如何开展产品测量？如何开展顾客测量？

16．依据 ISO 9001：2000 模式，如何开展不合格品控制？

17．依据 ISO 9001：2000 模式，如何开展内审活动？

18．依据 ISO 9001：2000 模式，纠正措施和预防措施有什么相同点和不同点？如何开展纠正措施活动？如何开展预防措施活动？

第4章 产品质量先期策划与控制计划（APQP）方法

教学目标

学习产品质量先期策划和控制计划等内容，熟悉产品质量先期策划的过程和内容，熟悉产品质量控制计划方法，了解国际先进企业在 APQP 开发和应用中所使用的分析技术和术语。

教学要求

能力目标	知识要点	权重	自测分数
能够开展产品质量先期策划活动	产品质量先期策划方法	60%	
能够开发控制计划	控制计划方法	15%	
了解国际先进企业 APQP 分析方法	先进 APQP 分析技术介绍	25%	

引例

1999 年，作者到山东淄博一个电子元件工程提供质量管理体系建设与实施咨询，总工程师告诉作者，他们工厂为美国汽车整车厂电子元件采购商提供电感元件，但是很不习惯需提前半年到 1 年的时间来签定供货合同，因为在国内都是现买现卖。因为对这种工作节拍的不习惯，准备不及时，导致合同“泡汤”的情况时有发生。

其实，上述情况反映了该厂对产品质量先期策划与控制计划（APQP）质量控制模式的不了解。一个现代化的制造企业，实施按订单生产的方式，但决不是现买现卖，而是提前对产品质量进行策划并制定控制计划。因此，提前半年、1 年，甚至更长时间签定供货合同，对 APQP 预留足够的时间，以最终保证产品质量。因此，作为质量管理科学与工程领域的专业人员，应该掌握 APQP。

国际流行的基于国际先进汽车企业集团的技术规范 ISO 16949/TS，对全球供应商的质量管理与工程提出了比 ISO 9000 要严格得多的要求，其中一项重要要求是 APQP，要求供应商开展必要的产品质量先期策划和进行控制计划的开发（包括样件控制计划、试生产控制计划和生产控制计划）。

实际上，APQP 是确保产品质量满足要求、提高效率和降低成本的必须的和有效的技术方法。从产品的立项研究、概念设计、到产品设计；从过程设计、生产确认到批量生产以及在整个过程中开展测量、分析、评价和反馈的改进活动，APQP 在产品的生命周期发挥着重大作用。因此，完整系统地学习 APQP 方法的结构和内容以及实施技术是对质量管理与工程专业人才的专门技能要求。

4.1　方法概述

APQP 方法是确保产品质量符合要求，特别是增强顾客满意和超越顾客期望的一种质量工程方法。这种方法的突出特点是，计划—实施—研究—措施—计划（Plan—Do—Study—Act—Plan）循环贯穿于产品实现整个过程，甚至产品的整个生命周期（如对于长期经营的产品）。

APQP 包括两大方面，其一是产品质量先期策划，其二是产品生产控制计划。产品质量先期策划是一种质量工程专业活动，控制计划是一种指导产品样机制造、试生产、批量生产过程的文件。控制计划是产品质量先期策划的一项重要成果。

本章学习和研究的对象是 APQP，因此把产品质量先期策划看作一个体系（记为 APS）。如图 4.1 所示，APS 包括 5 个过程。

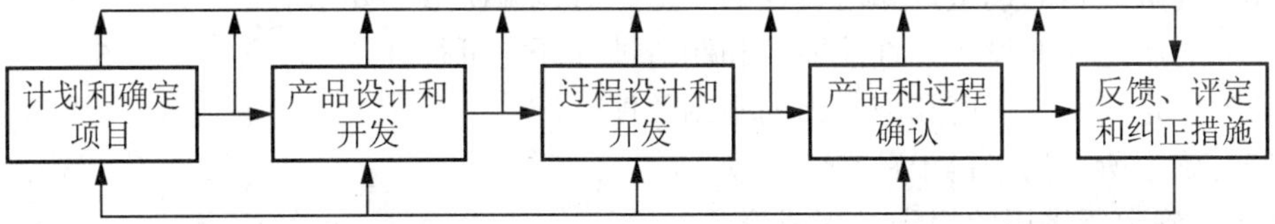

图 4.1　APS 体系

图 4.1 所述的 APS 体系在实施时序上具有时间交叉，也就是说，并不是一个过程完全结束，才进行下一过程，而是根据具体过程特点适时开展所需的活动。在 APS 的每一个过程中都要开展反馈、评定活动和实施必要的纠正措施，特别是管理程序和技术方法的改进。在产品实现的不同阶段，要开发相应的生产控制计划。有关具体内容将在下面展开论述和讨论。

4.2　产品质量先期策划

4.2.1　原则、责任和进度图

1. *产品质量策划基本原则*

产品质量策划是一种用来规定确保产品使顾客满意所需的步骤的结构化方法。产品质量策划的目的是促进产品实现过程有关人员的沟通，以确保所要求的步骤按时完成。一个组织的高层管理者对达到使顾客满意的承诺是产品质量策划的基础和动力。

产品质量策划有如下好处。

（1）引导资源，使顾客满意；

（2）促进对所需更改的早期识别；

（3）避免晚期更改；

（4）以最低的成本按时提供优质产品。

1）组建小组

产品质量策划的第一步是在组织中确定横向职能小组并对其规定职责。有效的产品质量策划不仅仅是质量部门的责任，还需要相关职能部门和人员的参与，即组建一个跨部门的横向小组（也可以称为多方论证小组）。适当时，初始横向小组可包括技术、制造、材料控制、采购、质量、销售、现场服务、供方和顾客方面的代表。

2）确定范围

在产品实现的最早阶段，对产品质量策划横向小组而言，重要的是识别顾客的需求和期望。横向小组至少应召开会议，以便完成如下任务。

（1）选出负责监督策划过程的项目小组负责人。有时，在产品质量策划循环中，小组负责人轮流担任可能更为有利。

（2）确定每一代表方的角色和职责。

（3）识别确定所有顾客，包括内部顾客和外部顾客。

（4）确定顾客的要求（如采用质量功能展开，QFD 方法）。

（5）确定小组职能及成员，和应被列入小组的供方，确定哪些组织和人员可排除在外；

（6）理解顾客的期望，如对设计的期望、对试验次数的要求等。

（7）对所建议的设计、性能要求和制造过程评定可行性。

（8）确定成本、进度和应考虑的限制条件。

（9）确定所需的来自于顾客的帮助。

（10）确定所采用的报告过程或形式。

3）小组间的联系

产品质量策划小组应建立和顾客小组与供方小组的联系渠道，如与其他小组举行定期会议等。小组与小组之间的联系程度取决于需要解决的问题的数量。

4）培训

产品质量策划的成功依赖于有效的培训，它传授所有满足顾客需求和期望的要求及开发技能。

5）顾客和供方的参与

组织有义务建立横向职能小组来管理产品质量策划过程。组织的主要顾客可与组织共同进行产品质量策划。组织应同样要求组织的供方开展相应的质量策划。产品质量策划涉及整个供应链。

6）同步工程

同步工程是横向职能小组为共同目的而运作的过程。同步工程取代逐级转换的工程方法，其目的是尽早使优质产品的引入，产品质量策划小组要确保其他区域/小组计划和执行活动支持共同目的。

7）控制计划

控制计划是关于控制零件和过程的系统的书面描述，控制计划包括 3 个独立的阶段。

（1）样件控制计划：在样件制造过程中，对尺寸测量和材料与性能试验等控制方法的描。

（2）试生产控制计划：在样件试制之后，正式生产之前，对所进行的尺寸测量和材料与性能试验等控制方法的描述。

（3）生产控制计划：在批量生产中，关于产品特性、过程特性、过程控制、试验和测量系统的控制文件。

8）问题的解决

在策划过程中，小组会遇到产品设计和加工问题，这些问题可用表示规定职责和时间的矩阵表形成文件。在困难的情况下，建议使用多方论证的解决方法。

2. 产品质量先期策划的责任

对于不同经营业务的组织，依据原则，先期策划范围有所区别，但应满足图 4.2 所示的矩阵图的要求。

	设计业务组织	制造业务组织	服务业务组织
确定范围	×	×	×
计划和定义	×		
产品设计和开发	×		
可行性研究	×	×	×
过程设计和开发	×	×	×
产品和过程确认	×	×	×
反馈、评定和纠正措施	×	×	×
控制计划开发和实施	×	×	×

图 4.2　不同经营业务组织质量策划责任

图 4.2 中，“×”表示相应的组织具有相应的策划责任，如设计业务公司具有所有策划责任，而制造公司对“计划和定义”、“产品设计和开发”没有责任。

3. 产品质量策划进度图表

产品质量策划小组组建后的第一项工作是制定质量策划进度计划。在选择需作计划并绘制成图的进度要素时，应考虑产品的类型、复杂性和顾客的期望。所有的小组成员都应在每一事项、措施和进度上取得一致意见。具有一般意义的 APS 进度如图 4.3 所示。

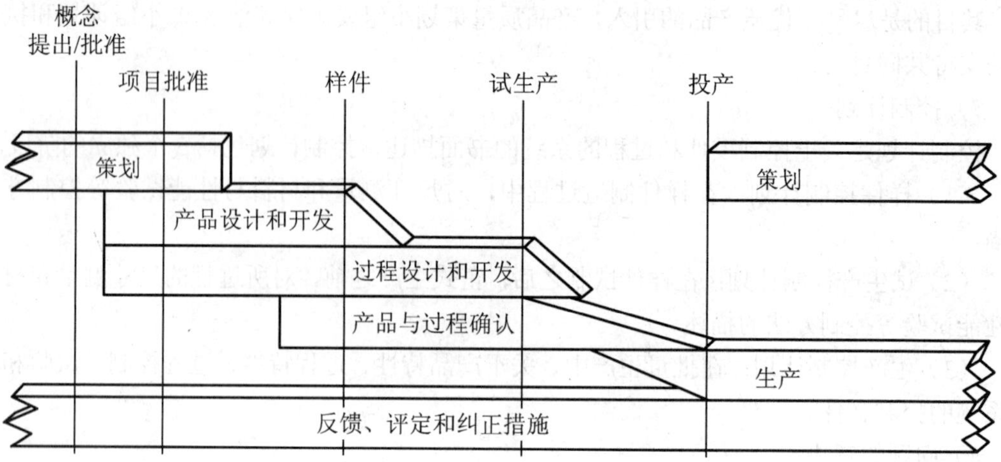

图 4.3　APS 进度图

4.2.2　计划和确定项目

计划和确定项目是 APS 的第一过程步骤，其核心内容是如何识别确定顾客的需求和期望，以计划和规定质量项目。所有的工作都应考虑到顾客，以提供比竞争者更好的产品和服务。产品质量策划过程的早期阶段就是要确保对顾客的需求和期望有充分和明确的了解。

计划和确定项目过程模型如图 4.4 所示

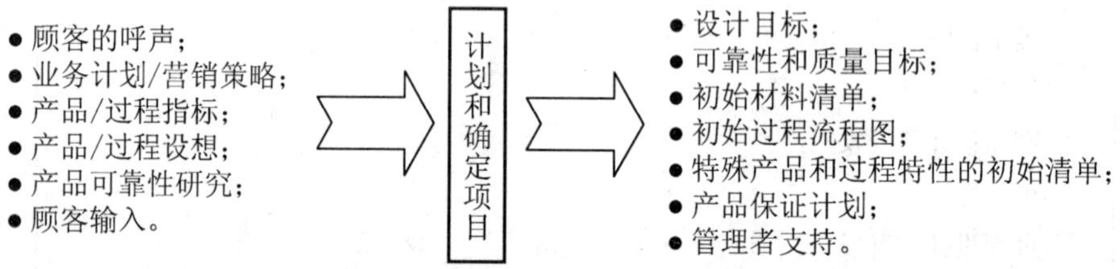

图 4.4　计划和确定项目过程模型

由图 4.4 可知，计划和确定项目过程的完成需要具备充分的依据，需要开展严谨细致的顾客、产品和技术业务调研等，以使策划的结果具有前瞻性和战略意义。此过程的开展方法论述如下。

1. 关于顾客的呼声

顾客的呼声包括来自内部和外部顾客们的抱怨、建议、资料和其他信息。获取顾客呼声的典型方法如下所述。

1）市场调研

产品质量策划小组可能需要获取反映顾客呼声的市场调研数据信息。应该开展如下所述的策划活动，以识别顾客所关注的事项、需求和期望，并将顾客的这些关注转变为产品和过程特性。

（1）对顾客的采访；

（2）顾客意见征询与调查；

（3）市场调查和预测报告；

（4）新产品质量和可靠性研究；

（5）竞争产品质量的研究；

（6）运行情况良好（Things Gone Right，TGR）报告。

上述几项活动的开展，应采用科学有效的技术和方法。如对顾客的采访，是走出去还是请进来？是分散进行还是集中进行？在何时何地进行？等等，都应具体情况具体分析，开展适宜有效的采访。再如，竞争产品质量的研究，可能需要采用专业化和专门化的方法，否则难以实现。还有新产品质量和可靠性研究，可能需要开展某些实验。

2）保修记录和质量信息

为了评定在产品的设计、制造、安装和使用过程中再次发生不合格的可能性，应制定一份以往顾客所关注的事项、需求和期望的清单，应将以往顾客所关注的事项、需求和期望作为其他设计要求的扩展内容来考虑，并纳入顾客需求分析中间。

以下项目中的许多内容有助于小组识别顾客所关注的事项、需求和期望，并优选出适当的解决方案。

（1）运行情况不良（Things Gone Wrong，TGW）报告；

（2）保修报告；

（3）能力指数；

（4）供方工厂内部质量报告；

（5）问题解决报告；

（6）顾客工厂退货和废品；

（7）现场退货产品分析。

其中能力指数是一个专业术语，一般指产品生产过程能力指数，将在统计过程控制一章中学习和讨论。

3）小组经验

适当时，横向小组可利用包括如下内容的任何信息。

（1）来自更高层体系或过去质量功能开发（QFD）项目的输入；

（2）媒介的评论和分析，杂志和报刊报告等；

（3）顾客的信件和建议；

（4）运行情况良好（TGR）/运行情况不良（TGW）报告；

（5）销售商意见；

（6）车队负责人的意见；

（7）现场服务报告；

（8）利用指定的顾客代表所作的内部评价；

（9）产品使用体验；

（10）管理者的意见或指示；

（11）由内部顾客报告的问题和议题；

（12）政府的要求和法规；

（13）合同评审。

2. 业务计划/营销策略

顾客业务计划和营销策略将成为产品质量计划的框架。业务计划可将限制性要求施加给小组（诸如进度、成本、投资、产品定位、研究与开发（R&D）资源）以控制其行动方向。营销策略将确定目标顾客、主要的销售网点和主要的竞争者。

3. 产品/过程指标

基准的运用为建立产品和过程能力目标提供依据。研究和开发工作能够提供基准和原理的概念。成功的基准确定方法如下。

（1）识别合适的基准；

（2）了解目前状况和基准之间产生差距的原因；

（3）制定缩小差距、符合基准或超过基准的计划。

4. 产品和过程设想

应该对产品特性、设计、工艺有所设想，包括要开展技术革新、采用先进材料、开展可靠性评价、采用新技术等。所有这些设想都应用作为计划和确定项目的输入，虽然这些设想不一定现实。

5. 产品可靠性研究

应考虑在规定时间内产品零件修理和更换的频率，以及长期可靠性和耐久性试验的结果。以往产品使用过程中发生的产品修理和更换的频率和可靠性实验数据，是开展可靠性研究的基础。

6. 顾客输入

产品的后续顾客可提供与他们的需求和期望有关的有价值的信息。顾客和供方应使用这些输入以开发统一的衡量顾客满意的方法。

7. 设计目标

设计目标就是将顾客的呼声转化为初步的和可测量的设计指标。设计目标的正确选择能够保证顾客的呼声不会消失在随后的设计活动中。

8. 可靠性和质量目标

可靠性目标是在顾客需求和期望、项目目标及可靠性基准的基础上制定的。顾客需求和期望可以是无安全问题和可维修性。有些可靠性基准可以是竞争者产品的可靠性、顾客的报告或在设定时间内修理的频率。总的可靠性目标可用概率和置信度表示。

质量目标是基于持续改进的目标，诸如PPM指标（1PPM，不合格品率为百万分之一）、缺陷水平或废品降低率指标等。

9. 初始材料清单

在产品和过程设想的基础上，横向小组应制定一份初始材料清单和早期分承包方名单。为了识别初始特殊产品特性和特殊过程特性，有必要事先选定合适的设计和制造过程。

10. 初始过程流程图

基于初始材料清单、产品和过程设想，开发形成过程流程图以描述预期的制造过程，为工艺设计等奠定基础。

11. 产品和过程特殊特性的初始明细表

除了由供方根据产品和过程经验选择外，特殊产品特性和特殊过程特性均由顾客确定。在这一阶段，横向小组应确保制定出通过对有关顾客需求和期望的输入的分析而得出的特殊产品和过程特性的初始明细表。这一明细表的制定基于（但不限于）以下几方面。

（1）基于顾客需求和期望的产品设想；
（2）可靠性目标和要求的确定；
（3）从预期的制造过程中确定的特殊过程特性；
（4）类似零件的失效模式及后果分析（FMEA）。

12. 产品保证计划

产品保证计划将设计目标转化为设计要求，是产品质量计划的重要组成部分。产品质量策划小组在产品保证计划上所作的努力的程度取决于顾客的需求和期望。产品保证计划可采用任何清晰易懂的格式，它可包括（但不限于）以下措施。

（1）概述项目要求；
（2）确定可靠性、耐久性、分配的目标和要求；
（3）新技术、复杂性、材料、应用、环境、包装、服务和制造要求或其他任何会给项目带来风险的因素的评定；
（4）进行失效模式分析（FMA）；
（5）制定初始工程标准。

13. 管理者支持

产品质量策划小组成功的关键之一是高层管理者对此工作的兴趣、承诺和支持。策划小组在每一个产品质量策划阶段结束时应将新情况报告给管理者以保持其兴趣，并进一步促进他们的承诺和支持。在策划小组的要求下，可以更频繁地报告新情况和要求帮助，这种新情况报告是正式的，留有提问和解答的机会。策划小组的功能目标就是通过表明已满足所有的策划要求和关注问题已写入文件并列入解决的目标来保持管理者的支持。管理者参加产品质量策划会议对确保项目成功极其重要。

4.2.3　产品设计和开发

产品设计和开发是 APS 的第二过程步骤，涉及产品设计特征和特性的开发接近最终的形式的策划过程的技术和方法。即使是设计由顾客进行或部分由顾客进行，在策划过程中，产品质量策划小组也应考虑所有设计因素，包括从样件试制到验证产品和有关服务满足顾客要求的所有环节。一个可行的设计必须满足生产量和工期要求，并具有满足工程要求的能力，包括质量、可靠性、投资成本、重量、单件成本和进度等目标要求。产品设计和开发过程模型如图 4.5 所示。

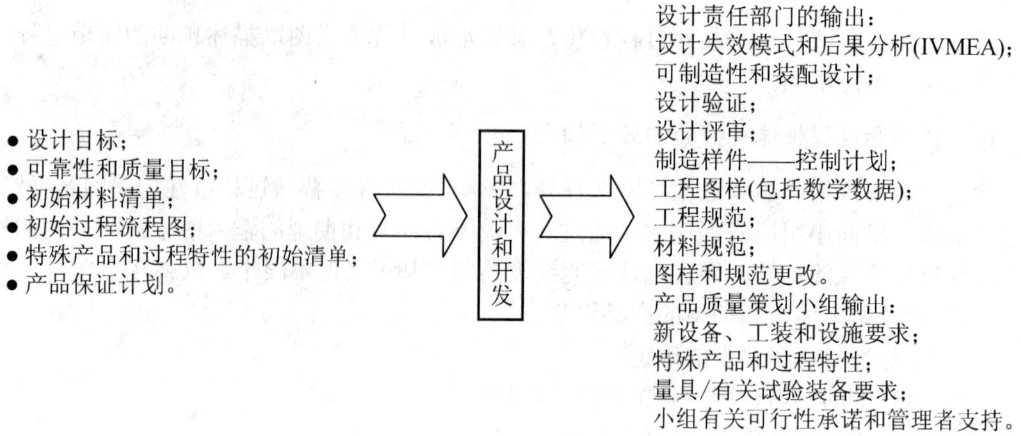

图 4.5　APS 产品设计和开发过程模型

关于图 4.5 所述的产品设计和开发过程模型的输入要素及其实现方法在 4.2.2 节中已经阐述，以下对输出要素及其实现方法展开讨论。

1. 设计失效模式和后果分析

设计失效模式和后果分析（DFMEA）是一种评定设计失效可能性及其失效影响的规范严格的分析技术。DFMEA 的另一种表达形式为系统失效模式及后果分析（SFMEA）。DFMEA 是一种随顾客需要和期望的变化不断更新动态文件。DFMEA 的制定为产品质量策划小组提供了评审以前选择的产品和过程特性以及做出必要添加、改变和删减的机会。关于 FMEA 技术和方法在专门章节中论述。可采用表 4-1 所述表格检查 DFMEA 实施情况。

表 4-1　DFMEA 检查清单

问题	是	否	所要求的意见和措施	负责人	完成日期
1. 是否使用了专门指南文件开发制定了 SFMEA 和/或 DFMEA？					
2. 是否对过去已发生事件和保修数据进行了评审？					
3. 是否考虑了类似产品的 DFMEA？					
4. 是否识别了特殊特性？					
5. 是否识别确定了影响高风险级失效模式的设计特性？					
6. 是否安排了适宜的对高风险顺序数的纠正措施？					
7. 是否安排了适宜的对高严重度数的纠正措施？					
8. 纠正措施完成和验证后风险顺序数是否得以修正？					

2. 可制造和可装配设计

可制造和可装配设计是一种同步技术过程，用来优化产品功能、可制造性和易于装配之间的关系。顾客需求和期望的范围将决定产品质量策划小组开展可制造和可装配设计活动的程度。在开展此项活动中，产品质量策划小组至少要考虑以下事项。

（1）设计、概念、功能和对制造变差的敏感性；

（2）制造和装配过程；

（3）尺寸公差；

（4）性能要求；

（5）零部件数；

（6）过程调整；

（7）材料搬运。

以上所列是一般情形，根据策划小组的知识和经验、产品和过程特点、政府法规和服务要求等，在开展可制造和可装配设计中，可能还需要考虑其他因素。

3. 设计验证

设计验证是通过适当的技术和方法确定设计输出是否满足设计输入的专业性很强的质量工程活动，设计输入的核心内容是顾客要求，因此设计验证的关键之处在于确定产品设计是否满足顾客要求。

具体的设计验证技术和方法多种多样，主要决定于产品特点。如对产品的可靠性设计要求的验证，可能需要采用可靠性试验的方法；对产品几何尺寸的设计要求，可以采用几何尺寸测量的方法；对某些功能特性的设计要求，可能采用“试车”的方法；等等。专业性很强。

4. 设计评审

设计评审是以设计工程职能为主包括其他与设计有关的领域的定期安排的会议。设计评审是预防问题发生和产生误解的有效方法，而且还是监测设计过程和向管理者报告的一种机制。

设计评审不只是工程检验，而是一系列的验证活动。设计评审至少应包括以下方面的评价。

（1）设计/功能要求；

（2）正式的可靠性和置信度目标；

（3）部件/子系统/系统工作循环；

（4）计算机仿真和试验结果；

（5）设计失效模式及后果分析（DFMEA）；

（6）可制造和可装配设计的评审；

（7）试验设计（DOE）和装配产生的变差；

（8）试验失效情况；

（9）设计验证进展。

设计评审的重要功能是跟踪设计验证进展。应通过计划和报告的形式，即采用专门制定的设计验证计划和报告（Design Verification Plan and Report，DVP&R）来跟踪设计验证进展。计划和报告是保证以下活动有效进行的正式方法。

（1）设计验证；

（2）通过采用综合的试验计划和报告对部件、总成产品和过程进行确认。

与设计验证类似，设计评审的方法也要根据具体产品等具体情况，采用适宜的方法。

5. 样件制造——控制计划

样件控制计划是对样件制造过程中的尺寸测量和材料与功能试验的描述，产品质量策划小组要确保制定出符合要求的样件控制计划。控制计划检查清单和控制计划表格可以帮助制定样件控制计划。关于控制计划的制定将在控制计划一节中详细讨论。

样件的制造为小组和顾客提供了一个极好的机会来评价产品或服务满足顾客需求和期望的程度。产品质量策划小组负责的所有样件都应被评审。

（1）保证产品或服务符合所要求的规范和报告数据；

（2）保证已对特殊产品和过程特性给予了特别的注意；

（3）使用数据和经验以制定初始过程参数和包装要求；

（4）对任何关注的问题、变差和成本对顾客的影响等进行沟通。

6. 工程图样

顾客设计不排除策划小组以如下方式评审技术图样的职责。工程图样（包括数学数据）可包括应在控制计划上出现的特殊（政府法规和安全性）特性。如没有顾客工程图样，应由策划小组评审控制图样以决定哪些特性影响配合、功能、耐久性和/或政府法规中的安全要求。

应对工程图样进行评审以确定是否具有充分的零件尺寸数据。工程图样应能清楚地标识控制或基准平面/定位面，以便能为现行的控制过程设计适当的功能量具和装备。应评价尺寸以确信与工业制造和测量标准的可行性和兼容性。为进行有效的双向交流，适当时，策划小组应保证数学数据和顾客的系统兼容。

7. 工程规范

对控制规范详细的评审和理解有助于产品质量策划小组识别有关部件或总成功能、耐久性和外观的要求。样本容量、频率和这些参数的接受标准一般在工程规范的过程检验中予以规定，否则要列入控制计划中。在上述任一情况下，都应确定哪些特性能够影响或控制实现满足功能、耐久性和外观要求的结果。

8. 材料规范

除了图样和性能规范外，对于涉及物理特性、性能、环境、搬运和储存要求的特殊特性的材料规范也要评审。这些特性也应包括在控制计划中。

9. 图样和规范的更改

当需要更改图样和规范时，策划小组应保证这些更改能立即通知到所有受影响的区域并用适当的书面形式通知这些部门。

10. 新设备、工装和设施要求

DFMEA，产品保证计划和设计评审可能提出新设备和设施的要求。产品质量策划小组应在进度图表上增加这些以强调此要求项目。策划小组应保证新的装备和工装可使用并能及时供货。要监测设施进度情况，以确保能在计划的试生产前完工。可采用表 4-2 对新设备、工装和试验设备准备情况进行检查。

表 4-2　新设备、工装和试验设备准备情况检查清单

零件编号：　　　　　　　　　　　　制定人：　　　　制定日期：

问题	是	否	所要求的意见和措施	负责人	完成日期
工具和装置的设计是否考虑了以下方面：					
1. 柔性系统，如单元生产？					
2. 快速更换工具？					
3. 产量波动？					
4. 防错？					
是否制定了识别以下内容的清单：					
5. 新设备？					
6. 新工装？					
7. 新试验设备？					
对以下内容的接受标准是否已达成一致意见：					
8. 新设备？					
9. 新工装？					
10. 新试验设备？.					
11. 在工装和设备制造厂是否进行初始能力研究？					
12. 是否已确定试验装备的可行性和准确性？					
13. 对于工装和装备是否已完成预防性维护？					
14. 新设备和工装的指导书是否完整和清晰易懂？					
15. 是否具备能在装备供方的设备上进行初始过程能力研究的量具？					
16. 是否将在生产工厂进行初始过程能力研究？					
17. 是否已识别影响特殊产品特性的过程特性？					
18. 在确定接受标准时是否使用了特殊产品特性？					
19. 制造设备能否满足预测的生产量要求？					
20. 是否有足够的试验能力？					

11. 特殊产品特性和过程特性

在质量策划阶段，策划小组应在理解顾客呼声的基础上，识别确定初始特殊产品特性和特殊过程特性。产品质量策划小组应保证在设计开发过程中个有关方面对识别确定的特殊特性达成一致。可以采用专门符号来表示特殊特性。对特殊特性达成的一致意见要以文件形式体现在适当的控制计划内。如美国通用汽车北美部质量体系对产品特殊特性和符号的定义，见表 4-3。

表 4-3　通用汽车北美部质量体系对产品特殊特性和符号的定义

		通用汽车
非主要特性	定义	在可预料的合理范围内变动不太可能显著影响产品的安全性、政府法规符合性、配合特性和功能特性。
	专用术语	标准
	符号	无
主要特性	定义	在可预料的合理范围内变动可能显著影响顾客对产品的满意程度（非安全或法规方面），例如配合、功能、安装或外观特性等
	专用术语	配合/功能〈F/F〉
	符号	◇
主要特性	定义	在可预料的合理范围内变动会显著影响产品的安全特性、政府法规符合性。
	专用术语	安全/符合〈S/C〉
	符号	▽

12. 量具和试验设备要求

在产品设计开发阶段，策划小组应识别确定对量具和试验设备的要求，应将这些要求增加到进度图表中，然后监测进展，以保证满足所要求的进度。

13. 小组可行性承诺和管理者的支持

产品质量策划小组应评定所提出的设计的可行性，顾客的自行设计也不排除评定设计可行性的义务。策划小组应确信所提出的设计能按预定时间以顾客可接受的价格付诸于制造、装配、试验、包装和交付。可采用表 4-4 所述的设计信息检查清单检查和控制设计开发过程及其结果，并对其做出相应评价。该清单也是《小组可行性承诺》中未决议题的基础。策划小组对所提出的设计具有可行性的一致性意见和所有需要解决的问题应形成文件并提交给管理者以获得支持。

表 4-4　设计信息检查清单

问题	是	否	所要求的意见和措施	负责人	完成日期
一般问题： 1. 是否需要新材料？ 2. 是否需要特殊工装？ 3. 是否已考虑了装配变差的分析？ 4. 是否已考虑试验设计？ 5. 对样件安排是否有计划？ 6. 是否已完成 DFMEA？ 7. 是否已完成 DFMA？ 8. 是否已考虑了有关服务和维修性问题？ 9. 是否已完成设计验证计划？					

（续表）

问题	是	否	所要求的意见和措施	负责人	完成日期
10. 设计验证是由横向小组完成的吗？ 11. 是否对所有规定的试验、方法、装置和接受标准有清楚的定义和理解？ 12. 是否已确定特殊特性？ 13. 是否完成了材料清单？ 14. 特殊特性是否已正确文件化？ 工程图样： 15. 对于影响配合、功能和耐久性的尺寸是否已明确？ 16. 为最大限度减少全尺寸检验时间，是否明确了参考尺寸？ 17. 为设计功能量具，是否已明确了足够的控制点和基准平面？ 18. 公差是否和被接受的制造标准相一致？ 19. 使用现有检测技术，是否有些规定要求不能得到评价？ 工程性能规范： 20. 是否已识别所有的特殊特性符号？ 21. 是否有足够的试验载荷以满足所有条件，即生产和最终使用确认？ 22. 是否已对在最大和最小规范下（极限条件）生产的零件进行试验？ 23. 如反应计划要求，能否在正常计划的生产过程的试验中，对额外的样进行试验？ 24. 所有产品的试验是否都在厂内试验？ 25. 如不是，是否由批准的分包方进行？ 26. 规定的采样容量和采样频率是否可行？ 27. 如要求，对试验装置是否已获得顾客批准？ 材料规范： 28. 是否明确特殊材料特性？ 29. 在已被明确的环境中，规定的材料、热处理和表面处理是否和耐久性要求相一致？ 30. 选中的材料供方是否在顾客批准的名单中？ 31. 是否要求材料供方对每一批货提供检验证明？ 32. 是否已明确材料特性所要求的检验？如果是，则： ——特性将在厂内进行检验吗？ ——具备检验装置吗？ ——为保证结果精确，需要培训吗？ 33. 将使用外部实验室吗？ 34. 所有被使用的实验室得到认可了吗？ 是否已考虑以下要求： 35. 搬运？ 36. 储存？ 37. 环境？					

4.2.4 过程设计和开发

在产品设计和开发进行中，适时开展过程开发，建立有效的产品生产制造系统，保证满足顾客的需求和和期望。图 4.6 所示为过程设计和开发过程模型。

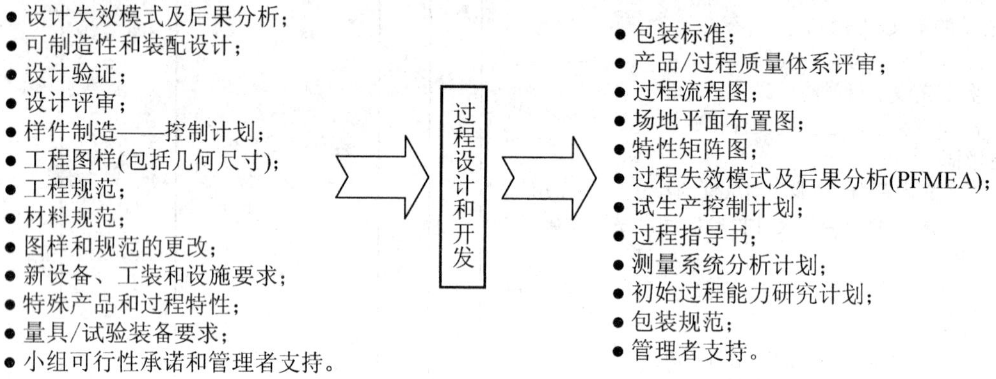

图 4.6 过程设计和开发过程模型

1. 包装标准

顾客通常提出包装标准并将其体现到产品包装规范中去。如顾客没有提供标准，则包装设计应保证产品在使用时的整体性。

2. 产品/过程质量体系评审

产品质量策划小组可对制造厂的质量体系手册进行评审，生产产品所需的任何额外的控制和程序上的更改都应在质量体系手册中予以体现并且还应包括在制造控制计划中，这是产品质量策划小组基于顾客输入、小组经验和以往经验对现有质量体系的一个改进机会。表 4-5 所示的产品/过程质量检查清单可用来对质量体系的评价。

表 4-5 产品/过程质量检查清单

问题	是	否	所要求的意见和措施	负责人	完成日期
1. 在制定或协调控制计划时是否需要顾客质量保证或产品工程部门的帮助？					
2. 供方是否已确定将作为顾客的质量联络人的人选？					
3. 供方自己的质量联络人是否已确定？					
4. 是否使用要求的规范对质量进行了评定？					
在以下方面，是否已明确足够人员：					
5. 控制计划要求？					
6. 全尺寸检验？					
7. 工程性能试验？					
8. 问题解决的分析？					
在以下方面，是否具有文件化培训计划：					
9. 包括所有雇员？					

（续表）

问题	是	否	所要求的意见和措施	负责人	完成日期
10. 列出被培训人员名单？					
11. 提出培训时间进度？					
在以下方面，是否已完成培训：					
12. 统计过程控制？					
13. 能力研究？					
14. 问题的解决？					
15. 防错？					
16. 被识别的其他项目？					
17. 对每一个控制计划来说，非常关键的操作是否都提供过程指导书？					
18. 每一个操作岗位是否都具备标准的操作人员指导书？					
19. 操作人员和小组领导人员是否参加了操作人员指导书的制定？					
检验指导书是否包括如下内容：					
20. 容易理解的工程性能规范？					
21. 试验频率？					
22. 样本容量？					
23. 反应计划？					
24. 文件化？					
目测辅助工具：					
25. 是否容易理解？					
26. 是否适用？					
27. 可接近性？					
28. 是否被批准？					
29. 有效期明确？					
30. 对于统计控制图表，是否有实施、维护和制定及反应计划的程序？					
31. 是否有适当有效的根本原因分析系统？					
32. 是否已规定将最新图样和规范置于检测点？					
33. 记录检验结果的合适人员是否具有表格/记录本？					
在监控作业点是否适宜放置下列物品：					
34. 检测量具？					
35. 量具指导书？					
36. 参考样品？					
37. 检验记录本？					
38. 对量具和试验装置是否提供证明和定期校准？					
39. 所要求的测量系统能力研究是否已完成？					
40. 可接受？					

（续表）

问题	是	否	所要求的意见和措施	负责人	完成日期
41. 当提供所有零件初始和现行全尺寸数据时，全尺寸检验装置和设施是否充足？					
是否有进货产品的控制程序，以明确：					
42. 被检验的特性？					
43. 检验频率？					
44. 样本容量？					
45. 批准产品的部门？					
46. 对不合格产品的处理？					
47. 是否有识别、隔离和控制不合格产品以防止装运出厂的程序？					
48. 是否有返工/返修程序？					
49. 是否有返工/返修验证程序？					
50. 是否有合适的批次追溯程序？					
51. 是否计划并实施了对出厂产品的定期审核？					
52. 是否计划并实施了对质量体系的定期评审？					
53. 顾客是否已批准了包装规范？					

3. 过程流程图

过程流程图是采用规范图元描述产品制造过程的专门图形，可用来分析制造过程、装配过程机器、材料、方法和人员变化的原因，强调过程变化的影响。运用流程图，可以集中精力关注和分析总过程而不是过程中的单个步骤。过程流程图是进行 PFMEA 和开发控制计划的基础。表 4-6 描述了对过程流程图的要求和检查的内容。

表 4-6　过程流程图检查清单

问题	是	否	所要求的意见和措施	负责人	完成日期
1. 流程图是否明确了生产和检测岗位的顺序？					
2. 是否具备合适的 DFMEA，并用来开发过程流程图？					
3. 流程图是否与控制计划的产品和过程检查相一致？					
4. 流程图是否描述了如何移动产品？					
5. 流程图描述的过程是否已考虑了生产系统最佳化？					
6. 是否规定在使用前要识别和检验返工产品？					
7. 由于搬运和外部过程产生的潜在质量问题是否已被识别和纠正？					

4. 场地平面布置图

为了确定检测点的可接受性、控制图的位置、目视辅具的应用、中间维修站和缺陷材料的储存区，应制定并评审场地平面布置。所有的材料流程都要和过程流程图与控制计划相协调。对场地平面布置可采用表 4-7 描述的方法进行检查。

表 4-7　场地平面布置检查清单

问题	是	否	所要求的意见和措施	负责人	完成日期
1. 是否明确了所要求的过程和检测点？ 2. 是否已考虑了对材料、工装和设备的清晰的标识区域？ 3. 对所有设备是否已分配足够空间？ 过程和检测区域是否具有： 4. 足够的尺寸？ 5. 足够的照明？ 6. 检验区域是否有所需设备和文件？ 是否具有足够的： 7. 中间流转区域？ 8. 储存区域？ 9. 为防止误装不合格品，是否合理布置检测点？ 10. 为减少在操作中误用或混淆类似产品，是否已制定了控制措施？ 11. 是否保护材料，使其免受污染？ 12. 是否已提供了最终审核设施？ 13. 是否具有足够的控制以防止不合格材料进入储存和使用地点？					

5. 特性矩阵图

特性矩阵图是描述过程参数和制造工位之间关系的分析技术。图 4.7 描述了特性矩阵图的原理。特性矩阵图可以清楚地描述制造过程每个工位的作用和性能，因此有利于过程检测和控制。图中“×”表示该操作创造或更改的特性应符合过程流程图表格；“C”表示用于加紧的操作；“L”表示定位操作。

尺寸编号	说明	公差	工序编号			
			01	02	03	04
02			×	**C**		
03				×	**C**	×
04				×	×	**L**
05					×	
06					×	

图 4.7　特性矩阵图范例

6. 过程失效模式及后果分析

过程失效模式及后果分析（PFMEA）的开发应在开始生产之前、产品质量策划过程中进行，它是对新的或修改的过程的一种规范化的评审与分析方法；是为新的或修改的产品项目指导预防、解决或监控潜在过程问题的工具。PFMEA 是一种动态文件，当发现新的失效模式时需要进行评审和更新。关于 PFMEA 的开发，本书安排专门章节讨论。产品质量策划小组可使用表 4-8 对 PFMEA 的开发和应用进行检查和评价。

表 4-8 PFMEA 检查清单

问题	是	否	所要求的意见和措施	负责人	完成日期
1. 是否有充分的依据和指南？					
2. 是否已列出所有影响主要特性的操作？					
3. 是否考虑了类似零件的 FMEA？					
4. 是否对已发生事件和保修数据进行了评审？					
5. 对高风险顺序数的项目是否已采取了纠正措施？					
6. 对高严重度数的项目是否已计划并采取了适当的纠正措施？					
7. 当纠正措施完成后，风险顺序数是否降低到期望值？					
8. 当完成设计更改时，是否修改了高严重度数？					
9. 是否考虑了对顾客的影响？					
10. 在开发 PFMEA 时，是否借助于保修信息？					
11. 在开发 PFMEA 时，是否借助于顾客工厂发现的问题？					
12. 是否将原因描述为易于控制的事物？					
13. 当找出主要原因时，是否规定在下一操作前解决问题？					

7. 试生产控制计划

试生产控制计划是在样件研制后试生产前，描述生产过程对产品进行尺寸测量和材料、功能试验等要求的文件。生产过程确认前的试生产控制计划可能包括一些附加的产品和过程控制技术和方法的应用。试生产控制计划的目的是为遏制初期生产运行过程中或之前的潜在不符合。例如以下情况。

（1）增加检验次数；

（2）增加生产过程中的检查和终检次数；

（3）统计评价；

（4）增加审核。

产品质量策划小组可使用表 4-9 控制计划检查清单，对试生产控制计划进行评价。

表 4-9 控制计划检查清单

问题	是	否	所要求的意见和措施	负责人	完成日期
1. 在制定控制计划时是否使用了规范的控制计划方法？					
2. 为便于特殊产品/过程特性的选择，是否已识别所有已知的顾客关注的事项？					

（续表）

问题	是	否	所要求的意见和措施	负责人	完成日期
3. 控制计划中是否包括了所有的特殊产品/过程特性？					
4. 是否与 DFMEA、PFMEA 相协调？					
5. 是否明需要检验的材料规范？					
6. 是否明确从进货到制造/包装的全过程？					
7. 是否涉及工程性能试验要求？					
8. 是否具备控制计划要求的量具和试验装备？					
9. 如要求、控制计划是否已由顾客批准？					
10. 供方和顾客的测量方法是否一致？					

8. 过程指导书

产品质量策划小组应确保向所有对过程操作负有直接责任的操作人员提供足够详细的可理解的过程指导书，这些指导书的制定应依据以下资料。

（1）关于过程操作者的能力资料；

（2）场地平面布置图；

（3）过程流程图；

（4）特性矩阵图；

（5）失效模式及后果分析（FMEA）；

（6）控制计划；

（7）工程图样、性能规范、材料规范、目视标准和工业标准；

（8）包装标准；

（9）过程参数；

（10）生产者对过程和产品的专业技能和知识；

（11）搬运要求。

标准操作程序的过程指导书应予以公布，指导书应包括诸如机器的速度、进给量、循环时间等被设置的参数，这些说明应使操作人员和管理人员易于看到。

9. 测量系统分析计划

产品质量策划小组应确保制定测量系统分析计划。这个计划至少应包括保证量具线性度、准确度、重复性和再现性符合要求及具备必要的备用量具的职责。测量系统分析方法将在专门章节中论述。测量系统线性度、准确度、重复性和再现性等是非常专业的术语，分析方法也需要艰深的数理统计知识。正规的测量系统分析，在国内一般企业中还不多见。

10. 初始过程能力研究计划

产品质量策划小组应保证开发一个初始过程能力计划。控制计划中被标识的特性将作为初始过程能力研究计划的基础。统计过程控制方法是实施初始过程能力计划的技术基础。

11. 包装规范

产品质量策划小组应保证对单件产品包装（包括内部的分隔部分）的设计和开发。适当时可使用顾客的包装标准或一般包装规范。任何情况下，包装设计应保证产品性能和特性在包装、搬运和开包的过程中保持不变。包装应与所有的材料搬运装置相协调。

12. 管理者支持

产品质量策划小组在过程设计和开发阶段结束时安排正式的评审，以促进管理者的参与，该评审的目的就是将项目状况告知高层管理者并获得他们的承诺，协助解决任何未决的议题。

4.2.5 产品和过程确认

本节讨论通过试生产运行评价来对制造过程进行验证的主要特点。在试生产运行中，产品质量策划小组应验证是否遵循控制计划和过程流程图，产品是否满足顾客的要求，还应注意正式生产运行之前有关关注问题的调查和解决。

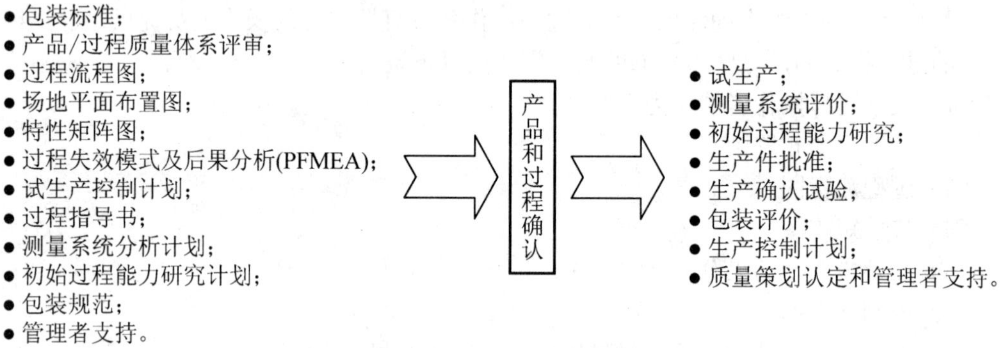

图 4.8 产品和过程确认过程模型

1. 试生产

应采用正式生产工装、设备、环境（包括生产操作者）、设施和循环时间来进行试生产，以对制造过程有效性进行验证。试生产的最小数量通常由顾客设定，但产品质量策划小组可以决定超过这个数量。试生产的输出（产品）用来进行如下工作。

（1）初始过程能力研究；

（2）测量系统评价；

（3）最终可行性；

（4）过程评审；

（5）生产确认试验；

（6）生产件批准；

（7）包装评价；

（8）试生产能力（FTC）；

（9）质量策划认定。

2. 测量系统评价

在生产试运行当中或之前，应使用规定的测量装置和方法按工程规范检查控制计划标识的特性，并进行测量系统的评价。关于测量系统评价的原理和方法见本书专门章节。

3. 初始过程能力研究

应对控制计划中识别的特性进行初始过程能力研究，以评价生产过程是否已准备就绪。有关初始过程能力研究参考统计过程控制一章所述。

4. 生产件批准

生产件批准的目的是验证由正式生产工装和过程制造出来的产品是否符合技术要求。参见本书专门章节。

5. 生产确认试验

生产确认是一种工程试验（如试运行），以确认由正式生产工装和过程制造出来的产品是否满足工程标准。

6. 包装评价

所有的试装运（可行的情况下）和试验方法都应评价产品免受正常运输损害和不利环境因素的情况。顾客规定的包装不排除产品质量策划小组对包装方法的评价。

7. 生产控制计划

生产控制计划是对零件和过程控制体系的书面描述。生产控制计划是一种动态文件，应根据实际生产经验来更新控制计划内容。生产控制计划是试生产控制计划的逻辑扩展。批量生产为生产者提供评价输出、评审控制计划并做出适当更改的机会。

8. 质量策划认定和管理者支持

产品质量策划小组应保证遵循了所有的控制计划和过程流程图。建议产品质量策划小组在制造厂进行其评审并对此工作作正式的认定，在首次产品装运之前需要对以下项目进行评审。

（1）控制计划：对于所有受影响的操作，任何时候都应具备可供使用的控制计划。

（2）过程指导书：验证这些文件是否包含控制计划中规定的所有特殊持性，并已表达了所有 PFMEA 建议。将过程指导书和过程流程图与控制计划进行比较。

（3）量县和试验装备：当按控制计划需要特殊量具、检具或试验装备时，要对量具的重复性和再现性[即量具的双性（GR&R）]和正确用法进行验证（详见测量系统分析一章）。

在质量策划认定之前需要管理者支持。小组应能表明满足所有的策划要求或关注问题已文件化，并且安排一次管理者评审。该评审的目的是将项目状况通知给高层管理者来取得他们的承诺以在未决议题中得到其帮助。产品质量策划总结和认定报告至少包括如下内容。

（1）初始过程能力研究结果及其否符合要求；

（2）控制计划批准情况；

（3）初始生产样品特性，包括尺寸、外观、性能等；

（4）量具和试验装置及测量系统分析；

（5）过程监测，包括作业指导书、过程表单、目视辅具等；

（6）包装/发运，包括包装标准、装运试验等；

（7）认定责任人员。

4.2.6 反馈、纠正和评定

质量策划不随过程确认有效和安装而终止。恰恰是在零件制造阶段，当生产过程发生异常变差和普通变差时，应该对过程输出进行评价。这种评价，不仅直接分析变差原因以及采取必要措施，同时还对产品质量策划的有效性进行了考评。在此阶段，生产控制计划是评价产品和服务的基础。应对变差及分布数据进行评价。应按统计过程控制中所描述的方法采取适当措施。供方有义务满足顾客的所有要求。特殊特性应符合由顾客规定的指标。反馈、纠正和评定过程的主要目的是减少过程变差、增强顾客满意度、改善服务，使质量改进得以持续循环。

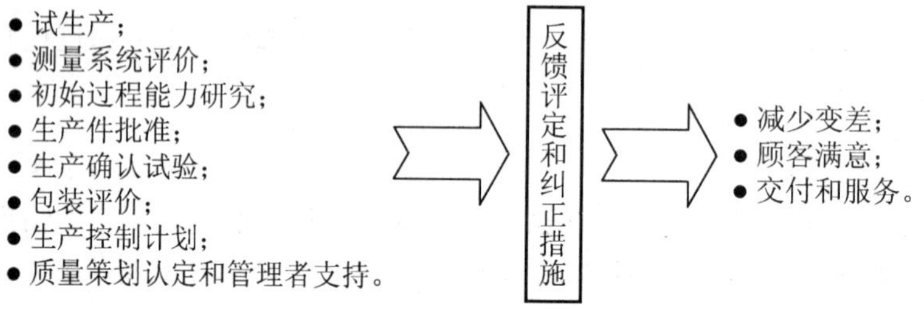

图 4.9 反馈评定和纠正措施过程模型

1. 减少变差

应该应用控制图和其他统计技术来识别过程变差。应进行分析和采取纠正措施以减少变差。要达到持续改进，不仅需要关注引起变差的特殊原因，还要理解普通原因，并寻找减少这些变差源由的途径。应为顾客评审开发包括价格、生产节拍、预期改进在内的提案。通常减少或消除普通原因可降低成本。供方应积极地准备基于价值分析、减少变差等的提案，由顾客来决定是否实施。

2. 顾客满意

详细的策划活动和所显示的产品或服务过程能力并不总是保证顾客满意。产品或服务应在顾客使用条件下得到确认。供方应参与产品的使用，以发现产品的优点与缺点。在产品的使用阶段，供方和顾客可以从中学到的许多东西，有利于评价产品质量策划工作的有效性。为了达到和增强顾客满意度，供方和顾客应进行某些必要的合作，对系统、过程或产品等进行必要的质量改进。

3. 交付和服务

在质量策划的交付和服务阶段，供方和顾客要继续进行合作以解决问题并作持续改进。对于顾客的备件和服务操作也同样要考虑其质量、价格和交付。如果第一次就不能纠正问题，常会损害供方的信誉及其与顾客的合作关系。供方和顾客共同来倾听顾客呼声是很重要的。

在这一阶段所获取的经验为顾客和供方提供了所需的知识来通过减少过程、库存和质量成本达到降低价格，并为下一个产品提供合理的零件或系统。

4.3　产品质量控制计划

产品质量控制计划包括样件控制计划、试生产控制计划和生产控制计划三大类。这 3 种控制计划分别发生在 APQP 的产品设计开发阶段、过程设计和开发阶段、产品和过程确认阶段，符合产品质量形成过程的逻辑。这里的控制计划实质是产品质量生产控制计划。

产品质量控制计划，通过为整个体系设计、选择和实施增值性控制方法以提供结构性的途径，来指导生产以按顾客要求制造出符合要求的产品。

控制计划对用来最大限度地减少过程和产品变差的体系作了简要的书面描述。一般说来，控制计划以专业化表格来描述，主要包括控制计划名称、被控产品及其描述、生产过程及其描述、生产设备及其描述、产品过程特性及其描述、特殊特性及其描述、关键质量技术方法和反应计划等。

控制计划是总体质量体系不可分的部分，并且是动态文件。制定控制计划是质量策划过程的一个重要阶段。一个控制计划可以应用于以相同过程和相同原料生产的一系列的产品。为了有助于说明，必要时可对控制计划附上简图。为了支持控制计划，要不断改善和运用过程监测指导书。

从实际上说，为了确保过程输出结果处于控制状态，控制计划对过程的各阶段都提出了控制措施要求，包括产品接受、生产、出厂和阶段性要求。

在正式生产运行当中，控制计划提供了用来控制特性的过程监测和控制方法。由于期望过程不断更新和改进，因此控制计划反映了与这种过程改变状况相对应的战略。

控制计划应在整个产品寿命周期中被保持并使用。在产品寿命周期的早期，它的主要目的是对过程控制的初始计划起到成文和交流目的，它指导在生产中如何控制过程并保证产品质量。最终，控制计划作为一个动态文件，反映当前采用的控制方法和测量系统。控制计划随着测量系统和控制方法的评价和改进而被修订。

为了达到过程控制和改进的有效性，应对过程有一个基本的了解。为了达到对过程更好的了解，建立一个多专业的小组通过利用所有可用的信息来制定控制计划，这些信息如下。

（1）过程流程图；

（2）系统/设计/过程失效模式及后果分析；

（3）特殊特性；

（4）从相似零件得到的经验；

（5）小组对过程的了解；

（6）设计评审；

（7）最优化方法（如 QFD、DOE 等）。

制定并实施控制计划的益处包括如下几个方面。

（1）质量：控制计划方法减少了设计、制造和装配过程中的废品并提高了产品质量；这一结构性方法为产品和过程提供了一个完整的评价；控制计划识别过程特性并帮助识别导致产品特性变差（输出变量）的过程特性的变差源（输入变量）；

（2）顾客满意程度：控制计划将资源用于实现顾客要求的重要特性有关的过程和产品，

有助于在不影响质量的情况下，降低成本。

（3）交流：作为一个动态文件，控制计划识别并传达了产品/过程特性、控制方法和特性测量中的变化，因此可以形成很有效的工作交流基础。

4.3.1 控制计划表格模板

美国三大汽车公司在汽车产品设计、生产和服务过程中，广泛开发和使用控制计划方法，作业表格见表 4-10。

表 4-10 控制计划表格

控制计划类别： 控制计划编号：	主要联系人/电话：	编制日期： 修订日期：
零件号/最新更改水平：	核心小组：	顾客工程批准/日期（如需要）：
零件名称/描述：	供方/工厂批准/日期：	顾客质量批准/日期（如需要）：
供方/工厂/代号：	其他批准/日期（如许要）：	其他批准/日期（如需要）：

<table>
<tr><th rowspan="3">零件/过程编号</th><th rowspan="3">过程名称/操作描述</th><th rowspan="3">生产设备</th><th colspan="3">特性</th><th rowspan="3">特殊特性分类</th><th colspan="5">方法</th><th rowspan="3">反应计划</th></tr>
<tr><th rowspan="2">编号</th><th rowspan="2">产品</th><th rowspan="2">过程</th><th rowspan="2">产品/过程规范</th><th rowspan="2">评价/测量技术</th><th colspan="2">取样</th><th rowspan="2">控制方法</th></tr>
<tr><th>容量</th><th>频率</th></tr>
<tr><td></td><td></td><td></td><td></td><td></td><td></td><td></td><td></td><td></td><td></td><td></td><td></td><td></td></tr>
<tr><td></td><td></td><td></td><td></td><td></td><td></td><td></td><td></td><td></td><td></td><td></td><td></td><td></td></tr>
<tr><td></td><td></td><td></td><td></td><td></td><td></td><td></td><td></td><td></td><td></td><td></td><td></td><td></td></tr>
<tr><td></td><td></td><td></td><td></td><td></td><td></td><td></td><td></td><td></td><td></td><td></td><td></td><td></td></tr>
<tr><td></td><td></td><td></td><td></td><td></td><td></td><td></td><td></td><td></td><td></td><td></td><td></td><td></td></tr>
<tr><td></td><td></td><td></td><td></td><td></td><td></td><td></td><td></td><td></td><td></td><td></td><td></td><td></td></tr>
<tr><td></td><td></td><td></td><td></td><td></td><td></td><td></td><td></td><td></td><td></td><td></td><td></td><td></td></tr>
<tr><td></td><td></td><td></td><td></td><td></td><td></td><td></td><td></td><td></td><td></td><td></td><td></td><td></td></tr>
</table>

表格元素说明入如下。

1）控制计划类别

包括样件、试生产和生产控制计划：

（1）样件控制计划：在样件制造过程中，对进行尺寸测量、材料和性能试验的描述。

（2）试生产控制计划：在样件试制后试生产中，对进行尺寸测量、材料和性能试验的描述。

（3）生产控制计划：在正式生产中，对产品/过程特性、过程控制、试验和测量系统的全面文件化描述。

2）制计划编号

如适用时，输入控制计划文件编号以用于追溯。对于多页的控制计划则填入页码（第_____页共____页）

3）零件编号、最新更改水平

填入被控制的系统、子系统或部件编号。适用时，填入源于图样规范的最近工程更改等级和/或发布日期。

4）零件名称/描述

填入被控制产品/过程的名称和描述。

5）供方/工厂

填入制定控制计划的公司和适当的分公司/工厂/部门的名称。

6）供方编码

填入按采购机构要求的识别号。

7）主要联系人/电话

填入负责控制计划的主要联系人姓名和电话号。

8）核心小组

填入负责制定控制计划最终版本的人员的姓名和电话号。建议将所有小组成员的姓名、电话号和地址都包括进所附的分配表中。

9）供方/工厂批准/日期

如必要，获取负责的制造厂批准。

10）编制日期

填入首次编制控制计划的日期。

11）修订日期

填入最近修订控制计划的日期。

12）顾客工程批准/日期

如必要，获取负责工程的顾客代表批准。

13）顾客质量批准/日期

如必要，获取负责质量的顾客代表批准。

14）其他批准/日期

如必要，获取其他同意的批准。

15）零件/过程编号

该项编号通常参照于过程流程图。如有多零件编号存在（组件），那么应相应地列出单个零件编号和它们的过程编号。

16）过程名称/操作描述

系统、子系统或部件制造的所有步骤都在过程流程图中描述。从流程图中识别确定最能描述所述活动的过程/操作名称。

17）生产设备

适当时，对所描述的每一步操作，识别确定加工装备，诸如机器、装置、夹具或其他工具。

18）特性

特性是指可以获得变差和分布数据的产品和过程的特征、尺寸、特性。

（1）编号：必要时，填入所有适当文件，诸如（但不限于）过程流程图、已编号的计划、FMEA 和草图（计算机绘图或其他方式绘图）相互参照用的编号。

（2）产品：产品特性是在图样或其他主要工程信息中所描述的部件、零件或总成的特征或性能；核心小组应从所有来源中识别组成重要产品特性的特殊产品特性；所有的特殊特性应列在控制计划中，此外制造者可将在正常操作中进行过程常规控制的其他产品特性都列入控制计划。

（3）过程：过程特性是与被识别产品特性具有因果关系的过程变量（输入变量）。过程特性仅能在其发生时才能测量出。核心小组应识别和控制其过程特性的变差以最大限度减少产品变差。对于每一个产品特性，可能有一个或更多的过程特性。在某些过程中，一个过程特性可能影响数个产品特性。

19）特殊特性分类

应使用合适的分类来指定特殊特性的类型。顾客可以使用独特的符号来识别那些诸如影响顾客安全、法规符合性、功能、配合或外观的重要特性。这些特性标识为“关键”、“主要的”、“安全的”、“重要的”。

20）方法

至少包括对要求、测量分析和控制方法的描述。

（1）产品/过程规范/公差：规范/公差可以从各种工程文件，诸如图样、设计评审、材料标准、计算机输助设计数据、制造和/或装配要求中获得。

（2）评价/测量技术：明确所使用的测量系统，它包括测量零件/过程/制造装置所需的计量器具和/或试验装置；在使用一个测量系统之前应对测量系统的线性、再现性、重复性、稳定性和精度进行分析，并相应地做出改进。

（3）样本容量/频率：当需要取样时，列出相应的样本容量和取样频率。

（4）控制方法：这一栏包含了对操作将怎样进行控制的简要描述，所用的控制应是基于对过程的有效分析；控制方法取决于过程类型，可以使用统计过程控制、检验、防错（自动/非自动）和取样计划等来对操作进行控制；控制计划中的描述应指导制造过程中实施的策划和战略；如果使用复杂的控制程序，控制计划中应引用程序文件特定的识别名称和/或编号。

为了达到过程控制的有效性，应不断评价控制方法。例如，如出现过程或过程能力的重大变化，就应对控制方法进行评价。

21）反应计划

反应计划规定了为避免生产不合格产品或操作失控所需要的纠正措施。这些措施通常应是最接近过程的人员（操作者、调整人员或监督者）的职责，并应在计划中清晰地指定。对预防措施应做出文件化的规定。

在所有的情况下，可疑或不合格的产品应由反应计划指定的负责人员进行清晰地标识，隔离和处理。可以采取标注反应计划编号和标识反应计划负责人员的方法来描述反应计划。

4.3.2　控制计划开发示例

控制计划具体开发方法见表 4-11。表 4-11 可以对理解专业表格有所帮助，并可以参照此表格，根据实际产品样件的设计制造、试生产和批量生产情况，开发编制实际需要的控制计划。

4.4　美国福特、通用、克莱斯勒常用分析技术和术语简介

4.4.1　装配产生的变差分析

装配时产生的变差分析是一种模拟装配过程并检查公差积累、统计参数、敏感性和“假如——怎么办”的调查分析技术。

4.4.2　基准标定

基准标定是一种识别比较标准的系统方法，它为建立可测量性能目标提供依据，并为产品设计和过程设计提供概念等。

产品和过程的基准标定应包括基于目标性能测量和这些目标性能是如何实现的调研的对世界级或最高级性能的识别与确定。基准标定是开发新的设计和新的过程并超越样板公司能力的一块阶石。

4.4.3　特性矩阵图

特性矩阵图表示过程参数和制造工位之间的关系。制定特性矩阵图的推荐方法是对零件尺寸和/或特性编号并对每一制造工序编号，表的顶部为所有制造工序和工位岗位，过程参数列在左栏内。制造关系越多，特性控制就越重要，不论矩阵图的大小，特性的逆向关系是很明显的。典型的矩阵图如图 4.10 所示。

尺寸编号	过程要求描述	工序编号			
		01	02	03	04
1	ID	×	C		
2	FACE		×	C	×
3			×	L	L
4				×	
5				×	
6	OD			×	

C——用于夹紧的操作特性；L——用于定位的揖作特性；X——由此操作导致或改变的特性应符合过程流程图表格。

图 4.10　特殊特性矩阵图

表 4-11 控制计划范例

控制计划类别：生产控制计划 控制计划编号：	主要联系人/电话：	编制日期： 修订日期：
零件号/最新更改水平：543212345 C 10/31/92	核心小组：	顾客工程批准/日期（如需要）：
零件名称/描述：汽车罩盖	供方/工厂批准/日期：	顾客质量批准/日期（如需要）：
供方/工厂/代号：Q.C/SUPPCO/4000-1	其他批准/日期（如许要）：	其他批准/日期（如需要）：

零件/过程编号	过程名称/操作描述	生产设备	特性			特殊特性分类	方法					反应计划
			编号	产品	过程		产品/过程规范	评价/测量技术	取样		控制方法	
									容量	频率		
1	模制部件	机器 No 20 工具 IS-IB		力		*	必须经受 10N 的垂直力	悬臂梁冲击试验	前 15 件	每小时	失效可靠性图测试到 11N	隔离、分析材料
2	材料接受				材料含量			进厂检验	1 件	批	试验室报告 No G9441	退货
3	拌合	混料组合机 No 23			配合比		3∶1∶2	试验室装置№1№2	1 件	批	试验室报告 No G9442	隔离和调节配合比
4	贮存材料				存储		存储寿命	第一件直观批控制	1 件	批	每次混合后记录“最后使用”配防错自动报警装置	弃置或退货再标定
					温度		65～72°F	温度传感器	100%	连续		

4.4.4　关键路径法

关键路径法是表示需要最大期望时间来完成的任务的年月顺序的 Pert 或甘特（Gantt）图，它可以提供以下有价值的信息。

（1）相互关系；

（2）对问题的及早预测；

（3）责任的识别；

（4）资源识别、分配和平衡。

4.4.5　试验设计

试验设计（DOE）是根据预定的设计矩阵图系统地改变有潜在影响的过程变量的试验或一系列试验。其益处根据以下不同情况进行评价。

（1）在受试的变量中识别有影响的变量；

（2）在变量水平所代表的范围内对影响进行定量；

（3）对过程运行中发生影响的系统的特性有一个更好的理解；

（4）对影响和相互关系进行比较。

在产品/过程开发循环的早期采用这种技术可以：

（1）改善过程结果；

（2）减少正常值或目标值的变差；

（3）节省开发时间；

（4）节约总费用。

4.4.6　可制造性和装配设计

可制造性和装配设计是一种优化设计功能、制造和装配方便性之间关系的同步工程。改进装配和制造的设计是一个重要的步骤。应及早与工厂代表在设计过程上进行协商以评审部件或系统，并对特定的装配和制造要求提供输入。具体尺寸公差应在相似过程的基础上确定。该设计将有助于明确所要求的装置和所需的任何过程更改。

4.4.7　设计验证计划和报告

设计验证计划和报告（DVP&R），是一种制订贯穿于产品/过程开发由开始到每一改进阶段的试验活动计划和文件化的方法。

有效的 DVP&R 为帮助下列领域内的工程人员提供了准确的工作文件。

（1）通过要求负有责任的方面将保证部件或系统符合所有工程要求所需的试验制定全面而完整的计划，以便安排出合理的试验顺序；

（2）保证产品可靠性满足顾客要求的目标；

（3）对顾客在进度上要求加快试验计划的情况予以重视；

（4）为有关责任部门提供一种工作工具，如汇总功能性、耐久性和可靠性试验要求，编入一份文件内以便利查询；

（5）便于为设计评审提供试验状况和进展的报告。

4.4.8 动态控制计划

1. 定义

动态控制计划（DCP）是一种由小组逐步认识和控制制造过程的方法。小组的经验、分析工具和策划技巧被用来形成一个紧密结合的知识系统，从这样的知识系统中开发并实施过程控制。DCP 的目的就是要开发出能以具有竞争性成本及时生产高质量产品的制造过程。

2. 期望

在生产的基础上，所有的过程都应产生符合规范的特性。如果不能满足这些期望，应有一个纠正问题及保护顾客的计划。重要的特性（SC）应处在 Ppk≥1.67 和 Cpk≥1.33 的统计控制状态下，DCP 适用于所有特性，不仅仅 SC。

3. 范围

（1）谁执行 DCP？由临时或长期雇员组成的横向职能小组执行 DCP 过程。

（2）谁批准控制计划？控制计划应由 DCP 小组代表、产品工程师、SQE 工程师（对供方）签署/批准，有时由使用工厂批准。

（3）何时实施控制计划？最初的 DCP 实施应和生产件批准程序（PPAP）相一致。在产品的寿命期内小组都要存在。更新改进 DCP 是小组今后不断进行的工作。

4. 目标

生产人员为最初的 DCP 顾客。成功的 DCP 将产生有用的工作指导书，有效的控制方法和可靠的反应计划；小组工作起决定性作用，DCP 小组包括生产人员、产品工程师、制造工程师、顾客、供方和其他任何小组需要人员。为保证小组成功需要有强有力的高层管理者的支持；从原材料至装配，DCP 重点放在制造过程上。每一个加工工程，都要一起考虑产品和过程特性。DCP 的工作是为了开发新的制造过程并优化原有的过程；DCP 是由内容推动。小组要尽力积累并有效地利用知识。DCP 文件为记录并分享知识的简单方法。

5. DCP 流程

DCP 流程包括 4 个阶段：理解制造过程、建立能力、开发过程控制、实施和改进。DCP 总流程如图 4.11 所示。

1）理解制造过程

DCP 小组进行的最重要工作是具有充分的知识，对制造过程有深入的理解，并将这种理解文件化。所有 DCP 的其他工作都依赖于这一工作的成功。小组必须完成以下工作。

（1）建立问题记录；

（2）收集重要的参考文件，诸如设计失效模式及后果分析（DFMEA）和系统 FMEA；

（3）确定过程和产品特性如何协调形成；

（4）建立测量系统以支持对知识差距的调查；

（5）确定目标和容差；

（6）识别变差源。

小组要考虑变差路径和为弥补知识差距而工作，这一点是重要的。

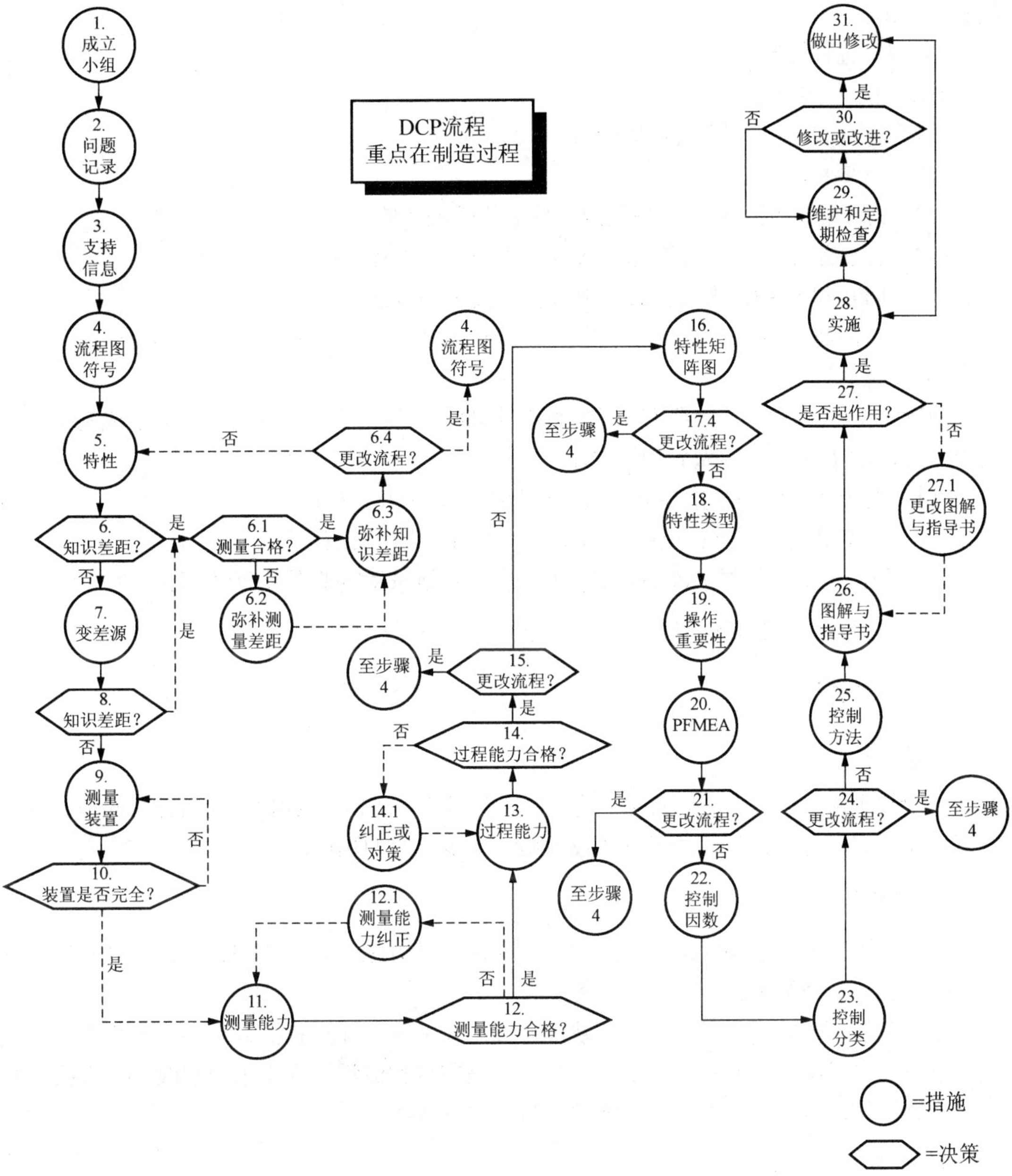

图 4.11　DCP 流程图

2）确定能力

正确的过程理解要求有能力的测量系统和过程。小组必须：

（1）确定测量能力；

（2）使用测量系统检查过程输出；

（3）评定每一步骤是否特达到目标，并且在小组已规定的容差范围内；

（4）对过程能力问题做出纠正或者制定对策；

（5）当使用一个单一生产过程来生产一系列零件时，要确保该进程能覆盖此系列零件的整个范围。

3）制定过程控制

有效的过程控制基于：

（1）特性和过程步骤之间的关系；

（2）测量和过程能力；

（3）源于符合规范和超出规范的条件对特性的影响；

（4）使变差变化在规范范围和/或控制失效原因的控制方法；

（5）防止和/或找出失效模式的现行控制技术和方法；

（6）实际起作用的图解、指导书和反应计划。

4）实施改进

DCP 的目标是对工厂的所有层次提供有益的、让使用者满意的信息。为了成功地提供这类信息，DCP 小组必须做到如下要求。

（1）对控制、图解和指导书的实施要计真地计划并执行；

（2）对产品更改、过程更改和革新进行监测并作出反应。

DCP 是一个用来处理更改的重要工具，小组必须保持定期召开会议，对更改做出反应。

6. 动态控制计划作业表格（见表 4-12）

4.4.9 常用术语简介

1. 防错

一种减少错误的技术，通常称之为“防止失效”。防错（POKA—YOKE）应作为控制重复性任务或行为的预防性技术。该技术用来减少顾客的顾虑。

2. 过程流程图

过程流程图为描述和编制有序或相关工作的直观方法，它为策划、开发活动和制造过程提供了交流和分析工具。

由于质量保证的一个目标是减少缺陷并提高制造和装配过程的效率，因此先期产品质量中就应包括对所涉及的控制和资料的说明。这些过程流程图应用来识别改进，查找将写入控制计划待以后开发的重要或关键的产品和过程特性。

3. 质量功能开发

质量功能开发（QFD）是一种将顾客呼声转化为技术要求和操作条款，并将所转化的信息以文件形式列在矩阵表中的系统方法。QFD 重点放在最重要的项目上，并起到将目标准确地定在提高竞争力的领域的作用。

对于特殊产品，QFD 技术可以用作质量策划过程的结构，特别是 QFD 第 1 阶段——产品策划，将顾客的要求（即顾客呼声）转化为相应的控制特性或设计要求。QFD 起到了将一般顾客要求转化为特殊的最终产品和过程控制特性的作用。

表 4-12　DCP 表格

公司/工厂：　　部门：　　操作：　　工位：　　零件名称：　　控制计划修订日期：

过程：　　机器：　　零件号：　　过程单修订日期：

特性代号	特性描述（产品和过程）	规范	类型	重要性	失效模式	失效后果	严重度	失效原因	频度	现行控制	探测度	风险序数	推荐的措施	负责部门	采取的措施	采取措施前				控制因数	类别	控制方法	工装	计量器具描述	GR&R分析	过程能力目标	反应计划
																S	O	D	RPN								

QPD 具有以下两个方面的工作。

（1）质量开发，将顾客的要求转化为产品设计要求；

（2）功能展开，将设计要求转化为合适的部件、过程和生产要求。

QFD 具有以下作用。

（1）进一步保证满足顾客的呼声；

（2）减少由于工程知识引起的更改的数量；

（3）识别相冲突的设计要求；

（4）将各种公司的活动集中于以顾客为主的目标上；

（5）缩短产品开发周期；

（6）减少工程、制造和服务的成本；

（7）改进产品和服务的质量。

4. 系统失效模式及后果分析

SFMEA 是用来识别在总体系统设计中潜在弱点的分析技术，它是一种自上而下的功能性分析。它用来分析在确定硬件之前的早期概念阶段中系统的弱点。SFMEA 重点放在与系统、子系统和低一级功能级所执行功能和相联系的潜在的失效上。SFMEA 也着重于系统之间、子系统之间和系统元素之间的相互关系。

5. 可行性

可行性（Feasibility）是对过程、设计、规程或计划能否在所要求的时间范围内成功完成的确定。

6. 初始材料清单

初始材料清单（Preliminary Bill of Material）是在设计和图样文件发放之前完成的初始材料清单。

7. 初始过程流程图

初始过程流程图（Preliminary Process Flow Chart）是指对某一产品预测的制造过程的早期描述。

8. 生产试生产

生产试生产（Production Trial Run）是使用所有正式生产工装、过程、装置、环境、设施和周期来生产产品。

9. 可靠性

可靠性（Reliability）是指某项产品在某一观测点上，在规定的环境和工作负荷条件下，继续在顾客期望的水平上发挥功能的概率。

10. 同步工程

同步工程（Simultaneous Engineering）是一种为确保可制造性并节省时间，通过发挥横向职能小组作用，同步地设计产品和该产品制造过程的方法。

11. 特殊特性

特殊特性（Special Characteristics）是由顾客指定的产品和过程特性，包括政府法规和安全特性，和/或由供方通过产品和过程的了解选出的特性.

12. 子系统

子系统（Subsystem）是系统的一个主要部分，本身具有系统的特性，通常包含几个部件。系统（System）是由几个部件或装置组合起来以执行某一特定功能的组合体。

13. 小组可行性承诺

小组可行性承诺（Team Feasibility Commitment）是由产品质量策划小组对所做的设计能以可接受的成本，按时以足够的数量制造、装配、试验、包装和装运的承诺。

小组可行性承诺往往以专门的文件来描述，这种文件必须对如下问题做出明确的回答。

（1）产品是否被完全定义以便进行可行性分析；

（2）工程性能规范是否符合书面要求；

（3）产品能否用符合要求的 C_{PK} 生产；

（4）有无足够的生产能力；

（5）设计上是否允许使用有效的材料处理技术等。

在上述问题基础上，承诺在正常生产条件下（不发生生产设备成本、工装成本的提高等生产条件变化）可以完成生产任务并使生产在控制状态下运行的情况。

14. 进度计划

进度计划（Timing-Plan）是将使产品满足顾客需要和期望的任务、分配、事件和进度列出的计划。

15. 价值工程/价值分析

价值工程/价值分析（Value Engineering/Value Analysis）是一种重点放在特殊产品设计和过程特性上，用来解决问题的、有计划的、清单式的方法。如在生产已开始后用价值分析来提高价值，在支付设施和工装费用之前使用价值工程使价值达到最大值。

16. 顾客呼声

顾客呼声（Voice of the Customer）是顾客积极和消极两方面的反馈，包括顾客的好恶、问题和建议。

17. 过程呼声

过程呼声（Voice of the Process）是反馈给与过程有关人员的统计数据，以决定过程的稳定性和/或作为持续改进的工具的能力。

18. 首字母缩写词

CFT——横向职能小组

DCP——动态控制计划（尺寸控制计划）

DFMEA——设计失效模式及后果分析
DOE——试验设计
DVP&R——设计验证计划和报告
FMA——失效模式分析
FMEA——失效模式及后果分析
FTC——首次能力
GR&R——量具的重复性和再现性
PFMEA——过程失效模式及后果分析
PQP——产品质量策划
PQPT——产品质量策划小组
QFD——质量功能开发
QSR——质量体系要求
SFMEA——系统失效模式及后果分析
TGR——运行情况良好
TGW——运行情况不良
VE/VA——价值工程/价值分析

习题 4

1．APQP 包括几个阶段？各阶段有何关系？如何开展概念设计？

2．顾客呼声包括哪些？你认为，顾客的最重要的呼声是什么？

3．产品设计和过程设计有什么联系和不同？

4．产品设计和过程设计确认有什么区别？

5．论述 APQP 的反馈过程。

6．控制计划类型和主要内容是什么？动态控制计划有什么特点？你认为，如何保证 APQP 有效性？

第5章 质量功能展开（QFD）方法

教学目标

学习质量功能展开方法，了解质量功能展开过程和质量屋的开发。

教学要求

能力目标	知识要点	权重	自测分数
了解 QFD 方法和开发过程	QFD 开发过程	30%	
能够开发质量屋	质量屋开发原理和方法	70%	

引 例

在我国军工领域，推行一次设计成功、一次制造成功的质量目标，高品质军工产品不断涌现。我国军工产品为什么能够如此辉煌，而其他行业的产品却很少叫得响？因为在军工领域，从 20 世纪 80 年代开始，从美国学习先进质量工程方法，其中之一是质量功能展开法（QFD）。军工企业应用 QFD，充分研究确定顾客对产品品质的需求（What）和如何满足这种需求（How），按“What—How”逻辑，层层展开，最终将顾客的需求规定到设计要求中，规定到产品特性中，规定制造工艺和生产过程，从而确保产品品质优异。

现以顾客需要“一杯咖啡”为例，顾客的需求是要喝一杯美味咖啡（What，顾客需要什么）。如何满足顾客要喝一杯美味咖啡的要求？显然，这个需求是很笼统的，无法指导设计和生产。经过市场调查，走访顾客，倾听顾客的呼声，如何满足“一杯美味咖啡”的要求可具体化为“烫的”、“颜色悦目”、“味道丰富”、“香味纯正”、“价格适中”、“量足”和“保温”7 个 What 项目。同样，每一个 What 项目还可以继续追问如何满足。如对于“香味纯正”，对于“一杯美味咖啡”，它是 How 项目之一，但又可以成为一个新的要求，可以通过“上桌温度”、“咖啡因含量”、“调味成分”、“味道浓度”，“香味浓度”、“售价”、“上桌后温度”等具体要求来达到。如此逐层分解展开，直至得到可操作的、可度量的设计、工艺和生产要求。

如果这杯咖啡在商业饭馆、餐厅中供应，则“微笑服务”和“免费添满”可能也是顾客的需求，即顾客的需求与使用条件是相关的。

将顾客要求演绎成设计要求，将设计要求演绎成零件特性要求，将零件特性要求演绎成制造特性要求，将制造特性要求演绎成生产要求，最终科学严谨地实现按顾客要求开展生产，这就是 QFD，是一种先进的质量工程方法。QFD 是将顾客要求定义为生产要求的开发过程，能够满足或超越满足顾客需求和期望。本章重点是 QFD 的开发，即质量屋的设计。

5.1 方法概述

所谓质量功能展开（Quality Function Development），是指一种把顾客或市场的要求转化为设计要求、生产制造要求、试验检验要求、售后服务要求等的多层次质量演绎分析方法。QFD 用一种科学的方法确保设计、生产和服务以市场为导向，以顾客为关注的焦点。QFD 所说的顾客是广义的顾客，下道工序是上道工序的顾客，形成由工序到最终用户的顾客链。最终顾客的需求可以逐层分解到产品系统、子系统、部件、零件和每一道工序。通过科学的加权评价方法，可以识别确定影响质量的关键因素，从而为质量设计提出目标和方向。

5.2 质量功能展开与健壮设计的关系

鲁棒设计的最终目的是向社会提供能稳定地满足顾客需求的产品，这就需要一种科学的方法来展开和分解顾客的需求。田口方法（三次设计）首先倡导了以稳定性作为优化目标的参数设计法，实践证明对于零、部件设计，工艺改进等是非常有效的，但对于大型产品，应用比较困难。在田口玄一的原著中，虽然提到三次设计适用于产品研制的各个阶段，但就三次设计的技术本身来说，并不能保证系统地、全面地展开和实现顾客的全部需求；而且田口先生未致力于系统设计，他的三次设计实际上只是两次设计。对于复杂的大系统而言，只靠参数设计和容差（允差）设计难以实现整个系统的健壮设计。而质量功能展开则是非常合适的，是对顾客需求进行分析和展开的有力工具。在质量工程中，质量功能展开是顶层步骤，它将顾客需求逐层地分解展开为产品设计要求，子系统、零部件设计要求，生产工艺要求等，并采用加权评分的方法，对设计、工艺要求的重要性做出评定，标识出产品的关键部件，每道工艺均采用三次设计既不必要，也不现实。健壮设计的指导思想之一就是抓主要矛盾，寻找对产品质量有显著影响的因素（参数）进行调整，并确定适当的公差范围，当然，在大系统设计时更要突出重点，抓住关键。因此，质量功能展开是健壮设计必不可少的先导步骤和配套技术，它为健壮设计的具体开展指出了方向，选择了对象。而健壮设计的结果反过来也使质量功能展开的内容得到更新和完善。

但是，质量功能展开与健壮设计是相辅相成，密切相关的。对于广义的健壮设计来说，可以把质量功能展开纳入健壮设计的一个步骤，因此可以认为质量功能展开是健壮设计的重要组成部分。

5.3 质量功能展开的组织保障

开展 QFD 活动，应组建正式的多方论证小组。多方论证小组人员应该至少包括以下职能人员。

（1）顾客代表，确保顾客需求正确完整地传达到多方论证小组；

（2）市场开发部门人员，确保顾客和市场要求传达到多方论证小组；

（3）研发部门人员，确保将顾客要求转化为能够完成的设计要求；

（4）工程技术部门人员，确保将设计要求转化为能够完成的工艺要求；

（5）生产管理部门人员，确保将设计要求和工艺要求转化为能够完成的生产要求；

（6）售后服务部门人员，确保将顾客要求、设计要求、工艺要求、生产要求等转化为服务要求；

（7）财务部门人员，确保根据需要提出财务要求；

（8）其他需要的人员，根据具体情况确定。

国外经验表明，开展质量工程活动是否有效，是否为企业带来神奇效用，关键是主观意识是否将质量当作核心事件，是否具有正式的组织机构。质量功能展开活动的开展也是如此，多方论证小组的设立是保证 QFD 得以正确开展和获得应有效用的关键措施。

5.4 质量功能展开的四阶段

目前，一般将 QFD 划分为 4 个阶段。将最终顾客的需求展开为设计要求，是 QFD 的第 1 阶段；将设计要求展开为关键零部件特性，是 QFD 的第 2 阶段；将关键零部件的特性展开为开艺要求，是 QFD 的第 3 阶段，工艺规划阶段；将工艺要求展开为生产要求，是 QFD 的第 4 阶段，生产规划阶段，将工艺要求传递到生产现场，形成一系列的生产与质量控制图表。QFD4 个开发阶段如图 5.1 所示。

必须注意，并不是第一阶段展开的所有设计要求都必须被展开为零部件特性，只有那些重要度高的（高风险，新、难或非常重要的）设计要求才需要进一步展开。不应把时间和精力浪费在那些容易实现的设计要求上。

对于零部件特性，同样进行重要度计算和竞争力评估，从而确定关键的零部件。对于关键的零部件，要做两方面的工作。一方面，开展 FMEA、FTA、RFTA 等分析，采用田口方法和其他各种方法进行设计优化，确定元器件优选目录，进行价值分析/价值工程以及成本分析等，以优化零部件设计方案，减少质量波动，提高可靠性。

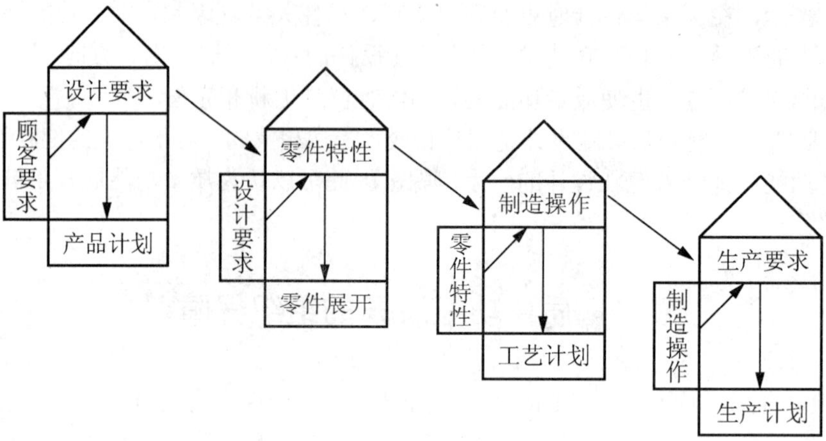

图 5.1　四阶段质量功能展开过程

另一方面，对于每项关键的零部件，应准备下列工序设计图表：工序清单，一个图示每道工序与每个关键零件特性之间的关系的矩阵——即工艺规划阶段质量屋（见后续内容），以及工序控制参数的清单。

几点注意事项如下。

（1）QFD 的选择性 QFD 的 4 个段阶可以进行剪裁，根据具体情况灵活应用。图 5.1 表示了 QFD 的四个阶段。不难理解，QFD 的前两个阶段（产品计划，零件展开）相对而言，更为重要。

（2）QFD 的适用性 QFD 方法不仅适用于新产品设计，也适用于现有产品或工艺的改进；不仅适用于制造业，也适用于服务业、建筑业、计算机软件业以及其他行业，还可应用于企业管理等。

（3）QFD 的时序 QFD 的 4 个阶段在时间上并不与硬件的设计生产阶段相对应，按照并行工程（Concurrent Engineering）的原理，实际上 QFD 的 4 个阶段都是在产品设计阶段完成的，即优化的设计、工艺、制造方案同步产生从而保证了产品研制全过程的协调和总体的优化。

（4）QFD 的关键效用。质量功能展开是产品设计的第一步，是对需求的分析和深度的开发，是不可逾越的。QFD 方法是有意识地、规范地和系统地开展需求分析。

（5）组织保证。QFD 的展开，必须得到行政和技术领导层的支持。

（6）质量屋。质量功能展开所形成的质量屋（矩阵图表）不是一成不变的，随着产品研制过程的深入，质量屋的内容要不断更新、补充和完善。

5.5　质量屋及其开发过程

5.5.1　质量屋

质量功能展开是通过一系列图表和矩阵来完成的。它的基本思想与目标管理（MBO）相似，重点放在必须做什么（What to do）事情和如何去做（How to do）。质量功能展开的矩阵图表很像一座房屋，因此称 QFD 的矩阵图表为质量屋。质量功能展开的主要方式就是建立质量屋，然后进行量化分析比较。

质量屋结构主要包括：要展开的质量特性要求是什么（What？），确定与特性要求有关的子特性项目重要度分数，满足这些特性如何（How？）设计、制造和使用等，并且上层的“How”是下层的“What”，如如何设计（即设计要求）是制造要求的“What”。根据“What”项目，开发“How”项目，并计算“How”对每一个“What”项目要素的影响分数，最后确定出“How”因子的分数，即确定为了达到“What”项目的要求关键重要的“How”项目因子。对于满足 What 所需要的 How，还要确定量的多少（Quantity），质量屋形状如图 5.2 所示。

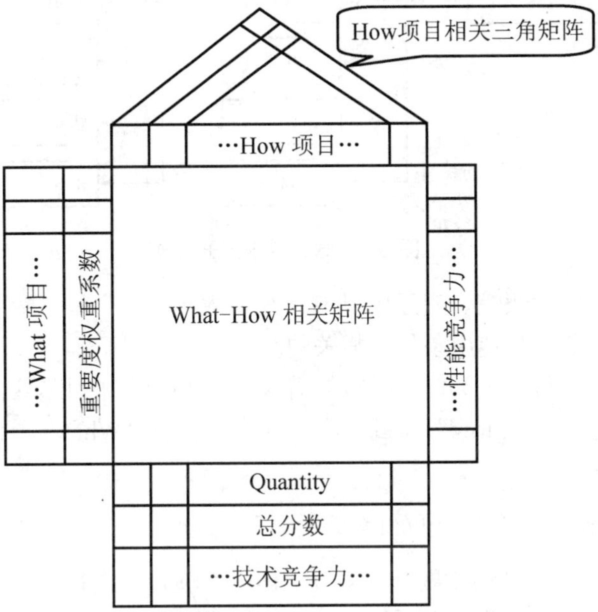

图 5.2　质量屋结构示意图

5.5.2　质量屋开发样例

质量屋是一个用于描述顾客需求、设计要求、目标值和产品竞争能力评价的产品规划矩阵，现以顾客需要“一杯咖啡”为例，说明将顾客要求转化为设计要求的质量屋的开发过程。

1. *顾客需求的展开*

顾客的需求是要喝一杯美味咖啡（What，顾客需要什么）。如何满足顾客要喝一杯美味咖啡的要求？显然，这个需求是很笼统的，无法指导设计和生产。经过市场调查，走访顾客，倾听顾客的呼声，如何满足”一杯美味咖啡”的要求可具体化为“烫的”、“颜色悦目”、“味道丰富”、“香味纯正”、“价格适中”、“量足”和“保温”（见图 5.3）7 个 What 项目。同样，每一个 What 项目还可以继续追问如何满足。如对于“香味纯正”，对于“一杯美味咖啡”，它是 How 项目之一，但又可以成为一个新的要求，可以通过“上桌温度”、“咖啡因含量”、“调味成分”、“味道浓度”，“香味浓度”、“售价”、“上桌后温度”等具体要求来达到。如此逐层分解展开，直至得到可操作的、可度量的设计、工艺和生产要求。

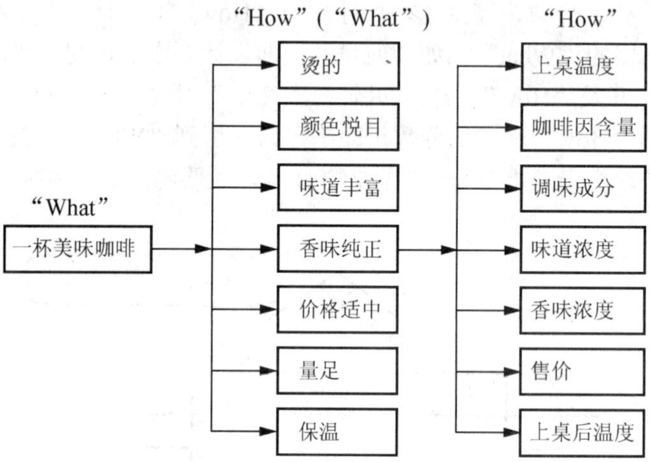

图 5.3　顾客要求展开样例

如果这杯咖啡在商业饭馆、餐厅中供应，则“微笑服务”和“免费添满”可能也是顾客的需求，即顾客的需求与使用条件是相关的。

上述饮食服务过程与工程类似，顾客的需求（“What”项目）实际上已被转换成设计要求（“How”项目）。“How”项目一般还要作为新的“What”项目以进行低一层次的重新定义。

2. “What—How”关系矩阵和相关度

由于每项“What”项目都要展开为多项“How”项目，而每项“How”项目又可影响一个以上的“What”项目，因此要采用如图 5.4 所示的矩阵表达方法。

在矩阵中，不仅要表示每一个“What”与哪些“How”有关，还要表示它们关系的程度。通常用双圆形“◎”表示强相关，圆形“○”表示中等相关，三角形“△”表示弱相关，空白表示不相关。相关程度的加权系数应由质量功能展开多方论证小组讨论确定，一般强相关取 9，中等相关取 3，弱相关取 1。例如图 5.4 中，“烫的”与“上桌温度”，“味道丰富”与“调味品成分”，“香味纯正”与“香料成分”，“价格适中”与“售价”等是强相关；“悦目”与“咖啡因量”，“味道丰富”与“味道浓度”，“价格适中”与“容量”，“量足”与“售价”等是中等相关；而“味道丰富”与“上桌温度”和“咖啡因含量”等是弱相关。

根据“What”项目的要求确定如何实现的措施后，还要确定“How”项目的数量，即“Quantity”项目，列于关系矩阵的底部。例如，咖啡的上桌温度应是华氏 120～140°，售价应少于 25 美分等；有些“How”项目，如调料成分、调味浓度等，应由咖啡鉴赏员来确定后，填入“多少”的数字（见图 5.4）。如果“How”项目不能度量，可能需要进一步展开以便于操作。

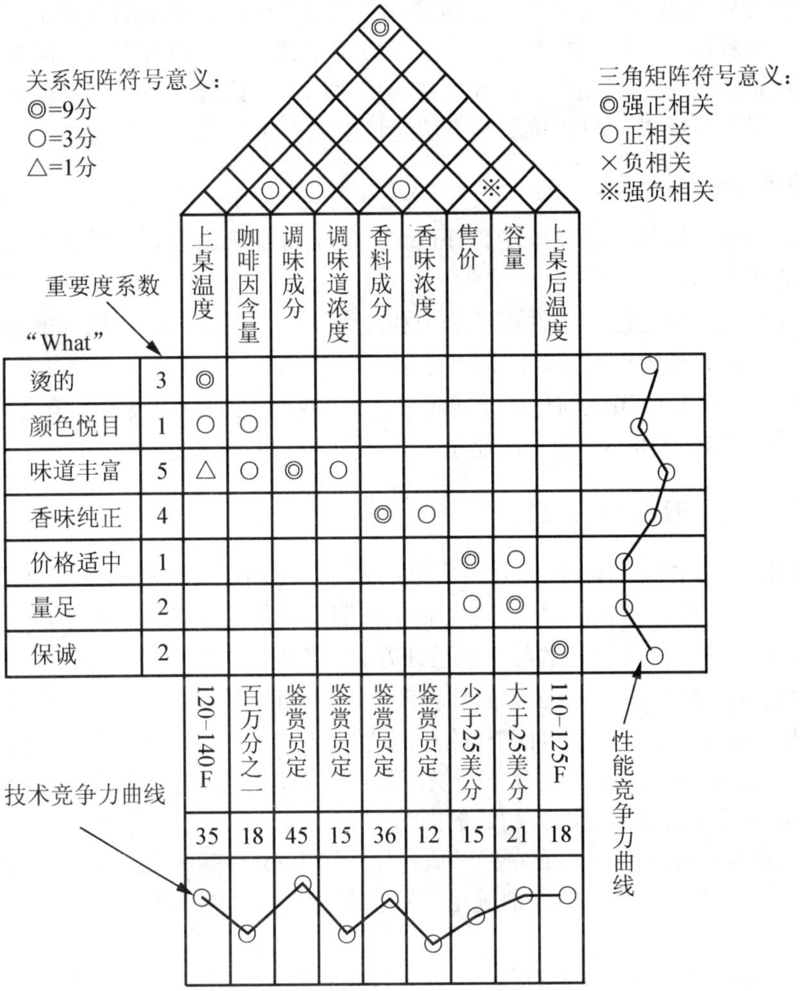

图 5.4　“一杯美味咖啡”的从顾客要求到设计要求的质量屋

3.“How”的重要度

对于“What”项目，应确定其重要系数，例如在美味咖啡的例子中，“味道丰富”和“香味纯正”是最重要的可打 5 分，“悦目”可打 3 分，“热的”和“保温”可打 2 分，“售价”和“容量”可打 1 分。

然后对于每个“How”项目，计算其重要度，即对受该“How”项目影响的所有“What”项，计算相应的重要系数与关系度的乘积，并求出总和，列于对应的“多少”项目下面（见图 5.2）。

4.“How”项目之间的相关矩阵

在“How”项目之间存在着互相支持或互相排斥的相互作用，可以用三角形的相关矩阵来表示（见图 5.4）。例如“上桌温度”与“上桌后温度”是强正相关，用双圆表示；“咖啡因含量”与“调味成分”，“味道浓度”与“调味成分”以及“香味浓度与香味成分”是正相关，用单圆表示；而“售价”与“容量”则是强负相关，用#号表示。相关矩阵将为公司内部的权衡协调提供重要信息。正相关说明两项“How”实现的措施是互相支持、互相加强的，某种程度上可以互相替代，应予以协调以避免公司内部专业之间交叉的重复劳动；负相关则标识了那些互相抵消，互相排斥的“How”措施，特别需要权衡协调，否则可能导致不满足顾客要求。权衡协调的方法是调整“多少”项目的数值。

5. 竞争能力评估

质量屋的最后一项要素是竞争能力评估。产品能否销售出去获得经济效益，取决于该产品的市场竞争能力。

可以把市场竞争能力区分为性能竞争力和技术竞争力两部分。性能竞争力的确定应根据顾客“What”项目的评价进行，而技术竞争力则采用来自工程部门的评估。如果“How”项目是从“What”项目恰当地演化、展开而来，那么性能竞争力和技术竞争力应是相似的。强相关的“What”和“How”项目应显示出相似的竞争性评估关系。

5.5.3 质量功能展开的实例和效益

20 世纪 80 年代中期，Beatrice 公司决定改进行李包的设计。他们首先调查了大约 400 多名消费者，了解现有行李包的缺点，并请他们依照问题的严重性排出顺序，然后开展 QFD 来改进设计，结果产生一个全新的行李包设计方案。该设计方案也请顾客进行评审，前后约有 3000 名消费者参加了 Beatrice 公司的顾客调查计划。其最终产品 4 号行李包在市场销售中大获成功，使 Beatrice 重新在美国行李包销售市场中名列第一。详见书后参考文献［1］项。

1985 年，Kelsey—Hayes 公司和美国供应商协会合作，用 QFD 方法为福特汽车公司设计了一种新的冷却液水平传感器。初始的质量屋完成后，确定了传感器的壳体是关键的零件，然后针对顾客对壳体的要求而完善了质量屋。作为 QFD 研究的结果，该传感器作了许多项容易实现的、小的改进，很好地满足了顾客对性能和功能的要求。详见书后参考文献［1］项。

QFD 对于管理部门同样非常有效。1986 年，Budd 公司完成了一项处理工程提案的 QFD 研究，其顾客是公司内部与工程提案有关各个部门。

著名的 Aerojet 公司 1989 年开展了红外聚焦板（FPA）的 QFD 设计，FPA 是美国 SPIRT Ⅲ计划的主要子系统之一。公司建立了一个多方论证小组来开展红外聚焦板的 QFD 工作。由于该子系统需冒中等风险采用现代高技术，而且必须满足进度要求，美国政府决定由两家承包商独立地、平行地进行开发。Aerojet 就是两家承包商之一。对于这样技术复杂、竞争激烈、进度紧迫的项目，沿用传统的工程设计和管理模式已不能适用。Aerojet 在其总裁的支持下，首先对由计划编制、计划管理、工程和制造等各部门、各专业人员组成的 QFD 多方论证小组进行了培训，然后建立质量屋，在建屋过程中，应用了智慧风暴，开发智慧图（KJ）法等新 QC 七种工具。

开展质量功能展开活动，可以取得十分可观的效益。有文献记载，QFD 可以使产品成本可减少二分之一，开发周期缩短三分之一，产品质量与产量大幅度提高。

5.5.4 系统设计

抓好系统设计是实现产品健壮设计的重要环节。对于一个复杂的大系统或重要的武器装备，系统设计将是很复杂和长期的过程。作为健壮设计的先导步骤，必须组成多方论证 QFD 小组，按 4 个阶段进行质量功能展开，建立各阶段的质量屋，每个阶段内部按必要还可再细分。按加权和评分的办法，可以确定关键部位。按产品竞争能力的评估办法，可以比较系统设计方案的优劣和技术水平。要结合有关专业的发展水平，尽可能采用先进和成熟的技术，采用各种优化方法，开展系统设计。要划分设计阶段，设置配置基线，实行技术状态管理和控制。每一阶段要进行认真的设计评审。可以应用质量管理的新七种工具，特别是智慧图法、系统图法、过程决策程序图法和关系图法等。FMEA、FTA 等方法对于质量分析和可靠性分析，都是有力的工具。相应地，还应采用规范化、程序化的技术管理和质量管理的措施，例如工作分解结构（WBS），工作说明（SOW），各种技术标准，工作标准、规范体系和工作程序等。经过这样的系统设计，可以得到一个较好的设计方案，在此基础上，再进行参数设计和容差设计。

大型复杂系统的设计通常要经历方案论证、顶层设计、初步设计、详细初步设计、详细设计等阶段，还要进行工作分解，开展子系统设计、组件或零件设计，元器件研制、原材料开发等。不管哪个阶段和哪个层次的工作，都有系统设计、参数设计、容差设计这样的三部曲，都要进行优化而获得健壮的设计方案和生产工艺方案。

习题 5

1. 简述 QFD 的主要内容和开发步骤。
2. 试用计算机开发出质量屋并举例应用之。

第6章 潜在失效模式及后果分析（PFMEA）

教学目标

了解PFMEA的类型,理解DPFMEA和PPFMEA方法原理,熟悉DPFMEA和PPFMEA开发过程和方法。

教学要求

能力目标	知识要点	权重	自测分数
理解和熟悉DPFMEA的原理和开发	DPFMEA原理与开发过程	50%	
理解和熟悉PPFMEA的原理和开发	PPFMEA的原理和开发过程	50%	

引例

有时大家埋怨一些产品有许多缺陷，负责任的企业对产品售后实施召回也时有发生，这种现象不仅有国内产品，也有国外产品。这种情况的发生，究其原因在于设计和/或过程控制不严格不精细。如产品材料有缺陷、产品结构设计有不足、产品制造过程工艺参数不正确等，都会给产品质量带来不利影响。近年来，在汽车行业，经常发生召回汽车“缺陷产品”事件，主要是由于生产厂家在设计、制造等方面的原因造成的，在某一批次、型号或类别的汽车产品中普遍存在的具有同一缺陷性的产品。以日本三菱公司为例，历年来召回的车辆达到62万辆，净亏损为700亿日元，均摊费用约为每辆9000元人民币。这笔花费如果摊到一家国内中小型汽车企业头上，将成为“沉重”负担。

因此，国际先进企业，如美国福特、通用、克莱斯勒，德国宝马、大众，日本本田、丰田等，对所有供应商提出了严格控制设计和过程的要求，即进行设计潜在失效模式及后果分析（DPFMEA）和过程潜在失效模式及后果分析（PPFMEA），未雨绸缪，利用规范的格式，分析设计和过程可能发生的失效形式及频度、后果及严重度、失效探测度，最大限度地预防缺陷的发生。近几年来，国内采用PFMEA方法的企业不断增加，如采用ISO 16949/TS质量体系模式的企业等。

预防设计失效和过程失效是质量工程一项重要方法，可以减少或避免产品质量以及产品设计和制造过程发生质量故障，减少质量损失，保证产品质量。

PFMEA 是潜在失效模式及后果分析的英文字头，包括设计潜在失效模式及后果分析和过程潜在失效模式及后果分析两种，是一种过程性质量控制技术，与设计和生产条件和水平紧密相关。在 PFMEA 开发中，失效的风险程度的确定需要良好质量管理与工程积累，特别是量化数据的积累。如某种失效形式发生的概率和探测度的确定，需要权威专家也需要历史数据，这是这种方法实施的难点，也是关键点。

6.1　方法概述

6.1.1　类别

潜在失效模式及其后果分析（Potential Failure Mode and Effects Analysis，PFMEA）一般简称 FMEA，包括以下 3 大类。

（1）系统潜在失效模式及其后果分析，SPFMEA（Potential Failure Mode and Effects Analysis in System）；

（2）设计潜在失效模式及其后果分析，DPFMEA（Potential Failure Mode and Effects Analysis in Design）；

（3）过程潜在失效模式及其后果分析，PPFMEA（Potential Failure Mode and Effects Analysis in Process）。

DPFMEA、PPFMEA 和 SPFMEA 分析过程是相同的，只是分析对象不同。设计和过程的质量控制是保证产品质量满足要求的关键，本书只讨论 DPFMEA 和 PPFMEA。实际上，一个系统（系统是由过程构成的）的主要构成是设计过程和生产过程。只要掌握了 DPFMEA 和 PPFMEA 的开发原理和方法，SPFMEA 的开发也就不成问题了。

虽然许多工程技术人员早已在设计和制造过程中应用了 FMEA 分析技术，但首次正式应用是 20 世纪 60 年代中期美国航天工业的一项技术革新。

6.1.2　用途

PFMEA 是一组系统化的活动，其目的如下。

（1）发现、评价产品和过程中潜在的失效模式及其后果；

（2）确定能够避免或减少产品和过程中潜在失效发生的措施；

（3）形成过程文件。

6.1.3　实施要点

（1）不断追求产品质量是企业不可推卸的责任，FMEA 是强有力的科学工具，关键看是否认真对待和付诸行动。许多企业从产品回收过程中悟出，全面实施 FMEA 可以避免许多质量事故的发生。

（2）虽然实施 FMEA 的准备工作中，每项职责都必须明确到个人，但是要完成 FMEA 还要依靠集体协作，必须发挥和综合每个人的智慧。例如，需要有设计、制造、装配、服务、质量及可靠性等各方面的技术人才。

（3）及时性是FMEA成功的关键。FMEA是“事前的行为”，不是“事后的行为”；事前是诸葛亮，事后则是徒劳无功。事前花时间很好地进行综合的FMEA分析，能够容易低成本的对产品或过程进行修改，减轻事后修改带来的种种困难和较大费用的支出。

（4）FMEA是动态的，不能一劳永逸，应随科学技术的发展和产品的变更等条件的变化而推陈出新。

6.2 DPFMEA

6.2.1 DPFMEA简介

DPFMEA是由“设计主管工程师/小组”早期采用的一种分析技术，用以确保在最大范围内充分地关注和识别确定各种潜在的失效模式及其相关的起因/机理。应评估最终产品以及与之相关的系统、子系统和零部件。FMEA以其最严密的形式总结了设计一个零部件、子系统或系统时，一个工程师和设计组的设计思想（其中包括根据以往的经验和教训对一些环节的分析）。这种系统化的方法与一个工程师在任何设计过程中正常经历的思维过程是一致的，并使之规范化、文件化。

6.2.2 DPFMEA的益处

在设计阶段使用FMEA时，能够用以下方法降低产品的失效风险。

（1）有助于对设计要求的评估及对设计方案的相互权衡；

（2）有助于对制造和装配要求的最初设计；

（3）提高在设计/开发过程中关注潜在失效模式及其对系统和产品使用影响的可能性；

（4）对制定全面、有效的设计试验计划和开发项目提供更多的信息；

（5）根据潜在失效模式对“顾客”的影响，对其进行排序列表，进而建立改进设计和开发试验的优先控制系统；

（6）为推荐和跟踪降低风险的措施提供一个公开的讨论形式。

6.2.3 DFMEA中的顾客

DFMEA中“顾客”的定义不仅仅是“最终使用者”，也包括不同阶段的设计的工程师/设计组，以及在生产过程中负责生产、装配和售后服务的工程师，即“下游”是“上游”的顾客。

FMEA的全面实施要求对所有新部件、更改过的部件以及应用或环境有变化的沿用零件进行DPFMEA。FMEA由负责设计工作的工程师制定，但对有专利权的设计来说，可能由专利权的供方制定。

6.2.4 集体的努力

在最初的设计潜在FMEA过程中，希望负责设计的工程师能够直接地、主动地联系所有有关部门的代表。这些部门应包括装配、制造、材料、质量、服务和供方等，以及负责下一总成的设计部门。FMEA可成为促进部门间充分交换意见的催化剂，从而提高整个集体的工作水平。此外，任何（内部或外部的）供方设计项目应向负责有关设计的工程师进行咨询。

设计 FMEA 是一份动态文件，应在一个设计概念最终形成之时或之前开始，而且在产品开发各阶段中，当设计有变化或得到其他信息时，应及时、不断地修改，并最终在产品加工图样完成之前全部结束。

考虑到制造/装配的要求是相互联系的，设计 FMEA 在体现设计意图的同时，还应保证制造或装配能够实现设计意图。制造或装配过程中可能发生的潜在失效模式和/或其原因/机理不需包含在设计 FMEA 当中，此时，它们的识别、影响及控制是由过程 FMEA 来解决的。

设计 FMEA 不是靠过程控制来克服设计中潜在的缺陷，但的确要考虑制造/装配过程中技术的/体力的限制。例如以下几点。

（1）必要的拔模（斜度）；

（2）要求的表面处理；

（3）装配空间/工具可接近；

（4）要求的钢材硬度；

（5）过程能力/性能。

6.2.5　DPFMEA 的开发

1. DPFMEA 框图

主管设计工程师拥有许多用于设计 FMEA 准备工作的文件。设计 FMEA 应从列出希望做什么及不希望做什么开始，如设计意图。顾客的需求（正如由质量功能展开之类活动所确定的一样）、产品要求和制造/装配要求等要综合起来。期望特性的定义越明确，就越容易识别潜在的失效模式，采取纠正措施。

如图 6.1 所示，DPFMEA 应从所要分析的系统、子系统或零部件的框图开始。方框图也可指示出信息、能量、力和流体等的流向，以便明确框图的输入。框图功能，以及框图的输出。

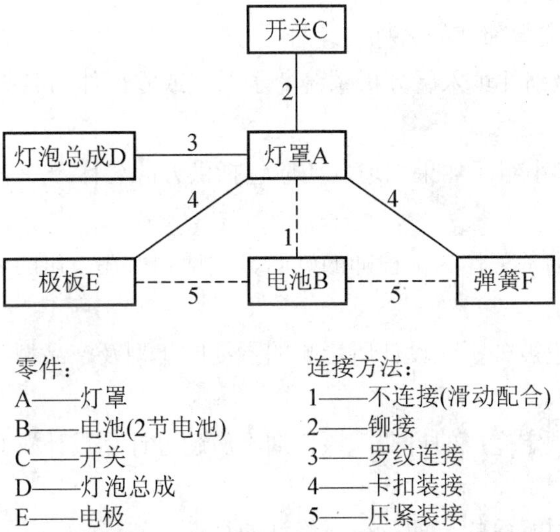

图 6.1　DPFMEA 框图样例

框图说明了所分析的各项目之间的主要关系，并建立了分析的逻辑顺序，这种框图文件应伴随 FMEA 全过程。

图 6.1 是汽车闪光灯产品 DPFMEA 开发框图。由图 6.1 可知，闪光灯 6 个零件构成，即 A、B、C、D、E、F。对每一个零件都要开发 DPFMEA，但是否需要采取新的控制措施，要看风险大小。风险大小通过评估计算风险顺序数来确定。

2. DPFMEA 表格

为了从形式上确保规范地开展 DPFMEA 活动，除详细绘制产品构成框图确定分析单元外，更重要的是要指导设计过程和便于沟通，因此要将 DPFMEA 开发过程和结果形成规范的文件。DPFMEA 专用表格核心内容模板见表 6-1，一个实际样例见表 6-2。

表 6-1 DPFMEA 专用表格模板

项目功能	潜在失效模式	潜在失效后果	严重度(S)	级别	潜在失效的起因机理	频度(O)	现行控制	探测度(D)	风险顺序数(RPN)	建议措施	责任和目标完成日期	措施结果				
												采取的措施	严重度	频度	探测度	RPN

3. 表格填写说明

1）FMEA 编号

填入 FMEA 文件编号，以便查询。

2）系统、子系统或零部件的名称及编号

注明适当的分析级别并填入所分析系统、子系统或零部件的名称、编号。

3）设计责任

填入工厂、部门和小组。如果知道，还应包括供方的名称。

4）编制人

填入负责 FMEA 准备工作的工程师的姓名、电话和所在公司的名称。

5）年型/产品型号

填入将使用和/或正被分析的设计所影响的预期的年型及产品型号（如果已知的话）。

6）关键日期

填入 FMEA 初次预定完成的日期，该日期不应超过计划设计发布的日期。

7）FMEA 日期

填入编制 FMEA 原始稿的日期及最新修订的日期。

表 6-2　DPFMEA 工作表开发样例

（　　　　）系统　　设计责任：车身工程部　　FMEA 编号：

（　　　　）子系统　　关键日期：　　页码：共　页，第　页

（　　　　）零部件：01、03 车身密封　　编制人：

车型年/车辆类型：199×/狮牌　4 门旅行车　　FMEA 日期：

主要参加人员：

项目功能	潜在失效模式	潜在失效后果	严重度（S）	级别	潜在失效的起因机理	频度（O）	现行控制	探测度（D）	风险顺序数（RPN）	建议措施	责任和目标完成日期	措施结果：采取的措施	措施结果：严重度	措施结果：频度	措施结果：探测度	措施结果：RPN
左前车门 H8HX-0000-A • 上下车 •保护乘员免受天气、噪声、侧碰撞危害 • 车门附件，包括后视镜、门锁、门铰链及门窗升降器等固定支撑 •为外观项目提供适当表面 • 喷漆装饰	车门内板下部腐蚀	车门寿命降低，导致： • 漆面生锈，顾客对外观不满意 • 使车门内附件功能降低	7		• 车门内板保护蜡的上限太低	6	整车耐久性试验	7	294	增加试验室强化腐蚀试验	……	根据试验结果，上边界技术条件提高了 125mm	7	2	2	28
					• 规定的蜡层厚度偏低	4	整车耐久性试验	7	196	同上，并就蜡层厚度进行试验设计	……	试验结果表明要求的厚度是合适的。实验设计表明要求的厚度在 25%范围内变化是可以的	7	2	2	28
					• 蜡的配方不当	2	理化试验	2	28	无	……		7			28
					• 蜡堵塞车门排水孔	3	用最差的蜡试验	1	21	无	……		7			28

8）核心小组

列出有权确定和/或执行任务的责任部门和个人姓名（建议所有参加人员的姓名、部门、电话、住址等都记录在一张分发表上）。

9）项目功能

填入被分析项目的名称和编号。利用工程图纸上标明的名称并指明设计水平。在最初发布之前，应使用试验性编号。

用尽可能简明的文字来说明被分析项目要满足设计意图的功能，包括该系统运行的环境信息（如说明温度、压力、湿度范围）。如果该项目有多种功能，且有不同的失效模式，应把所有功能都单独列出。

10）潜在失效模式

所谓潜在失效模式是指系统、子系统或零部件有可能未达到设计意图的形式。它可能引起更高一级子系统、系统的潜在失效，也可能是它低一级的零部件潜在失效的影响后果。

对一个特定项目及其功能，列出每一个潜在失效模式。前提是这种失效可能发生，但不是一定发生。可以将以往 TGW（运行不良）的研究、问题报告以及小组的集思广益的评审作为出发点。

只可能在特定的运行环境条件下（如热、冷、干燥、灰尘等）以及特定的使用条件下（如对于车辆而言，超过平均里程、不平的路段、仅在城市行驶等）发生的潜在失效模式也应当考虑。

典型的失效模式可能是但不限于下列情况：①裂纹；②变形；③松动；④泄漏；⑤黏结；⑥短路（电器）；⑦氧化；⑧断裂；等等。

注意：应该采用规范化、专业性的术语来描述潜在失效模式。

11）潜在失效后果

潜在失效的后果就是失效模式对系统功能的影响，就如顾客感受的一样。要根据顾客可能发现或经历的情况来描述失效的后果。顾客可能是内部顾客，也可能是外部的最终顾客。要清楚地说明该功能是否会影响到安全性或与法规不符。失效的后果必须依据所分析的具体系统、子系统或零部件来说明。还应记住不同级别系统、子系统和零件之间还存在着系统层次上的关系。比如，一个零件的断裂可能引起总成的振动，从而导致系统间歇性的运行。这种间歇性的运动会引起性能下降，最终导致顾客的不满。因此就需要集体的智慧尽可能预见失效的后果。

典型的失效后果可能是但不限于下列情况：①噪声；②工作不正常；③不良外观；④不稳定；⑤间歇性工作；⑥粗糙；⑦不起作用；⑧异味；⑨工作减弱；等等。

12）严重度

严重度（S）是潜在失效模式发生时对下序零件、子系统、系统或顾客影响后果的严重程度的评价指标。严重度仅适用于后果。要减少失效的严重度级别，只能通过修改设计来实现，严重度的评估分为 1～10 级，见表 6-3。

表 6-3　严重度评价准则

后果	评定准则	严重度
无警告的严重危害	这是一种非常严重的失效形式，在没有任何预兆的情况下，影响系统、子系统或零部件运行安全，或违反政府的有关规章条例	10
有警告的重危害	这是一种非常严重的失效形式，是在有预兆的前提下发生的失效，影响系统、子系统或零部件运行安全，或违反政府的有关规章条例	9
很高	系统不能运行丧失基本功能	8
高	系统能运行，但性能下降，顾客不满意	7
中等	系统能运行，但舒适性或方便性功能项目不能工作，顾客感觉不舒服	6
低	系统能运行，但舒适性或方便性功能性能下降，顾客感觉有些不舒服	5
很低	配合、外观、噪声等项目不符合要求，大多数顾客发现有缺陷	4
轻微	配合、外观、噪声等项目不符合要求，有一半顾客发现有缺陷	3
很轻微	配合、外观、噪声等项目不符合要求，但很少有顾客发现有缺陷	2
无危害	无影响	1

13）分级

分级（重要程度）可用于对零件、子系统或系统的产品特性分级（如关键、主要、重要、重点等），它们可能需要附加的过程控制。

任何需要特殊过程控制的对象应以适当的字母或符号在 DPFMEA 表格中的“分级”栏中注明，并应在“建议措施”栏中记录。

每一个在 DPFMEA 中标明有特殊过程控制要求的对象在过程 FMEA 当中也应标明那些特殊的过程控制。

14）潜在失效的起因/机理

所谓潜在失效起因是指一个设计薄弱部分的迹象，其作用结果就是失效模式。在尽可能广的范围内，列出每个失效模式的所有可以想到的失效起因和/或机理。应尽可能简明扼要、完整地将起因/机理列出来，使得对相应的起因能采取适当的纠正措施。

典型的失效起因可能包括但不限于下列情况：①规定的材料不对；②设计寿命估计不当；③应力过大；④润滑不足；⑤维修保养说明不当；⑥环境保护不够；⑦计算错误；等等。

典型的失效机理可能包括但不限于：①屈服；②疲劳；③材料性能不稳定；④蠕变；⑤磨损设计不足；⑥腐蚀设计不足；等等。

15）频度

频度（O）是指某一特定失效起因或机理出现的可能性。通过设计更改来消除或控制一个或更多的失效起因或机理是降低频度数的唯一途径。

潜在失效起因/机理出现频度的评估分为 1～10 级，在确定这个估计值时，需要考虑下列问题。

（1）类似零部件或子系统的维修档案及维修服务经验。

（2）零部件是否为以前使用的零部件或子系统，还是与其相似？

（3）相对先前水平的零部件或子系统所作的变化有多显著？

（4）零部件是否与原来的有根本不同？

（5）零部件是否是全新的？

（6）零部件的用途有无变化？

（7）有哪些环境改变？

（8）针对该用途，是否作了工程分析来估计其预期的可比较的频度数？

应运用一致的频度分级规则，以保证连续性。所谓的“设计寿命的可能失效率”是根据零部件、子系统或系统在设计的寿命过程中预计发生的失效（故障）数确定的。频度数的取值与失效率范围有关，但并不反映实际出现的可能性。

频度评价准则见表 6-4。由表 6-4 可知，频度是根据失效率的大小而推断的。但是，失效率的计算却不是轻而易举的，应来自于产品设计和产品使用数据的长期积累。

表 6-4　频度评价准则

失效发生的可能性	可能的失效率	频度数
很高，失效几乎是不可避免的	≥1/2	10
高，反复发生的失效	1/3	9
	1/8	8
	1/20	7
中等，偶尔发生的失效	1/80	6
	1/400	5
	1/2000	4
低，相对很少发生的失效	1/15000	3
	1/150000	2
极低，失效不太可能发生，几乎完全相同的过程也未发生过失效	≤1/1500000	1

16）现行控制

现行控制方法指的是已经用于或正在用于相同或相似设计中的那些方法（比如道路试验、设计评审、设计验证、设计确认、计算研究、试验室试验、可行性评审，样件试验和使用试验等）。

有 3 种设计控制方法可考虑，它们分别如下。

（1）防止起因/机理或失效模式/后果的出现，或减少它们的出现率；

（2）查出起因/机理并找到纠正措施；

（3）查明失效模式。

如有可能应优先运用第（1）种控制方法，然后再使用第（2）种，最后是第（3）种。如果把这些控制方法作为设计的一部分，则最初的失效风险等级受上述具体控制方法的影响。

17）探测度

探测度（D）是指在零部件、子系统或系统投产之前，用第（2）种现行设计控制方法来探测潜在失效原因/机理（设计薄弱部分）能力的评价指标，或者用第（3）种设计控制方法探测可发展为后序的失效模式能力的评价指标。总的来讲，为了取得较低的探测度数，计划的设计控制方法需要不断改进。

探测度评价准则见表 6-5。

表 6-5　探测度评价准则

探测性	评价准则	探测度
几乎不可能	控制方法不能找出设计的潜在失效原因/机理及后续的失效模式，或根本无设计控制	10
很极小	设计控制只有极少的机会发现潜在起因/机理及后续的失效模式	9
极小	设计控制只有很极少的机会发现潜在起因/机理及后续的失效模式	8
很小	设计控制只有很少的机会发现潜在起因/机理及后续的失效模式	7
小	设计控制有较少的机会发现潜在起因/机理及后续的失效模式	6
中等	设计控制有中等多机会发现潜在起因/机理及后续的失效模式	5
中上	设计控制有中上多机会发现潜在起因/机理及后续的失效模式	4
高	设计控制较多机会发现潜在起因/机理及后续的失效模式	3
很高	设计控制有很多机会发现潜在起因/机理及后续的失效模式	2
几乎肯定	设计控制几乎肯定发现潜在起因/机理及后续的失效模式	1

18）风险顺序数

风险顺序数（RPN）是严重度数（S）、频率数（O）和探测数（D）的乘积，公式为

$$RPN=S \cdot O \cdot D$$

风险顺序数作为 S·O·D 的积，是对设计风险的度量。风险顺序数应当用于对设计中那些担心事项进行排序（如用比例图）。RPN 取值在 1 至 1000 之间，如果风险顺序数很高，设计人员必须采取纠正措施，努力减小该值。在一般实践中，不管 RPN 大小如何，当严重度（S）高时，就应予特别注意。

19）建议措施

当失效模式按 RPN 排出次序后，应首先对风险顺序数最高的和最关键的项目采取纠正措施。任何建议的措施的目的都是为了减小失效发生的频次、严重度及探测度三者中的任何一个或所有的数值。增加设计确认/验证工作只能减小探测度数。要减小频度和严重度，只能通过修改设计以消除或控制一个或多个失效模式的起因/机理来实现。应考虑但不局限于下列措施。

（1）试验设计（特别是在多种因素或相互作用时）；

（2）修改试验计划；

（3）修改设计；

（4）修改材料性能要求。

如果对某一特定的原因没有建议措施则在此栏内填写“无”。

20）责任

责任（对建议措施）把负责建议措施执行的组织和个人，及预计完成的日期填写在

本栏中。

21）采取的措施

因为实际不一定采取建议的措施，所以要对实际采取的措施进行描述。当实施一项措施后，简要记载一下具体的措施和生效日期。

22）纠正后的 RPN

当明确了纠正措施后，估算并记录下纠正后的严重程度、出现频次及不易探测度数值。计算并记载 RPN 的结果。如没采取什么纠正措施，将“纠正后的 RPN”栏及对应的取值栏空白即可。

所有的纠正后的 RPN 都应复查，而且如果有必要考虑更进一步的措施，还应重复 19）到 22）的步骤。

设计主管工程师应负责保证所有的建议措施已被实施或已妥善地落实。FMEA 是一个动态文件，而且应永远体现最新的设计水平及最新采取的有关措施，包括开始生产后发生的设计更改和措施。

设计主管工程师有几种方式来保证找出了所担心的问题以及建议措施的实施，这些方式包括但不限于下列情况。

（1）保证达到设计要求；

（2）复查工程图样和规范；

（3）确认与装配/制造文件的结合和一致性；

（4）复查过程 FMEA 和控制计划。

6.3 PPFMEA

6.3.1 PPFMEA 简介

PPFMEA 是由“制造主管工程师/小组”采用的一种分析技术，用来在最大范围内保证已充分地考虑到并指明潜在失效模式及与其相关的起因/机理。PPFMEA 以其最严密的形式总结了工程师/小组进行工艺过程设计时的设计思想（包括对一些对象的分析，根据经验和过去担心的问题，它们可能发生失效）。这种系统化的方法与一个工程师在任何制造计划过程中正常经历的思维过程是一致的，并使之规范化。

PPFMEA 的主要内容如下。

（1）确定与产品相关的过程潜在失效模式；

（2）评价失效对顾客的潜在影响；

（3）确定潜在制造或装配过程失效的起因，确定减少失效发生或找出失效条件的过程控制变量；

（4）编制潜在失效模式分级表，然后建立考虑纠正措施的优选体系；

（5）将制造或装配过程的结果编制成文件。

6.3.2　顾客的定义

PPFMEA 中的“顾客”一般是指“最终使用者”，但也可以是后续的或下一制造或装配工序，以及服务工作。

当全面实施 FMEA 时，要求在所有新的部件/过程，更改过的部件/过程及应用或环境有变化的原有部件/过程进行过程 FMEA。过程 FMEA 由负责过程工程部门的一位工程师来制定。

6.3.3　集体的努力

在最初的 PPFMEA 中，希望负责过程的工程师能够直接地、主动地联系所有相关部门的代表。这些部门包括但不限于：设计、装配、制造、材料、质量、服务、供方以及负责下一道装配的部门。FMEA 应成为促进不同部门之间充分交换意见的催化剂，从而提高整个集体的工作水平。

PPFMEA 是一份动态文件，应在生产工装准备之前，在过程可行性分析阶段或之前开始，而且要考虑以单个零件到总成的所有制造工序。在新产品或零件的制造计划阶段，对新工艺或修订过的工艺进行早期评审和分析能够促进预测、解决或监控潜在过程问题。

PPFMEA 假定所设计的产品满足设计要求。因设计缺陷所产生的失效模式不包含在 PPFMEA 中，它们的影响及避免措施由 DPFMEA 来解决。

PPFMEA 并不是依靠改变产品设计来克服过程缺陷的，但它要考虑与计划的制造厂装配过程有关的产品设计特性参数，以便最大限度地保证产品能满足顾客的要求和期望。

FMEA 也有助于新机器设备的开发。其方法是一样的，只是应将所设计的机器设备当做一种产品来考虑。在确定了潜在的失效模式之后，就可以着手采取纠正措施消除潜在失效模式或不断减小它们发生的可能性。

6.3.4　PPFMEA 的开发

1. 过程风险评价

产品的生产过程极其复杂，可能由原材料进厂、下料、加工、装配、试验、检验、储存、交付等工序构成，一道工序又可能由多个工步完成，因此产品的生产过程包含海量工序工步。如果对每个工序工步都开展 PPFMEA，则工作也是海量的，需要较多人力和时间，成本增加显著，甚至不可行。根据抓住关键少数的原理，PPFMEA 的开发应从整个过程流程的风险评定开始，识别确定高风险工序工步，对高风险工序工步开展 PPFMEA。

可以形成矩阵式过程流程图，纵向为构成过程的工序，横向为工步。工序用 i 代表，工步用 j 代表，则第 i 工序第 j 步骤可以记为 P_{ij}。PPFMEA 过程风险评价流程如图 6.2 所示。

图 6.2 是假定某产品生产过程有 n 道工序，每个工序有 m 个工步，实际情况可能与此图所述不一致，但过程风险评价原理是相同的。在评价过程中，可以将高风险工序和工步

以特殊符号进行标记，如采用符号“○”标记高风险工序，采用“◎”标记高风险工步。显然，包含高风险工步的工序也是高风险工序，如图 6.2 中的 P_2 和 P_{22}，分别是高风险工序和工步，需要进行 PPFMEA。一个具体的例子如图 6.3 所示。图 6.3 是汽车制造过程的一道工序，即车门内涂蜡工序，有 7 个工步，高风险是工步 3，应该对其开展 PPFMEA。

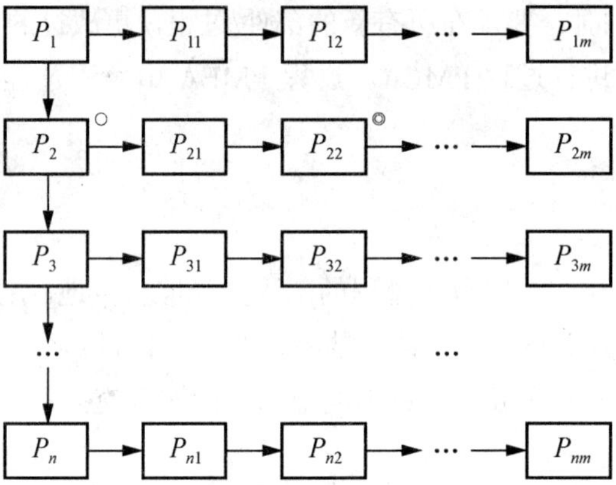

图 6.2　PPFMEA 过程风险评价流程图

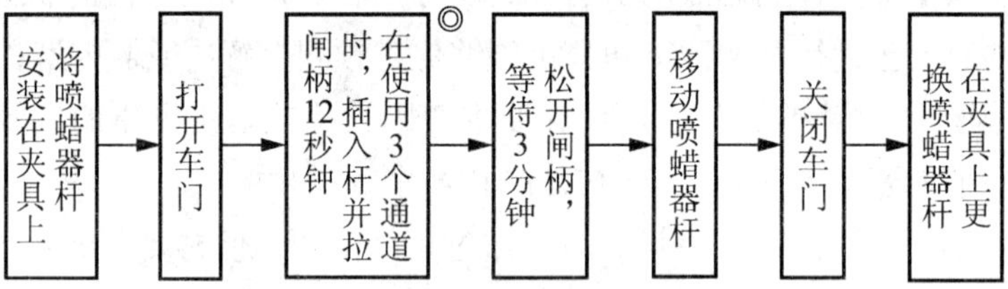

图 6.3　汽车制造过程车门内涂蜡风险评价

2. PPFMEA 表格开发

根据过程风险评定结果，可以采用类似 DPFMEA 专业表格开发 PPFMEA，见表 6-6。PPFMEA 表格的内容与 DPFMEA 类似，表格文头见 DPFMEA 的说明，与 DPFMEA 不同之处说明如下。

1）过程功能/要求

简单描述被分析的过程或工序（如车、钻、攻丝、焊接、装配），尽可能简单地说明该工艺过程或工序的目的。如果工艺过程包括许多具有不同失效模式的工序（例如装配），应该把这些工序作为独立过程列出。

2）潜在失效模式

潜在失效模式是指过程可能发生的不满足过程要求和设计意图的形式，是对某具体工序不符合要求的描述。它可能是引起下一道工序的潜在失效模式，也可能是上一道工序潜在失效的后果。但是，在 FMEA 准备中，应假定提供的零件/材料是合格的。

表 6-6　PPFMEA 专业表格

过程功能	潜在失效模式	潜在失效后果	严重度S	级别	潜在失效的起因机理	频度O	现行控制	探测度D	风险顺序数RPN	建议措施	责任和目标完成日期	措施结果：采取的措施	措施结果：严重度	措施结果：频度	措施结果：探测度	措施结果：RPN
车门内部人工涂蜡为覆盖车门内侧，车门下层表面涂以最小厚度的蜡，以延缓腐蚀	规定表面涂蜡不足	车门寿命下降导致： • 生锈使顾客对外观不满意 • 车门内附件功能下降	7		人工插入喷头不够深入	8	每小时进行目测检查，每班检查一次	5	280	给喷蜡器加装深度限位器		增加限位器，在线检查喷头	7	2	5	70
										使喷蜡自动化		由于同一条线上不同车门的复杂程度不同，难以实施				
					喷头堵塞 • 黏度太高 • 温度太低 • 压力太低	5	在开始和停机后试验喷雾形状，按预防维护程序清洗喷头	3	105	使用试验设计方法确定黏度、温度和压力。			7	1	3	21
					因冲击喷头变形	2	预防维护，清洗喷头	2	28	无						
					喷蜡时间不足	8	批量抽检（每班 10 个车门），检查重要部分喷蜡范围	7	392	安装喷蜡定时器		安装了喷蜡定时器	7	1	7	49

根据零件、子系统、系统的工艺特性，对应特定的工序，列出每一个潜在失效模式。前提是假设这种失效可能发生，但不一定非得发生。过程工程师和策划小组应能提出并回答下列问题。

（1）过程/零件怎么不能满足规范？

（2）假设不考虑工程规范，顾客（最终使用者、后续工序或服务）会提出什么异议？

应把相似过程的比较和顾客（最终用户和后续工序）对类似零件的索赔情况的研究作为出发点。此外，对设计目的了解也很必要。典型的失效模式可能是但不仅仅局限于下列情况：①弯曲；②黏合、毛刺；③转运损坏；④断裂；⑤变形；⑥脏污；⑦安装调试不当；⑧接地；⑨开路、短路；⑩工具磨损；等等。

3）潜在失效后果

潜在失效后果是指失效模式对顾客的影响。从这个角度讲，顾客可以是下一道工序、后续工序或工位等。

应依据顾客可能注意到的或经历的情况来描述失效的后果。对最终使用者来说，失效的后果应一律用产品或系统的性能来描述，例如：①噪声；②工作不正常，不起作用，不稳定；③阻力变大；④外观不良；⑤粗糙；⑥费力；⑦异味；⑧工作性能减弱；⑨间歇性工作；⑩控制功能减弱；等等。

如果顾客是下一道工序或后续工序/工位，失效的后果应用工艺/工序性能来描述。例如：①无法紧固；②无法钻孔/攻丝；③无法安装；④无法加工表面；⑤危害操作者；⑥不配合；⑦不连接；⑧不匹配；⑨损坏设备；等等。

4）严重度

严重度（S）是潜在失效模式对顾客的影响后果的严重程度的评价指标。严重度仅适用于失效的后果。如果受失效模式影响的顾客是装配厂或产品使用者，严重度的评价可能超出了本过程工程师和策划小组的经验或知识范围。在这种情况下，应与DPFMEA、设计工程师和/或后续制造或装配厂的过程工程师进行协商和讨论。严重度评估分为1～10级。

严重度评价准则见表6-7。

表6-7 PPFMEA严重度评价准则

后果	评定准则	严重度
无警告的严重危害	可能危害机器或操作者。潜在失效模式严重影响产品安全运行和包含不符合政府法规项。失效发生时无警告	10
有警告的重危害	可能危害机器或操作者。潜在失效模式严重影响产品安全运行和包含不符合政府法规项。失效发生时有警告	9
很高	生产线严重破坏，使100%的产品报废。产品无法运行，丧失基本功能，顾客非常不满	8
高	生产线破坏不严重，使部分产品报废。产品能运行，但性能下降，顾客不满意	7
中等	生产线破坏不严重，使部分产品报废。产品能运行，但产品的舒适性和方便性下降，顾客感觉不舒适	6
低	生产线破坏不严重，100%产品需返工。产品能运行，但有些产品的舒适性和方便性下降，顾客有些不满意	5

（续表）

后果	评定准则	严重度
很低	生产线破坏不严重，部分产品需返工。装配和涂装或噪声等项目性能下降，多数顾客发现有缺陷	4
轻微	生产线破坏轻微，部分产品需要在生产线其他工位返工。有一半顾客发现有缺陷	3
很轻微	生产线破坏轻微，部分产品需要在生产线原工位返工。很少顾客发现有缺陷	2
无危害	无影响	1

5）分级

本栏目是用来对需要附加过程控制的零部件、子系统或系统的一些特殊过程特性进行分级的（如关键、主要、重要、重点等）。如果在 PPFMEA 中确定了某一分级，应通知设计主管工程师，因为它可能会影响有关确定控制项目标识的工程文件。

6）潜在失效起因/机理

潜在失效起因是指失效是怎么发生的，并依据可以纠正或控制的原则来描述。

针对每一个潜在失效模式，在尽可能广的范围内，列出每个可以想到的失效起因。如果起因对失效模式来说是唯一的，也就是说如果纠正该起因对该失效模式有直接的影响，那么 FMEA 所要考虑的过程就完成了。但是失效的许多起因并不是相互独立的、唯一的，要纠正或控制一个起因，需要考虑诸如试验设计之类的方法，来明确哪些根本起因起主要作用、哪些起因容易得到控制。应描述这些起因，以便针对那些相关的因素采取纠正措施。典型的失效起因包括但不限于下列情况。

（1）扭矩不正确——过大、过小；

（2）焊接不正确——电流、时间、压力不正确；

（3）测量不精确；

（4）热处理不正确——时间、温度有误；

（5）浇口/通风不正确；

（6）润滑不当或无润滑；

（7）零件漏装或错装。

列表时应明确记录具体的错误或误操作情况（例如，操作者未装密封垫）而不要用一些含糊不清的词语（如操作者错误、机器工作不正常）。

7）频度

频度（O）是指具体的失效起因/机理（列于前一栏目中）发生的频率。频度的分级数着重在其含义而不是数值。可以分 1～10 级来估计频度的大小，只有导致相应失效模式的发生，才能考虑频度分级。找出失效的方式、手段在此不予考虑。

为保证一致性，应采用下面的频度分级规则。“可能的失效率”是根据过程实施中预计发生的失效来确定的。

如果能从类似的过程中获取数据，那么可以用统计数据来确定频度的大小（频度数）。除此以外，可以用表 6-8 左侧栏目中的文字描述和任何适用于类似过程的历史数据来进行主观评价。

表 6-8 PPFMEA 频度评价准则

失效发生的可能性	可能的失效率	频度数
很高：失效几乎是不可避免的	≥1/2	10
	1/3	9
高：以前经常发生失效的过程	1/8	8
	1/20	7
中等：类似于以前那些时有发生的过程	1/80	6
	1/400	5
	1/2000	4
低：与孤立发生过失效的过程类似的过程	1/15000	3
很低：与孤立发生过失效的过程几乎完全相同过程	1/150000	2
极低：失效不大可能发生，几乎完全相同的过程也未发生过失效	≤1/1500000	1

8）现行过程控制

现行的过程控制是对尽可能阻止失效模式的发生或者探测将发生的失效模式的控制的描述。这些控制方法可以是像防错夹具之类的过程控制方法，或者统计过程控制（SPC），也可以是过程评价。评价可在目标工序进行，也可在后续工序进行。可以考虑以下 3 种过程控制方法/特点。

（1）阻止失效起因/机理或失效模式/后果的发生，或减小其发生率；

（2）查明起因/机理并找到纠正措施；

（3）查明失效模式。

较好的做法是应首先使用第 1 种控制方法；其次，使用第 2 种方法；第三，使用第 3 种控制方法。第 1 种控制方法决定现行控制方法下失效发生的频度。第 2、3 种控制方法决定现行控制方法下失效探测度的大小。

9）探测度

探测度（D）是指在零部件离开制造工序或装配工位之前，现行过程控制方法找出失效起因/机理过程缺陷的可能性的评价指标；或者用找出后序发生的失效模式的可能性的评价指标。评价指标分 1～10 级。假设失效已发生，然后评价所有“现行过程控制方法”阻止有该失效模式或缺陷的部件发送出去的能力。一定要评价过程控制方法找出不易发生的失效模式的能力或阻止它们的进一步蔓延的情况。

随机质量抽查不大可能查明某一孤立缺陷的存在，也不影响探测度数值的大小。以统计原理为基础的抽样检查是一种有效的探测度控制方法。探测度评价准则见表 6-9。

表 6-9　PPFMEA 探测度评价准则

探测性	评价准则：在下一个工序前，或零件离开本工序前，利用过程控制方法发现过程缺陷的可能性	探测度
几乎不可能	没有已知的控制方法能发现失效模式	10
很微小	现行控制方法发现失效模式的可能性很微小	9
极小	现行控制方法发现失效模式的可能性微小	8
很小	现行控制方法发现失效模式的可能性很小	7
小	现行控制方法发现失效模式的可能性小	6
中等	现行控制方法发现失效模式的可能性中等	5
中上	现行控制方法发现失效模式的可能性中等偏上	4
高	现行控制方法发现失效模式的可能性高	3
很高	现行控制方法发现失效模式的可能性很高	2
几乎肯定	现行控制方法发现失效模式的可能几乎肯定	1

10）风险顺序数

风险顺序数（RPN）是严重度数（S）、频度数（O）和不易探测度数（D）的乘积，即

$$RPN=S\times O\times D$$

这个值可用于采取对过程中那些担心事项进行排序。RPN 取值在 1 到 1000 之间。如果风险顺序值很高，工艺人员必须采取纠正措施，努力减小该值。在一般实践中，不管 RPN 的结果如何，当严重度 S 高时，就应予特别注意。

11）建议的措施

当失效模式按 RPN 值排出先后次序后，应首先对排列在最前面的和最关键的项目采取纠正措施。若失效的根本起因不详，则建议采用的措施应通过统计实验设计（DOE）来确定。任何建议措施的目的都是为了减小严重度、频度和探测度的数值。如果对某一特定原因无建议措施，那么就在该栏中填写“无”，予以明确。

在所有情况下，如果失效模式的后果会危害制造/装配人员，就应采取纠正措施，通过消除或控制其起因来阻止失效模式的发生，或者明确规定适当的操作人员保护措施。

若缺乏正确有效的纠正措施，即便是开发出了一个完整的过程 FMEA，工作也没有太大的价值。实施有效的跟踪程序，以落实所有的建议措施是所有有关部门的责任。为此，应考虑以下措施。

（1）为了减小失效发生的可能性，可能需要修改过程和/或设计。实施利用统计方法的源于活动的过程研究，并为生产系统提供反馈信息，以使过程持续改进和预防缺陷的发生。

（2）修改设计和/或工艺过程，以减小严重度数。

（3）为了增加探测失效的可能性，需要修改过程和/或设计。用提高测控能力来达到产品质量的改善，一般来讲不经济且效果较差。增加质量控制检查次数不是积极的纠正措施，只能作为暂时的方法，而永久性的纠正措施是必需的。在有些情况下，为了有助于失效的探测，需要对一个具体零件进行设计修改。为增加这种可能性，可能要改变现行控制系统。但是重点应放在预防缺陷发生（也就是降低频度）上，而不是探测它们。采用统计

过程控制（SPC）和改进工艺过程的方法，而不采用随机质量检查或相关的检查就是这样一个例子。

12）责任

责任（对建议的措施）把负责建议措施的组织和个人，以及预计完成的日期填在本栏中。

13）采取的措施

当实施一项措施后，简要记载具体的执行情况，并记下生效日期。

14）纠正后的 RPN

当明确了纠正措施后，估算并记录纠正后的频度、严重度和不易探测度数。计算并记录纠正后的 RPN 值。如果未采取什么纠正措施，将“纠正后的 RPN”栏和对应的取值栏目空白即可。

所有纠正后的 RPN 值都应复查，而且如果有必要，还要考虑进一步的措施，还应重复进行开发。

15）跟踪

工艺主管工程师应负责保证所有的建议措施已被实施或已妥善地落实。FMEA 是一个不断完善和发展的文件，它应时刻体现最新的科技应用带来的设计改善及相应的纠正措施的实施情况，其中包括产品正式投产后的类似活动。

习题 6

1. FMEA 有几种类型？说明 FMEA 的主要内容和开发步骤。
2. 失效风险决定于哪些因素？
3. 确定风险顺序数的难点在何处？
4. 如何降低风险顺序数？
5. 严重度能降低吗？
6. 以某一实物为例，用计算机完成 FMEA 的开发。

第7章 产品质量检验与测量系统分析（MSA）

教学目标

了解产品质量检验类型和方法等基本知识；理解抽样检验原理，掌握抽样方案设计方法；理解测量系统分析原理，掌握测量系统分析方法。

教学要求

能力目标	知识要点	权重	自测分数
了解产品检验基本知识	产品检验类和程序	20%	
能够设计简单抽样方案	抽样检验原理、方法和分析	30%	
能够开展测量系统分析	测量系统特性及其分析	50%	

引 例

20 世纪 90 年代末，广东东莞一生产各类琴键开关的电子厂，连续批量生产，每批产品数量不同，按一定的百分比检验。一个时期内，每交付一批产品，差不多退回一半。当时，作者作为质量工程咨询师，对该厂的产品检验工作及测量系统进行了分析，发现工厂的交收检验粗放，只是按一定百分比检验，抽样不客观不随机，被检验的产品代表不了一般情况，容易出现错误判断。同时发现该厂检验人员文化水平低，检验工具简陋，测量系统可信性差。

作者指出这些原因后，该厂老板为此十分头痛，不知如何着手解决。作者当场叫板，“如果让我做厂长，保证提高利润一倍！”老板很诧异，疑惑地问：“你有什么办法？”作者立即回答：“加强检验并通过检验控制生产。”后来，该厂改进了检验方法和检验工具，采用随机抽样和使用经校准的检验装置和工具，批量合格率达到 90%以上。所以说，检验技术及测量系统好坏，对产品质量有显著的影响。

质量检验是防止不符合要求的产品交付给顾客的有效方法，也是确定产品实际性能的唯一方法。因此，虽然检验属于“事后把关”，但它是必要的。产品检验包括型式检验和出厂检验两大类，前者一般是周期产品全性能检验，后者是生产过程日常交收检验。检验有全数检验、按百分比检验和随机抽样检验。在现代化制造系统，一般采用抽样检验。抽样方案是决定抽样行动和批检验结果的判定，因此应掌握抽样原理和学会设计抽样方案。抽样方案的设计难点在于如何根据产品生产过程能力确定接收概率，这往往受到产品利润所得者的影响。

产品质量检验的实现决定于测量系统，测量系统是否可用，测量结果是否可信，取决于测量系统总变差的大小。因此，开展测量系统分析是必要的也是重要的。如国家技术监督部门开展的计量器具检定工作，就是对测量系统的分析。测量系统分析需要深刻和丰富的数理统计学知识，如统计量计算、回归分析、方差分析等。

7.1 产品质量检验

产品质量检验是确认和控制产品质量的重要过程。质量管理与工程，说到底是要获得符合要求（包括法律要求、顾客要求、设计要求等）的产品，即产品的质量特性要达到规定的要求。因此，质量管理与工程要开展质量策划、质量控制和质量改进等专业活动，通过需求分析、产品设计、产品制造、装配和交付及交付后的活动，使产品达到规定的质量要求。在产品设计和制造过程中，产品质量检验是重要的活动。在产品设计阶段，通过检验可以确定样机研制结果以及完成设计验证、设计评审和设计确认等控制活动，从而控制产品设计过程和设计结果达到要求。在产品加工制造阶段，通过检验可以确定各个工序产品是否符合要求，并控制工序输出合格产品和为工艺改进提供数据信息。在产品交付前，通过检验，对产品质量特性作出全面评价，以使交付的产品符合规定的要求。

7.1.1 检验类别

虽然产品和行业特点千差万别，称谓有时也不尽相同，但是从实质上看，在我国存在两大类检验，即型式检验和出厂检验。

1. 型式检验

型式检验是对产品所有质量特性的全面确定（全特性检验），以评定产品质量是否全面符合规定的要求。新产品或条件变更引起的全特性检验，一般称型式检验。型式检验不是日常检验，而是按国家标准定期进行，因此有时也称例行检验。型式检验（例行检验）通常由具有国家认可资格的部门/人员执行或对检验结果予以确认。完成型式检验并合格的产品，在生产过程和出厂前，根据国家标准规定，可实施部分特性检验。型式检验的方式方法与产品特征和批量等有关，正常情况下产品质量特性是符合正态分布的，一般采用抽样检验的方法进行。事实上，国家标准化部门关于产品的检验颁布了详细标准，应根据具体产品执行具体标准开展相应的检验。

2. 出厂检验

也称交收检验，是对正式生产的产品在交货时必须进行的最终检验，检查交货时的产品质量是否具有型式检验中确认的质量。产品经出厂检验合格，才能作为合格品交货。出厂检验项目是型式检验项目的一部分。但是，在产品制造过程中，下道工序是上道工序的用户，上、下道工序之间也存在着半成品（在制品）的交收活动，也要进行必要的检验。因此，从质量管理与工程来看，称出厂检验为交收检验更有利于产品的质量控制。但从国家对产品供应商的控制和保证产品用户合法权益来看，出厂检验则更突出了严格把关的要求。与型式检验类似，出厂检验的方式方法，应按国家标准实施。

7.1.2　检验依据

从根本上说，产品质量检验依据是产品设计开发过程产生的产品检验标准。这种标准，有国家标准、行业标准和企业标准，企业标准必须符合行业标准，行业标准必须符合国家标准。对于出口产品，国家标准必须与国际标准相一致。

除产品检验标准以外，还有其他辅助性依据，这取决于具体的检验类别和方法。不同的检验，程序也有不同。关于产品检验依据和程序可参考以下家电产品的几种检验案例来理解。

1. 监督抽查

根据国家监督抽查管理办法的有关规定，抽查的产品范围包括可能危及人体健康和人身财产安全的产品、影响国计民生的工业产品以及用户、消费者、有关组织反映有质量问题的产品。家用电器进入千家万户，直接关系人身财产安全，因此已纳入抽查产品范围。监督抽查的依据是国家标准、行业标准和国家有关规定。没有国标和行标的产品，依据地方标准或企业备案的标准进行。具体的检验项目和判定办法等，由承担监督抽查的质检机构制定，国家质量管理部门批准实施。监督抽查的具体项目和判定办法，可根据产品的具体情况而定，但基本上涉及标准规定的主要项目，特别是安全项目。由于监督抽查的时间较紧，一般说来，样品数量选择相对少一些。而判定办法一般采用综合判定方法，在抽查方案中应明确规定。

2. 一般委托检验

一般委托检验指由客户委托检验机构对产品进行的检验。客户可以是家用电器的制造企业，也可能是有关部门，比如消费者协会、法院等。一般委托检验的依据是客户与检验机构的约定。

3. 型式试验

型式试验指对产品按标准进行全项目的检验，对产品符合标准的程度进行的全面评估。因此，型式试验依据的标准应包括产品的安全标准和性能标准。例如电冰箱的型式试验，除要依据 GB 4706.13 进行安全试验外，还要依据 GB/T 8059 检验它的制冷能力，按相关 EMC 标准检验它的电磁兼容性，按相关的环保标准检验它的 CFC 替代工质，按相关的能效标准检验它的制冷效率。

4. 特殊检验

特殊检验包括为研究开发用途的检验、产品改进检验、功能评估检验等检验依据可能是标准的部分项目或根据特定项目的技术条件。例如产品的安全设计认可 DFSA，在产品设计和结构设计阶段就针对诸如材料、电气间隙、接线、过电流保护、过热保护等项目进行评审，为客户提供设计方向，使设计模型尽可能与生产接近，取得更准确的结果，这时只要选用标准与结构有关的项目检验。另一个例子是失效模型验证试验 FMVT，其性质是加速寿命试验。通过试验研究产品首次及以后何时发生失效及分析失效发生的原因，这类试验一般无现成的标准或试验方法可以借用，要预先商定试验用技术条件，经检验机构和客户商定后据此技术条件进行试验。

5. 仲裁或比较试验

本类型试验的委托方往往是法院或消费者协会。本类型试验除依据标准外，有时还涉及合同条款和产品说明书等，这些依据要求应在委托合同中明确。

6. 出口产品的检验依据

根据我国有关政府部门的规定，某些家电产品要取得出口许可证之后才可以出口国外（境外）。这类产品的检验依据是有关政府部门制定的出口许可证检验细则等规定，也允许按经确认的出口合同约定的技术条件检验。

7. 无出口许可证限制的产品

这类产品的检验依据是产品销售地的法规和相关标准。例如家用电器进入欧盟市场，应按欧盟指令 LVD、EMC 对产品进行检验，产品加贴 CE 标志后才可在市场销售。进入北美市场的产品，产品要符合 UL（美国）或 CSA（加拿大）标准，可能还要取得产品认证、加贴产品认证标志后才可在市场销售。

7.1.3 检验的基本职能

根据 ISO 9000：2000 标准 3.8.2 条规定，检验是“通过观察和判断，适当时结合测量、试验所进行的符合性评价。”质量大师朱兰对“质量检验”也有如下定义：所谓检验，就是这样的业务活动，决定产品是否在下道工序使用时适合要求，或是在出厂检验场合，决定能否向消费者提供。质量检验的定义蕴涵着质量检验具有如下基本职能。

1. 把关的职能

把关是产品质量检验的基本职能。产品在生产制造过程中受人、机、料、法、环（4M1E）等诸生产要素随机波动的干扰影响，产品质量特性符合正态分布，存在不合格的可能性。因此，通过检验，能够有力地控制不合格品的投产、转序、组装和出厂等非预期使用，避免或减少不合格品带来损失和影响。

2. 预防的职能

现代生产制造系统中的产品质量检验不仅具有事后把关的作用，还有事前预防的作用。

（1）预防性检验通过质量策划，以预防为目的，安排适当的检验活动，并且根据检验结果来决定生产的安排。如样机试验、原材料和外购件的入厂检验、上游工序的检验、首件检验（对生产的第一件产品或一组产品进行的检验）、例行检验等，可以通过检验发现设计过程、生产过程等存在的问题，有效防止不合格的发生。

（2）基于检验的过程控制。控制图是一种预防性工具，可以预测生产过程变化趋势，指示人们采取必要的措施预防生产过程失控及失控的扩大化。但是，控制图的基础是通过检验获得的产品质量特性数据。没有检验，不可能形成控制图。因此，这种检验的目的，不是为了判定产品是否合格，而是为了分析确定生产过程能力特性和对生产过程进行控制，如发现过程能力不足，或控制图表明生产过程出现了异常状态，则要及时采取措施，提高工序能力或去除生产过程的异常状态，预防不合格品的产生。控制图技术在先进企业中应用情况良好，这种基于检验的统计过程控制的作用是非常有效的。

3. 报告的职能

为了有关权限部门/人员了解产品质量的变化情况及存在的问题，能够做出正确的质量决策，必须以恰当的形式将检验结果反馈给领导决策部门和有关管理部门，以便做出正确的判断和采取有效的决策措施。基于产品检验的《质量报告》是行之有效的方法，报告的主要内容如下：

（1）原材料、外购件、外协件进厂验收检验的情况和合格率等数据。

（2）成品出厂检验的合格率、返修率、报废率、降级率以及相应的金额损失。

（3）按车间和分小组的平均合格率、返修率、报废率、相应的金额损失及排列图分析。

（4）产品报废原因的排列图分析。

（5）不合格品的处理情况报告。

（6）重大质量问题的调查、分析和处理报告。

（7）提高产品质量的建议报告。

（8）其他有关报告。

4. 改进的职能

质量改进是致力于增强满足要求的能力。要增强能力，必须首先确定已经达到的能力以及需要增强哪些方面的能力。要确定能力，必须对产品进行检验。因此，检验具有支持改进的职能。

7.1.4　产品检验机制

如图 7.1 所示，通过学习国外经验和长期质量工程实践，我国已经形成了一套行之有效的检验机制。

1）重点工序双岗制

重点工序是产品重要质量特性或工艺特性形成的过程，至少包括加工产品关键零部件或关键部位的工序；或作为下游工序加工基准的工序；过程参数或结果无记录、不能保留客观证据、事后无法检验查证的工序。对这些工序，安排双岗，即操作者在进行加工时，检验人员也要在现场开展检验工作，必要时技术负责人或用户的验收代表在现场监视过程中必须按规定的程序和要求运作。例如，使用正确的工装、正确的量具、正确的安装定位、正确的操作顺序和加工用量。工序完成后，操作者、检验员或技术负责人和用户验收代表，立即在工艺文件上签名。

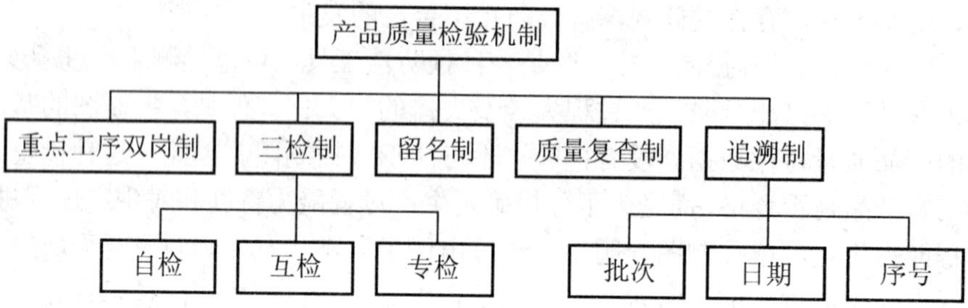

图 7.1　产品质量检验机制

2）三检制

操作者自检、操作者之间的相互检验和专职检验人员的检验，称为三检制。这种三结合的检验制度是我国企业长期检验工作的经验总结，是行之有效的。

（1）　自检是操作者对自己所生产的产品自行进行检验，并做出是否合格的判断。这种检验充分体现了生产工人必须对自己生产产品的质量负责。通过自我检验，使生产者充分了解自己生产的产品在质量上存在的问题，并开动脑筋，寻找出现问题的原因，进而采取改进的措施，这也是工人参与质量管理的重要形式。

（2）互检是生产工人相互之间进行的检验。互检主要有：下道工序对上道工序流转过来的产品进行的检验；同一设备、同一工序轮班交接时进行的相互检验；班组长对本小组工人加工出来的产品进行的检验等。这种检验不仅有利于保证加工质量，防止疏忽大意而造成成批地出现废品，而且有利于搞好班组团结，营造互相协助和信任的团队氛围。

（3）专检是由专业检验人员进行的检验。专业检验是现代化大生产劳动分工的客观要求，它是互检和自检不能取代的。而且三检制必须以专业检验为主导，这是由于现代生产中，检验已成为专门的工种和技术，专职检验人员无论对产品的技术要求、工艺知识和检验技能，都比生产工人熟练，所用检测量仪也比较精密，检验结果比较可靠，检验效率也比较高；其次，由于生产工人有严格的生产定额，定额又同奖金挂钩，所以容易产生错检和漏检，有时操作者的情绪也有影响。

3）留名制

留名制是一种重要的技术责任制。在生产过程中，从原材料进厂到成品入库和出厂，每完成一道工序，改变产品的一种状态，包括进行检验和交接、存放和运输，责任者都应该在工艺文件上签名，以示对过程和结果负责。特别是在成品出厂检验单上，检验员必须签名或加盖印章。操作者签名表示按规定要求完成了这套工序，检验者签名表示该工序达到了规定的质量标准。

4）质量复查制

对生产重要产品（如军工产品）的企业，为了确保产品质量符合要求，在产品检验入库后和出厂前，由产品的设计、生产、试验及技术部门的人员对产品过程进行复查。这种复查包括查图纸和其他技术文件是否有错，查检查结果是否正确，查有关技术或质量问题的处理是否合适。这是一种严肃的检验制度，对产品最终质量符合要求提供保证。

5）追溯制

在产品的生产过程中，每完成一个工序或一项工作，都要记录检验结果和存在问题、操作者及检验者的姓名、时间、地点及情况分析，在适当的产品部位做出相应的质量状态标志。这些记录与带标志的产品同步流转。产品标志和留名制都是可追溯性的依据，必要时都可搞清责任者的姓名、时间和地点。职责分明，查处有据，可以大大加强职工的责任感。产品出厂时还同时附有跟踪卡，随产品一起流通，以便用户把产品在使用时所出现的问题能及时反馈给生产者，这是企业进行质量改进的重要依据。追溯制有 3 种管理办法。

（1）批次管理法：根据零件、材料或特种工艺过程分别组成批次，记录批次号或序号，以及相应的工艺状态。在加工和组装过程中，要将批次号逐步依次传递或存档。

（2）日期管理法：对于连续性生产过程、工艺稳定、价格较低的产品，可采用记录日历日期来追溯质量状态。

（3）连续序号管理法：根据产品的连续序号追溯产品的质量档案。

7.1.5　检验方式

1. 按检验的数量划分

1）全数检验

对一批待检产品 100%地逐一进行检验。这种方式，一般说来比较可靠，能提供完整的检验数据，获得全面的产品质量信息。如果希望检查后得到“百分之百的合格品”，唯一可行的办法是进行全检，甚至是一次以上的全检。但还要考虑漏检和错检的可能。全数检验能够确定每一件产品的质量符合性，能够保证出厂产品 100%合格，但是它存在如下固有不足。

（1）检验工作量大；

（2）检验的周期长；

（3）检验的成本高；

（4）检验人员和设备较多；

（5）较大的漏检率和错检率（由于工人长期重复检验的疲累，工作枯燥，工人技术检验水平的限制，检验工具的迅速磨损，可能导致较大的漏检率和错检率，据国外统计，这种漏检率和错检率有时可达 10%～15%）；

（6）不适用于破坏性检验项目。

通常全检适用于下面几种场合。

（1）精度要求较高的产品或零部件；

（2）对下道或后续工序影响较大的尺寸部位；

（3）手工操作比重大、质量不够稳定的工序；

（4）批量不大，质量方面无可靠保证的产品（包括零部件）和工序；

（5）采用挑选型抽样方案时，对于不合格的交验批，要进行 100%的重检和筛选。

2）抽样检验

根据数理统计原理设计抽样方案，按抽样方案开展的检验称为抽样检验。从交验的一批产品中，随机抽取部分样品进行检验，根据样品的检验结果，按照规定的判断合格与否的准则，推断整批产品是否合格，决定是接收还是拒收整批产品，或做出采取其他处理方式的决定。

抽样检验的主要优点是明显节约了检验工作量和检验费用，缩短了检验周期，减少了检验人员和设备。特别是属于破坏性检验时，只能采取抽样检验的方式。抽样检验的主要缺点是理论上存在小概率错判的风险。例如，将合格错判为不合格，或把不合格错判为合格，都是可能的。抽样检验适用于下面几种场合。

（1）生产批量大、自动化程度高，产品质量比较稳定；

（2）带有破坏性检验；

（3）外协件、外购件成批进货的验收检验；

（4）生产效率高、检验时间长的产品或工序；

（5）检验成本高的产品或工序；

（6）产品漏检少量不合格品不会引起重大损失的产品，如某些销子、垫圈、螺钉螺帽等大批量标准零件等。

2. 按质量特性值划分

1）计数检验

计数检查包括计件检查和计点检查，只记录不合格数（件或点），不记录检测后的具体测量数值。特别是有些质量特性本身很难用数值表示，例如产品的外形是否美观，食品的味道是否可口等，产品表面的瑕疵，它们只能通过感观判断是否合格。还有一类质量特性，如零件的尺寸等虽然可以用数值表示，也可以进行测量，但在大批大量生产中，为了提高效率，节约人力和费用，常常只用“过端”与“不过端”的卡规检查是否在上下公差允许范围以内，也就是只区分为合格品与不合格品，而不测量其实际尺寸的大小。

2）计量检验

计量检验就是要测量和记录质量特性的数值，并根据数值与标准对比，判断其是否合格。这种检验在工业生产中是大量而广泛存在的，例如轴承的内径的检验，传动轴的外径的检验，控制器控制性能的试验，汽车性能检测等。

3. 按检验性质划分

1）理化检验

理化检验就是借助物理、化学的方法，使用某种测量工具或仪器设备，如千分尺、千万分表、验规、显微镜等所进行的检验。理化检验的特点通常都是，能测得具体的数值，人为的误差小。因而有条件时，要尽可能采用理化检验。

2）官能检验

官能检验是由人的感觉器官对产品质量进行的评价和判断。如对产品的形状、颜色、气味的检查。官能检验又可以分为两类。

（1）嗜好型官能检验：如对“美不美”、“香不香”、“亮不亮”、“辣不辣”等可感观的检验。这类检验往往有较强的主观臆断，如品酒师对酒的评价，不可能不受品酒师的个人爱好和其他主观因素的影响。

（2）分析型感官检验：通过人的感觉器官进而分析判断出被检测对象的质量特性。例如，要检查某一设备运转后主轴颈发热的程度，如果没有适用的温度计，就要通过检验人员用手抚摸的触觉来判断大致的温度。这就不是凭人的嗜好，而是凭人的经验来做出判断。

4. 按检驻后检验对象的完整性划分

1）破坏性检验

检验过程对产品功能和性能带来某些损坏，甚至失去使用价值，这种检验叫做破坏性检验。如炮弹等军工产品性能试验、电子元件的老化试验、材料强度试验等等，都是属于破坏性检验。破坏性检验只能采用抽检形式。

2）非破坏性检验

顾名思义，非破坏性检验，就是检验对象被检查以后仍然完整无缺，丝毫不影响其使用性能，如机械零件的尺寸等大多数检验，都是属于非破坏性检验。现在由于无损检查的发展，非破坏性检验的范围在扩大。

5. 按检验的地点划分

1）固定检验

固定检验是指在生产系统固定检验站的检验。这种检验站可以是生产车间的公共检验站；各工段、小组或工作现场的产品加工以后，都依次送到检验站去检验。

2）流动检验

流动检验也称临床检验，是由检验人员在产品制造现场开展的检验。流动检验有以下几个优点。

（1）有利于搞好检验人员与生产工人之间的关系；

（2）有预防作用，检查人员按产品制造过程顺序到工作现场进行检查，能够及时发现生产过程的变化，预防成批废品的产生；

（3）节省被检零件的搬运过程，避免产品在搬运过程中被损坏；

（4）提高生产效率，节省操作者在检验站排队等待检验的时间；

（5）检验人员到现场与作业人员“面对面”地开展检验，使作业人员容易了解所出现的质量问题，并容易相信和接受检验人员的检查结果，减少相互的矛盾和不信任感。

6. 按检验的目的划分

1）验收检验

验收性质的检验是为了判断产品是否合格，从而决定是否接收该件或该批产品。如原材料、外购件、外协件进厂检验，工序产品流转检验，成品出厂检验，都是属于验收性检查。

2）监控检查

监控检查的目的是为了观察生产过程以有效地控制生产过程。所以这种检查也叫做过程检查，以预防生产过程输出大批不合格品。如生产过程中的巡回抽检，使用控制图时的定时抽检，都属于这类检验。

7.1.6　基本检验流程

一般来说，即便采用并行工程技术，产品的生产及其质量的形成也存在一定的时序关系。因此对产品质量的检验也存在一定的顺序。从这种意义上说，产品质量检验基本流程如图 7.2 所示。

图 7.2　产品检验基本流程

1. 进货检验

一般说来，生产一种产品需要采购产品所需的原材料和半成品，因此在产品生产过程中会有一批批原材料和半成品流入工厂。为保证生产出合格产品，显然需要对这些原材料和半成品进行严格的检验控制。供方所提供的原材料和半成品必须合格才能被接收。

2. 进货检验的方式方法多种多样。一般根据供方的质量保证能力和产品的重要性来策划适宜的检验方式和方法，如首先对供方能力和业绩进行评价，选择确定合格供方，然后再按合同等准则开展产品检验。

一般说来，进货检验方式方法包括首件（批）样品检验和成批进货检验两种。

1）首件（批）样品检验

首件（批）样品检验的目的，主要是对供方产品的质量水平进行评价，并建立具体的衡量标准。首件（批）检验的样品，应具有产品的代表性，可以作为比较基准。通常在以下 3 种情况下，应该实施首件（批）检验。

（1）首次交货；

（2）产品设计有重大变化，如产品结构发生了变化；

（3）产品生产过程有重大变化，如采用了新工艺或特殊工艺方法，包括长时间的生产中断导致对生产过程缺乏信心的情况。

2）成批进货检验

为了既保证质量，又减少检验工作量。对成批进货检验，可根据产品的重要性进行 A、B、C 分类。A 类是关键品，应全检；B 类是重要的，应全检或抽检；C 类是一般的，应抽检或免检。

成批进货检验既可在供货单位进行，也可在购货单位进行，但为保证检验的工作质量，防止漏检和错检，一般应制定“检验作业指导书”。

进货检验合格后，检验人员应做好检验记录并在入库单上签字或盖章，及时通知库房收货，做好保管工作。如检验后不合格，应按不合格品控制程序实施标识、隔离、评价和处置。

2. 过程检验

过程检验，在我国也称为工序检验，其目的是防止不合格品流入下游工序去继续进行加工。因此，工序检验不仅要检验产品，还要检定影响产品质量的主要过程要素。因此，工序检验可起到两种作用。

（1）对产品做出判定，确定产品质量是否符合规定的要求；

（2）对过程做出判定，确定过程是否处于正常状态，从而决定过程是否应该继续运行或采取纠正措施，过程检验中常常需要使用控制图。

过程检验通常有 3 种方法。

1）首件检验

首检制是尽早发现问题、防止产品成批报废的有效措施。通过首件检验，可以发现诸如工夹具严重磨损或安装定位错误、测量仪器精度变差、看错图纸、投料或配方错误等系统性原因的存在，从而采取纠正或改进措施，以防止批次性不合格品的发生。

首件检验的主要项目如下。

（1）图号与工作单是否符合；

（2）材料、毛坯或半成品和工作任务单是否相符；

（3）材料、毛坯的表面处理、安装定位是否相符：

（4）配方配料是否符合规定要求；

（5）首件产品加工出来后的实际质量特征是否符合图纸或技术文件所规定的要求。

通常在下列情况下应该进行首件检验：一批产品开始投产时；设备重新调整或工艺有重大变化时；轮班或操作工人变化时；毛坯种类或材料发生变化时。

首件检验一般采用“三检制”，即操作工人自检，班组长或质量员复检，检验员进行专检。首件检验后是否合格，最后应得到专职检验人员的认可，检验员对检验合格的首件产品，应打上规定的标记，并保持到本班或一批产品加工完了为止。

对大批量生产而言，“首件”并不限于一件，而是要检验一定数量的样品。

2）巡回检验

按生产工序流程，检验人员到生产现场检查加工的产品是否符合图纸、工艺或检验指导书中所规定的要求。在大批量生产时，巡回检验一般与控制图相结合，对生产过程发生的异常状态实行报警，防止成批出现废品。当巡回检验发现过程有问题时，应进行两项工作：一是寻找工序不正常的原因，并采取有效的纠正措施，以恢复其正常状态；二是对上次巡检后到本次巡检前所生产的产品，全部进行重检和筛选，以防不合格品流入下道工序（或用户）。

3）末件检验

靠模具或工装保证质量的轮番生产的工序，建立“末件检验制度”是很重要的。即一批产品加工完毕后，全面检查最后一个加工完成的产品，如果发现有缺陷，可在下批投产前把模具或装置修理好，以免下批投产后被发现而影响生产。

3. 最终检验

最终检验又称完工检验，它是指某一生产车间的全部工序完成后的半成品或成品的检验（因此有时也称“成品检验”）。对于半成品来说，往往是指零部件入库前的检验。成品检验是对完工后的产品进行全面的检验，其目的是防止不合格品的交付，避免对用户造成损失。对于制成成品后立即出厂的产品，成品检验也就是出厂检验；对于制成成品后不立即出厂，而需要入库储存的产品，在出库发货以前，尚需再进行一次“出厂检查”。

7.1.7　不合格品的控制

不合格品是一种产品检验结果，因此不合格品的控制与产品质量检验相关连，即检验发现不合格品后怎么办。

按国际质量管理体系标准 ISO 9001：2000 规定，对不合格品应进行识别和控制，防止不合格品的非预期使用；对不合格品的识别与控制应形成文件；对不合格品应采用消除、让步使用等适宜处置方法进行处置。根据国际标准，对不合格品的控制需要考虑以下几项工作。

1. “三不放过”原则

一旦发现不合格品，则：①不查清原因不放过；②不查清责任不放过；③不落实改进的措施不放过。“三不放过”原则是问题得以纠正和工作得以改善的决定性基础。

2. 分类处置方法

（1）报废：对于不能使用的不合格品，如影响人身财产安全或经济上产生严重损失的不合格品，应予报废处理。

（2）返工：能够返工的不合格品可以完全消除不合格，并使质量特性达到原来的要求。显然，能够返工的不合格品是轻微不合格。因此确定轻微不合格品返工处置是比较简单的，可由检验人员自行决定。

（3）返修；返修与返工的区别在于返修不能完全消除不合格，而只能减轻不合格品的程度；此类不合格品已经不能满足原来的要求，通过翻修只能满足预期的使用要求。

（4）原样使用：原样使用也称为直接回用，就是不加返工和返修，直接交给用户。这种情况必须有严格的申请和审批制度．特别是要把情况告诉用户，得到用户的认可。

3. 不合格品的现场管理

1）不合格品的标识

经检验确定的不合格品，应根据类别，分别涂以不同的标志进行标识。例如，在废品的致废部位涂上红漆，在返修品上涂以黄漆，在返工品上涂以兰漆，在回用品上打上“回用”的印章等。

2）不合格品的隔离

对各种不合格品在涂上（或打上）标记后应立即分区进行隔离存放，避免在生产中发生混乱。废品在填写废品单后，应及时放于废品箱或废品库，严加保管和监视，任何人不准乱拿和错用。一旦发现动用废品，以假充真，检验人员有权制止、追查或上报。隔离区的废品应及时清除和处理，在检验人员参与下及时送废品库，由专人负责保管，定期处理销毁。

4. 不合格品召回

近年来，跨国公司等先进企业采用召回的办法，消除已经流入消费领域的产品。如 2008 年的丰田汽车召回，共计召回 8 万辆，应该说公司因质量故障带来的损失是巨大的。这种质量代价引起了全世界的震惊。

召回的产品不一定不符合原来产品标准，但是却一定是存在与预期使用用途有关的质量缺陷。生产者召回改进，除表现了对消费者的负责任外，还展示了生产者追求“零缺陷”、追求完美服务的理念，一定会赢得消费者的信任。

7.1.8　质量检验的考核

1. 检验误差及其分类

由于主客观因素的影响，在质量检验中会发生检验误差。据国外资料介绍，检验员对缺陷的漏检率有时高达 15%～20%。检验误差可以分为以下几类。

1）技术性误差

技术性误差是检验人员缺乏检验技能造成的误差，如下所示。

（1）人员不具备素质和能力；

（2）缺乏培训，不懂工艺不懂设备，甚至不懂记录；

（3）生理缺陷（如近视、视力不足或色盲）；

（4）缺乏检验经验等。

2）情绪性误差

由于检验人员因家庭不和、有烦恼心事等使工作过程思想不集中、心情紧张；或由于工资奖金等问题，思想闹情绪；或生产任务紧，时间急等原因引起情绪波动所造成的检验误差。

3）程序性误差

生产不均衡引起管理混乱等所造成的误差。如生产任务月初松，月末紧，待检产品过于集中，存放混乱，标志不清，或工艺、图纸有临时改变，而检验人员又不知道等原因造成的检验误差。

4）明知故犯误差

由于检验人员动机不良造成的检验误差。

2. 检验误差的指标及考核方法

1）检验误差的两个主要指标

（1）漏检就是有的不合格品没有被检查出来，当成了合格品，使产品接收者遭受损失；

（2）错检就是把合格品当成了不合格品，在检验员检查出来的不合格品中还有合格品，使生产者遭受损失。

2）测定和评价检验误差的方法

（1）重复检查，由检验人员对自己检查过的产品再检查 1～2 次。查明合格品中有多少不合格品，及不合格品中有多少合格品。

（2）复核检查，由技术水平较高的检验人员或技术人员，复核检验已检查过的一批合格品和不合格品。

（3）改变检验条件，为了解检验是否正确，当检验员检查一批产品后，可以用精度更高的检测手段进行重检，以发现检测工具造成检验误差的大小。

（4）建立标准品，用标准品进行比较，以便发现被检查过的产品所存在的缺陷或误差。

7.2 抽样检验

7.2.1 基本概念

1. 抽样检验的特点

抽样检验是从交验的一批产品中随机地抽取一定数量的样本，对照标准逐个检验样品的性能。如果样本中所含不合格品数不大于抽样方案规定的拒绝数，则判定该批产品合格批，予以接收；反之，则判定该批产品不合格，予以拒收。验收抽样检查方法也适用于对产品缺陷数的检查。

2. 常用术语

1）单位产品和样本容量 n

单位产品就是要实行检查的基本产品单位，或称为个体。例如，以一件产品、一米产品为单位产品等。样本是由一个或多个单位产品构成的，通常将样本大小称为样本容量，记作 n。

2）交验批和批量 N

交验批是某种可区分条件下生产的一批产品，这批产品所包含的单位产品的数量称为批量，通常记作 N。

3）合格判定数 A_c

合格别数（Acceptance Number）是抽样方案中预先规定的判定批产品合格的样本中允许的最大不合格数，通常记作 A_c 或 C。

4）不合格判定数 R_e

不合格判定数（Rejection Number）抽样方案中预先规定的判定批产品不合格的样本中最小不合格数，通常记作 R_e 或 C。

5）批不合格率 p

批不合格率就是批中不合格品数 D 占整个批量 N 的比，即

$$p=D/N$$

6）过程平均不合格率

过程平均不合格率是指数批产品首次检查时得到的平均不合格率。假设有 k 批产品，其批量分别为 N_1，N_2，…，N_k，经检验，其不合格品数分别为 D_1，D_2，…，D_k，则过程平均不合格率为

$$P^*=(D_1+D_2+\cdots+D_k)/(N_1+N_2+\cdots+N_k) \qquad (k\geqslant 20)$$

根据上式，过程平均不合格率应在全部产品加工出来后进行全检才能得到。显然这是不现实的也不必要的。根据概率和数理统计原理，完全可以以样本推断总体，即在加工过程中，从每批产品 N_1，N_2，…，N_k 中分别抽取 $n_1, n_2,\ldots,n_k$ 个样本，经检验发现样本中的不合格品数相应为 $d_1,d_2,\ldots,d_n$ 个，则利用样本估计的过程平均不合格率为：

$$P^*=(d_1+d_2+\cdots+d_k)/(n_1+n_2+\cdots+n_k)$$

过程平均不合格率非常重要，可以确定交验产品的整体质量水平，支持设计合理的抽样方案，保证验收产品质量以及保护供求双方利益。

7）合格质量水平 AQL

合格质量水平（Acceptable Quality Level）也称为可接收质量水平，是可接收的连续交验批的过程平均不合格率上限值，是供方能够保证稳定达到的实际质量水平的指标，是用户所能接受的产品质量水平。

8）批最大允许不合格率 LTPD

批最大允许不合格率（Lot Tolerance Percent Defective）是指用户能够接受的产品批的极限不合格率值。LTPD 的合理确定直接影响用户的利益。

9）生产者风险 PR

生产者风险（Produce's Risk）是生产者（供方）所承担的合格批被判为不合格批的风险率，通常记作 α。

10）消费者风险 CR

消费者风险（Consumer's Risk）是消费者（用户）所承担的不合格批被判为合格批的风险率，通常记作 β。

3．验收抽样方案的种类

1）单次抽样方案

对于交验批和批量为 N，样本容量为 n，合格判定数为 C 的单次抽样方案 Single Sampling Inspection）也称一次抽样）可由（N，n，C）表示。即从批量为 N 的交验产品中随机抽取 n 件产品进行检验，如果发现样本 n 中有 d 件不合格品，则当 $d \leqslant C$ 时，则判定该批产品合格，予以接收；当 $d>C$ 时，则判定该批产品不合格，拒绝接收。单次抽样方案的程序如图 7.3 所示。

例如，当 N=1000，n=20，C=2，则这个单次抽样方案表示为（1000，20，2）。其含义是指从批量为 1000 件的交验产品中，随机抽取 20 件，检验后，如果在这 20 件产品中不合格品数为 0、1 或 2，则判该批产品合格，予以接收；如果发现在这 20 件产品中有 3 件及以上不合格品，则判该批产品不合格，拒绝接收。

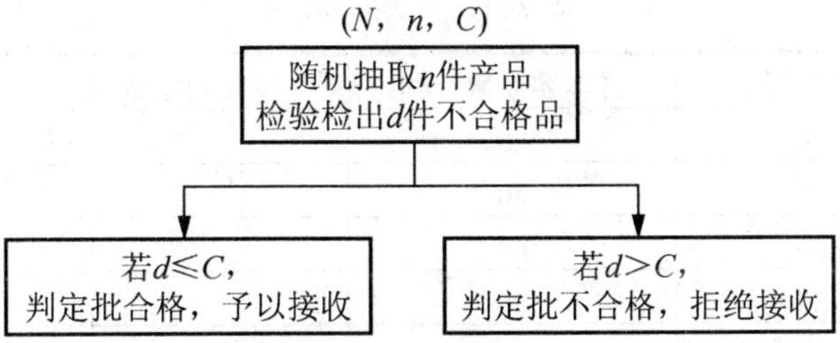

图 7.3　单次抽样验收方案

2）双次抽样方案

双次抽样方案（Double Sampling Inspection）也称为二次抽样方案，以（N，n_1，n_2；C_1，C_2）表示。其中：n_1 为第一样本大小；n_2 为第二样本大小；C_1 是抽取第一个样本时不合格判定数；C_2 是抽取第二个样本时不合格判定数。双次抽样方法描述如下：

在交验批量为 N 的一批产品中，随机抽取 n_1 件产品进行检验。若发现 n_1 中的不合格数为 d_1，则：若 $d_1 \leqslant C$，判定批产品合格，予以接收；若 $d_1 > C_2$，判定批产品不合格，拒绝接收；若 $C_1 < d_1 \leqslant C_2$，不能判断。需要在同批产品中继续抽取第二个样本 n_2 件产品进行检验。若发现 n_2 中有 d_2 件不合格品，则根据（d_1+d_2）和 C_2 的比较作出如下判断：若 $d_1+d_2 \leqslant C_2$，判定批产品合格，予以接收；若 $d_1+d_2 > C_2$，判定批产品不合格，拒绝接收。双次抽样的操作程序如图 7.4 所示。

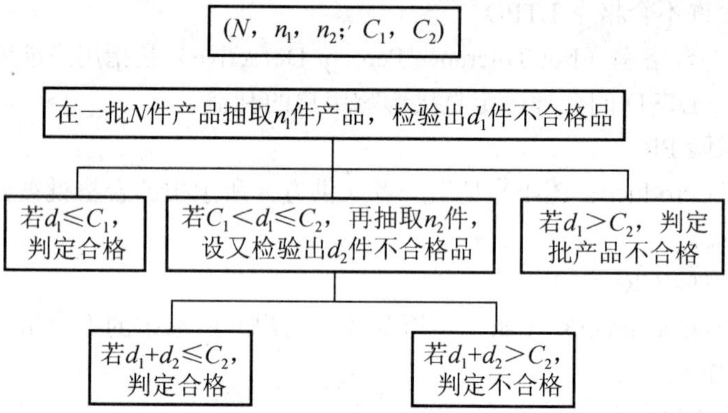

图 7.4　二次抽样方案原理图

4. 多次抽样方案

双次抽样是通过一次抽样或最多两次抽样就必须对交验的一批产品做出合格与否的判断。而多次抽样 Multiple Sampling Inspection 则是 3 次以上的抽样。多次抽样方案规定最多抽样次数。表 7-1 是一个 7 次抽样方案，其操作程序可参考图 7.4 所述。在上述方案中规定了合格判定数 A_c 和不合格判定数 R_e。例如，在第 3 次抽样检验后，若 3 个样本的累积不合格数（$r_1+r_2+r_3$）$\leqslant 1$ 时，则判定该批产品合格，予以接收；若（$r_1+r_2+r_3$）$\geqslant 3$ 时，则判定该批产品不合格，拒绝接收；否则，$1<$（$r_1+r_2+r_3$）<3，继续抽取第 4 个样本，……，以此类推。

表 7-1　多次抽样方案

样本号	样本容量 n	样本容量累计和	接收判定数 A_C	拒绝判定数 R_e
1	20	20	*	2
2	20	40	0	3
3	20	60	1	3
4	20	80	2	4
5	20	100	2	4
6	20	120	2	4
7	20	140	3	4

注：*表示该方案不允许抽检第一个样本后就做出接收的决定

关于抽样方案，除按抽样次数分类之外，还有计数抽样和计量抽样之别，但二者原理相同。另外，按照产品特点和生产特点也可以分成逐批抽样方案和连续型抽样方案；按照抽样方案可否调整也可以分为调整型抽样方案和非调整型抽样方案，而非调整型抽样方案根据实际需要又可以分为标准型抽样方案和挑选型抽样方案。关于各种抽样方案可检索专业书籍。

7.2.2　验收抽样方案的统计分析

1. 接收概率 $L(p)$ 及其计算方法

按抽样方案检验一批产品，如果产品不合格率为 p，那么交验的一批产品被判为合格批的可能性有多大？即某种抽样方案使产品被接收的概率 $L(p)$ 有多大？换句话说，抽样方案和产品质量两方面的原因决定产品是否被接收。因此，抽样方案的制定必须具有充分的依据，否则会出现合格被判定为不合格的生产风险（供方风险）和不合格被判定为合格的消费风险（用户风险）。

根据概率统计原理，$0 \leqslant L(p) \leqslant 1$。根据上述条件，当 n 中的不合格品数，$d \leqslant C$ 时，批产品被判为合格，予以接收，则接收概率为

$$L(p)=p(d \leqslant C)$$

【例 1】　已知产品批不合格率 p=0.05，求单次抽样方案（100，10，0）的接收概率。

解： 由于 $N=10n$，$p \leqslant 0.1$，可以采用泊松分布或二项分布计算接收概率。根据抽样方案原理，单次抽样方案（100，10，0）表明从 100 件产品中随机抽取 10 件，经检验没有不合格品才能判定产品合格，予以接收。根据泊松公式

$$L(p)=p(d=k)=(\lambda^k e^{-\lambda})/k!$$

此例 $\lambda=np=10\times0.05=0.5$，$k=0$，因此接收概率为

$$L(p)=0.607$$

由上述计算结果可知，接收概率为 60.7%，这 100 件产品被接收的概率比较低，一方面生产过程平均不合格率为 5%，比较大；另一方面，抽 10 件都不允许有不合格品，抽样方案比较严格。

在工厂的检验工作中，抽样方案的设计应该慎重，既要严格抽样检验，又要维护生产者的利益。虽然抽样检验拒绝接收的产品，可以进行全数检验，选出合格品，但是这样消耗大量人力和工时，浪费也不可低估。

2. 单次抽样方案的操作特性曲线 OC

上述计算的例子说明，其他条件一定，不合格率 p 不同，接收概率不同。以 p 为横坐标，$L(p)$ 为纵坐标所绘出的曲线称为某一单次抽样方案的操作特性曲线（Operating Characteristic Curve），简称 OC 曲线。

【例 2】　试画出单次抽样方案（∞，80，1）的 OC 曲线。

解：（1）以为横坐标，取 p_i=0，0.005，0.01，0.02，0.03，0.04，0.05 等一系列值；

（2）根据已知 n=80，C=1，利用泊松分布求出上述 A 值所对应的 $L(p_i)$ 值，查表可计算 $L(p_i)$ 值十分方便，计算结果整理后见表 7-2。

表 7-2　单次抽样方案（∞，80，1）的接收概率

序号	批产品不合格率 p_i	np_i	$L(p_i)$
1	0.000	80×0.000=0.0	1.00
2	0.005	80×0.005=0.4	0.938
3	0.010	80×0.010=0.8	0.808
4	0.020	80×0.020=1.6	0.525
5	0.030	80×0.030=2.4	0.309
6	0.040	80×0.040=3.2	0.171
7	0.050	80×0.050=4.0	0.091

采用描点法，根据 p_i 和 $L(p_i)$ 即可画出该抽样方案的 OC 曲线，如图 7.5 所示。可以说，有一个抽样方案（N，n，C），就有一条唯一的一条 OC 曲线与之对应。OC 曲线直观地反映了单次抽样方案对不同质量水平的批产品接收的概率。所以，OC 曲线代表了一个抽样方案对所验收的产品质量的判断能力，因此也称为抽样方案的特性。

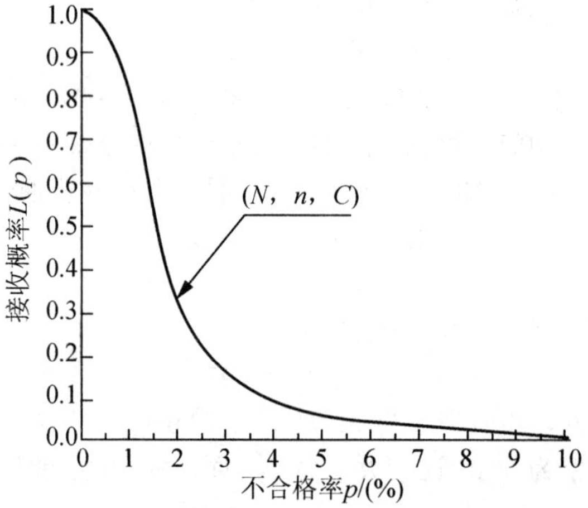

图 7.5　单次抽样方案特性曲线

3. 双次抽样方案的操作特性曲线

双次抽样方案的 OC 曲线有两条曲线，第一条 OC 曲线为第一次抽样时的接收概率和产品不合格率的关系；第二条 OC 曲线代表经过两次抽样时的接收概率和产品不合格率的关系。

【例 3】　设双次抽样方案为 N=2400，n_1=150，A_{c1}=1，R_{e1}=4；n_2=200，A_{c2}=4，R_{e2}=5，画出 OC 曲线。

解：（1）如果第一次抽 150 件样本发现 1 件或 1 件以下（即 0 件）不合格品，则判定该批产品为合格品，予以接收，其接收概率为

$$L(p_i)_{\text{I}}=p_{\text{I}}\ (r\leqslant 1)$$

（2）如果第一次抽样发现 4 件或 4 件以上不合格品，则判为不合格，拒绝接收该批产品。

（3）如果第一次抽样发现 2 件或 3 件不合格品，不能判断，需继续抽取 n_2 件样本进行检验。在进行第二次抽样的条件下，接收批产品的情况为：第一次抽样检验发现 2 件不

合格品，第二次抽样检验发现 2 件或 2 件以下不合格品，即存在 $r_1+r_2 \leqslant 4$ 发生；在第一次抽样检验发现 3 件不合格品，第二次抽样检验发现 1 件或 1 件以下（0 件）不合格品，即事件（r_1+r_2）$\leqslant 4$ 发生。

综上所述，经第二次抽样的接收概率为

$$L(p_i)_{\mathrm{II}}=p_{\mathrm{I}}(r=2)\,p_{\mathrm{II}}(r\leqslant 2)+p_{\mathrm{I}}(r=3)\,p_{\mathrm{II}}(r\leqslant 1)$$

利用泊松分布计算公式，可以计算或查表得到接收概率，计算结果见表 7-3。

表 7-3　二次抽样接收概率计算表

p_i	np_i	$L(p_i)_{\mathrm{I}}$	$L(p_i)_{\mathrm{II}}$	$L(p_i)$
0.005	150×0.005=0.75	0.827	0.133×0.920+0.034×0.736=0.147	0.974
	200×0.005=1.0			
0.01	150×0.01=2.0	0.558	0.251×0.677+0.126×0.406=0.221	0.779
	200×0.01=2.0			
0.015	150×0.015=2.25	0.343	0.267×0.423+0.2×0.199=0.153	0.496
	200×0.015=3.0			
0.02	150×0.02=3.0	0.199	0.224×0.238+0.224×0.091=0.074	0.273
	200×0.02=4.0			
0.025	150×0.025=3.75	0.112	0.165×0.125+0.207×0.041=0.029	0.141
	200×0.025=5.0			
0.03	150×0.03=4.5	0.061	0.113×0.062+0.169×0.01=0.01	0.071
	200×0.03=6.0			
0.04	150×0.04=6.0	0.017	0.045×0.014+0.089×0.003=0.001	0.018
	200×0.04=8.0			

由表 7-3 中的 p_i 和 $L(p_i)_{\mathrm{I}}$ 可绘出一次抽样方案的 OC 曲线，由 p_i 和 $L(p_i)$ 可绘出二次抽样方案的 OC 曲线，如图 7.6 所示。

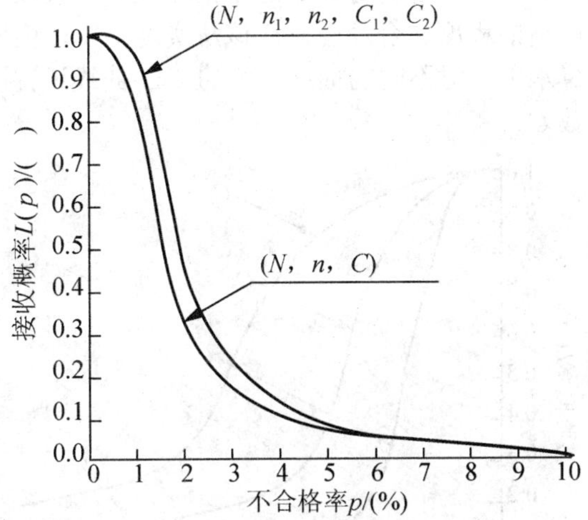

图 7.6　双次抽样方案操作特性曲线

4. *N*、*n*、*C* 对 OC 曲线的影响分析

抽样方案（N, n, C）决定 OC 曲线的形状；产品批量 N、样本容量 n 和合格判定数 C

发生改变时，OC 曲线的形状也随之改变，即抽样方案的性能也发生变化。

1）批量 N 的影响

如图 7.7 所示，n 和 C 一定，批量变化，可以分析批量对 OC 曲线的影响（例如取：N=1000，n=90，C=2；N=500，n=90，C=2；N=200，n=90，C=2）。根据上述 3 种抽样方案绘制的 OC 曲线位置和形状十分接近，这种情况说明批量 N 的变化对 OC 曲线的影响很小。因此，常常只用（n，C）两个参数来表示一个单次抽样方案。

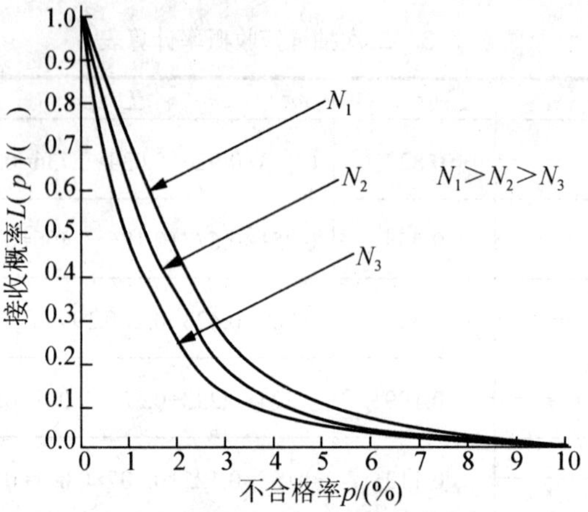

图 7.7　批量 N 对 OC 曲线的影响

2）合格判定数 C 对 OC 曲线的影响

如图 7.8 所示，用实线表示的 3 条 OC 曲线代表以下 3 种单次抽样方案：（N，n，C_1）；（N，n，C_2）；（N，n，C_3）。随着 C 的变化，OC 曲线在水平位置和曲线倾斜度两方面都发生了变化。随着 C 变小，OC 曲线左移，而且曲线变陡，这说明抽样方案的性能发生了变化。对于同一批交验产品，合格判定数 C 越小的方案，其接收概率也越低，说明抽样方案变得严格了。至于严格的程度和合理性，应该从实际出发，根据用户（需方）的质量要求和生产者的平均质量水平，对不同的抽样方案的 OC 曲线进行比较分析，确定合理的样本大小 n 和合格判定数 C。

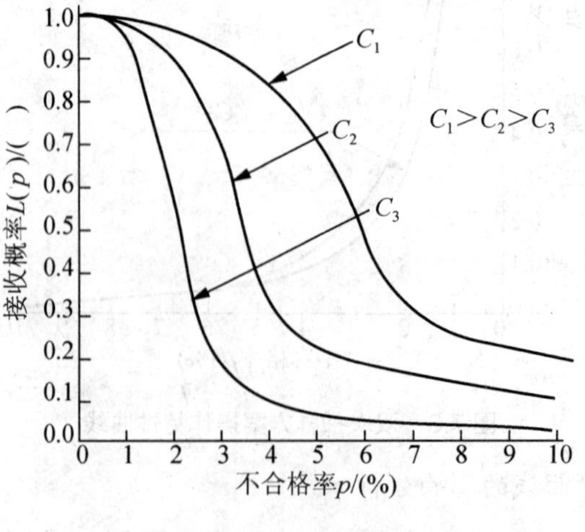

图 7.8　合格判定数 C 对 OC 曲线的影响

3）样本容量 n 对 OC 曲线的影响

上述两个方案说明样本容量大小 n 越大，方案越严格。特别是当 $n=N$ 时，检验性质发生了实质变化，由抽检变成了全检，而检验比例越大，越容易发现不合格品，因此方案也就变得更加严格。

如图 7.9 所示，OC 曲线 1、OC 曲线 2 和 OC 曲线 3 分别代表以下 3 个单次抽样方案：（N，n_1，C）；（N，n_2，C）；（N，n_3，C）。由曲线明显看到，n 越大，OC 曲线越陡，对同样的产品批的接收概率越小。

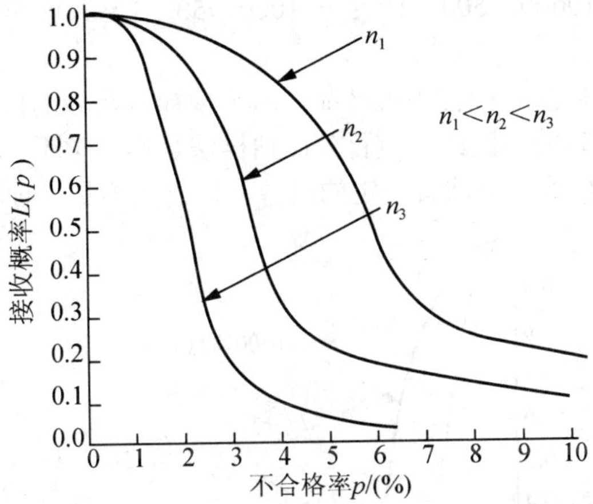

图 7.9　样本容量 n 对 OC 曲线的影响

4）C=0 的抽样方案好吗

如图 7.10 所示，C=0 的抽样方案用来验收批产品质量的明显特点是在 p 较小（优质批）的时候，接收概率 L（p）下降很快，这样的抽样方案会拒收大量优质批，这对用户和制造商都有不利。所以说，C=0 的抽样方案不是理想方案。OC 曲线表明，n 和 C 的取值大一些的抽样方案用于验收产品批比较合理。当然，确定 n 和 C 要综合考虑各种具体因素的影响，尤其是技术行政部门在制定相应标准规范时，要考虑消费水准和制造业生产力水平，要照顾消费和生产两方面的利益。

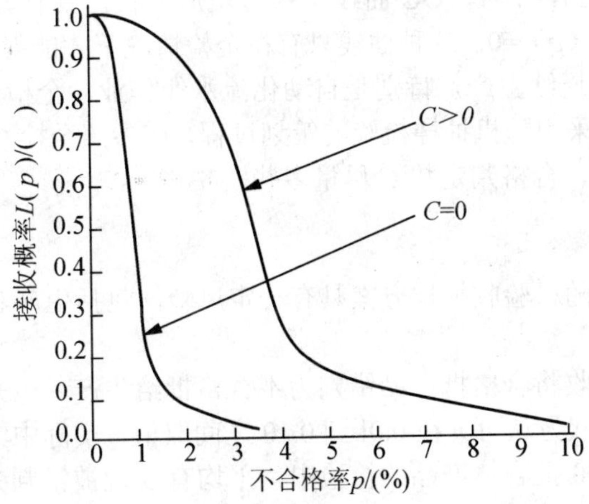

图 7.10　适用于产品批验收的抽样方案

5）关于百分数抽样

在先进制造企业中，一般采用随机抽样方案开展产品质量检验与控制工作。但是也有许多企业，采用百分数检验方案，即取样本容量 n 是批量 N 的一个百分比。如果对于不同批量 N，采用相同百分比，则样本容量 n 不同。如前所述，批量对接收概率影响不大，而样本影响较大。因此这种方法，相对来讲，对于批量大的产品批，验收偏严；批量小的产品批，验收偏宽，造成了验收的不一致，导致“生产越多越倒霉”的矛盾。例如规定取 5%作为检验样本，若批量为 10000，样本为 500；若批量为 1000，样本为 50，即按以下两个抽样方案进行验收：（10000，500，1）；（1000，50，1）。这两个抽样方案的 OC 曲线如图 7.11 所示。

图 7.11 说明，对相同质量的交验批产品，两个抽样方案验的接收概率相差悬殊，而这完全是批量 N 的变化引起的。因此固定百分比抽样法是不科学不合理的。虽然根据批量不同采用不同百分比对这种检验方法有一定的改善，但仍然不是一种科学方法。

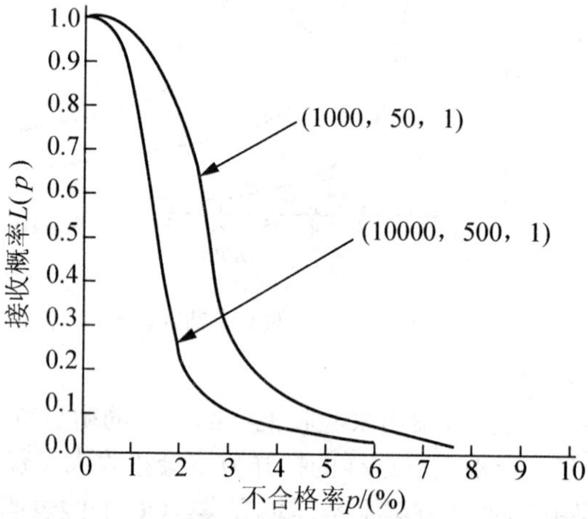

图 7.11　不同批量按相同百分比抽样栓验的 OC 曲线

5. 理想 OC 曲线

如图 7.12 所示，当 $N=n$ 时，OC 曲线形状为矩形形状，具有如下特性：$p\leqslant AQL$ 值，L（p）=1：$p>AQL$ 值 L（p）=0。这种曲线只有在全检情况下才能得到，也称为全检 OC 曲线。但是，对于大批量连续生产，特别是自动化流水线作业，全检是不可能的，全检 OC 曲线也是不现实的。在采用随机抽样检验的策划过程，应参照全检 OC 曲线设计抽样方案，即样本容量 n 尽量大些，合格判定数 C 尽量多些。

6. 抽样风险

用样本推断总体的随机验收抽样方案具有一定风险，包括生产者风险和消费者风险。

1）生产者风险

这种风险是抽样验收将合格批产品错判为不合格批给生产者带来的风险。生产者风险概率 α 一般规定（供需双方认可）在 0.01 到 0.10 之间取值，实际中常取 α=0.05，其含义是抽样方案可能导致在 100 批合格产品的检验中，平均有 5 批被错判为不合格品而使消费者拒绝接收。

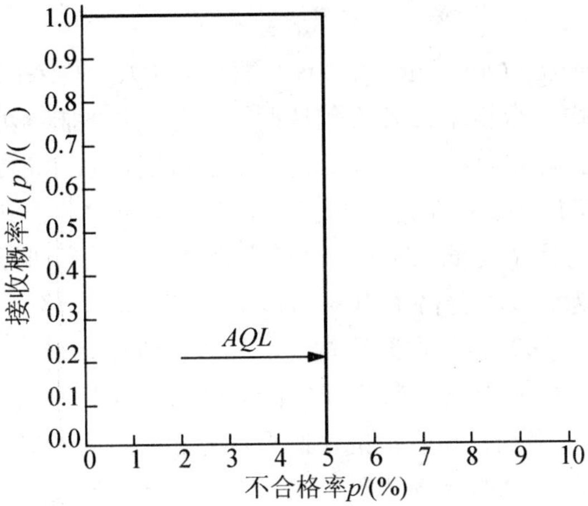

图 7.12　理想 OC 曲线（全检 OC 曲线）

2）消费者风险

这种风险是抽样验收导致将不合格批产品错判为合格批产品给消费者带来风险。这种风险是必然的，但是有一个容忍限度，一般规定（供需双方认可）为 β=-0.10，其含义是抽样方案可能导致在 100 批不合格产品的检验中，平均有 10 批被错判为合格品批使消费者接收。

如图 7.13 所示，QC 曲线包含了 4 个重要参数，即：生产者风险 α=0.05；消费者风险 β=0.10；可接收质量水平 *AQL*=1%；最大允许不合格率 *LTPD*=4%。由此可作如下分析：

——当 p<1%时，L（p）>0.95；

——当 p>1%时，L（p）急剧减小；

——当 p>4%时，L（p）<0.10。

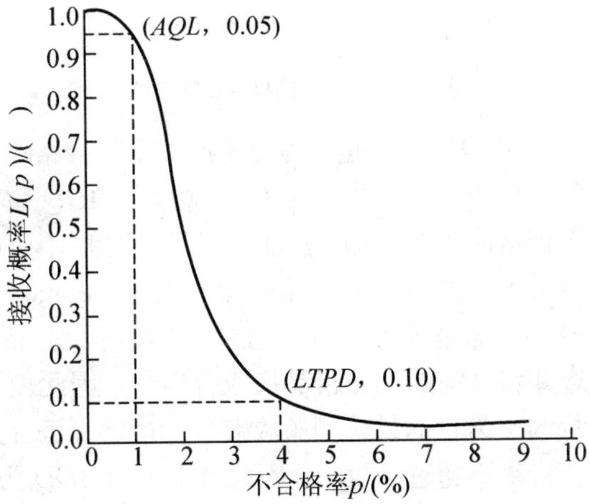

图 7.13　抽样风险 QC 曲线图

7. 平均出厂质量

平均出厂质量（Average Outgoing Quality）简称 *AOQ*，是指在抽样检验完成后，最终交付给用户的产品的平均不合格率，其中包括两类产品批：抽样验收时的合格批和抽样验收时的不合格的拒收批。对拒绝接收的批要进行 100%的检查，将其中不合格品全部剔除，换成合格品，然后才交给用户。由于对拒收批产品采用挑选检验方式，使 *AOQ* 要比抽样检验前的实际过程平均不合格率为低（即出厂质量不合格率较低）。那么，如何计算 *AOQ* 呢？

设交验产品的批量为 N，不合格率为 p，样本容量为 n，合格判定数为 C，接收概率为 $L(p)$，拒收概率为 $1-L(p)$。验收制度规定，抽样验收中，必须将样本中的不合格品换成合格品，检验后的样本中不合格品数为 0。因此经过单次抽样检查就被接收的产品批中还含有 $(N-n)\times p$ 件不合格品；拒收批的产品要经过全检，全检后发现的不合格品必须全部换成合格品，因此拒收批中不合格品数为 0。采用上述验收抽样方案之后，产品平均出厂质量为

$$AOQ=[L(p)\times(N-n)\times p]/N$$

很明显有 $AOQ\leqslant p$。以 p 为横坐标的直角坐标系中，根据 *AOQ* 和 p 的函数变化关系，可以画出 *AOQ* 的特性曲线。图 7.14 是单次抽样方案的 *AOQ* 曲线，图中的直线是不进行检查就准予出厂的 *AOQ* 曲线（$AOQ=p$）。

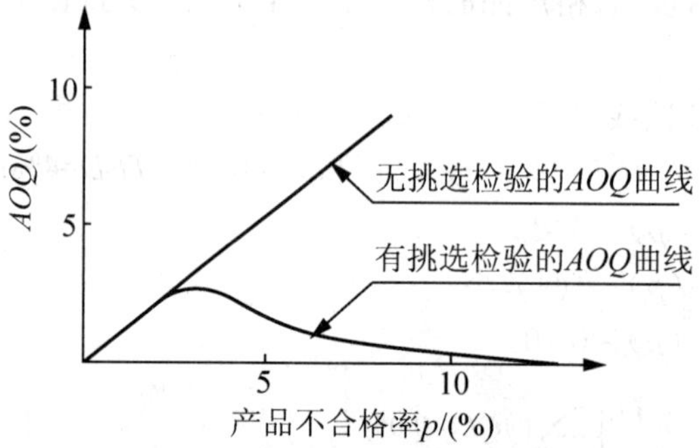

图 7.14　单次抽样 AOQ 曲线

由图 7.14 可知，$p=0$，$AOQ=0$。这是因为交验产品全是合格品，经过抽样验收后，也一定全部是合格品，因此出厂产品不合格率为 0；p 增大，*AOQ* 也增大，这是因为除样本之外，接收批产品中的不合格品也在增加；p 增大到某一数值时，*AOQ* 达到被称为平均出厂质量极限或平均出厂极限不合格率极大值，简称 AOQL（Average Outgoing Quality Limit）；p 继续增大，*AOQ* 反而减小，这是因为 p 增大到一定程度时，产品批被拒收的概率增大，而对拒收批进行全数检查并将其中的不合格品换成合格品。因此使 *AOQ* 减小了。

以提高产品出厂质量水平为目的挑选型验收制度，能够保证在过程较大不合格率的情况下，平均出厂质量不合格率不超过 *AOQL*，因此产生了以 *AOQ* 为核心的验收抽样方案，例如道奇—罗米格（Dodge—Romig）抽检表，具体方法参见美国贝尔电话研究所设计的道奇—罗米格抽检表和日本工业标准 JIZ9006 文献。

7.2.3　抽样方案设计

1. 由生产者或消费者风险确定抽样方案

如图 7.15（a）所示，如果 α 和 AQL 已经确定下来，那么凡是通过（AQL，$1-\alpha$）点的 OC 曲线都满足要求。

J.M.Cameron 表（表 7-4）为设计上述类型的抽样方案提供了计算依据，即通过 J.M.Cameron 表可以确定抽样方案中的 n 和 C。具体做法说明如下：

前提条件如下。

$\alpha=0.05$，即接收概率 $L(p)=0.95$，$AQL=1.2\%$，即接收概率为 0.95 的可接收的不合格率，记作 $p_{0.95}=0.012$；

当 $C=0$ 时，$n=0.051/0.012=4.25\approx4$；

当 $C=1$ 时，$n=0.355/0.012=29.6\approx30$；

当 $C=2$ 时，$n=0.818/0.012=68.2\approx68$；

……

因此，采用不同的抽样方案，可以获得同样的生产风险保障。与上述过程类似，利用 J.M.Cameron 表（表 7-4）和图 7.15（b），也可以由消费者风险确定抽样方案，多条 OC 曲线通过（$LTPD$，β），读者可自行分析。

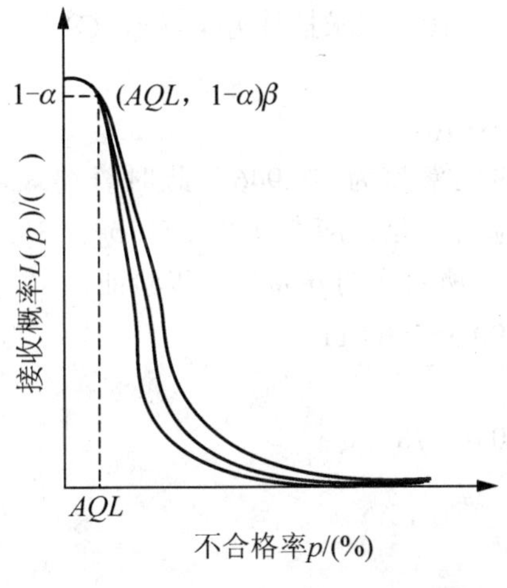

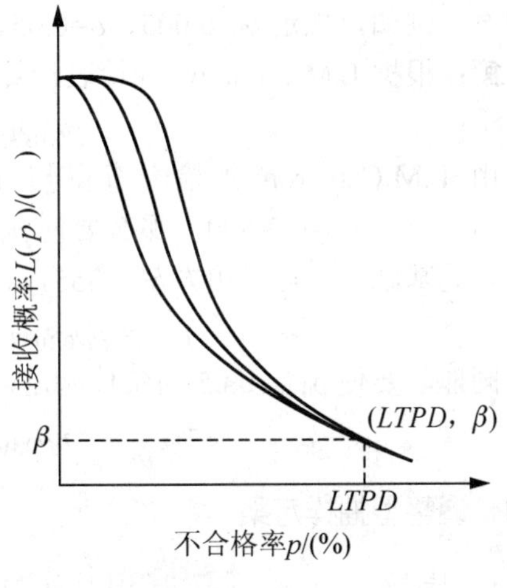

图 7.15　由生产者风险和消费者风险确定方定 OC 曲线

表 7-4　J.M.Cameron 表

C	$np_{0.95}$（α=0.05）	$np_{0.10}$（β=0.10）	比率 $p_{0.10}/p_{0.95}$
0	0.051	2.303	44.890
1	0.355	3.890	10.946
2	0.818	5.322	6.509
3	1.366	6.681	4.890
4	1.970	7.994	4.057
5	2.613	9.275	3.594
6	3.286	10.532	3.206

（续表）

C	$np_{0.95}$（α=0.05）	$np_{0.10}$（β=0.10）	比率 $p_{0.10}/p_{0.95}$
7	3.981	11.771	2.957
8	4.695	12.995	2.768
9	5.426	14.206	2.618
10	6.169	15.407	2.497
11	6.924	16.598	2.397
12	7.690	17.782	2.312
13	8.464	18.958	2.240
14	9.246	20.128	2.177
15	10.035	21.292	2.122

2. 同时考虑生产者和消费者风险确定抽样方案

一般情况下，产品的接收或拒收的质量水平由生产者和消费者协商规定，如当不合格品率达到 p_0 时，作为优质批，应以 1-α 的概率接收，拒收的概率为 α；当产品质量下降，不合格品率达到 p_1 时，作为劣质批，应以 1-β 的概率拒收，被接收的概率为 β。因此，这类方案的设计就是基于给定的 α，p_0，β，p_1 4 个参数确定样本容量 n 和合格判定数 C。通常也称基于 p_0（$p_0=AQL$），α，p_1（$p_1=LTPD$），β 的抽样设计为标准型抽样方案设计。标准型设计要求 OC 曲线通过（p_0，1-α）和（p_1，β），OC 曲线是唯一的。

以下的例子可以说明如何使用 L.M.Cameron 抽检表设计（p_0，1-α；p_1，β）型标准抽样方案。例如，规定 p_0=0.005，α=0.05，p_1=0.05，β=0.10，试求抽样方案（n，C）。

解：根据 L.M.Cameron 抽检表计算比率为

$$p_{0.10}/p_{0.95}=0.05/0.005=10$$

由 L.M.Cameron 抽检表查得与 10 最相近的比率值为 10.946。此时查得 C=1，$np_{0.95}$=0.355，$np_{0.10}$=3.890，那么要使 $p_{0.95}$=0.005 的条件满足，应取 n=0.355，$p_{0.95}$=355。

在此基础上，可采用方案（355，1）对 β=0.10 时所对应的 $p_{0.10}$ 进一步验证

$$p_{0.10}= np_{0.10}/n=3.890/n=3.890/355=0.011$$

同理，要使 $p_{0.10}$=0.05 的条件满足，应取

$$n= np_{0.10}/p_{0.10}=3.890/0.05=78$$

7.2.4 调整型抽样方案

1. 特点

对具有一定要求的产品交验批，验收抽样方案根据交验产品质量的实际情况进行调整，可能采用正常、加严和放宽 3 个严格程度不同的方案。

美国军用标准 MIL—STD105D 具有上述特点，应用普遍。105D 经过多次修改，1974 年，ISO（国际标准化组织）正式颁布实施，编号为 ISO 2859。我国参照国际标准 ISO 2859，于 1981 年，颁布了国家标准 GB 2828。105D 对单次、双次、多次抽样方案都提供了详尽的资料，对每种抽样方案提供了上述 3 种不同程度的抽样方案。

下面主要以 105D 为代表，介绍调整型抽样方案基本内容。

2. 缺陷与不合格品的分类

被检查的产品，通常有多项检查项目，每一个检查项目偏离了标准都构成一个缺陷。一个不合格品可能出现一个或多个缺陷。按严重程度，缺陷可分为以下 3 类。

（1）致命缺陷（也称临界性缺陷 critical defects），影响产品的功能；

（2）严重缺陷（也称主要缺陷 major defects），影响产品的效用；

（3）轻微缺陷（也称次要缺陷 minor defects），一般对产品没有影响。

与缺陷类似，可将不合格品分为致命不合格品、严重不合格品和轻微不合格品。

3. 合格质量水平 *AQL* 与检验程度

当过程不合格率 $p=AQL$ 值时，采用正常检查。

当过程不合格率 $p<AQL$ 值时，采用放宽检查。

当过程不合格率 $P>AQL$ 值时，采用加严检查。

4. *AQL* 的确定

通常，*AQL* 是由供求双方协商确定，以确保能较好地满足用户的要求又与生产者所能够达到的实际产品质量水平相一致。

消费者通常根据缺陷级别确定 *AQL* 值，即按致命缺陷、严重缺陷和轻微缺陷分别规定 *AQL* 值，或者按致命不合格品、严重不合格品和和轻微不合格品分别规定 *AQL* 值。例如对一般性产品规定，严重不合格品的 *AQL*=1.5%，轻微不合格品的 *AQL*=4%。然而，美国海军部门确定的 *AQL* 值与供应者的质量水平无关，一律规定致命缺陷的 *AQL*=0.1%，A 种严重缺陷的 *AQL*=0.25%，B 种严重缺陷的 *AQL*=1.0%，轻微缺陷的 *AQL*=2.5%。

生产者一般根据过程平均不合格品率确定 *AQL*，以减少生产者的风险。为了刺激自身提高产品质量，增强竞争力，生产者常常将 *AQL* 值规定得稍小于过程平均不合格率。

5．样本容量 *n*

样本容量由批量 *N* 及检查水平决定，检查水平一般是由用户选择的。表 7-5 是美国 M1L-STD 105D 样本数量索引。

表 7-5 美国 M1L-STD 105D 样本容量索引表

批量范围 *N*	特殊检查水平				一般检查水平		
	S-1	S-2	S-3	S-4	I	II	III
2～8	A	A	A	A	A	A	B
9～15	A	A	A	A	A	B	C
16～25	A	A	B	B	B	C	D
26～50	A	B	B	C	C	D	E
51～90	B	B	C	C	C	E	F
91～150	B	B	C	D	D	F	G
151～280	B	C	D	E	E	G	H
281～500	B	C	D	E	F	H	J
501～1200	C	C	E	F	G	J	K
1201～3200	C	D	E	G	H	K	L
3201～10000	C	D	F	G	J	L	M

（续表）

批量范围 *N*	特殊检查水平				一般检查水平		
	S-1	S-2	S-3	S-4	I	II	III
10001～35000	C	D	F	H	K	M	N
35001～150000	D	E	G	J	L	N	P
150001～500000	D	E	G	J	M	P	Q
500001 以上	D	E	H	K	N	Q	R

表 7-5 给出了与批量范围对应的样本字码表，利用字码表及 *AQL* 值查询 MIL-STD105D 主表，便求出所需要的抽样方案的 3 个参数，即样本大小 *n*、合格判定数 A_c、不合格判定数 R_e。

6. 抽样方案的转移规则（见 MIL-STD105D）

7.3 测量系统分析

7.3.1 测量系统指南

1. 引言和术语

1）引言

测量数据的使用比以前更频繁、更广泛和更加深入。管理学家们日益懂得测量及其测量结果数据的重要性。例如，是否调整制造过程，现在普遍依据测量数据来决定。把测量数据或由它们计算出的一些统计量，与这一过程的统计控制界限相比较。数据超界，表明过程失控，应该进行调整。数据正常，则过程可以继续许运行。

测量数据的另外一个用途是确定两个或多个变量之间是否存在某种显著关系。例如，人们可以推测一个模制塑料件的关键尺寸与浇注材料温度有关系。这种可能的关系可通过采用所谓回归分析的统计方法进行研究。即比较关键尺寸的测量结果与浇注材料温度的测量结果。

探索这类关系的研究，是戴明博士称为分析方法研究的一些实例。通常，分析研究是增加对于有关影响过程的各种原因的系统的知识。各种分析研究是测量数据的最重要应用之一，因为这些分析研究最终导致更好地理解各种过程。

应用以数据为基础的方法，很大程度上决定于所用测量数据的质量。为了确保应用测量数据所得到的益处大于获得它们所花的费用，就必须把注意力集中在数据的质量上。

测量数据质量与稳定条件下运行的某一测量系统得到的多次测量结果的统计特性有关。例如，假定使用在稳定条件下运行的某测量系统，得到某特性的多次测量结果。如果这些测量数据与这一特性的标准值都很接近，那么可以说这些测量数据的质量高。类似地，如果一些或全部测量结果远离标准值，那么可以说这些数据的质量低。

表征数据质量最通用的统计特性是偏移和方差。所谓偏移，是指数据相对标准值的位置的偏离，而所谓方差，是指数据的分布。

低质量数据最普通的原因之一是数据变差太大。例如，测量某容器内的流体的容积，使用的测量系统可能对它周围的环境温度敏感，在这种情况下，数据的变差可能缘于其体积的变化或周围温度的变化。因此这一测量系统不符合需要。

一组测量的数据的变差大多是由于测量系统和它的环境之间的交互作用造成的。如果这种交互作用产生太大的变差，那么数据的质量会很低，以致这些数据是无用的。例如，一个具有大量变差的测量系统，用来分析一个制造过程是不恰当的，因为这一测量系统的变差，可能会掩盖制造过程中的变差。

管理一个测量系统的许多工作是监视和控制变差。这就是说，在这些事情中应着重于环境对测量系统的影响，以获得高质量的数据。

如果数据的质量是不可接受的，则必须改进，通常是通过改进测量系统来完成是改进数据本身。

测量是为赋值给具体事物以表示它们之间关于特殊特性的关系。赋值过程为测量过程，而赋予的值定义为测量值。从这些定义得出，应将一种测量过程看成一个制造过程，它产生数字（数据）作为输出。这样看待测量系统是有用的。因为它允许接受那些早已表明它们在统计过程控制领域用途的所有概念、原理和工具。

2）术语

（1）量具：用来获得测量结果的装置；经常用来特指用在车间的装置。

（2）测量系统：用来对被测特性赋值的操作、程序、量具、设备、软件以及操作人员的集合；用来获得测量结果的整个过程。

2. 测量系统的统计特性

理想的测量系统在每次使用时，应只产生正确的测量结果。每次测量结果总应该与一个标准值相符。一个能产生理想测量结果的测量系统，应具有零方差、零偏移和对所测的任何产品错误分类为零概率的统计特性。

遗憾的是，具有这样理想的统计特性的测量系统几乎不存在，因此过程管理者必须采用具有不太理想的统计特性的测量系统。

一个测量系统的质量经常仅仅用其测量数据的统计特性来确定。其他特性，如成本、使用的容易程度等对一个测量系统总体理想性的贡献也很重要。但是，确定一个系统质量的正是其测得的数据的统计特性。

应认识到，在某一用途中最重要的统计特性在另一种用途中不一定是最重要的特性。例如，对一个坐标测量机的一些应用，最重要的统计特性是小的偏移和方差。一个具有这些特性的坐标测量机将产生与证明过的标准值很近的测量结果，该标准值能追溯到国家有关标准。从这样一台仪器所得到的数据对分析一个制造过程可能是十分有用的。

但是，不管其偏移和方差可能如此小，在某些常用条件下，同一台坐标测量机由于其错误分类比率太高而不能在好产品和坏产品间做可接受的分辨工作。因此，在那些常用条件下，该坐标测量机对分析制造过程是可接受的，与此同时对做最后项目检查是不可接受的。

管理阶层有责任识别对数据最终使用最重要的统计特性。管理阶层也有责任确保用那些特性作为选择一个测量系统的基础。为了完成这些，需要有关统计特性可操作的定义，以及测量它们的可接受的方法。

尽管每一个测量系统可能需要有不同的统计特性，但有一些特性是所有测量系统必须共有的，如下。

（1）测量系统必须处于统计控制中，这意味着测量系统中的变差只能是由于普通原因而不是由于特殊原因造成的，这可称为统计稳定性。

（2）测量系统的变异必须比制造过程的变异小。

（3）变异应小于公差带。

（4）测量精度应高于过程变异和公差带两者中精度较高者，一般来说测量精度是过程变异和公差带两者中精度较高者的十分之一。

（5）测量系统统计特性可能随被测项目的改变而变化。若真的如此，则测量系统最大的（最坏）变差应小于过程变差和公差带两者中的较小者。

3. 通用指南

评定测量系统的第一步是验证该系统一直在测量正确的变量。如果一直在测量错误的变量，那么无论该测量系统多么准确或精密，都将是徒劳无益的。

评定测量系统的第二步是确定该测量系统必须具有的统计特性。为此，明确如何采集和运用数据是重要的，否则是不能够确定恰当的统计特性的。在确定统计特性之后，必须评定该测量系统实际上是否具有这一特性。

测量系统的评定通常分为两个阶段，称为第一阶段和第二阶段。在第一阶段，要理解被评定的测量过程并确定该测量系统能否满足需要。第一阶段试验有两个目的，第一是确定该测量系统是否具有所需要的统计特性。这种试验应在实际使用测量系统之前进行。如果试验表明该测量系统具有合适的特性，那么该测量系统被称为在预期的使用中具有可接受的质量，并且该测量系统能够被使用。另一方面，如果测量系统不具备正确的特性，则不应使用它。一般地，可能需要几个单独的试验来确定一个测量系统是否可接受。第一阶段试验的第二个目的是发现对测量系统有显著影响的环境因素。例如，一项试验可能包括几个不同水平的环境因素。环境温度是这些因素之一。如果第一阶段试验表明环境温度对测量的质量有显著影响，那么，应选择在大气可控制的环境下使用该测量系统；如果试验表明周围环境温度对测量系统没有明显的影响，那么该测量系统可放心地在车间里使用。

第二阶段试验的目的是验证被认为可行的测量系统持续具有的恰当的统计特性。常见的被称为“量具 R&R”（重复性和再现性）试验。第二阶段试验通常按正常校准程序、维护程序和计量程序的一部分日常工作来完成，但是也可以相互独立地完成。试验程序应完全文件化。

4. 选择和制定试验程序

W.E.戴明在《评价的逻辑》中指出，“要理解并遵守限制，则任何技术都可能是有用的”。

许多方法可用于评定测量系统。选择使用哪种方法取决于许多因素，这些因素必须针对被评定的测量系统一一确定。在某些情况下，为确定一个方法对一个特殊的测量系统是否合适，需要预先试验。这种预先试验应是上节讨论的第一阶段试验的整个部分。

当选择或制定一个评定方法时，一般应考虑的问题如下。

（1）试验中是否应使用可溯源至权威机构的标准?如果是，什么等级的标准是合适的?标准是评定一个测量系统的准确度所必须遵守的。不使用标准，也能评定测量系统的变异性，但很难按合理的可信性评定该系统的准确度。缺乏这样的可信性可能是一个问题。例如，试图解决生产商测量系统和顾客测量系统之间明显的差别就是如此。

（2）对于第二阶段正在进行的试验，应考虑使用盲测。盲测是指在实际测量环境下，在操作者事告不知正在对该测量系统进行评定的条件下，获得的测量结果，通过适当的管理，根据盲测得到的试验结果通常不受众所周知的霍桑效应所干扰。

（3）试验成本。

（4）试验所需要的时间。

（5）任何其定义没有被普遍接受的术语应作出可操作的定义。这些术语如准确度、精密度、重复性和再现性等。

（6）是否需要将被评定测量系统取得的测量结果与另外一个测量系统得到的测量结果进行对比?如果需要，应考虑可溯源的标准试验方法。否则，如果两个测量系统都不能正常工作，无法确定哪个系统需要改进。

（7）第二阶段试验应每隔多久进行一次?这个问题应由测量系统的统计特性及其对该设备的影响和顾客来决定。

7.3.2　评定测量系统的程序

1. 引言

1）背景说明

广泛用于国际汽车行业及其他先进工业领域以评价用于生产过程的测量系统，主要包括如下几个方面的统计特性。

（1）重复性；

（2）再现性；

（3）偏移；

（4）稳定性；

（5）线性。

上述评定项目和实施有时被称为“量具 R & R ”程序。这是因为它们常常只是用来评价再现性和重复性这两项统计特性。

在某些情况下，唯一需要的改进也许是采用标准的盲测，即试验中使用测量系统的方式与实际工作一样。这种方式获得的数据可以用来分析和评价整个测量系统的再现性和重复性。但是，评价整个测量系统需要的改进是相当复杂的，应由对统计理论及实践相当精通的专业人员来进行。

2）评价体系基本问题

评价测量系统需要确定的 3 个基本问题。

（1）这种测量系统有足够的分辨力吗?

（2）这种测量系统在一定时间内是否在统计上保持一致?

（3）这些统计性能在预期范围内是否一致，并且用于过程分析或控制是否可接受?

对这些问题的确定同过程的变差联系起来是很有意义的。长期存在着的把测量误差只作为公差范围百分率的传统，不足以迎接未来重点在于持续过程改进的市场挑战。

3）测量系统变差的类型

测量系统变差可以分成 5 种类型：'偏移，重复性，再现性，稳定性以及线性。

测量系统研究的目的之一是获得测量系统与环境交互作用时该系统有关测量变差量和

类型的信息。这个信息是有价值的，因为对于一般的生产过程，确认重复性和校准偏移，以及为它们确定合理的极限，比提供具有非常高重复性的、特别准确的量具更实际。应用这种研究可提供如下优势。

（1）接受新测量设备的准则；

（2）一种测量设备与另一种的比较；

（3）评价怀疑有缺陷的量具的根据；

（4）维修前后测量设备的比较；

（5）计算过程变差，以及生产过程的可接受水平；

（6）作出量具特性曲线（GPC）的必要信息。

4）变差定义

下列定义帮助描述与测量系统有关的误差或变差类型，以便在其后的讨论中清楚地理解各个术语。

（1）偏移：如图 7.16（a）所示，偏移是测量结果的观测平均值与基准值的差值。基准值，也称为可接受的基准值或标准值，是充当测量值的一个一致认可的基准。基准值可以通过采用更高级别的测量设备（例如，计量实验室或全尺寸检查设备）进行多次测量，取其平均值来确定。

偏移常被称为“准确度”。因为“accuracy”在字面上有许多意思，用它替代“偏移”是不可取的。对测量系统的偏移的分析，实质是评价其测量物理量时获得的观测值的准确程度。如果偏移小，测量系统被使用时，准确度高，容易获得广泛信任。否则，测量系统被认可的程度将大打折扣。

（2）重复性：如图 7.16（b）所示，重复性是由一个评价人，采用一种测量仪器，多次测量同一零件的同一特性时获得的测量值的变差。特点是在相同的测量系统下，多次测量，获得多个测量数据，通过分析每次测量获得的数据之间相近的程度，评价测量系统的重复性。感性地讲，如果测量系统质量好，多次测量的结果应该很接近，甚至等同。因此重复性变差越小越好。

（3）再现性：如图 7.16（c）所示，再现性是由不同的评价人（如操作者 A 和操作者 B），采用相同的测量仪，测量同一零件的同一特性时测量平均值的变差。再现性变差与重复性变差之间的差别是操作人不同，这实质是测量系统发生了变化，因为人员是测量系统的一部分。

（4）稳定性：如图 7.16（d）所示，稳定性（或漂移）是测量系统在某持续时间内（如 $t_1 \sim t_2$）测量同一基准或零件的单一特性时获得的测量值总变差。

（5）线性：如图 7.16（e）所示，线性是在量具预期工作范围内偏移值的差值。

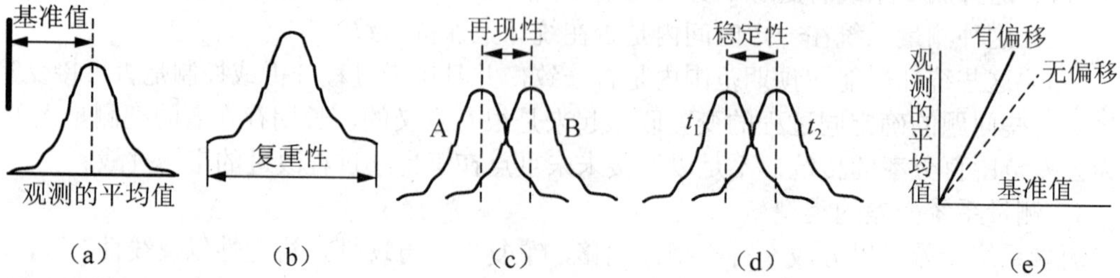

图 7.16 测量系统变差定义示意图

2. 测量系统分析

对测量系统进行分析的目的应是为了更好地理解影响测量系统测量结果的变差的来源。像过程一样，对用来描述测量系统变差的类别可以赋予下列特性。

（1）定位特性，包括稳定性、偏移和线性特性。

（2）宽度或范围特性，包括重复性和再现性。

除了讨论这些特性外，还要分析测量系统的分辨力及如何定量表示零件内变差对整个测量系统变差的影响。

选择或分析测量系统时，应关注测量系统的分辨能力，即测量系统检出并如实指示被测特性中极小变化的能力，也称为分辨率。如果测量系统没有足够的分辨力，它可能不是识别过程变差或定量表示零件特性值的适宜系统。如果不能测定出过程的变差，这种分辨力用于分析是不可接受的；如果不能测定出特殊原因的变差，用于控制也是不可接受的。如果相对于过程变差，可视分辨率较小，则测量系统具有足够的分辨率。因此为获得具有足够分辨率的测量系统，应规定可视分辨率最多是过程的6σ（标准偏差）的十分之一，而不是传统的规则，即可视分辨率最多为公差范围的十分之一。

1）稳定性及其分析原理

研究与测量系统相关的稳定性问题时，尤其重要的是区分两个稳定性。一个是一般讲的测量系统的稳定性，即对于给定零件或标准零件随时间变化系统偏移中的总变差量；另一个是统计稳定性，这是一个更常用的术语，不仅仅应用于稳定性，而且应用于重复性、偏移、一般过程等。重要的是认识到可能有两个测量系统测量同一标准零件，两者都显示统计稳定性，然而一个系统的偏移随时间变化可能明显高于另一个。从统计角度来讲，它们是“同样”的稳定。从传统的测量仪器稳定性来讲，随时间变化具有较大偏移变化的系统被认为没有较低偏移变化的系统稳定。

当谈到测量系统统计稳定性时，讨论的主要问题常常是系统处于稳定的时间长度。如“短期稳定性”及“长期稳定性”这样的术语有时作为测量系统分析方法的假设。尽管在分析任何过程的统计稳定性时，时间是重要因素，但更重要的因素是在稳定性分析期间内系统外部的条件。因此，没有专业知识，很难确定一个好的分析计划（时间表）。

如果测量系统在预热期间漂移，通过采用控制限评价为统计不稳定，则该系统在预热期间是统计不稳定的。同样地，随着温度的改变而波动的系统在温度变化期间可能不是统计稳定的。测量系统的损耗（损耗率取决于零件设计及损耗特性）可能需要数月时间才表现出统计不稳定性。因腐蚀而产生变化的测量系统，不使用期间可能改变，但一经清洗及正常使用可能是统计稳定的。

应努力使测量系统对所有产生统计不稳定性的条件不敏感。但有时是不可能和/或不经济的。当评价测量系统的统计稳定性时，必须考虑到系统使用寿命期间会遇到的预期环境、使用者、零件及方法。对测量系统的环境条件，可能更换的零件等都进行检查是不合理的，所以很重要的是，评价测量系统统计稳定性之前，应确定优先考虑的因素。确定优先因素，可以采用过程改进工具如因果图、过程流程图和过程模型等方法。

可以应用控制图确定统计稳定性。控制图能够分离影响测量结果产生的变差的原因，如普通原因变差和特殊原因变差。需要着重指出的是，使用控制图时，不仅必须注意落在控制限以外的点，还应注意其他特殊原因信号如趋势和中心线附近的点。在许多 SPC（统计过程控制）出版物中有检测这些信号的指南。这些信号的出现及控制限外单点或多点都表明失控或不稳定状态。

研究测量系统稳定性的方法之一是在基准上画出重复读数的平均值和极差。从这种分析中可以确定是否存在失控信号和测量系统中是否需要校准。没有失控信号的校准很可能增加测量系统读数的变差。还有可能由于主机或关键件变脏而出现失控信号。无论哪种情况发生，能否确定包含在失控信号内的信息，取决于对过程的掌握程度。

用于测量系统控制图的样本容量及抽样频率的确定也依赖于对测量系统的了解。主要考虑的还是使用过程中测量系统所有的外部条件。例如，如果确信使用者在使用系统之前提供足够的预热时间，研究测量系统的抽样也应在预热之后进行。如果一个测量要花费 10 分钟或以上的时间，则合理的样本容量可以是 1。

2）偏移及其分析原理

为了确定测量系统偏移，研究或获得被测零件的基准值是必要的。通常可在工具室或全尺寸检验设备上完成基准值的测量。如果不可能按这种方法对所有样件进行测量，可采用下列替代的方法。

（1）在工具室或全尺寸检验设备上对样本之一进行精密测量，获得基准值。

（2）让一位评价人用被评价的量具测量相同的被精密测量过的样本至少 10 次，获得读数。

（3）计算读数的平均值。基准值与平均值之间的差值表示测量系统的偏移。

如果偏移相对比较大，调查如下可能的原因。

（1）基准的误差；

（2）磨损的零件；

（3）制造的仪器尺寸不对；

（4）仪器测量非代表性的特性；

（5）仪器没有正确校准；

（6）评价人员使用仪器不正确。

【偏移示例】偏移由基准值与测量观测平均值之间的差值确定。为此，一位评价人对一个样件测量 10 次。10 次测量值如下所示。由全尺寸检验设备确定的基准值为 0.80mm，该零件的过程变差为 0.70mm。

$$x_1=0.75,\ x_2=0.75,\ x_3=0.80,\ x_4=0.80,\ x_5=0.65,$$
$$x_6=0.80,\ x_7=0.75,\ x_8=0.75,\ x_9=0.75,\ x_{10}=0.70$$

观测平均值 $\bar{x}$ 为测量结果总和除以 10，其计算式和计算结果为

$$\bar{x}=\frac{\sum_{i=1}^{10}x_i}{10}=\frac{7.5}{10}=0.75$$

如图 7.17 所示，偏移是与观测平均值基准值间的差值。

偏移$=X_b=$观测平均值$-$基准值$=0.75-0.80=-0.05$

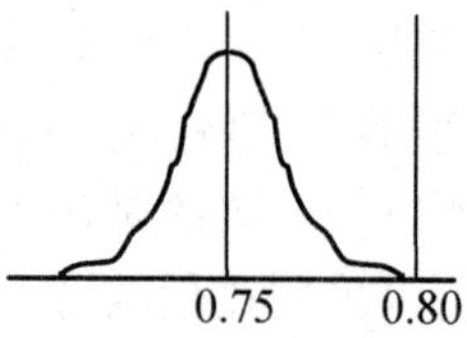

图 7.17　偏移样例

偏移占过程变差的百分比 λ_b 计算如下

λ_b=100（偏移的绝对值/过程变差）/100=（5/0.70）/100=7.1%

偏移占容差百分比采用同样方法计算，式中用容差代替过程变差。

因此，在测量系统分析研究中，使用的测量系统（如厚薄规）的偏移为-0.05mm。这意味着测量观测值平均比基准值小 0.05mm，是过程变差的 7.1%。

上述计算的偏移是否符合要求，取决于样本精度（零件精度）及对测量系统准确度的要求。显然，如果样本精度为 0.01，则该测量系统肯定不符合要求；如果样本精度为 0.10，则该测量系统可能符合要求，这取决于计量法规规定。

3）重复性及其分析原理

测量过程的重复性意味着测量系统本身变异的一致性。仪器自身以及零件在仪器中位置变化导致的测量变差是重复性误差的两个一般原因。由于样本子样的重复测量的极差反映了这两种变差，因此极差图将显示测量过程的一致性。如果极差图失控，一般说来，可以推断测量过程的一致性有问题，测量系统重复性误差过大，应调查识别失控点的不一致性原因并实施纠正。

如果极差图受控，则仪器变差及测量过程在研究期间是一致的，一般来说，可以认为测量系统的重复性满足要求。

重复性标准差或仪器变差（σ_e）的估计值为

$$\sigma_e = \frac{\overline{R}}{d_2^*}$$

式中，$\overline{R}$ 为重复测量的平均极差，重复性（假定为两次重复测量，评价人数乘以样本数量大于 15）将为 $5.15\sigma_e$ 或 $4.65\overline{R}$，代表正态测量过程结果的 99%；d_2^* 等于 1.128，可从表 7-6 查出。

表 7-6　d_2^* 取值表

		m=1 位评价人重复测量一个样本的次数									
		2	3	4	5	6	7	8	9	10	11
g=评价人员数与样本个数之积 g	1	1.41	1.91	2.24	2.48	2.67	2.83	2.96	3.08	3.18	3.27
	2	1.28	1.81	2.15	2.40	2.60	2.77	2.91	3.02	3.13	3.22
	3	1.23	1.77	2.12	2.38	2.58	2.75	2.89	3.01	3.11	3.21
	4	1.21	1.75	2.11	2.37	2.57	2.74	2.88	3.00	3.10	3.20
	5	1.19	1.74	2.10	2.36	2.56	2.73	2.87	2.99	3.10	3.19
	6	1.18	1.73	2.09	2.35	2.56	2.73	2.87	2.99	3.10	3.19
	7	1.17	1.73	2.09	2.35	2.55	2.72	2.87	2.99	3.10	3.19
	8	1.17	1.72	2.08	2.35	2.55	2.72	2.87	2.98	3.09	3.19
	9	1.16	1.72	2.08	2.34	2.55	2.72	2.86	2.98	3.09	3.18
	10	1.16	1.72	2.08	2.34	2.55	2.72	2.86	2.98	3.09	3.18
	11	1.16	1.71	2.08	2.34	2.55	2.72	2.86	2.98	3.09	3.18
	12	1.15	1.71	2.07	2.34	2.55	2.72	2.85	2.98	3.09	3.18
	13	1.15	1.71	2.07	2.34	2.55	2.71	2.85	2.98	3.09	3.18
	14	1.15	1.71	2.07	2.34	2.54	2.71	2.85	2.98	3.08	3.18
	15	1.15	1.71	2.07	2.34	2.54	2.71	2.85	2.98	3.08	3.18
	＞15	1.128	1.693	2.059	2.326	2.534	2.704	2.847	2.970	3.078	3.173

【重复性分析案例】从生产过程中选取 5 件样品。选择两名经常进行该测量的评价人参与研究。每位评价人对每个零件测量 3 次，测量结果记录在数据表中，见表 7-7。

表 7-7 重复性分析案例数据

评价人	样本	测量次数和结果			分析计算	
		1	2	3	平均值	极差
甲	1	217	216	216	216.3	1.0
	2	220	216	218	218.0	4.0
	3	217	216	216	216.3	1.0
	4	214	212	212	212.7	2.0
	5	216	219	220	218.3	4.0
	平均值				216.3	2.4
乙	1	216	219	220	218.3	4.0
	2	216	216	220	217.3	4.0
	3	216	215	216	215.7	1.0
	4	216	212	212	213.2	4.0
	5	220	220	220	220.0	0.0
	平均值				216.9	2.6

通过计算每个样本（子组）的平均值 $\overline{x}$ 及极差 R 来分析数据。极差值标绘在极差控制图上并计算平均极差 $\overline{R}$。根据试验次数（m=3）查表 7-8 可得出系数 D_3 和 D_4，并进一步计算极差图的控制限。画出控制图（见图 7.18，关于控制图的理论和制作方法见本书关于 SPC 的单独章节），确定子组极差是否受控。如果所有子组的极差都受控，则所有评价人看起来“相同”。如果仅有一名评价人失控，说明他的方法与其他人不同。如果所有评价人都有一些失控的极差，则测量系统对评价人的技术是敏感的，是测量工具的问题，需要改进。

甲、乙评价人极差平均值=$\overline{R}$=25 / 10=2.5

D_3=0.000，D_4=2.575（见表 7-3）

控制图上控制限=$UCL_R=\overline{R}\times D_4=2.5\times 2.575=6.4$

控制图下控制限=$LCL_R=\overline{R}\times D_3=0.000$

重复性标准差

$$\sigma_e=\frac{\overline{R}}{d_2^*}=\frac{2.5}{1.72}=1.45$$

因此，重复性为 $5.15\sigma_e=5.15\times1.45=7.5$，式中 5.15 代表正态分布的 99%测量结果。

表 7-8 计算极差控制图控制限系数 D_3 和 D_4 取值表

重复测量次数 m	A_2	D_3	D_4
2	1.880	0	3.267
3	1.023	0	2.575
4	0.729	0	2.282
5	0.577	0	2.115
6	0.483	0	2.004
7	0.419	0.076	1.924

（续表）

重复测量次数 m	A_2	D_3	D_4
8	0.373	0.136	1.864
9	0.337	0.184	1.816
10	0.308	0.223	1.777
11	0.285	0.256	1.744
12	0.266	0.284	1.716
13	0.249	0.308	1.692
14	0.235	0.329	1.671
15	0.223	0.348	1.652

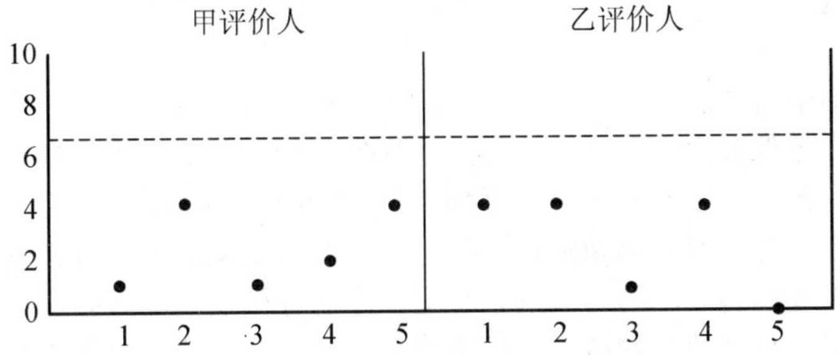

图 7.18　测量系统重复性分析极差控制图示例

4）再现性及其分析原理

测量过程的再现性是指评价人的变异性是一致的。考虑评价人变异性的一种方法是认为变异性代表每位评价人造成的增量偏移。如果这种偏移或评价人的变异性真正存在，每位评价人的测量结果的平均值将会不同，这可以通过比较评价人对每个零件测量的平均值来验证，在均值控制图上可以反映这种变异特征。

评价人的变异性（即所谓再现性）可通过确定每一评价人所有平均值，然后从评价人最大平均值减去最小平均值的得到极差 R_0 来估计。再现性的标准偏差 σ_0 估计为

$$\sigma_0=\frac{R_0}{d_2^*}$$

如果有 2 名评价人，则再现性为 $5.15\sigma_0$ 或 $3.65R_0$，代表正态测量结果的 99%落入可接收的范围，d_2^* 等于 1.41（见表 7-6）。

【再现性示例】根据表 7-7 所示数据，通过平均每位评价人获得的所有样品值来计算各位评价人平均值，确定评价人平均值的极差 R_0 为

$$R_0=216.9-216.3=0.6$$

评价人标准偏差估计为

$$\sigma_0=\frac{R_0}{d_2^*}=\frac{0.6}{1.41}=0.4$$

式中，d_2^* 从表 7-1 获得，它取决于评价人的人数 m=2（相当于重复性的试验次数，对于再现性而言，1 个评价人评价相当于 1 次试验）；g 等于极差数目，这里 g=1，因为只有 1 个极差。

再现性=5.15 σ0 =5.15×0.4=2.1

由于量具变差影响了该估计值，必须通过减去重复性部分来校正，具体计算公式为

$$\sqrt{\left(5.15\frac{R_0}{d_2^*}\right)^2 \frac{(5.15\sigma_e)^2}{nr}}$$

式中，n=零件数量=5，r=试验次数=3。因此，校正以后的再现性为

$$\sqrt{2.2^2-\frac{7.5^2}{5\times 3}}=1.0$$

校正后的评价人标准偏差为

$$\sigma_0=\frac{1.0}{5.15}=0.19$$

5）零件间变差

在均值控制图中可观察零件间的变差。对每位评价人来说，子组平均值反映出零件间的差异。由于单个零件多次重复测量获得的平均值的控制限值以重复性误差为基础，而不是多个零件间的变差，所以许多子组的平均值在控制限以外。如果子组平均值没有在控制限之外的情况，则零件间变差被隐蔽在重复性中。测量变差支配着过程变差，如果这些零件的变差用来代表过程变差，则此测量系统用于分析过程是不可接受的。

相反地，如果有较多的平均值落在控制限之外，并且评价人对零件平均值与总平均值不相同情况具有一致的意见，则该测量越有用。如果大多数零件平均值落在控制限外，且评价人一致同意哪些零件平均值该落在控制限之外，那么一般认为测量系统是适当的。因此，$\overline{X}$ 图表明测量系统测量零件的相对能力。在某些情况下，这种评价足够用来确定测量系统是否合适。

一旦测量重复测量和再现测量过程是一致的（极差图受控），而且可检测出零件间变差（均值图的大部分点在控制限外），那么可确定测量系统占过程变差的百分比。测量系统标准偏差 σ_m 估计为

$$\sigma_m=\sqrt{\sigma_e^2+\sigma_0^2}$$

式中，σ_e 为量具标准偏差；σ_o 为评价人标准偏差。

零件间标准偏差可由测量系统研究的数据或独立的过程能力研究确定。如果采用测量系统研究，则零件标准偏差 σ_p 的估计是通过确定每一零件平均值，然后找出样本平均值极差 R_P。零件间标准偏差 σ_p 估计为

$$\sigma_p=\frac{R_p}{d_2^*}$$

零件（假定 5 个零件）间变差为 5.15 R_P/d_2^* 或 2.08R_P，代表正态分布的 99%测量结果，d_2^* 等于 2.48（见表 7-6）。

与测量系统的再现性与重复性相关的过程变差百分比一般称为%R&R，由 σ_m/σ_t 来估计，式中 σ_t 为总过程标准差。通过测量系统分析计算得出的 σ_t 称为研究变差标准差，由下式计算得到

$$\sigma_t=\sqrt{\sigma_p^2+\sigma_m^2}$$

如果 σ_t 由独立的过程能力研究获得，那么过程标准差自身也可用来确定%R&R。σ_p 也可由过程能力研究确定为

$$\sigma_p = \sqrt{\sigma_t^2 - \sigma_m^2}$$

与测量系统重复性及再现性相关的容差的百分比估计为 5.15×（σ_m/容差）×100。产品尺寸的分级（数据分级）数，可以根据（σ_m/容差）×1.41 或 1.41×（PV/R&R）来确定。

如果数据分级数量少于 2 个，测量系统用于控制过程没有任何意义。测量结果完全是干扰，不能确定一个零件不同于另一个。

如果数据数量为 2 个，这样数据可分为高和低两组，这与计数型数据等同。

对于过程分析来说，数据分级数必须在 5 个以上，这样测量系统才是可接受的，因此，容差百分率、过程变差百分率、数据分级数是估计测量系统可接受性的不同量度。

【零件间变差示例】根据表 7-7 所示数据，在均值图上对各位评价人以相同的零件号顺序标绘每个子组的平均值 $\overline{X}$（见图 7.19）。平均值代表零件变差及测量变差。

总平均值 $\overline{\overline{\chi}}$=433.2/2=216.6。本图所用控制限计算如下

$$UCL_X=\overline{X}+A_2\overline{R}=216.6+1.023\times2.5=219.2$$

$$LCL_X=\overline{X}-A_2\overline{R}=216.6-1.023\times2.5=214.0$$

式中，试验次数为 3；A_2 系数来自表 7-8。

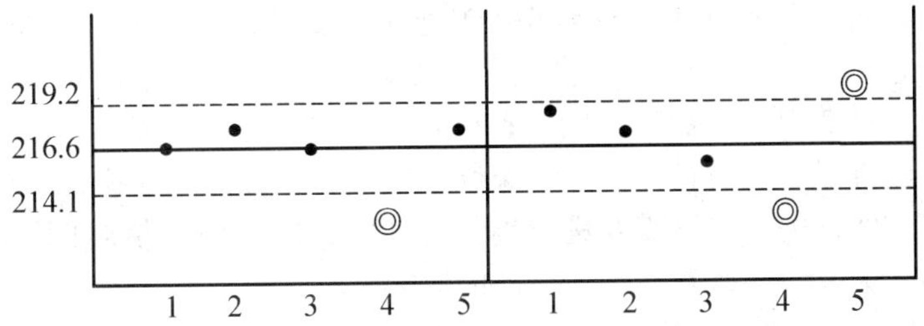

图 7.19　零件评价人均值控制图

由于只有 30%或少于一半的平均值在控制限外，本例中的测量系统不足以检测出零件间变差（本分析假定研究中使用的零件能够代表总的过程变差）。

测量系统标准差 σ_m 为

$$\sigma_m = \sqrt{\sigma_e^2 + \sigma_0^2} = \sqrt{1.45^2 + 0.19^2} = 1.46$$

则测量系统变差或称量具 R&R= 5.15σ_m =7.5

为计算表 7-7 中数据的零件变差，通过平均所有评价人对每一样本的测量值来计算每一零件的样本平均值。在这个例子中，零件 1 至 5 的零件平均值分别为 217.3，217.7，216.0，213.0 及 219.2。根据样本平均值，样本平均值极差 R_P 是通过最大（219.2）减去最小（213.0）计算得出，即 R_p=6.2。零件间标准偏差 σ_p 为

$$\sigma_p = \frac{R_p}{d_2^*} = \frac{6.2}{2.48} = 2.50$$

d_2^* 由表 7-6 查出，它取决于零件总数（m=5）和 g，这里 g=1，因为只有一个极差计算。

在正态曲线下 99%范围内零件变差=PV=5.15×2.50=12.9

总过程变差标准差σ_t为

$$\sigma_t=\sqrt{\sigma_p^2+\sigma_m^2}=\sqrt{2.50^2+1.47^2}=2.90$$

研究得出的总过程变差=TV=5.15×2.90=14.9

测量系统变差占总过程变差的百分比%R&R 为

$$\%R\&R=100(\sigma_m/\sigma_t)\%=100\times(7.6/14.9)\%=51.0\%$$

数据分级数=（PV/R&R）×1.41=（12.8/7.6）×1.41=2.4

研究结果数据提示，该测量系统不适于过程分析，但可用于过程控制。

6）线性及其分析原理

在测量仪器的工作范围内选择一些零件可确定线性。这些被选零件的偏移由基准值与测量观察平均值之间的差值确定。最佳拟合偏移平均值与基准值的直线的斜率乘以零件的过程变差（或容差）是代表量具线性的指数。为把量具线性转换成过程变差（或容差）的百分率，可将线性乘以 100 然后除以过程变差（或容差）。至于稳定性，建议分析技术可采用图形，即带最佳拟合直线的散点图。

正如在偏移研究中一样，零件的基准值可由工具室或全尺寸检验设备确定。在操作范围内选取的零件由一个或多个评价人测量，确定每一零件的观察平均值，基准值与观察平均值之间的差值为偏移，要确定各个被选零件的偏移。线性图就是在整个工作范围内的这些偏移与基准值之间描绘的。如果线性图显示可用一根直线表示这些标绘点，则偏移与基准值之间的最佳线性回归直线表示这两个参数之间的线性。线性回归直线的拟合优度 R^2 确定偏移与基准是否有良好的线性关系。系统的线性及线性百分率由回归线斜率及零件过程变差（或容差）计算得出。如果回归线有很好的线性拟合，那么可以评价线性幅度及线性百分率来确定线性是否是可接受的。如果回归线没有很好的线性拟合，那么可能偏移平均值与基准值有非线性关系。这需要进一步分析以判定测量系统的线性是否可接受。

如果测量系统为非线性，查找如下可能的原因。

（1）在工作范围内的上限和下限没有正确校准；

（2）最小或最大值校准存在误差；

（3）磨损的仪器；

（4）仪器固有的设计特性。

【线性示例】某工厂领班对确定某测量系统的线性感兴趣。基于该过程变差（过程边差=6），在测量系统工作范围内选定 5 个零件。通过全尺寸检验设备测量每个零件以确定它们的基准值。然后一位评价人对每个零件测量 12 次。零件随机抽取，每个零件平均值与偏移平均值的计算如表 7-9 所示。

表 7-9　测量系统线性分析示例数据表

试验次数（测量次数）	样本零件				
	1	2	3	4	5
1	2.70	5.10	5.80	7.60	9.10
2	2.50	3.90	5.70	7.70	9.30
3	2.40	4.20	5.90	7.80	9.50
4	2.50	5.00	5.90	7.70	9.30

（续表）

试验次数（测量次数）	样本零件				
	1	2	3	4	5
5	2.70	3.80	6.00	7.80	9.40
6	2.30	3.90	6.10	7.80	9.50
7	2.50	3.90	6.00	7.80	9.50
8	2.50	3.90	6.10	7.70	9.50
9	2.40	3.90	6.40	7.80	9.60
10	2.40	4.00	6.30	7.50	9.20
11	2.60	4.10	6.00	7.60	9.30
12	2.40	3.80	6.10	7.70	9.40
零件平均值	2.49	4.13	6.03	7.71	9.38
基准值	2.00	4.00	6.00	8.00	10.00
偏移	0.49	0.13	0.03	−0.29	−0.62
极差	0.40	1.30	0.70	0.30	050

偏移与基准值之间的交点如图 7.20 所示，最佳拟合这些点的线性回归直线及该直线的拟合优度（R^2）计算如下

$$y=b+ax$$

式中，x——基准值；

y——偏移；

a——斜率。

根据线性回归最小二乘法，可以得到

$$a=\frac{\sum xy-\sum x\frac{\sum y}{n}}{\sum x^2-\frac{\left(\sum x\right)^2}{n}}=-0.1317d$$

$$b=\sum\frac{y}{n}-a\times\sum\frac{x}{n}=0.7367$$

$$R^2=\frac{(\sum xy-\sum x\frac{\sum y}{n})^2}{[\sum x^2-\frac{\left(\sum x\right)^2}{n}][\sum y^2-\frac{(\sum y)^2}{n}]}=0.98$$

根据上述分析结果，可以得到

偏移$=b+ax=0.7367-0.1317\times$基准值

线性$=|a|\times$过程变差$=0.1317\times6.00=0.79$

%线性=100（线性/过程变差）%=13.17%

拟合优度 $R^2=0.98$

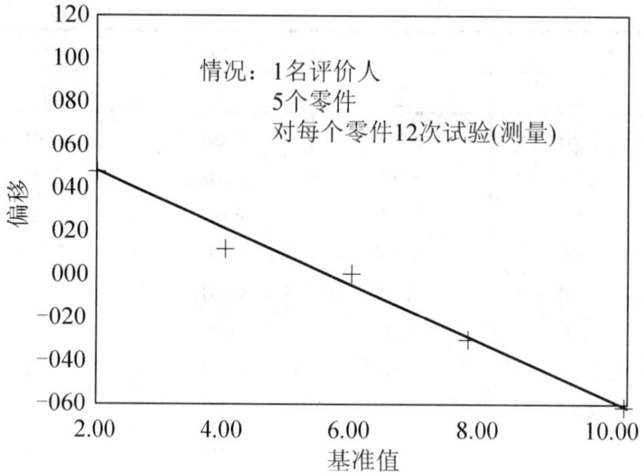

图 7.20　测量系统线性度

拟合优度可用来推断偏移与基准值之间的线性关系以及线性是否可接受。但是必须再次强调，线性是由最佳拟合直线的斜率而不是拟合优度（R^2）的值确定的。一般地，斜率越低，量具线性越好；斜率越大，量具线性越差；斜率等于 0，说明没有偏移。

3. 测量系统研究的准备

1）测量系统分析准备

实施测量系统研究之前应先进行充分的准备。一般情况下，所需要的准备如下。

（1）计划确定将要使用的方法。例如，通过利用工程推理，直观观察或测量研究确定是否存在评价人在校准或者使用仪器中产生影响的情况。有些测量系统的再现性影响可以忽略，例如按按钮，打印出一个数字等。

（2）评价人的数量，样品数量及重复读数次数应预先确定。应考虑的因素如下。

① 尺寸的关键性——关键尺寸需要更多的零件和/或试验。原因是量具评价需要一定的置信度。

② 零件结构——大或重的零件可规定较少样品和较多试验（测量次数）。

（3）由于其目的是评价整个测量系统，评价人的选择应从日常操作仪器的人中挑选。

（4）必须从过程中选取样本，样本应具有代表性。有时需要每一天取一个样本，持续若干天才能完成取样。由于对每个零件要测多次，应对零件进行编号以便于识别。

（5）仪器的分辨力应允许至少直接读取特性的预期过程变差的十分之一。例如，如果特性的变差为 0.001，仪器应能读取 0.0001 的变化。

（6）确保测量方法（即评价人和仪器）按照规定的测量步骤测量特征尺寸。

2）测量系统分析方式

测量系统分析的方式十分重要。本书所介绍的所有分析都假定各次读数的统计独立性。为最大限度地减少误导结果的可能性，应采取下列步骤如下。

（1）测量应按随机顺序进行，以确保整个研究过程中产生的任何漂移或变化将随机分布。评价人不应知道正在检查零件的编号，以避免可能的偏移。但是进行研究的人应知道正在检查哪一零件，并相应记下数据。如评价人 A，零件 1，第一次试验；评价人 B，零件

4，第二次试验等；

（2）测量结果的读数应估计到可得到的最接近的数字。如果可能，读数应取至最小刻度的一半。例如，如果最小刻度为 0.0001，则读数的估计应圆整为 0.00005；

（3）测量系统的研究工作应由知其重要性且仔细认真的人员进行；

（4）评价人应采用相同方法，包括所有步骤，来获得读数。

4. 计量型测量系统研究指南

1）稳定性分析指南

稳定性分析应该按以下步骤和内容进行。

（1）获取一个样本并确定其相对于可追溯标准的基准值。如果不能得到基准值，则选择一个落在产品测量中位数的产品零件，并指定它作为标准样本进行稳定性分析。

（2）定期（天，周）测量 3 至 5 次。样本容量和频率应基于对测量系统的了解。因素包括要求多长时间重新校准或维修，测量系统使用的频率，以及操作条件如何重要等。读数应在不同时间读取以代表测量系统实际使用的情况。这些还包括预热、环境或其他在一天内可能变化的因素。

（3）在 $\bar{x}\&R$ 或 $\bar{x}\&S$ 控制图中描点画图。

（4）确定每个曲线的控制限并按标准曲线图判断失控或不稳定状态。

（5）计算测量结果的标准差并与测量过程变差相比较，确定测量系统的重复性是否适于应用。

注意：必要时，采用试验设计和其他分析解决问题的技术，以确定测量系统缺乏稳定性的主要原因。

2）偏移分析指南

（1）独立样本法。

① 获取一样本并确定其基准值。如果不能得到基准值，则选择一个落在产品测量中位数的产品零件，并指定它作为标准样本进行偏移分析。在工具间测量该零件 10 次，并计算这 10 次读数的平均值。把这个平均值作为“准值”。可能需要准备测量范围的最小值、最大值和中位数的标准样本。每个样本都要求单独分析。

② 让一位评价人以通常的方法测量该零件 10 次。

③ 计算 10 个读数的平均值。

④ 用平均值减去基准值计算偏移

偏移=观测平均值-基准值

过程变差=6σ

偏移占过程变差百分比=偏移/6σ

（2）图表法。

可以使用测量稳定性的 $\bar{x}$&R 图表数据来计算偏移。

① 获取一个样本并确定基准值。如果不能得到基准样本，则选择一个落在产品测量中位数的产品零件，在工具间测量零件 10 次，将 10 次读数的平均值作为基准值。

② 从图表中计算 $\bar{\bar{x}}$ 值。

③ 用$\bar{\bar{x}}$减去基准值来计算偏移

$$偏移=\bar{\bar{x}}-基准值$$

$$过程变差=6\sigma$$

偏移占过程变差百分比=偏移/6σ

如果偏移较大，应查找以下可能的原因并采取相应的对策：标准或基准值误差，检验校准程序；仪器磨损；仪器尺寸不对；测量了错误特性；操作不当；仪器校正计算不正确。

3）重复性和再现性分析指南

计量型量具的分析可以采用极差法，均值和极差法（包括控制图法）和方差分析法。除极差法外，这些方法的数据结构非常相似。如前所述，这些方法忽略了零件内变差（例如：圆度、锥度、平面度等）。

要定量表示“纯”测量仪器变差，应在研究之前找出零件内部最大变差（例如旋转零件 360 度找出总的不圆度，检查顶部和底部直径找出总的锥度等）。如果零件内最大变差相对被测特性不可忽略（要求对过程了解），应在零件上作标记以指示要测量出全部读数的点、线、面位置。这样可以从量具重复性变差中消除零件内变差，否则，必须意识到量具重复性变差中包括零件内变差。除非有特殊理由，一般在测量系统研究中应考虑零件内变差，因为这个变差会影响零件的配合及功能。不仅如此，还要采用适当的方法来特别地识别整个测量变差中零件内变差分量。

（1）极差法。

极差法可快捷地获得测量变异性的近似值。这种方法只提供量具的总体变差，不区分重复性和再现性。

典型的极差法使用两名评价人和 5 个零件进行分析。每个评价人测量每个零件一次，每个零件的极差是评价人 A 获得的测量结果与评价人 B 获得的测量结果的绝对差值。可以得到这些极差之和并计算出平均极差。总测量变差可通过平均极差乘以 $5.15/d_2^*$ 得到（查表 7-6，这里 m=2，g=零件数）。

【例 1】

零件	评价人 A	评价人 B	R
1	0.85	0.80	0.05
2	0.75	0.70	0.05
3	1.00	0.95	0.05
4	0.45	0.55	0.10
5	0.50	0.60	0.10

$$\bar{R}=（0.05+0.05+0.05+0.10+0.10）/5=0.07$$

$$GR\&R=5.15\times 0.07/1.19=0.303$$

$$过程变差=0.40$$

$$\%GR\&R=100\times 0.303/0.40/100=75.5\%$$

必须根据%GR&R 分析结果确定量具的性能，特别是作出接受与否的决定。根据经验，判别准则如下。

① 小于 10%的误差，可以接受；

② 大于 10%小于 30%，考虑应用的重要性、测量装置成本、维修成本等情况，可能接受；

③ 大于 30%，不可接受。

因此，上例分析的量具的重复性和再现性变差为过程变差的 75.5%，不可接受，需要改进。

下一个要介绍的方法是极差法的扩展，是一种更完善的测量系统分析法，称为均值和极差法。

（2）均值和极差法。

均值和极差法是一种提供测量系统重复性和再现性估计的数学方法。与极差法不同，它能把测量系统变差分解成重复性和再现性两部分。方差（ANOVA）法能用来确定这种量具与评价人间的交互作用。但是，均值和极差法与 ANOVA 法两者都可提供有关测量系统或量具误差的信息。

例如，如果重复性变差比再现性变差大，原因可能有：仪器需要维护；刚度低；夹具和检验点需要改进；存在过大的零件内变差。如果再现性变差比重复性变差大，那么可能的原因有：评价人需要更好的培训如何使用量具仪器和读数；量具刻度盘上的刻度不清楚；需要某种夹具帮助评价人提高使用量具的一致性。

均值和极差法分析量具重复性和再现性的程序如下。

① 取得包含 10 个零件的一个样本，代表过程变差的实际或预期范围。

② 选定评价人 A、B 和 C，用 1～10 数码给 10 个零件编号，评价人不能看到这些数字。

③ 必要时对量具进行校准。

④ 让评价人 A、B、C 独立地互不观察地测量被编号的 10 个零件，并让另外的观测人将结果分别记录在表 7-10 第 1、6 和 11 行。

⑤ 重复上述操作过程，把数据填入第 2、7 和 12 行。如果需要测量 3 次，重复上述操作，将数据记录在第 3、8 和 13 行。

⑥ 当零件量过大或无法获得所需零件时，第 4 和第 5 步可以改成下述步骤。

（a）评价人 A 测量第 1 个零件并在第 1 行记录读数，评价人 B 测量第 1 个零件并在第 6 行记录读数，评价人 C 测量第 1 个零件并在第 11 行记录读数。

（b）评价人 A 重复读取第 1 个零件的读数并记录在第 2 行，评价人 B 在第 7 行记录重复读数，评价人 C 在第 12 行记录重复读数。如果需要测量 3 次，则重复上述操作并在第 3、8 和 13 行记录数据。

⑦ 如果评价人在不同的工作班次，可以采用如下测量方法：评价人 A 测量 10 个零件，将读数记录在第 1 行。然后，评价人 A 按照不同的顺序重新测量，并把结果记录在第 2 和第 3 行。评价人 B 和 C 也同样做。

结果分析如下。

重复性和再现性的计算如表 7-10 和表 7-11 所示。表 7-10 是数据表，记录了所有研究结果。表 7-6 是数据报告表，记录了所有识别信息和按规定公式进行的所有计算方法及结果。

表 7-10　重复性再现性均值-极差法数据表

行号	评价人	测量次序	零件										平均值
			1	2	3	4	5	6	7	8	9	10	
1	A	1	0.65	1.00	0.85	0.85	0.55	1.00	0.95	0.85	1.00	0.60	$\overline{X_{a1}}=0.83$
2		2	0.60	1.00	0.80	0.95	0.45	1.00	0.95	0.80	1.00	0.70	$\overline{X_{a2}}=0.825$
3		3											
4		平均值	0.625	1.000	0.825	0.900	0.500	1.000	0.950	0.825	1.000	0.650	$\overline{X_a}=0.8275$
5		极差	0.05	0.00	0.05	0.10	0.10	0.00	0.00	0.05	0.00	0.10	$\overline{R_a}=0.045$
6	B	1	0.55	1.05	0.80	0.80	0.40	1.00	0.95	0.75	1.00	0.55	$\overline{X_{b1}}=0.785$
7		2	0.55	0.95	0.75	0.75	0.40	1.05	0.90	0.70	0.95	0.50	$\overline{X_{b2}}=0.75$
8		3											
9		平均值	0.550	1.000	0.775	0.775	0.400	1.025	0.925	0.725	0.975	0.525	$\overline{X_b}=0.7675$
10		极差	0.00	0.10	0.05	0.05	0.00	0.05	0.05	0.05	0.05	0.05	$\overline{R_b}=0.045$
11	C	1	0.50	1.05	0.80	0.80	0.45	1.00	0.95	0.80	1.05	0.85	$\overline{X_{c1}}=0.825$
12		2	0.55	1.00	0.80	0.80	0.50	1.05	0.95	0.80	1.05	0.80	$\overline{X_{c2}}=0.83$
13		3											
14		平均值	0.525	1.025	0.800	0.800	0.475	1.025	0.950	0.800	1.050	0.825	$\overline{X_c}=0.8275$
15		极差	0.05	0.05	0.00	0.00	0.05	0.05	0.00	0.00	0.00	0.05	$\overline{R_c}=0.030$
16	$\overline{X}_p$		0.567	1.008	0.800	0.825	0.458	1.017	0.942	0.783	1.008	0.667	$\overline{X}=0.8075$ $R_p=0.559$
17	($\overline{R_a}+\overline{R_b}+\overline{R_c}$) /3												$\overline{\overline{R}}=0.04$
18	(Max $\overline{X}=0.8275$) —（Min $\overline{X}=0.7675$）= $\overline{X_{DIFF}}$												0.06
19	($\overline{\overline{R}}=0.04$) ×（$D_4=3.27$）=$UCL_R$												0.13
20	($\overline{\overline{R}}=0.04$) ×（$D_3=0.00$）=$LCL_R$												0.00

备注：[1] $\overline{X}=0.8075$ 是 A、B、C 评价人所有每次测量读数（本例 60 个读数）的和除以总测量次数（本例 60 次）计算的结果。

[2] D_3、D_4 查表所得。

表 7-11　重复性再现性均值-极差法数据报告表

零件编号和名称：垫片 测量参数：厚度 尺寸规格：0.6～1.0mm

量具名称：厚薄规 量具编号：H-3889

来自数据表数据：$\overline{\overline{R}}=0.04$ $\overline{X_{DIFF}}=0.06$ $R_p=0.559$

测量系统分析	变差百分比
重复性-设备变差 EV： $EV=\overline{\overline{R}}\times K_1=0.04\times4.56=0.18$	%EV=18.7%

（续表）

再现性-评价人变差 AV： $AV=\sqrt{(X_{DIFF}\times K_2)^2-EV^2/(nr}=\sqrt{(0.06\times 2.70)^2-0.18^2/(10\times 2)}$ =0.16	%AV=16.8%
重复性和再现性变差 R&R： $R\&R=\sqrt{EV^2+AV^2}=0.24$	%R&R=25.2%
零件变差 PV： $PV=R_p\times K_3=0.559\times 1.62=0.90$	%PV=96.8%
总变差 TV： TV 或 $\sigma_t=\sqrt{(R\&R)^2+PV^2}=0.93$	

备注：

[1] 变差百分比=变差/总变差取百分数。

[2] 所有计算基于 5.15×σ（覆盖正态分布的 99%的范围）。

[3] $K_1=5.15/d_2^*$，d_2^*取决于测量次数 m 和零件数与评价人数的乘积 g，并假设该值大于 15。

[4] $K_2=5.15/d_2^*$，d_2^*取决于评价人数 m 和 g，g 为 1，因为只有单极差计算。

[5] $K_3=5.15/d_2^*$，d_2^*取决于零件数 m 和 g，g 为 1，因为只有单极差计算。

[6] 对于 AV，如果根号下为负，则取评价人变差为缺省值 0。

[7] 如果过程变差已知并且以 6σ 为基础，则可用 TV=5.15×过程变差/6 来换算测量系统总变差。

在测量系统研究中，除上述变差外，还有零件内变差（Within Part Variation），即零件本身特性变异存在的变差，并且混入重复性和再现性分析中。如果零件比较一致，则可忽略它对重复性和再现性的影响，否则应该考虑进行“带零件内变差分析”的研究。这种情况可参考有关专门文献和资料。另外，在应用均值-极差法研究测量系统过程，数据丰富，可以采用平面坐标描绘各种线图，如均值链图、均值图、振荡图等，来形象地描述重复性和再现性变差的来源和形成。

4）线性变差分析指南

线性变差的分析可按以下步骤进行。

（1）选择 5 个零件，由于存在过程变差，这些零件的测量要覆盖量具工作范围；

（2）用全尺寸检验设备测量每个零件，以便确定其基准值和确认包含了被检量具的工作范围；

（3）让通常情况下使用该量具的操作人之一用该量具测量每个零件 12 次，测量时，以随机顺序选择零件以减小主观引起的测量偏移；

（4）计算每个零件平均值和偏移平均值；

（5）画出偏移-基准值图（图 7.20）；

（6）分析回归直线和直线的拟合优度。

5. 量具特性曲线

量具特性曲线（GPC）可以用来分析测量系统接收被测零件的概率。量具期望的和实际的特性曲线 GPC 如图 7.21 所示。一旦确定了误差量，采用该量具系统，就可以计算出接收某基准值零件的概率。

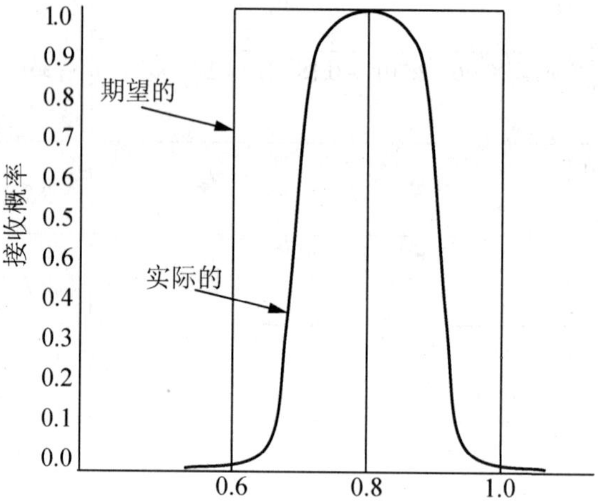

图 7.21 量具特性曲线

为此，假定重复性和再现性为正态分布，其方差为 S^2。如前所述，误差主要在于重复性、再现件和偏移变差。这是均值 $\overline{X}$（即基准值）+偏移和方差为 S^2 的正态分布，即

$$量具误差=N(\overline{X}+B，S^2)$$

因此，根据正态分布概率计算原理，服从 $N(\overline{X}+B，S^2)$分布接受零件的概率为

$$P_a=\int_{LL}^{UL}N(\overline{X}+B，S^2)dx$$

计算上式可以采用查标准正态分布表，即

$$p_a=\int_{LL}^{UL}N(\overline{X}+B，S^2)dx=\phi(\frac{UL-(\overline{X}+B)}{S})-\phi(\frac{LL-(\overline{X}+B)}{S})$$

例如，如果 GR&R=0.24（可以求出 S=0.24/5.15=0.05），B=0.05，控制上限 UL 为 1.0，控制下限 LL 为 0.6，零件基准值为 0.5、0.7、0.9 接收概率分别为：0.16、0.999 和 0.84。

这样，同一个测量系统，对于不同的基准值零件，接受概率不同。计算足够的数据点，即可描绘出测量系统接收概率曲线。

6. 计数型量具研究

所谓计数型量具就是把各个零件与某些指定限值相比较，如果满足限值则接受该零件，否则拒收该零件。绝大多数这样的计数型量具用来接收或拒收一套基准件。不像计量型量具，计数型量具不能指示一个零件多么好或多么坏，它只指示接收还是拒收被测零件。

1）小样法

小样研究是选取 20 个零件作为样本，两位评价人以一种能防止评价人主观偏移的方式两次测量所有零件。在选取的 20 个零件中，一些零件会稍许低于或高于规范限值。

如果所有的测量结果（每个零件测量 4 次）一致（对零件的测量结果通过还是不通过一致），则接受该量具，否则应改进或重新评价该量具。一个典型的用于计数型量具（塞规）研究的小样本（橡胶软管内径）法见表 7-12。

表 7-12　小样本塞规分析表

样本	评价人 A		评价人 B	
	第 1 次测量	第 2 次测量	第 1 次测量	第 2 次测量
1	G	G	G	G
2	G	G	G	G
3	NG	G	G	G
4	NG	NG	NG	NG
5	G	G	G	G
6	G	G	G	G
7	NG	NG	NG	NG
8	NG	NG	G	G
9	G	G	G	G
10	G	G	G	G
11	G	G	G	G
12	G	G	G	G
13	G	NG	G	G
14	G	G	G	G
15	G	G	G	G
16	G	G	G	G
17	G	G	G	G
18	G	G	G	G
19	G	G	G	G
20	G	G	G	G

2）大样法

计数型量具研究的第一步是选取零件。最根本的是已知研究中所用零件的基准值。应尽可能按实际情况等间隔大小选取 8 个零件，其最大和最小值应代表过程范围，虽然这种选择不影响结果的置信度，但影响完成量具研究所需的零件总数量。8 个零件必须用量具测量 m=20 次，记录接收的次数（a）。

对于整个研究，最小的零件数值必须是 a=0，最大的零件数值必须是 a=20；其他 6 个零件，1≤a≤19。如果不满足这些准则，必须用量具测量更多的已知其基准值的零件，直到满足上述条件。为了顺利获得满足上述准则的 8 个零件，应从 a=0 和 a=20 两端开始选取样品，然后朝零件范围内的中间选取，如果需要，可以重复上述步骤直至满足准则。

一旦满足了数据收集准则，必须采用下述公式计算各个零件的接收概率

$$P_a'=(a+0.5)/m,\ 若\ a/m<0.5\ 和\ a\neq 0$$

$$P_a'=(a-0.5)/m,\ 若\ a/m>0.5\ 和\ a\neq 20$$

$$P_a'=0.5,\ 若\ a/m=0.5$$

一旦各基准值 X_T 的 P_a' 计算出来就可作出量具特性曲线。计算出的概率标绘在正态概率纸上，画出通过这些点的一条最佳拟合直线。偏移等于 P_a'=0.5 对应的测量基准值减去下限值为

$$偏移\ B=X_{T\,(P_a'=0.5)}-下限值$$

重复性变差可以按下式计算

$$重复性\ R=[X_{T\,(P_a'=0.995)}-X_{T\,(P_a'=0.005)}]/1.08$$

采用以下统计量，可以判定偏移是否明显偏离 0 值

$$t=（31.1|B|）/重复性\ R$$

如果该计算值大于 2.093（0.025，19），则偏移明显偏离零。

【例 2】 计数型量具用于测量容差为±0.010（对于名义尺寸为 0 的零件而言，下限为－0.010，上限为 0.010）的一个尺寸。量具是一个全量程自动检查量具，它受重复性和偏移影响。为完成这项研究，用该量具对 8 个零件各测量 20 次，这 8 个零件基准值从−0.016 至−0.002，间隔 0.002。各零件被接收的次数见表 7-13。

表 7-13

基准值 X_T	测量次数	接收次数 a
−0.016	20	0
−0.014	20	3
−0.012	20	8
−0.010	20	20
−0.008	20	20
−0.006	20	20
−0.004	20	20
−0.002	20	20

由测量结果可知，只有 2 个基准值的零件满足 1≤a≤19，至少应再找 4 个零件。因此需要检查基准值在现有间隔的中间点处的零件，它们基准值及接收次数见表 7-14。

表 7-14

基准值 X_T	测量次数	接收次数 a
−0.015	20	1
−0.013	20	5
−0.011	20	16
−0.0105	20	18

这样，找到满足数据收集准则的 8 个零件后，即可按前述计算接收概率（见表 7-15）。

表 7-15

基准值 X_T	测量次数	接收次数 a	P_a'
−0.016	20	0	0.025
−0.015	20	1	0.075
−0.014	20	3	0.175
−0.013	20	5	0.275
−0.012	20	8	0.425
−0.011	20	16	0.775
−0.0105	20	18	0.875
−0.010	20	20	0.975
−0.008	20	20	1.00

将计算得到的概率值描点在正态概率纸上，然后画出一条最佳拟合直线，可确定偏移、重复性变差和确定偏移是否明显偏离 0。

习题 7

1．产品质量检验有几种类型？例行检验（周期性检验）和日常交收检验有什么不同？

2．理论上说，采用何种检验方法才能保证产品出厂合格率为 100%？

3．论述抽样检验原理和方法。

4．抽样检验存在哪两种风险（错误）？分析论证两种风险的客观性和主观性。

5．试用 OC 曲线分析（10000，100，10）和（1000，10，1）抽样方案的接收概率和拒收概率。

6．应用计算机变成计算分析批量 N、抽样数 n、合格判定数 C 对接收概率的影响，并论述如何考虑生产者、消费者等社会各方利益，才能使确定的抽样方案符合要求。

7．论述测量系统的构成。

8．测量系统分析包括哪些内容？

9．结合课程实验或课程设计，对轴类零件硬度和几何尺寸进行检验，设计抽样方案，分析硬度测量系统和几何尺寸测量系统。

第8章 统计过程控制（SPC）

教学目标

理解统计过程控制基本概念；掌握计量型控制图；掌握计数型控制图。

教学要求

能力目标	知识要点	权重	自测分数
熟悉过程控制基本概念	生产过程与过程控制系统、普通变差与特殊变差及其原因、全局措施与局部措施、过程能力、控制图一般原理	25%	
能够开发计量型控制图	计量型控制图设计及应用原理	50%	
能够开发计数型控制图	计数型控制图设计及应用原理	25%	

引例

第二次世界大战期间，美国作为反法西斯同盟国，担负着为反法西斯战场提供军需物资的重任。但是由于货物繁多和军事急需，往往来不及检验就发往战场，导致军需物资质量频出问题，甚至对战役的胜利产生了越来越不利的影响。为此，美国国防部组织一些懂数学的专家，研究扭转上述局面的技术方法。专家们开发出统计过程控制(SPC)，减少检验，但通过控制生产过程来保证质量。SPC的应用，很快扭转了军需物资质量差和不及时的问题。目前，世界上许多先进企业成功地应用着SPC，特别是国际汽车行业、电子通信行业等。SPC原理如何？有哪些内容？如何开发？本章将做详细讨论。

8.1 概　　述

在顾客越来越挑剔的今天，持续改进，保持产品质量优异，已经成为基本要求。产品制造商等产品供方必须采取更有效的方法来提高产品质量，产品必须不断地在价值上得到改进。必须重视内部以及外部的全面顾客的要求，实现和不断增强顾客满意度。因此，应该采用被历史已经证明了的行之有效的统计过程控制技术，控制和持续改进产品质量生产过程。

采用统计过程控制，需要注意以下几点。

（1）收集数据并用统计方法来描述它们不是最终目标，最终目标是不断加深对过程的认识，以改进过程。

（2）通过研究变差和应用统计学方法来改进性能的基本原理适用于任何领域和对象。如：产品的质量特性、机器的性能特性、工艺参数变化特性、环境参数的变化特性、材料运送的时间特性等。

（3）应用统计技术控制过程输出仅仅是第一步，而更重要的是控制产生输出的过程。只有对过程产生了有效的作用，这些方法才能在改进质量、提高生产率和降低成本等方面发挥作用。

（4）紧密联系过程实际，是掌握和正确利用 SPC 的关键。现有的过程信息不能代替实际工作经验。亲手实践，更会体会到 SPC 在过程控制中的魅力。

（5）读者应接受正规的数理统计学教育，否则很难深入理解 SPC。

（6）测量系统对数据采集影响很大，应在收集数据之前进行必要的分析，确认通过要使用的测量系统采集的数据可信。如果测量系统变差（见第 7 章）占过程总变差的比例很大，根据数据进行统计推断，就可能作出不适当的决定。

8.1.1　预防与检测

在美国三大汽车质量体系中，流传这样一句信条：The need for process control:detection, tolerates waste; prevention, avoids waste。这句话，精辟地表述了 SPC 对产品生产过程控制作用的实质，它不同于产品质量检测，检测是容忍浪费，SPC 是避免浪费。

如果没有统计过程控制，在生产、技术、质量部门，通过检验来检查产品质量特性并剔除不合格的产品；在管理部门，则经常靠检查来找出错误。对这两种情形而言，控制点在产品质量特性或工作任务完成的时候，特点是使用检测的方法，把不合格的产品或工作剔除，显然这种方法是浪费的，因为它允许将时间和材料投入到生产不一定有用的产品或服务中。

虽然检测可以中断不合格的产品或服务继续产生浪费，但它不是一个有效方法。避免生产无用的输出从而避免浪费的更有效的方法是预防。

对许多人来说，预防的概念并不生疏。经常能听到这样的口号，“ 第一次就把工作做好。”口号是一种追求的表白，但光有口号是不够的，必须透彻理解统计过程控制，才能真正实现“ 第一次就把工作做好”。

关于统计过程控制，重要的、基本的概念包括以下几个方面。

（1）什么是过程控制系统?

（2）变差是如何影响过程输出的?

（3）统计技术是如何区分一个问题实质是局部的还是涉及整个系统的?

（4）什么是统计受控过程?什么是有能力的过程?

（5）什么是持续改进循环?过程控制对哪一部分起作用?

（6）什么是控制图?如何使用?

（7）使用控制图有什么好处?

8.1.2 什么是过程控制系统

如图 8.1 所示，一个过程控制系统包括输入、转换、输出、反馈 4 个基本要素，这样的过程控制系统是反馈控制系统，也称为闭环控制系统。有关过程控制系统的概念说明如下。

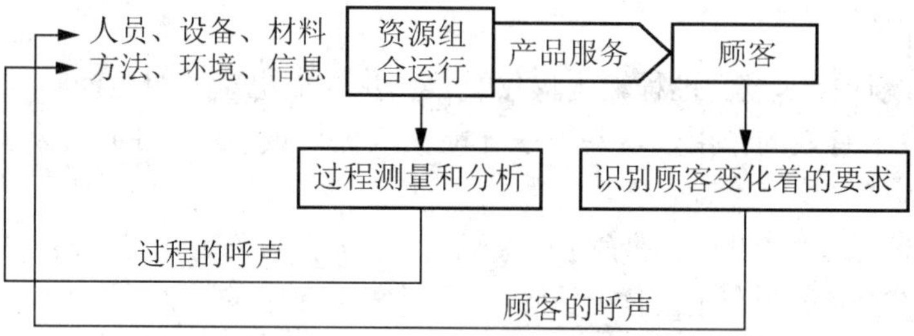

图 8.1 过程控制系统构成框图

1. 过程控制系统

过程是将输入转化为输出的一组相互关联和相互作用的活动。所谓过程控制系统则是相互关联和相互作用的一组过程（要素）。过程控制系统通过一定方式将输入转化为输出以获得输入的价值增值。过程的性能取决于供方和顾客之间的沟通、过程设计、实施方式、运作和管理等。除此以外，过程控制系统还可以有其他部分，但它们只有在帮助整个系统保持良好水平或提高整个过程的性能时才有用。

2. 有关性能的信息

通过分析过程输出可以获得有关过程性能的信息。过程特性（如温度、循环时间、进给速率、缺勤、周转时间、延迟以及中止的次数等）是有关过程性能的重点信息。确定过程特性目标值，监测实际特性与目标值的差别，就可以确定过程运行状态是处于正常状态还是异常状态。必要时，应采取适当的措施来校正过程或产生的输出。若需要采取措施，就必须及时和准确，否则收集信息的努力就白费了。

3. 对过程采取措施

通常，对重要的过程或输出特性采取措施，从而避免它们偏离目标值太远。这样能保持过程的稳定性并保持过程辅出的变差在可接受的界限之内。采取的措施包括改变操作（例如：操作员培训、变换输入材料等），或者改变过程本身更基本的因素（如设备、过程参数、环境参数等）。应监测采取措施后的效果，达不到要求的要继续分析并采取措施。

4. 对输出采取措施

如果仅限于对输出检测并纠正不合格的产品，而没有分析产生不合格的过程中的根本原因，常常是最不经济的。但是，如果输出不满足顾客要求，可能有必要将所有的产品进行分类报废或者返工。这种状态必然持续到对过程采取必要的纠正措施并有效为止。

仅对输出进行检验并随之采取措施，只可作为不稳定或没有能力的过程的临时措施，不能代替有效的过程控制。应将重点将放在过程信息采集和分析上，这样可以对过程本身采取纠正措施。

8.1.3　变差的普通原因及特殊原因

为了有效地使用过程控制中测量得到的数据，理解变差的概念是很重要的。没有两件产品或特性是完全相同的，因为任何过程都存在许多引起变差的原因。无论产品之间的差距多大多小，这些差距总是存在。例如，一个机械轴的直径（轴特性之一）易于受到由于机器（间隙、轴承磨损），工具（强度、磨损）、材料（直径、硬度）、操作人员（进给速率、对中准确度）、维修（润滑、易损零件的更换）及环境（温度、动力供应是否恒定）等原因造成的变差的影响。

过程中有些变差造成短期的、零件间的差异，如机器及其固定装置间的游隙和间隙造成的偏差带来的差异等。另外一些造成变差的原因，需经过相当长的时间后才对输出造成影响，这种情况（如随着刀具或机器的磨损程度的逐渐增大导致变差对零件的影响）才逐渐显现出来。由此看来，测量周期以及测量时的条件会影响总变差的性质和大小。

从最低要求的角度来看，位于规定的公差的范围的产品是可接收的，超出规定公差范围的产品是不可接收的；按时完成报告是可接受的，迟缓的报告是不能接受的。但是，为减少变差而进行过程管理，必须分析造成变差的原因；并且，首先要区分普通原因和特殊原因。

虽然单个的测量值都有差别，但一定数量的测量值则可以反映一个产品特性的分布规律，从而开展过程控制。如图 8.2 所示，过程控制测量数据反映产品特性分布规律包括以下几种情形。

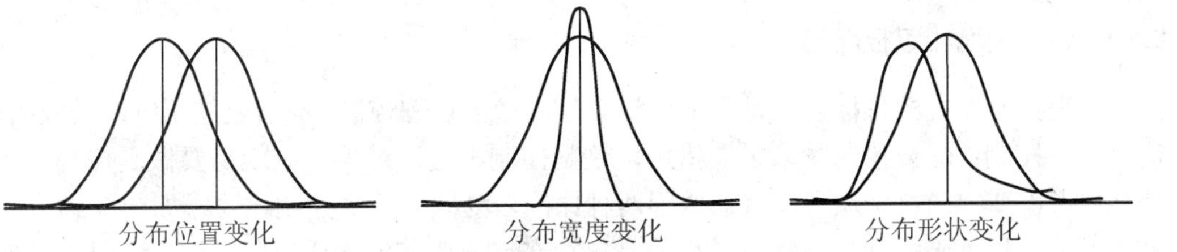

图 8.2　由产品特性测量数据描述的过程变差的分布

（1）位置，典型值，如平均值等；

（2）分布宽度，[最小值，最大值]；

（3）变差形状，对称、偏斜等。

普通原因是指使过程变差的分布规律稳定且可重复的原因，此时的过程“处于统计控制状态”，或简称“受控”。普通原因实质是一个稳定系统中偶然因素发生的作用，是随机发生的并符合正态分布的，因此也称普通原因为偶然因素。只存在变差的普通原因不发生改变时，过程的输出才是可以预测的。

特殊原因，也称确定性原因，指的是造成不是始终作用于过程的变差的原因，即当它们出现时将造成过程变差分布的改变。如平均值变大或变小，导致产品不合格。系统存在特殊原因，随着时间的推移，过程输出将不稳定。

特殊原因造成的过程分布的改变有些有害，有些有利。有害时应识别出来并消除它，有利时也应予以识别并使其成为过程恒定的一部分。如机器安装位置偏离设计定位，是一种特殊原因，很容易被发现，它会导致受安装位置影响的产品的质量特性不符合设计要求，必须予以确定和采取重新安装的措施。如果操作人员发生变化，技术更娴熟，则过程变差分布可能会变窄，有利于提高产品精度，这应该予以肯定并规定下来。

8.1.4 局部措施和系统性措施

由上面讨论可知，过程存在着导致变差的普通原因和特殊原因，相应存在两种措施。简单的统计过程控制技术能检查变差的特殊原因。发现变差的特殊原因并采取适当措施通常是与过程操作直接有关的人员的责任。尽管有时要求管理人员参与，但解决变差特殊原因通常要求采取局部措施。这一点在早期的过程改进中尤为重要。当对特殊原因成功地采取了适当措施后，其余的问题通常要求采取管理行动。

简单的统计过程控制技术能指明变差普通原因的范围，但分离这些原因需要更详细的分析。纠正变差普通原因的责任在于管理人员。有时与操作直接相关的人员发现它们并将它们报告给管理人员来采取措施。总的来说，解决变差的普通原因通常需要采取系统性措施。

过量过程变差中较小的部分，工业经验建议为 15%，是由与操作直接有关的人员局部纠正的；大部分，其余的 85%，是管理人员通过对系统采取措施来纠正的。如果采取的措施不正确，不但劳而无功，而且会延误问题的解决甚至使问题恶化。例如，需要系统性措施（如选择值得信任的供方）时却采取局部措施（如调整机器），显然不能消除由于供方原因带来的质量问题。为了更好地减少过程变差的普通原因，需要管理人员和与操作直接相关的人员的密切合作。

8.1.5 过程控制和过程能力

过程控制系统的目标之一是保证经济合理有效的过程控制。不需要控制时却采取措施，这是过度控制；需要控制时未采取措施，这是控制不足，过程控制就是要做到控制恰到好处。要考虑变差的特殊原因和普通原因两种原因，处理好这些控制风险，如图 8.3 所示。

所谓过程处于统计控制状态，指的是仅存在造成变差的普通原因。这样，过程控制系统的一个作用是当出现变差的特殊原因时提供统计信号，并且当不存在特殊原因时避免提供错误信息。从而对这些特殊原因采取适当的措施，即对不利的因素，予以消除；对有利的因素，永久地保留。

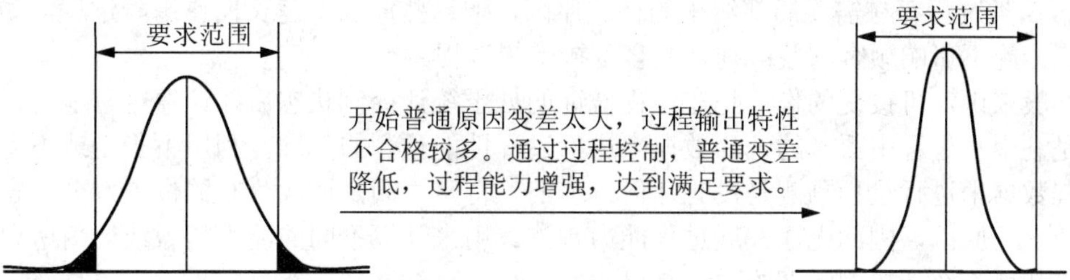

(a) 采取系统性措施提高过程能力

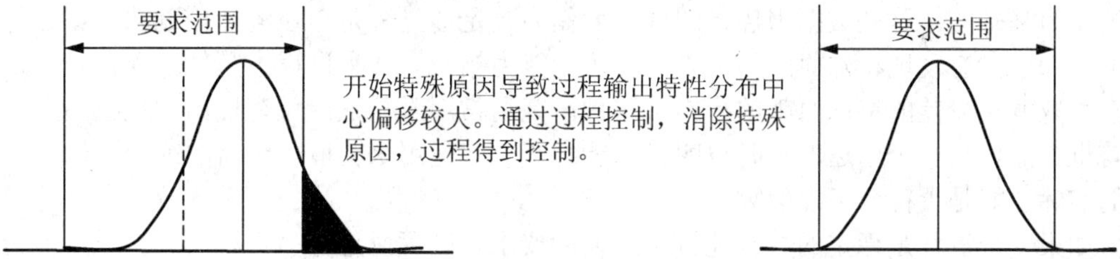

(b) 采取局部措施使过程处于统计控制状态

图 8.3　过程控制及过程能力

过程能力决定于变差的普通原因，通常代表过程本身的最佳性能（例如特性的变差分布宽度最小）。在处于统计控制状态下的运行过程，数据收集到后就能证明过程能力，而不考虑规范对过程的分布位置和/或分布宽度如何规定。但是，顾客更关心过程的输出以及与他们的要求的关系如何，而不考虑过程的变差如何。

一般来说，受控过程的产品质量特性服从可预测的正态分布，依据分布可以估计符合规范的产品的比例。只要过程保持受控状态且其分布的位置、分布宽度及形状不变化，就可以继续生产相同分布的符合规范的产品。

对过程采取的首要措施是将过程分布定位在目标值上，即首先应通过检查并消除变差的特殊原因使过程处于统计控制状态，确保过程性能稳定和可预测，然后评价过程满足顾客要求的能力，必要时对系统采取措施，提高过程能力。

过程可以根据其能力和是否受控进行分类，过程可分成 4 类，即受控状态和非受控状态两类，每一类又包括可接受和不可接受两类，见表 8-1。

表 8-1　过程分类表

	受控	非受控
可接受	1 类	3 类
不可接受	2 类	4 类

一个可接受的过程必须是处于受控状态且其固有变差（能力）必须小于规定的公差。理想的情况是第 1 类过程，该过程受控且能力满足要求，是可接受的。第 2 类过程受控但存在因普通原因造成的变差过大。第 3 类过程符合要求，可接受，但不是受控过程，需要识别变差的特殊原因并消除它。第 4 类过程即不是受控过程又不可接受，必须减少变差的特殊原因和普通原因。

第 3 类过程存在需要局部纠正的特殊原因，但这些原因不是长期作用着过程，如果采取纠正措施不影响顾客利益，则是顾客可接受的过程。

一般来讲，可接受的作法是在过程被证明处于统计控制状态后才计算过程能力。过程能力是利用从过程中得到的统计数据来进行过程性能预测的基础。利用不稳定或不可重复的过程数据来进行过程预测是没有任何价值的。特殊原因是造成分布的位置、分布宽度或形态改变的原因，因此无法开展过程能力预测。用来计算不同的能力指数或比值所要求的数据是从处于统计控制状态的过程获得的。

能力指数可分成两类：长期的和短期的。短期能力的研究是以从一个操作循环中获取的测量为基础的。这些数据用控制图分析后作为判定该过程是否在统计控制状态下运行的依据。如果没有发现特殊原因，可以计算短期能力指数。如果过程不是处于受控状态，就要求采取解决变差的特殊原因的措施。这种研究通常用于验证由顾客提出的过程生产出来的首批产品。另一个用途，有时也叫机器能力研究，是用来验证一个新的或经过修改的过程的实际性能是否符合工程参数。

如果一个过程是稳定的并且能符合短期的要求，则可以进行另一种研究，长期能力研究。长期能力研究，包括通过很长一段时间进行测量和收集数据，同时产生这些数据的过程应包括所有能预计到的变差的原因。当收集到足够的数据后，将数据画在控制图上，如果没有发现变差的特殊原因，便可以计算长期过程能力和性能指数。这种研究的用途之一，是用来描述过程在包括很多可能的变差原因影响作用下，长期满足顾客的要求的能力。

8.1.6　过程改进循环及过程控制

如图 8.4 所示，过程改进一个无限循环过程，从计划开始，到实施、研究和采取改进措施，然后又开始新的计划……持续改进过程。这种过程改进，将带来过程不断地进步。

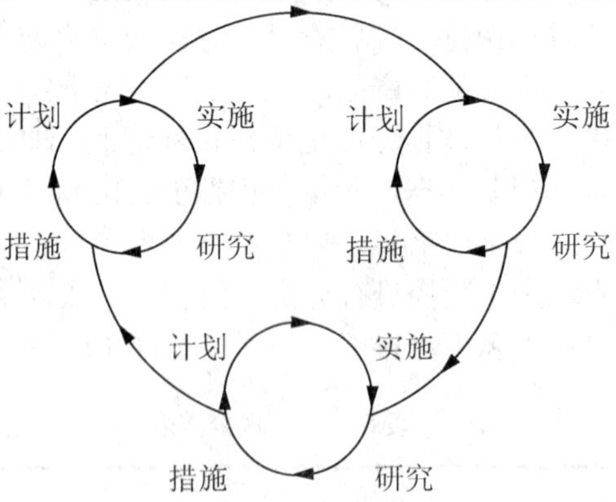

图 8.4　过程改进循环示意图

1. 过程分析

开展过程改进活动，必须对过程有基本的理解。以下几个问题是理解过程必须回答的问题。

（1）过程要做什么？

（2）会出现什么问题？

① 过程会有哪些变化？

② 已经知道本过程的什么变差?

③ 哪些参数对变差敏感?

（3）过程正在做什么?

① 过程是否在生产废品或需要返工的产品?

② 过程生产的产品是否处于统计控制状态?

③ 过程是否有能力?

④ 过程是否可靠?

为了理解过程，可能需要应用许多技术和方法，如适宜的数据分析、专门会议、专家研讨、研究过程历史、控制图制作和调查、失效模式及后果分析（FMEA）等。简单的统计方法用来帮助区别变差的普遍及特殊原因，特殊原因应注明。当达到了统计控制状态后，便可以计算能力指数从而帮助评定过程长期能力的当前水平。

2. 维护过程

一旦对过程有了较好的理解，就必须使过程维持在一定的能力水平上，即保持变差普通原因的稳定和必要时消除出现的特殊原因。应监控过程性能，要采取有效的措施来防止过程发生不希望的变化。但要了解所希望的变化并使之保持稳定。统计方法在这方面可以帮助制作及使用控制图或其他工具，以对过程进行有效地监控。当所使用的工具表明过程已改变，就应立即采取有效的措施隔离变差原因并采取措施。

不应停止在维护过程这个阶段，要积极开展改进过程的研究，并开展过程改进活动。如果不能进展到过程改进阶段，任何一个组织，要达到“世界级”水平是不可能的。因此，质量工程要求用稳定的有计划的努力来进入过程改进阶段。

3. 改进过程

到达可以进行过程改进这个阶段，说明过程已经达到稳定和得以维护。但是，如果顾客或其他相关方希望降低工程规范变差，应及时开展减小变差的过程改进。为此要使用更加先进的过程分析工具，包括更先进的统计方法，例如试验设计及先进的控制图等。维护过程的关键在于消除特殊变差，改进过程在于减小普通变差。显然，没有先进的软硬件技术和科学方法，不要说降低普通变差，就是识别普通变差的原因都很困难。因此，过程改进是一种管理，也是一种技术。

8.1.7 过程控制工具——控制图

贝尔试验室的休哈特博士在 20 世纪 20 年代研究过程时，首先区分了可控制的和不可控制的变差，即普通原因变差和特殊原因变差。他发明了一个简单有力的工具来区分它们，这就是控制图。从那时起，在美国和其他国家，尤其是日本，成功地把控制图应用于各种过程控制场合。经验表明，当出现变差的特殊原因时，控制图上能反映这种变化，从而引起人们的注意。在过程改进方面，控制图能反映普通原因变差的大小，因此能报告改进效果并指导对普通原因变差采取有针对性的措施。使用控制图监视和改进过程，是一项科学和重复性的工作，包括收集数据、实施控制（计算中心线、上限、下限和识别特殊变差原因和采取措施）和分析改进（确定普通原因变差大小并采取减小的措施）。典型控制图形状如图 8.5 所示。

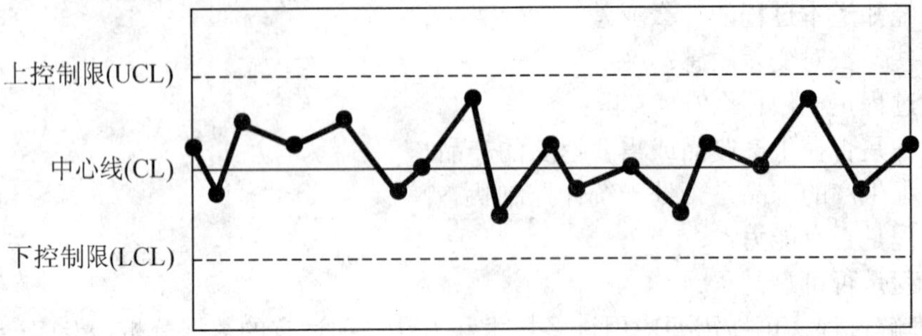

图 8.5 典型控制图形状

1. 收集数据

被研究的特性（过程或产品）的数据收集后将之转换成可以画到控制图上的形式。这些数据可能是一个机加工零件的尺寸的实测值、一匹维尼龙布上的缺陷数、轨道车的通过时间、记账的错误数目等。

2. 控制

利用数据计算中线和控制限，将它们画在图上作为分析的指南。控制限并不是规范限值或目标，而是来源于实际过程数据的计算获得的结果。

然后，将数据与控制限相比较来确定变差是否稳定，是否仅是由普通原因引起的。如果明显存在变差的特殊原因，应对过程进行研究从而进一步确定影响它的是什么。在采取措施（一般是局部措施）后，再进一步收集数据，如有必要可重新计算控制限，若还出现任何另外的特殊原因，则继续采取措施。

当所有的特殊原因被消除之后，过程便在统计控制状态下运行。过程在稳定受控状态下运行期间，控制图成为有效的监控工具。如果由于普通原因造成的误差过大，则过程产品不能始终如一地满足顾客的要求。在这种情况下，必须对过程本身进行深入的调查研究，采取必要的措施来改进系统。

必须不断地对过程的长期性能进行分析，通过对现行控制图进行周期的、系统的评审可以完成这一工作。在过程长时间运行期间，通常也会有特殊原因变差出现，有些特殊原因可能对减少整个过程的变差有利。其他对过程有害的特殊原因需要了解、修改或消除。

对于“受控”过程，改进工作的重点是减少过程的普通原因变差。为此，必须“缩小”控制图的控制限。在新控制限形成后，继续监视、分析、控制和改进过程。

8.1.8 控制图的益处

使用控制图法分析、控制和改进过程，可以使过程达到：更高的质量；更低的成本；更强的能力。

控制图是了解过程变差并帮助达到统计控制状态的有效工具。控制图一般由操作人员保留在工作场地上。控制图能为与操作有关的人员提供是否采取措施的可靠的信息。

当过程处于统计控制状态时，其性能将是可预测的，这样生产者和顾客都可以具有信赖一致的质量水平和达到该质量水平的稳定的成本。

处于统计控制状态的过程可以通过减少普通原因变差和改进过程的中心线（目标）来

进一步改进。通过控制图可以估计出改进的期望效果，甚至相对微小的变化的实际影响也可通过控制图的数据来识别。这种通过减少目标值的变差来改进过程的方法可以减少成本并提高生产率。

控制图为两班或三班操作过程的人员之间、生产线（操作者、管理人员）和支持活动（维修、材料控制、过程工程、质量控制）的人员之间，过程中不同的工序之间，供方和使用者之间，制造/装配车间和设计人员之间就有关过程性能的信息交流提供了通用的语言。

控制图，通过区分变差的特殊原因和普通原因，为人们就任何问题应采取适当的局部改进措施还是要求对系统采取措施提供依据。这样可以减少由于混淆、挫折以及误导的原因而造成的高成本。

8.1.9 控制图设计的一般原理

图 8.5 说明，控制图包括 2 个坐标轴，3 条控制线（UCL、LCL、CL）。横坐标一般是按时间顺序采集的子样的编号，纵坐标是子样数据的统计量（如子样平均值、子样极差等）。3 条控制线的属性取决于控制图种类，如子样平均值控制图（$\bar{x}$ 控制图），CL 是子样平均值的平均值（总体平均，$\bar{\bar{x}}$），UCL 是 CL 与子样平均值为变量的标准差的 3 倍的和，LCL 是 CL 与子样平均值为变量的标准差的 3 倍的差，即

$$\mathrm{CL}_{\bar{X}}=\bar{\bar{x}}$$

$$\mathrm{UCL}_{\bar{X}}=\bar{\bar{x}}+3\sigma_{\bar{x}}$$

$$\mathrm{LCL}_{\bar{X}}=\bar{\bar{x}}-3\sigma_{\bar{x}}$$

就一般情况而言，控制图的中心线是随机变量总体平均值；上控制限 UCL 是总体平均值加上 3 倍的标准差；下控制限 LCL 是总体平均值减去 3 倍的标准差，即

$$\mathrm{CL}=E(x)$$

$$\mathrm{UCL}=E(x)+3D(x)$$

$$\mathrm{LCL}=E(x)-3D(x)$$

因此，设计控制图的关键是根据样本确定 CL、UCL 和 LCL。如 $\bar{x}$ 控制图，随机变量是子样的平均值 $\bar{x}$，其数学期望为

$$E(x)=\mu\text{（总体均值）}$$

$$D(x)=\sigma/\sqrt{n}$$

根据数理统计理论，样本总体平均的估计值为子样均值的平均 $\bar{\bar{x}}$，标准差的估计为 $\bar{R}/d_2$。因此

$$\mathrm{CL}=E(x)=\bar{\bar{x}}$$

$$\mathrm{UCL}=E(x)+3D(x)=\bar{\bar{x}}+3\bar{R}/(d_2\sqrt{n})=\bar{\bar{x}}+\mathrm{A}_2\bar{R}$$

$$\mathrm{UCL}=E(x)+3D(x)=\bar{\bar{x}}-3\bar{R}/(d_2\sqrt{n})=\bar{\bar{x}}-\mathrm{A}_2\bar{R}$$

式中，$\bar{R}$ 为子样极差的平均值，d_2、A_2 是与子样容量 n 有关的常数。因此，需要计算这种与样本容量有关的常数。还好经过长期的积累，现在可以轻松从数据表格中查取这些常数。这里是要说明，下面介绍的控制图，其中心线 CL、控制限 UCL 和 LCL 等，都可以依据数理统计原理推导出来。目前，常用控制图的计算及其结果已经形成国家标准（GB/T 4091—2001），需要时可检索。

8.2 计量型控制图

当可以从一个过程得到测量数据时，使用计量型数据的控制图是一种有力的工具。例如：轴承的直径、关门所用的力或审查一张收据所用的时间等。计量型数据控制图，特别是其最普通的形式，$\overline{X}$-R 图（均值-极差图），代表了控制图在过程控制中的典型应用。

计量型控制图应用比较广泛，具体原因大致如下。

（1）大多数过程和其输出具有可测量的特性，适合于使用计量型控制图。

（2）量化的值（如直径为 10.10mm）比简单的“是—否”陈述（如直径符合要求）包含的信息更多。

（3）虽然获得一个测量的带“小数点”的数据比获得一个通过或不通过的数据成本高，但为了获得更多的有关过程的信息而需要检查的件数却较少，因此在某些情况下测量的费用更低。

（4）由于在作出可靠的决定之前，只需检查少量产品，因此可以缩短零件生产和采取纠正措施之间的时间间隔。

（5）用计量型数据，可以分析过程的性能，可以量化所作的改进，即使每个单值都在规范限界之内。这一点对寻求持续改进来说是很重要的。

计量型控制图可以通过分布宽度（零件间的变异性）和其位置（过程的平均值）来解释数据。由于这个原因，计量型控制图应该成对制作和分析，一张图用于位置，另一张图用于分布宽度。最常用的是 $\overline{X}$-R 图。$\overline{X}$ 是一个子样的平均值，是过程变差位置的量度；R 是子样的极差（最大值减去最小值），是分布宽度的一种量度。

8.2.1 均值-极差控制图（$\overline{X}$-R）

1. 准备工作

1）获得支持

应用统计学进行过程控制，工作过程和结果都是客观的，这难免会直接影响对一些部门人员业绩的评价，容易出现一些阻碍言行或提供一些虚假数据，束缚工作人员的手脚，显然即便是科学的统计方法也不会获得好效果。科学方法的实施应具有基本工作资源，管理者必须提供足够的人力、物资、仪器设备等资源来支持测量、分析、控制和改进实施。

2）确定过程

（1）确定产品特性。一个产品会有许多特性，如几何尺寸特性、表面形状特性、物理特性、化学特性等，而控制图是针对产品特性的，因此必须首先确定研究的产品特性是什么。那么，在诸多产品特性中，要研究哪一个特性呢？

① 与顾客满意相关的特性、顾客期望改进的特性是控制图研究的首要特性。

② 潜在问题区域。应考虑存在浪费或低效能的证据，如导致废品的特性、导致服务不满意的特性、导致价格偏高的特性等。

③ 特性之间相互关系。有些重要的需要控制图研究的特性不能、不易或不能经济地进行测量，需要通过其他特性来研究，因此要确定替代特性与应研究特性之间的关联关系。如体积和重量，有时体积难以测量，而重量容易测量，可以通过研究重量特性分布推断体

积分布。

（2）确定产品特性形成过程。一般情况下，一个产品特性的形成包括许多过程，如原材料采购过程、材料处理过程、热加工过程、冷加工过程、装配过程等。

（3）确定特性-过程（C—P）组合。因此确定要研究的过程，应该首先以特性-过程（C—P）组合确定要研究的过程，如轴径-加工过程、表面耐磨性-抛光处理过程、表面硬度-热处理过程等。

（4）确定过程分层。形成产品同一特性的过程可能具有一些差别，如人员不同、设备不同、环境不同等，应进行适当分层，如按场所-班次-时间特征分层、按设备分层、按人员分层等。但是，分层的原则是过程运行条件相同，如按设备分层，是指除设备外其他条件相同。

（5）确定过程影响因素。应在过程网络概念下理解过程，确定过程的纵向横向关系及其所有影响因素，并确定影响过程的关键因素。必要时应采用专门的方法确定过程影响因素和关键因素，如采用因果图、过程流程图表等。

3）确定测量系统

应规定测量系统的特性，以保证测量系统在试验期间稳定可信。测量设备本身的准确性和精密性必须是可预测的，并应采取严格的校正。

4）使不必要的变差最小化

在研究之前，应减少不必要变差的外部原因，以避免不用控制图就能纠正的明显问题，这些包括过度的过程调整或过度控制等。在所有情况下，过程记录表上应坚持记录所有相关事件，例如：刀具更换、新的原材料批次等，这将有利于下一步的过程分析。

2. 收集数据

$\overline{X}-R$ 控制图是从对过程输出特性的测量发展而来的。$\overline{X}$ 和 R 数据是以样本容量确定的子样计算得到的。一般来讲，$\overline{X}-R$ 控制图子样通常为 2～5 件连续的产品，通过周期性地随机抽取获得（如，每 10 分钟抽样一次，每班抽样 3 次等）。应制定收集数据的计划并将它作为收集、记录及将数据画到控制图上的依据。

1）子样大小、频率和子样数

（1）子样大小。制作计量型控制图的第一步是确定合理子样容量，因为这一步将决定控制图的效果及效率。

在过程的初期研究中，子样一般由 4 到 5 件连续生产的产品的组合，仅代表单一刀具、冲头、模槽（型腔）等生产出的零件（即一个单一的过程流）。这样做的目的是每个子样内的零件都是在很短的时间间隔内及非常相似的生产条件下生产出来的，并且相互之间不存在其他的系统的关系。因此，每个子样内的变差主要是普通原因造成的。当这些条件不满足时，最后的控制图可能不会有效地区分变差的特殊原因和异常图形。对于所有的子样样本的容量应保持恒定。

（2）子样频率。其目的是检查经过一段时间后过程中的变化。应当在适当的时间收集足够的子样，这样子样才能反映潜在的变化。这些变化的潜在原因可能是换班、操作人员更换、温升、材料批次等原因造成的。

在过程的初期研究中，通常是连续进行分组或很短的时间间隔进行分组，以便检查过程在很短的时间间隔内是否有其他不稳定的因素存在。当证明过程已处于稳定状态（或已对过程进行改进），子样间的时间间隔可以增加。对正在生产的产品进行监测的子样频率可以是每班两次、每小时一次或其他可行的频率。

（3）子样数的大小。子样数的大小应满足两个原则，从过程角度来看，收集越多的子样可以确保变差的主要原因有机会出现。一般情况下，包含 100 或更多单值读数或更多子样可以很好地用来检验稳定性。如果过程已稳定，则可以得到过程位置和分布宽度的有效的估计值。

如果可行，手头已掌握可以利用的数据，可以利用已有数据，以便快速完成第一阶段的研究。

2）建立控制图及记录原始数据

$\overline{X}$-R 控制图通常是将 $\overline{X}$ 图画在 R 图上方，下面配置一个数据表，数据表中排列有子样数据和均值极差的计算结果。以均值 $\overline{X}$ 和极差 R 为纵坐标，按时间先后的子样为横坐标。数据值以及极差和均值点应对齐。

3）计算每个子样的均值 $\overline{X}$ 和极差 R

4）选择控制图的刻度

对于 $\overline{X}$ 图，坐标刻度的最大值与最小值之差应至少为子样均值的最大值与最小值差的 2 倍。对于 R 图，坐标刻度值是 0 到最大值之间的差值，应为初始研究阶段遇到的最大极差的 2 倍。

注意：建议将 R 图的刻度值设置为均值图的刻度值的 2 倍（如均值图上 1 个刻度代表 0.01mm，则在极差图上 1 个刻度代表 0.02mm）。在一般子样容量情况下，均值和极差的控制限将具有大约相同的宽度。

5）将均值和极差画到控制图上

将每个子样的均值和极差数据描点到 $\overline{X}$ 图和 R 图上，并将各点用直线连接起来从而得到可见的曲线图和数据变化趋势。

将数据点连成曲线图后，应进行简要的浏览和分析，看数据点是否合理。如果有的点比其他点高得很多或低很多，需确认计算及画图是否正确，应确保所画的 $\overline{X}$ 和 R 点在纵向是对应的。

对于由于没有足够的数据还没有计算控制限的情况，应在初期操作的控制图上清楚地注明“初始研究”字样。

3. 计算控制限

计量型控制图控制限的计算涉及 3 个系数 A_2、D_3、D_4，这些系数与子样容量 n 有关，具体关系见表 8-2。

表 8-2 子样容量与 A_2、D_3、D_4 的关系

n	2	3	4	5	6	7	8	9	10
D_4	3.27	2.57	2.28	2.11	2.00	1.92	1.86	1.82	1.78
D_3	*	*	*	*	*	0.08	0.14	0.18	0.22
A_2	1.88	1.02	0.73	0.58	0.48	0.42	0.37	0.34	0.31

注：表中*号表示子样容量小于 7 的情况，没有下控制限。

1）计算平均极差 $\overline{R}$ 及过程平均值 $\overline{\overline{X}}$

按以下两式分别计算过程平均值和极差

$$\overline{\overline{X}} = (\overline{X_1} + \overline{X_2} + \cdots + \overline{X_k})/k$$

$$\overline{R} = (R_1 + R_2 + \cdots + R_k)/k$$

式中，k 为子样的数量；R_i 和 $\overline{X}_i$ 为第 i 个子样的极差和均值。

2）计算控制限

控制限是显示仅存在变差的普通原因时，子样的均值和极差的变化和范围。按下式计算极差和均值的上、下控制限

$$UCL_{\overline{X}} = \overline{X} + A_2\overline{R}$$

$$LCL_{\overline{X}} = \overline{X} - A_2\overline{R}$$

$$UCL_R = D_4\overline{R}$$

$$LCL_R = D_3\overline{R}$$

式中，A_2、D_4、D_3 与子样容量有关的常数，按表 8-2 查取。

3）在控制图上作出平均值和极差控制限的控制线

将平均极差和过程均值画成水平实线，各控制限（UCL_R，LCL_R，$UCL_{\overline{X}}$，$LCL_{\overline{X}}$）画成水平虚线；把线标上记号，在初始研究阶段，这些被称为试验控制限。

4. 过程控制分析

如果过程输出零件特性的变化和过程平均值保持稳定，虽然每个子样的极差 R 和均值 $\overline{X}$ 会随机变化，但很少会超过控制限，数据点也不应出现非随机现象。分析控制图的目的在于识别过程变量或过程均值明显变化的证据，即偏离统计控制的证据，进而采取适当的措施。

1）极差图数据点的分析

（1）超出控制限的点。

如图 8.6 所示，极差控制图中，一个或多个数据点超出控制限是该点处于失控状态（现行控制状态水平）的主要证据。因为仅有普通原因作用引起数据点超出控制限是“小概率事件”，有理由认为是数据点超出控制限是由于特殊原因造成的。因此，对超出控制限的点应立即进行分析，找出存在的特殊原因。对任何超出控制限的数据点作明显的标记，以便根据发生时间进行调查，采取纠正措施。

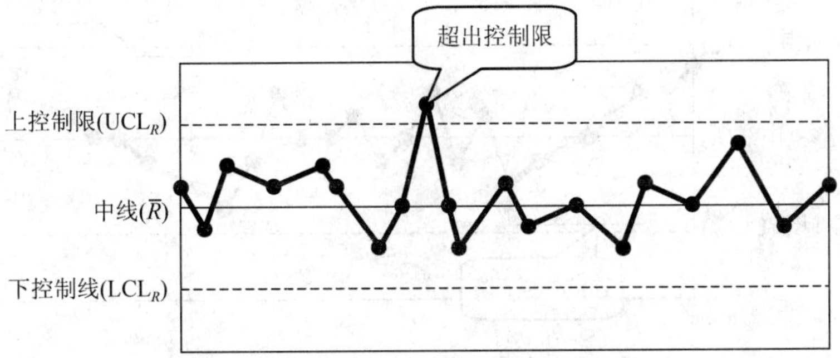

图 8.6　R 控制图

对于超出极差上控制限 UCL_R 的点。一般说来，可能存在下列情况。

① 控制限计算错误或画图错误（如数据点描错）；

② 该点反映的零件特性的变化或分布宽度已经增大（即变坏），也可能是整个趋势的一部分；

③ 该点测量系统发生变化（如不同的检验员或量具出现）；

④ 该点测量系统没有适当的分辨力。

对于超出极差下控制限 LCL_R 的点，如果样本容量大于等于 7 的情况（小于 7 没有下控制限，无所谓超出下控制限），一般说来，可能存在下列情况。

① 控制限或描点错误；

② 该点分布的宽度变小（即变好，极差变小）；

③该点测量系统发生了变化。

对于控制限之内的点，当控制限之内的数据点出现非随机的图形或变化趋势时，尽管所有的极差都在控制限之内，也表明出现这种图形或趋势的时期内过程失控或过程分布宽度发生了变化。对这种情况应提出首次警告：“纠正不利条件。”相反，如果数据点图形或变化趋势是好的，应予以分析以便使过程得到永久性改进。

（2）数据链。

如图 8.7 和图 8.8 所示，R 控制图存在下列现象之一时，表明过程已改变或已出现发生改变的趋势。

① 连续 7 点位于平均值的一侧；

② 连续 7 点上升或下降。

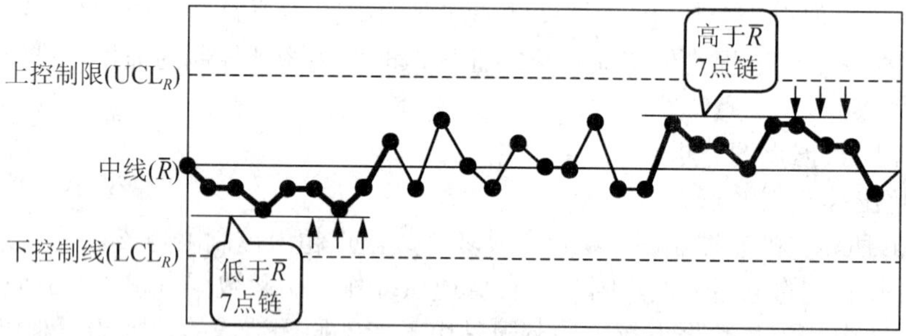

图 8.7　连续 7 点位于平均值一侧 R 控制图

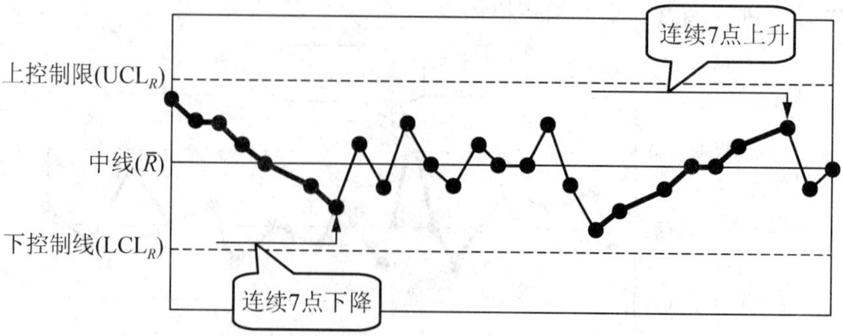

图 8.8　连续 7 点上升或下降 R 控制图

高于平均极差的链或上升链说明存在下列一种情况以上。

① 输出值的分布宽度增加，其原因可能是无规律的（例如，设备工作不正常或固定松动）或是由于过程中的某个要素变化（例如，使用新的不是很一致的原材料），这些都是常见的问题，需要纠正；

② 测量系统改变（例如，新的检验员或量具）。

低于平均极差的链或下降链表明存在下列一种情况以上。

① 输出值分布宽度减小，这常常是一个好状态，应研究以便推广应用和改进过程；

②测量系统改变，这样会遮掩过程真实性能的变化。

当子样容量 n 变得更小（5 或更小）时，低于平均极差的数据链出现的可能性增加，则 8 点或更多点组成的链才能表明过程变差减小。

（3）明显的非随机图形。

如图 8.9 所以示，除了超控制限的点或长链之外，数据中还可能出现其他易分辨的由于特殊原因造成的图形。这里需要说明的是，对控制图的分析不要过分，因为即使普通原因作用下形成的过程数据有时也可能表现出非随机假象。

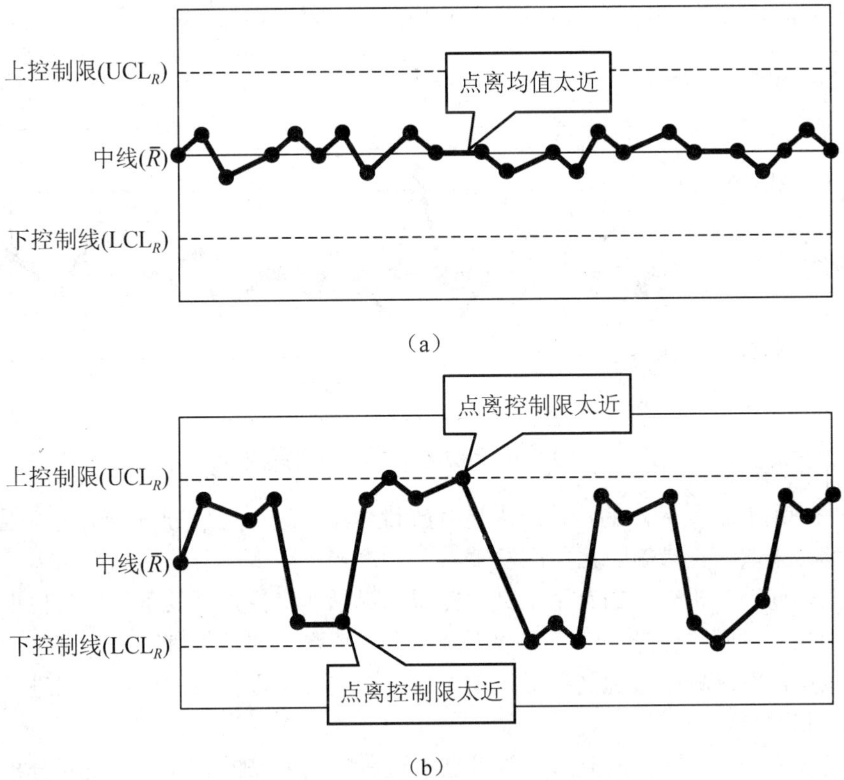

图 8.9 明显非随机图形控制图

非随机图形如明显的趋势、周期性、数据点的分布在整个控制限内或子样内数据间有规律的关系等（如第一个读数总是最大值）。下列介绍一种验证子样内数据点总体分布准则：

各点与 $\overline{R}$ 的距离：一般来讲，大约 2/3 的数据点应落在控制限中间 1/3 区域内，大约 1/3 的数据点落在其外的 2/3 区域。

如果有显著多于 2/3 的描点落在离 $\overline{R}$ 很近之处（对于 25 个子样，如果超过 90%的点落在控制限中间 1/3 区域），则应对下列情况进行调查。

① 控制限或描点计算错误或描错；

② 过程或取样方法被分层，每个子样包含了从两个或两个以上有完全不同过程均值的过程测取的样本；

③ 数据经过了编辑（数据经过了人为滤波）。

如果有显著少于 2/3 的描点落在离 $\overline{R}$ 很近的区域（对于 25 个子样，如果有 40%或少于 40%的点落在中间 1/3 的区域），则应对下列情况的一种或两种进行调查。

① 控制限或描点计算错误或描错；

② 过程或抽样方法造成连续的子样中包含了从两个或两个以上有明显变化的过程测取的数据（如混合许多材料）；

③ 如果存在几个过程，应分别识别和追踪。

（4）识别并标注特殊原因（如图 8.10 所示）。

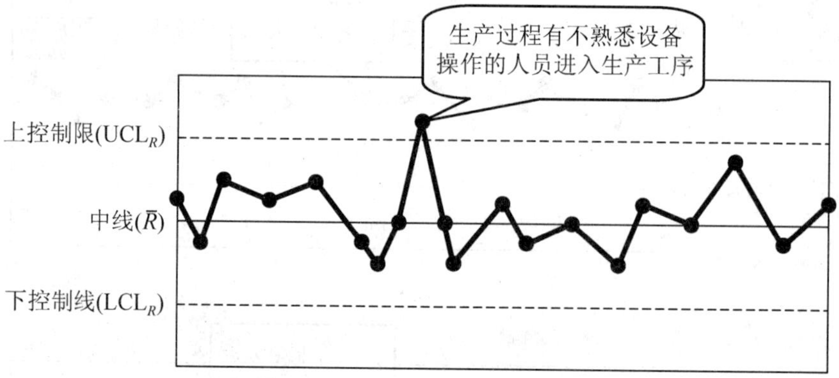

图 8.10　控制图非受控点的标注

对 R 图中所有非受控点的特殊原因进行醒目标注，进行过程分析，确定原因并提高对过程的理解，采取纠正措施防止再次发生。

控制图是问题分析方面的有用工具，能跟踪提示非受控点及其条件何时何地何过程发生以及持续多长时间。但是应意识到并不是所有的特殊原因都是有害的，有些特殊原因使过程极差减小而对过程改进起到积极作用。应对这些有积极作用的特殊原因进行评价，以便得到保持和发展。

为了使过程产品不合格减到最小以及获得过程诊断所需的新证据，及时分析问题是很重要的。在控制图上，出现一个超过控制限的点，就应立即开展分析。

应强调的是，解决问题通常是最困难最费时的一步。采用统计工具是一种科学有效的方法，如排列图、因果图或其他图形分析法等。然而，对状态的解释最终在于过程以及与过程有关的人员。在采取可显著改进过程性能的措施时，需要有彻底性、耐性、洞察力和理解力。

（5）重新计算控制限。

在进行初始过程研究或重新评定过程能力时，失控原因被识别和消除并制度化后，应重新计算控制限。特殊原因消除后，可以利用排除非受控点的数据（异常数据）重新计算获得新控制限、平均值和子样极差，描点后得到的新控制图应为受控状态，否则应重复识别、纠正和重新计算。排除异常数据后，子样数量不足，应在新条件下运行过程并采集数据。

2）均值控制图分析

当极差受统计控制时，则可认为过程的分布宽度、子样内的变差是稳定的。但是，变差稳定不能代表某质量特性的分布位置也稳定受控，需要均值进行分析，确定评价间过程的位置是否发生了改变。$\overline{X}$ 的控制限取决于极差图中变差（极差平均值 $\overline{R}$ ）的大小，如果均值处于统计控制状态，则均值变差与极差变差有关，即仅决定于系统的普通原因变差（因为此时 R 图已经受控）。如果均值未受控，则存在造成过程位置不稳定的特殊原因变差。

（1）超出控制限的点。如图 8.11 所示，与极差控制图类似，有一点或多点超出上或下控制限，就可以认为该点出现特殊原因。以此为据，可以开始着手透过控制图对相应过程进行分析，以确定特殊原因，制定纠正措施，消除原因，防止再次发生。子样均值 $\overline{X}$ 数据点超出上或下控制限通常表明至少存在下列情况之一。

① 控制限或描点错误；

② 过程已改变，或是在当时的那一点（可能是一件独立的事件）或是一种趋势的一部分；

③ 测量系统发生变化（如不同量具或检验员）。

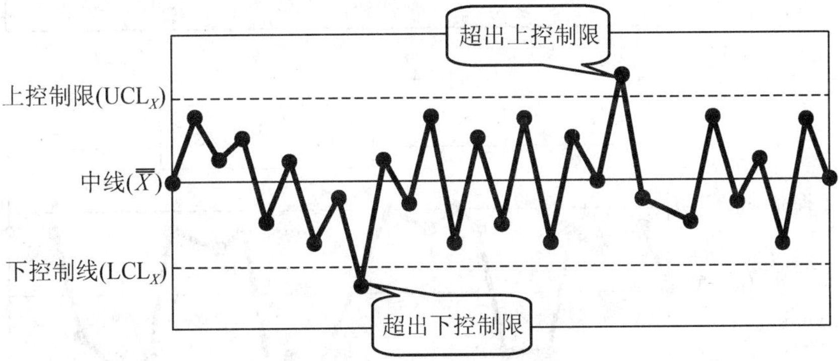

图 8.11　子样均值超出控制限

除数据点外，控制限之内的图形或趋势也是重要观察内容。控制限内的数据点出现非随机图形或某种趋势，证明此时过程不在统计控制状态，即失控。

（2）数据链。如图 8.12 所示，$\overline{X}$ 控制图也存在长链问题，即连续 7 点在平均值的一侧和 7 点连续上升或下降，这些都是小概率事件，可以认为正常情况下不会发生；一旦发生，则可推断是系统出了异常问题，即有特殊原因作用于过程并已影响了过程特性。

与过程均值有关的数据长链通常表明至少出现下列情况之一，即过程均值已改变（也许还在变化）；测量系统已改变（如飘移、偏差、灵敏度等的改变）。

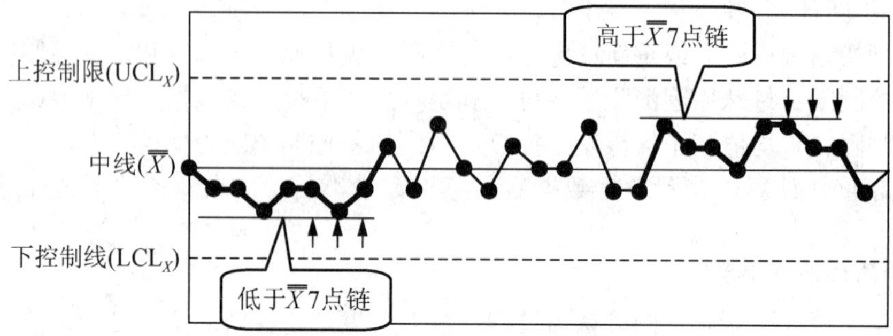

图 8.12　连续 7 点位于平均值一侧 $\overline{X}$ 控制图

（3）明显的非随机图形。如图 8.13 所示，与 R 控制图一样，虽然必须注意不要过分解释数据现象，但一些特别的图形中的确表明过程存在变差的特殊原因。这些图形特征包括趋势图形、周期性图形、位于控制限内点的异常分布宽度以及子样内数值之间的相关性等。检验异常分布宽度的准则如下。

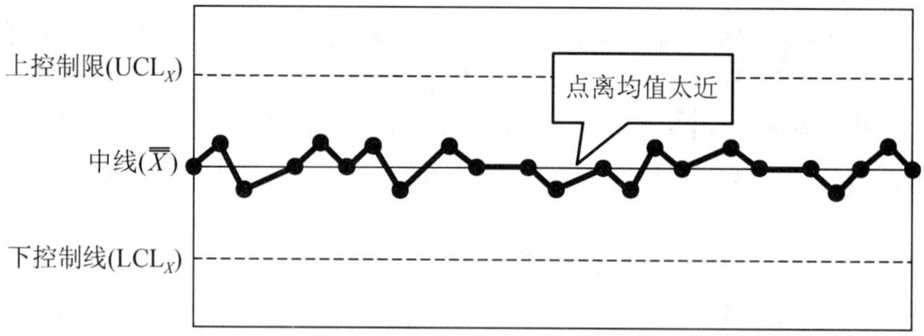

（a）

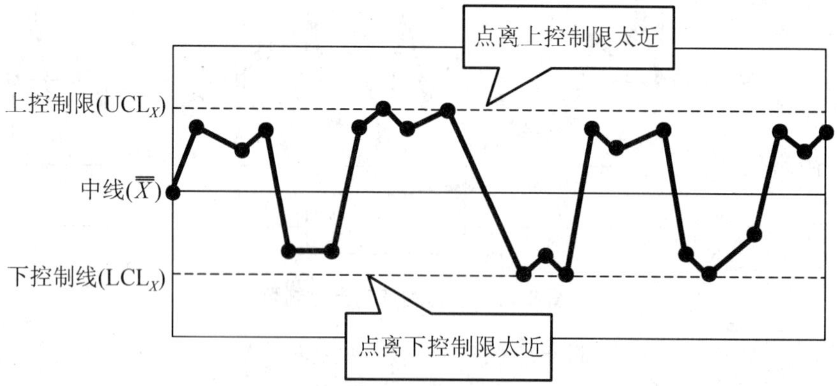

（b）

图 8.13　明显非随机图形控制图

一般情况下，子样均值 $\overline{X_i}$ 与过程均值 $\overline{\overline{X}}$ 的距离如下。

① 大约 2/3 的 $\overline{X_i}$ 描点应落在控制界限 1/3 的中间区域内，大约 1/3 的点落在其他 2/3 的区域；

② 1/20 的 $\overline{X_i}$ 描点应落在控制限较近之处（位于控制界限靠近控制限的 1/3 区域）。另外，存在大约 1/150 的 $\overline{X_i}$ 描点落在控制限之外，但这是统计控制系统合理的一部分可能性，就是说，约 99.73%的 $\overline{X_i}$ 描点位于控制限之内。

如果远超 2/3 的 $\overline{X_i}$ 描点落在过程均值的附近，如对于 25 个子样的情况，如果有超过 90%的 $\overline{X_i}$ 描点在控制限 1/3 的中间区域，应至少调查下列情况之一。

① 控制限或描点错误或描错；

② 过程或取样方法分层；

③ 每个子样包含了两个或多个具有不同均值的过程；

④ 数据已被编辑。

如果远少于 2/3 的 $\overline{X_i}$ 描点落在过程平均值的附近，对于 25 个子样，如果有 40%或少于 40%的数据落在中间 1/3 区域内，则应至少调查下列情况。

① 控制限或描点计算错误或描错；

② 过程或抽样方法造成连续的子样中包含两个或多个不同过程流的测量值。

如果存在几个过程流，应分别识别和追踪。

（4）识别和标注特殊原因。

与极差控制图类似，在均值控制图中，对异常点要进行醒目的标注，以督促人们执行分析和采取措施。具体方法参照极差控制图相应内容。

（5）重新计算控制限。

在首次过程研究或重新评定过程能力时，要排除那些已解决了的特殊原因所影响的数据（失控的数据点），重新计算并描画过程均值和控制限。

虽然将所有做了标记的事件作为特殊原因的可能的证据来调查是明智的，但应意识到它们可能是由于系统原因造成的，而不应构成局部过程问题。如果没有明显的证据表明已发现过程的特殊原因，任何“纠正”措施将可能增加而不是减少过程输出的总变异。

（6）为了继续进行控制延长控制限。

如果首批或以往的数据都在试验控制限之内，延长控制限使之覆盖将来的一段时期。如果过程中心偏离目标值，这时还希望调整过程使之对准目标值。这些控制限可用来继续对过程进行监视，操作人员和当地检验人员根据 $\overline{X}$ 或 R 控制图上出现的失控状态的信号采取及时的措施。

子样容量的变化将影响平均极差，也会影响极差控制图和均值控制图的控制限。如采用减小子样容量增加抽样频率的方法，在不增加每天抽样数的情况下，可以更快地检测过程变化。类似这种为改善工作所进行的调整，一般会涉及子样容量和对应的中心线和控制限，此时应采取如下措施。

① 根据目前样本平均极差 $\overline{R}$ 估计过程的标准偏差，即

$$\hat{\sigma} = \frac{\overline{R}}{d_2}$$

式中，$\overline{R}$ 为子样极差的均值（在极差受控时期）；d_2 随样本容量变化的系数，按表 8-3 查取。

表 8-3

子样容量	d_2
2	1.13
3	1.69
4	2.06
5	2.33
6	2.53
7	2.70
8	2.85
9	2.97
10	3.08

② 按新子样容量查表得到 A_2、D_3、D_4 和 d_2，然后计算 $\overline{R_{new}}$ 得

$$\overline{R_{new}} = \hat{\sigma} \times d_2$$

根据 $\overline{R_{new}}$ 计算均值控制图和极差控制图中心线和上下控制限为

$$UCL_R = D_4 \overline{R_{new}}$$

$$LCL_R = D_3 \overline{R_{new}}$$

$$UCL_{\overline{X}} = \overline{\overline{X}} + A_2 \overline{R_{new}}$$

$$LCL_{\overline{X}} = \overline{\overline{X}} - A_2 \overline{R_{new}}$$

按新控制限绘制控制图，继续对过程进行监视和控制，需要时再计算新的控制限，这样循环下去……

1956 年，西方电气公司的质量控制手册有这样一段论述：“在一个生产过程中永远无法达到一种完美的控制状态。过程控制图的目的不是完美的，而是达到合理和经济的控制状态。因此，在实践中，一个处于统计控制的过程并不是在控制图上没有任何失控之处。如果一张控制图上从来不出现失控点，我们将认真地分析该过程操作是否应画控制图。对于车间来说，一个受控过程，就是仅有很少百分比的点失控，并且对失控点采取过适当的措施。”这段论述，启迪人们真正领悟统计过程控制是一种数理统计方法，所有的结果都是一种可能，而不是肯定；不是追求完美，而是追求合理、经济和有效；追求完美的质量，如追求出厂产品百分之百合格，采用随机抽样就不能实现，必须采用全数检验，而全数检验肯定是不经济的。

3）过程能力解释

假设某过程处于以下状态。

① 过程处于统计控制状态；

② 过程数据服从正态分布；

③ 工程规范等代表顾客的需求；

④ 设计目标位于规范中心；

⑤ 测量系统变差相对较小。

处于统计控制状态的过程，不一定有能力满足顾客的需求，如过程变差符合正态分布，但不一定在产品技术规范（顾客要求之一）范围之内；过程变差在产品技术范围之内，则有能力满足技术规范要求；过程变差在产品技术规范范围之外，则能力不足以满足要求。

因此，控制图研究过程是否处于统计控制状态，仅仅是第一步，更重要的是研究过程能力，即过程满足要求程度。过程能力反映普通原因引起的变差范围与要求范围的比较结果，如果不满足要求，则对系统采取管理措施来提高能力。图 8.14（a）、（b）、（c）、（d）描述了处于统计控制状态的过程与技术规范要求的关系。图 8.14（a）所代表的过程刚好能够满足技术规范

要求：图 8.14（b）所代表的过程产品质量特性分布较窄，对于目前的技术规范要求范围而言，能力有余，有提高产品等级的潜力；图 8.14（c）和（d），过程能力不满是技术规范要求，前者对上下偏差规范都不满足，后者是对上偏差不满足。但是图 8.14 所示 4 个过程均符合随机正态分布，过程处于统计控制状态（假设分布中心符合要求）。因此，处于统计控制状态的过程不一定满足要求。

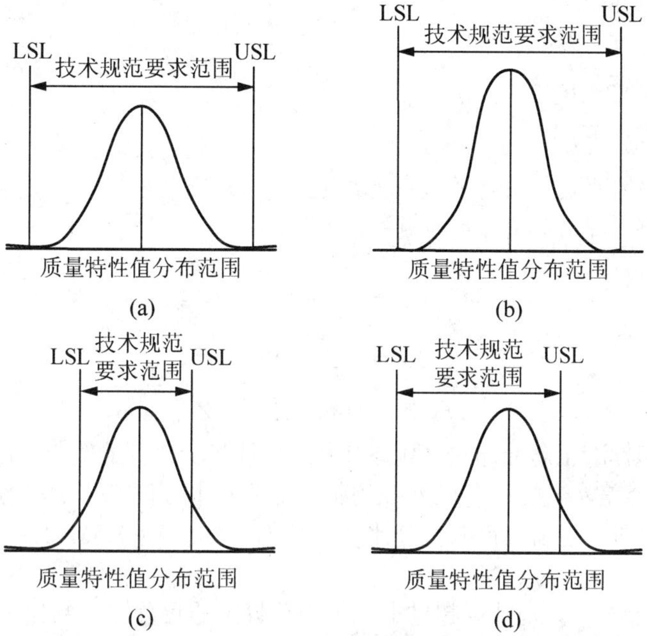

图 8.14 处于统计控制状态的过程与技术规范要求的关系

评定受控过程能力可以采用许多不同的方法。但是，任何一种分析方法都是一种大致结果，原因如下。

① 过程数据抽样总是存在误差；

② 没有完全符合统计控制状态的过程；

③ 没有一个过程，其实际输出准确地服从正态分布。

因此，对结果的分析和运用要格外谨慎，对获得的正反两方面的结果的解释也应保留一定的余地。

（1）计算过程标准差。

由于子样内过程的变异性是通过子样极差来反映的，所以可以用平均极差估计过程的标准差。过程标准差为

$$\hat{\sigma} = \frac{\overline{R}}{d_2} = \hat{\sigma}_{\overline{R}/d_2}$$

只要过程的均值和极差都处于统计控制状态，则可用估计的过程标准差来评价过程的能力。

（2）计算过程能力。

过程能力是指按标准偏差为单位来描述过程均值与规范界限的距离，用 Z 表示。

对于单边容差，选择一个合适的计算指标，即

$$Z=（\text{USL}-\overline{\overline{X}}）/\hat{\sigma}_{\overline{R}/d_2}$$

或

$$Z=（\overline{\overline{X}}-\text{LSL}）/\hat{\sigma}_{\overline{R}/d_2}$$

式中，SL——规范界限；

USL——为规范上限；

LSL——规范下限；

$\overline{\overline{X}}$——样本均值；

$\hat{\sigma}_{\overline{R}/d_2}$——按极差平均值估计的过程标准差。

对于双边容差，过程能力计算式为

$$Z_{\text{USL}}=（\text{USL}-\overline{\overline{X}}）/\hat{\sigma}_{\overline{R}/d_2}$$

$$Z_{\text{LSL}}=（\overline{\overline{X}}-\text{LSL}）/\hat{\sigma}_{\overline{R}/d_2}$$

$$\text{取 } Z_{\min}=\min\{Z_{\text{USL}},\ Z_{\text{LSL}}\}$$

可使用 Z 值和标准正态分布表（附录 1）来估计多少比例的输出会超出规范值。

① 对于单边容差，表的最左栏为 Z 的整数部分和十分位值，上端为 Z 值的百分位值，行和列的交点的值即为超出规范的百分比 p_Z。例如，对于 $Z=1.56$，1.5 行和×.×6 列的交点得到 $p_Z=0.0594$，或大约 6%。

② 对于双向容差，分别计算超过上、下规范界限的百分比。例如，如果 $Z_{\text{USL}}=2.21$，$Z_{\text{LSL}}=-2.85$，则总的超出规范界限的值为 $p_{Z\text{USL}}+p_{Z\text{LSL}}=0.0136+0.0022=0.0158$，或大约为 1.6%。

③ 过程能力指数。过程能力指数定义为

$$C_{PK}=\frac{Z_{\min}}{3}=CPU=\frac{\text{USL}-\overline{\overline{X}}}{3\hat{\sigma}_{\overline{R}/d_2}}$$

或

$$C_{PK}=\frac{Z_{\min}}{3}=CPL=\frac{\overline{\overline{X}}-\text{LSL}}{3\hat{\sigma}_{\overline{R}/d_2}}$$

显然，上式计算有如下结果，当 $Z_{\min}=3$ 时，$C_{PK}=1$，即当过程技术规范允许的偏差范围（上偏差或下偏差）是过程标准差的 3 倍时，过程能力指数为 1。如图 8.15（a）、（b）所示，如果过程分布与技术规范公差中心重合，则可以用下式计算过程能力指数

$$C_P = \frac{\text{USL} - \text{LSL}}{6\hat{\sigma}_{\bar{R}/d_2}} = \frac{T}{6\hat{\sigma}_{\bar{R}/d_2}}$$

式中，T=USL−LSL，即技术规范规定的公差。

对于有上、下技术规范偏差要求的过程，一定存在一个公差中心，即 $T/2$=（USL−LSL）/2。如果过程分布中心与技术规范公差中心不重合，则过程能力指数计算式推导如下。

由于过程分布中心与公差中心不重合，必须考虑最不利情况分析过程能力。由图 8.15（b）可知，由于过程分布中心靠近 USL，过程结果容易超出上技术规范偏差，此时上偏差允许的范围减小到 $T/2-\varepsilon$。因此过程能力指数为

$$C_{Pk} = \frac{T/2-\varepsilon}{3\hat{\sigma}_{\bar{R}/d_2}} = \frac{T-2\varepsilon}{6\hat{\sigma}_{\bar{R}/d_2}} = (1-K)C_P$$

式中，ε——为分布中心与公差中心之间偏移；

K——偏移率，等于 $2\varepsilon/T$。

上式清楚地表明，公差（技术规范允许的误差范围）范围与过程 6 倍标准差的比较，即为过程能力指数，这就是著名的“6σ 法则”。“6σ 法则”反映了对过程能力的要求，与社会生产力水平紧密相关，如日本早在 20 世纪 50～60 年代已经采用“6σ 法则”，后来采用更高的要求，如“12σ 法则”。因此，公差越大，过程标准差越小，过程能力越大。目前，我国与世界大多数先进国家一样，以 6σ 法则来衡量过程能力，但是不同行业对过程能力指数的要求有所不同。

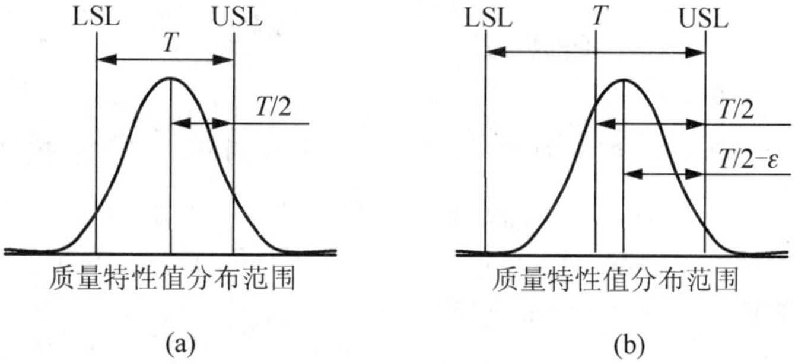

图 8.15　过程分布中心与技术规范公差中心重合和不重合情况

过程能力应该适当，即对过程标准差要求要适当，要保证充足的过程能力，又要考虑实际情况和顾客等要求。过程不能过大，即存在生产精度与要求相比过高，存在较大浪费。通过过程能力指数可以评价过程能力，长期的生产过程经验，人们对此有比较深入的实验研究，研究结果见表 8-4。

表 8-4　过程能力指数与过程能力推断

过程能力指数	过程等级	过程能力推断
$C_P>1.67$	特级	过于充足
$1.33<C_P\leqslant1.67$	1 级	充足
$1.00<C_P\leqslant1.33$	2 级	尚可
$0.67<C_P\leqslant1.00$	3 级	不足
$1.00<C_P\leqslant1.33$	4 级	严重不足

【过程能力分析案例】如图 8.16 所示，某零件尺寸的技术要求为$\phi 10\pm 0.01$mm。经过随机抽样，计算得到如下数据：过程数据分布中心 $\overline{\overline{X}}$ =10mm，$\hat{\sigma}_{\overline{R}/d_2}$ =0.003mm，计算过程能力指数并分析推断过程能力。

（1）分析公差中心：因为 USL=10+0.01=10.01mm，

LSL=10−0.01=9.99mm,公差分布中心为 10mm。

（2）分析过程分布中心：因为 $\overline{\overline{X}}$ =10mm，所以过程分布中心为 10mm，与公差中心重合。

（3）计算过程能力指数

$$C_P=\frac{\text{USL}-\text{LSL}}{6\hat{\sigma}_{\overline{R}/d_2}}=\frac{T}{6\hat{\sigma}_{\overline{R}/d_2}}=\frac{10.01-9.99}{6\times 0.003}=\frac{0.02}{0.02}=1$$

4）推断过程能力

根据表 8-4，过程能力不足，原因是普通因素，需要通过管理措施进行系统性改进，提高生产力水平（如改进设备，培训员工技术等），降低普通原因带来的变差。

对于过程分布中心与技术规范中心不重合情况，计算过程和方法类似，不再举例。

为了提高过程能力，必须重视减少普通原因变差。必须将注意力直接集中在过程构成的系统中，从机器性能、输入材料的一致性、过程操作的基本方法、培训和工作环境等分析入手，采取一定的管理和技术措施，提升过程能力。为了显著减少变差，可能有必要使用更高级的过程分析方法，包括诸如试验设计等统计技术。需要时，应组织开展适宜的质量工程活动，找到过程能力不足的普通原因，制定有效对策。

5）$\overline{X}-R$ 控制图举例

现在，通过一个案例来简要说明 $\overline{X}-R$ 控制图制作过程。某工厂连续批量生产$\phi 10\pm 0.20$mm 圆柱销。为分析、控制和改进过程，开展了 $\overline{X}-R$ 控制图研究。研究小组计划抽取 20 个子样，一个子样 5 个样本，连续 5 天抽样，每天抽取 4 个子样 20 个样本，每 10 分钟抽取一个样本。样本读数和计算结果见表 8-5。

表 8-5　$\overline{X}-R$ 控制图数据表

子样号	X_1	X_2	X_3	X_4	X_5	$\overline{X}$	R
1	10.009	9.979	10.010	9.937	10.010	9.989	0.073
2	9.947	10.088	10.016	10.013	9.962	10.005	0.141
3	10.031	9.981	10.021	9.950	10.051	10.007	0.101
4	10.010	9.915	10.009	10.020	9.982	9.987	0.105
5	9.982	10.026	9.948	10.012	9.912	9.976	0.114
6	10.035	9.995	10.038	9.965	10.010	10.009	0.073
7	9.920	10.070	9.884	10.015	10.009	9.968	0.186
8	10.006	9.981	10.009	10.026	9.939	9.992	0.087
9	10.000	9.996	10.057	9.940	10.019	10.003	0.177
10	9.970	10.095	9.975	10.059	9.942	10.008	0.153
11	10.149	10.007	9.998	10.051	9.934	10.028	0.215

（续表）

子样号	X_1	X_2	X_3	X_4	X_5	$\overline{X}$	R
12	9.952	10.047	10.009	10.010	10.068	10.017	0.116
13	10.032	9.990	9.968	9.911	9.972	9.975	0.121
14	9.935	9.960	10.109	9.973	10.005	9.996	0.174
15	10.070	10.025	9.988	10.029	9.950	10.012	0.120
16	9.968	10.052	9.925	10.009	10.008	9.992	0.127
17	10.013	9.958	10.150	10.090	9.969	10.036	0.190
18	9.996	10.028	9.978	9.919	10.081	9.992	0.172
19	10.120	9.940	10.010	10.089	9.942	10.020	0.180
20	9.948	10.039	9.971	10.012	9.986	10.002	0.145

根据表 8-5 计算得到

$$\overline{\overline{X}}=10.001，\quad UCL_{\overline{X}}=\overline{\overline{X}}+A_2\overline{R}，\quad LCL_{\overline{X}}=\overline{\overline{X}}-A_2\overline{R}$$

$$\overline{R}=0.136，\quad UCL_R=D_4\overline{R}，\quad LCL_R=D_3\overline{R}=0$$

式中，系数 $A_2=0.58$，$D_4=2.11$，$D_3=0$，所以有

$$\overline{\overline{X}}=10.001\text{mm}，\quad UCL_{\overline{X}}=10.080\text{mm}，\quad LCL_{\overline{X}}=9.922\text{mm}$$

$$\overline{R}=0.136\text{mm}，\quad UCL_R=0.287\text{mm}，\quad LCL_R=D_3\overline{R}=0\text{mm}$$

作 $\overline{X}-R$ 控制图，如图 8.17 所示。

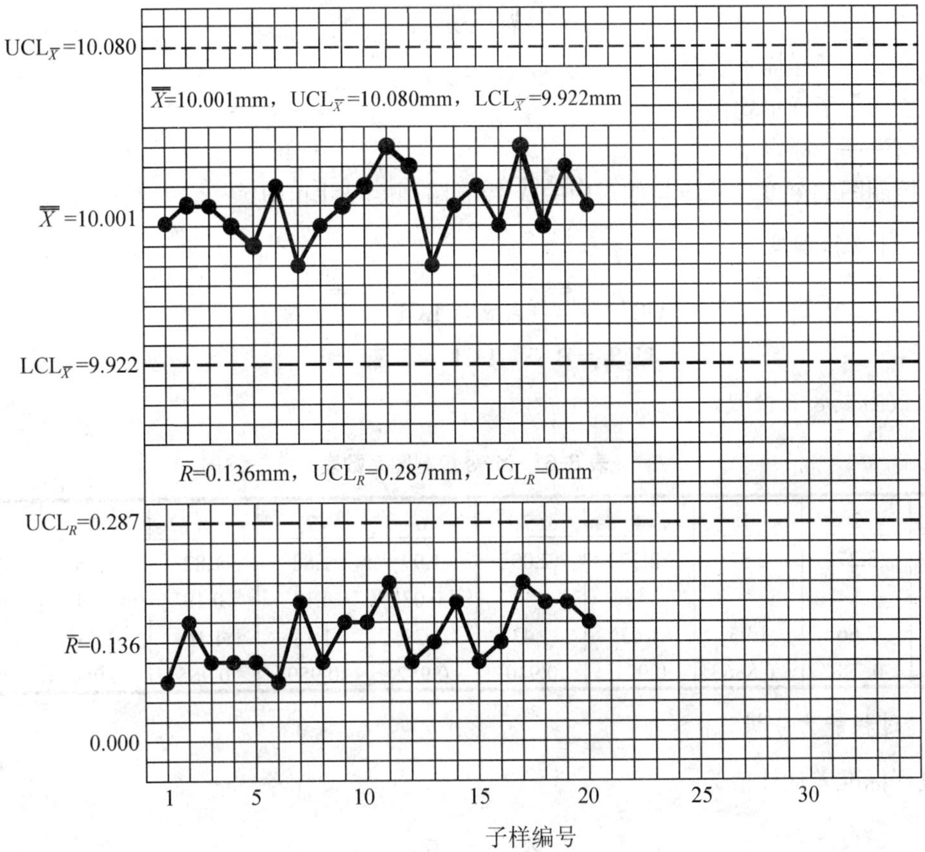

图 8.17　$\overline{X}-R$ 控制图制作案例

8.2.2 均值-标准差控制图（$\overline{X}$ -s 控制图）

$\overline{X}$ -s 控制图原理、制作过程和分析方法与 $\overline{X}$ -R 控制图类似。子样极差容易计算，子样容量较小时（如小于 9），$\overline{X}$ -R 控制图更为有效，被广泛采纳。标准差 s 是样本的一种统计量，是研究过程变异性更为有效的指标，尤其是样本容量较大时更为有用。但是，s 控制图计算起来比较复杂。当出现下列一种或多种情况时，应考虑用 s 图代替 R 图。

① 可采用计算机辅助记录、计算和绘图；

② 可方便地采用计算器计算 s；

③ 子样本容量较大，计算极差已不是很快捷的方法了。

以下仅就 $\overline{X}$ -s 控制图与 $\overline{X}$ -R 控制图不同的部分作说明。

1. 收集数据

如果子样数据量大，可采用专门数据表予以记录。在表中对 $\overline{X}$ 、s 进行计算并记录在表中。在控制图上，可以只填写子样均值和子样标准差。

子样标准差计算公式为

$$s=\sqrt{\frac{\sum_{i=1}^{n}(x_i-\overline{X})^2}{n-1}}$$

式中，x_i——子样样本值；

$\overline{X}$——子样平均值；

n——子样容量。

S 控制图的刻度尺寸应与相对应的 $\overline{X}$ 控制图刻度尺寸相同。

2. 计算控制限

$$\mathrm{UCL}_{\overline{X}}=\overline{\overline{X}}+\mathrm{A}_3\overline{s}，\quad \mathrm{LCL}_{\overline{X}}=\overline{\overline{X}}-\mathrm{A}_3\overline{s}$$

$$\mathrm{UCL}_s=\mathrm{B}_4\overline{s}，\quad \mathrm{LCL}_R=\mathrm{B}_3\overline{s}$$

式中系数由表 8-6 查取。

表 8-6 $\overline{X}$ -s 控制图系数表

n	2	3	4	5	6	7	8	9	10
B_4	3.27	2.57	2.27	2.09	1.97	1.88	1.82	1.76	1.72
B_3	*	*	*	*	0.03	0.12	0.19	0.24	0.28
A_3	2.66	1.95	1.63	1.43	1.29	1.18	1.10	1.03	0.99
C_4	0.798	0.886	0.921	0.940	0.952	0.959	0.965	0.969	0.98

3. 过程能力分析

过程标准差估计值为

$$\hat{\sigma}=\frac{\overline{s}}{C_4}=\hat{\sigma}_{\overline{s}/C_4}$$

根据估计标准差，可以分析过程能力和评价测量系统。

4. $\overline{X}$-s 控制图模板

$\overline{X}$-s 控制图模板如图 8.18 所示。

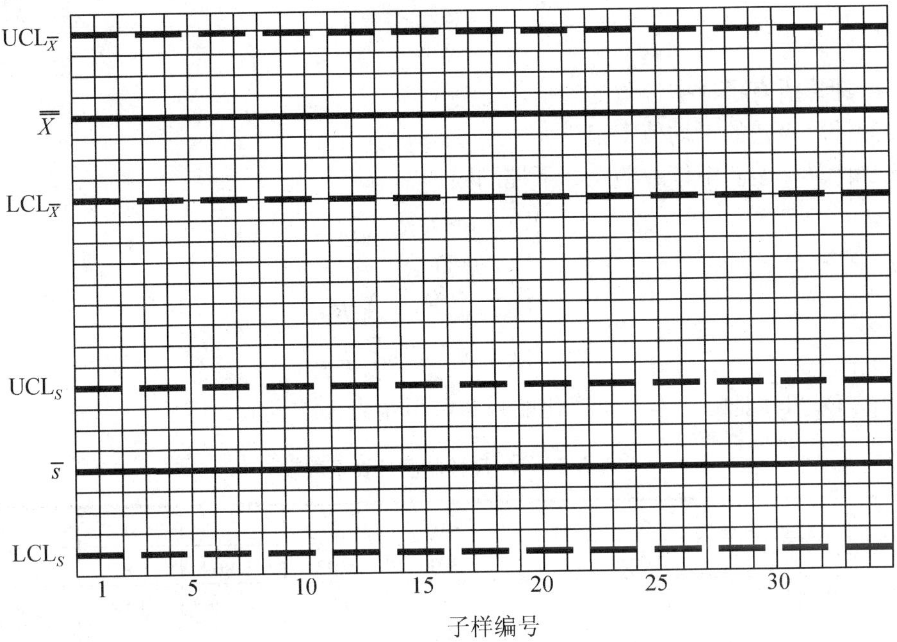

图 8.18　$\overline{X}$-s 控制图模板

8.2.3　中位数极差控制图（$\tilde{x}$-R 图）

$\overline{X}$-R 控制图的 $\overline{X}$ 计算比较麻烦，如果将子样读数按大小排列，则容易确定取值中间大小的数（即中位数），容易直接以这个中间数代替子样均值，由此产生了代替 $\overline{X}$-R 控制图的 $\tilde{x}$-R 控制图。这种方法在实际中容易被操作人员使用，同时虽然中位数在统计意义上不是均值，但中位数接近均值（因为样本数据符合正态分布），并且有时与均值是相同的（如 3 个数，5、6、7，均值是 6，中位数也是 6）。因此，$\tilde{x}$-R 控制图与 $\overline{X}$-R 控制图可产生相同的结论并具有如下优点。

（1）中位数不要求很多计算，可以使车间工人易于接受控制图方法；

（2）中位数图可显示过程输出的分布宽度并且给出过程变差的趋势；

（3）一张图上可显示中位数及分布宽度，所以它可用来对几个过程的输出或同一个过程的不同阶段的输出进行比较；

关于 $\tilde{x}$-R 控制图开发过程与 $\overline{X}$-R 控制图不同之处说明如下。

1. 收集数据

（1）一般情况下，中位数图子样容量小于或等于 10，以奇数样本为宜。如果子样容量为偶数，中位数取中间两个数的均值；

（2）图刻度的设置为下列中较大者。

① 产品规范容差加上允许的超出规范的读数；

② 测量值的最大值与最小值之差的 1.5～2 倍，图的刻度应与量具一致。

（3）将每个子样的中位数和极差填入数据表。

2. 计算控制限

（1）计算所有子样中位数的均值，记为 $\bar{\tilde{x}}$。

（2）计算极差的平均值，记为 $\bar{R}$。

（3）计算极差和中位数的上、下控制限

$$UCL_R=D_4\bar{R}$$

$$LCL_R=D_3\bar{R}$$

$$UCL\tilde{X}=\bar{\tilde{x}}+\bar{\tilde{A}}_2\bar{R},$$

$$LCL\tilde{X}=\bar{\tilde{x}}-\bar{\tilde{A}}_2\bar{R}。$$

式中，D_4、D_3 和 $\bar{\tilde{A}}$ 是随样本容量变化的系数，可由表 8-7 查取。

表 8-7　$\tilde{X}-R$ 控制图计算系数表

n	2	3	4	5	6	7	8	9	10
D_4	3.27	2.57	2.28	2.11	2.00	1.92	1.86	1.82	1.78
D_3	*	*	*	*	*	0.08	0.14	0.18	0.22
$\bar{\tilde{A}}_2$	1.88	1.19	0.80	0.69	0.55	0.51	0.43	0.41	0.36
d_2	1.13	1.69	2.06	2.33	2.53	2.70	2.85	2.97	3.08

3. 过程能力分析

估计过程标准偏差

$$\hat{\sigma}=\bar{R}/d_2$$

式中，$\bar{R}$——样本极差均值（在极差受控时期内）；

d_2——随样本容量变化的系数见表 8-7。

如果过程服从正态分布，只要中位数和极差处于统计控制状态，则可直接用 $\hat{\sigma}$ 估计值来评价过程能力（$6\hat{\sigma}$）。

4. $\tilde{x}-R$ 控制图如图 8.19 所示。

8.2.4　单值-移动极差控制图（x-MR 图）

在某些情况下，如测量费用很大、输出特性比较一致等情况，此时可采用单值来进行过程控制。在这种情况下，子样内的变差实际上为 0。单值控制图方法见下面的介绍，但要注意下面 5 点。

（1）单值控制对于检查过程变化没有 $\overline{X}-R$ 控制图敏感；

（2）如果过程分布不是对称的，则在解释单值控制图时要非常小心；

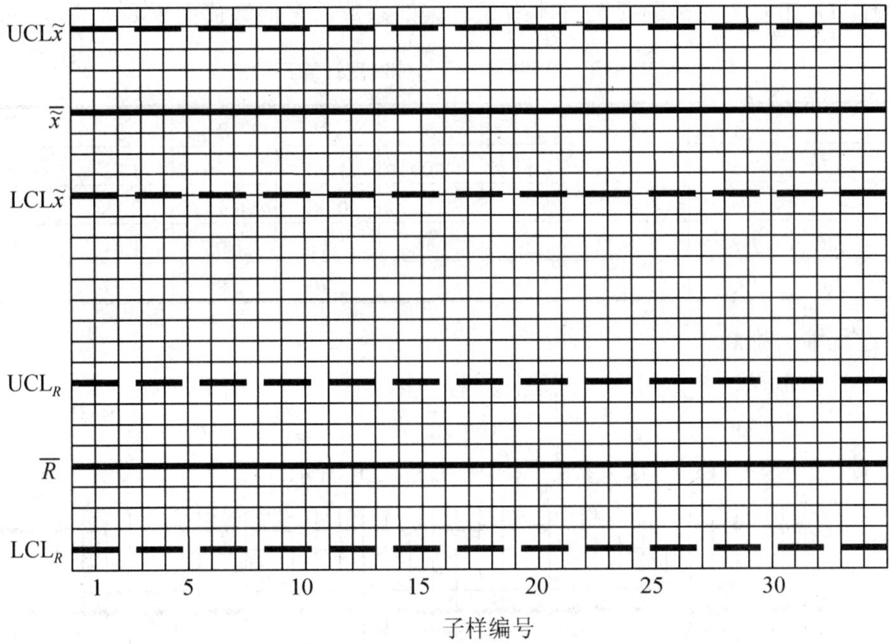

图 8.19　$\tilde{X}-R$ 图控制图模板

（3）单值控制图不能区分过程零件间的重复性。因此，在很多情况下，最好还是使用子样容量较小（2 到 4）的 $\overline{X}-R$ 控制图；

（4）移动极差也没有负值，即没有移动方向，不论谁先出现谁后出现，总是较大值减去较小值；

（5）每一子样仅有一个值，因此 $\overline{X}$ 和 $\hat{\sigma}$ 会有较大变异性。

1．收集数据

在数据图上由左至右记录读数，计算单个读数间的移动极差 MR。通常最好是记录每对连续读数间的差值（如，第一和第二个读数的差，第二和第三个读数的差等）。移动极差的个数比样本读数的个数少一个。某些情况下，移动间隔可以多于一个读数（如 2 或 3 个读数）或在一个固定的子样中（例如所有的读数均在一个班上读取）获取计算移动极差的读数。虽然测量是单独抽样的，但是读数的个数形成移动极差的组数（例如 2、3 或 4），决定了名义样本容量 n，当查系数表时必须考虑该值。一般情况是 n=2，因为一般情况是单值移动，只有 2 个读数决定一个极差。

2．计算控制限

计算过程平均值（单值读数之和除以读数的个数）和平均极差（移动极差之和除以极差个数）。样本容量为 2 的移动极差，其移动极差（MR）的个数比单值读数的个数少 1，计算式为

$$UCL_{MR}=D_4\overline{R}$$

$$LCL_{MR}=D_3\overline{R}$$

$$UCL_x=\overline{\overline{x}}+E_2\overline{R}$$

$$LCL_x=\overline{\overline{x}}-E_2\overline{R}$$

式中，D_4、D_3如前所述；E_2是与样本容量有关的系数，它们数值由表8-8查取。

表8-8　单值-移动极差控制图计算系数表

n	2	3	4	5	6	7	8	9	10
D_4	3.27	2.57	2.28	2.11	2.00	1.92	1.86	1.82	1.78
D_3	*	*	*	*	*	0.08	0.14	0.18	0.22
E_2	2.66	1.77	1.46	1.29	1.18	1.11	1.05	1.01	0.98
d_2	1.13	1.69	2.06	2.33	2.53	2.70	2.85	2.97	3.08

3．过程能力推断

与$\overline{X}$-R控制图一样，可用下式估计过程的标准差

$$\hat{\sigma}=\overline{R}/d_2$$

4.单点-移动极差（x—MR）控制图模板如图8.20所示。

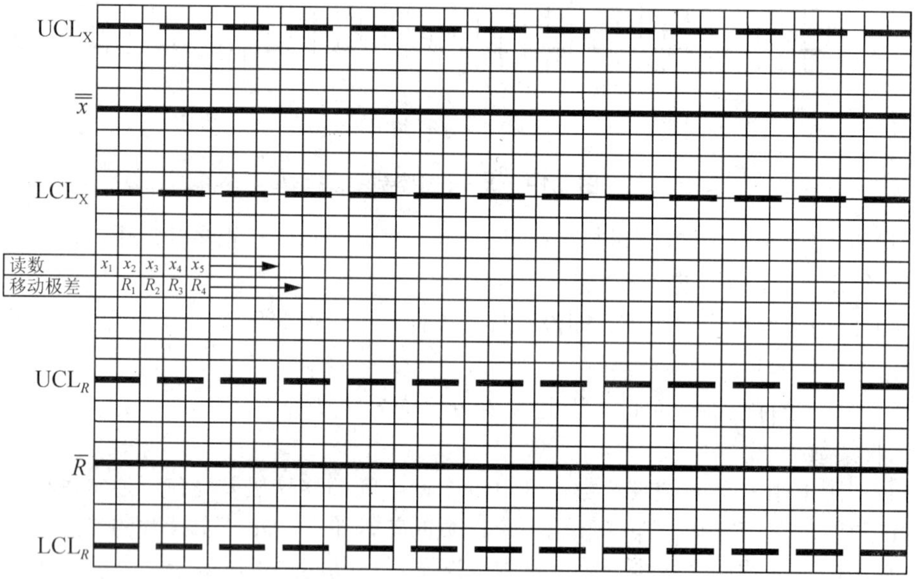

图8.20　x—MR控制图模板

8.2.5　计量型数据过程能力和过程性能的理解

一个受统计过程控制的过程特特性可用过程输出特性分布来描述。通常令人感兴趣的是分布中心。如果分布没有适当的位置，则该过程可能生产与期望的目标值不相符合的产品。这样的过程会被评价为不符合顾客需求的过程。如果分布范围太宽（太分散），不管其分布位置在哪，也都可能出现同样的问题。

由于不能确切地知道分布的特性，所以必须收集数据来估计它们。

1. 过程术语的定义

（1）过程固有变差。由普通原因产生的过程变差。该变差可以从控制图上通过$\hat{\sigma}=\overline{R}/d_2$来估计，也可用其他量$\hat{\sigma}=\overline{s}/C_4$来估计。

（2）过程总变差。由普通和特殊两种原因造成的变差，该变差可用总体样本（非子样）标准差 S 来估计，即

$$S=\sqrt{\sum_{i=1}^{n}\frac{(x_i-\overline{X})^2}{n-1}}=\hat{\sigma}_S$$

式中，x_i——总体样本测量值；

$\overline{X}$——为总样本单值读数均值；

n——所有单值读数的个数。

需要特别注意的是，这里的样本标准差与均值-标准差控制图中的子样标准差不同。

（3）过程能力。仅适用于统计稳定的过程，是过程固有变差的6倍范围（$6\hat{\sigma}$）。通常 $\hat{\sigma}$ 由 $\hat{\sigma}=\overline{R}/d_2$ 估计。

（4）过程性能。过程总变差 $\hat{\sigma}$ 的6倍范围，式中 $\hat{\sigma}$ 通常通过样本的标准差 S 计算而得，记为 $\hat{\sigma}_S$。

2. 过程量度的定义

1）指数

（1）C_P：过程能力指数，定义为容差宽度除以过程能力，不考虑过程有无偏移，一般表达式为

$$C_P=\frac{\text{USL}-\text{LSL}}{6\hat{\sigma}_{\overline{R}/d_2}}$$

（2）P_P：性能指数，定义为不考虑过程数据分布中心与公差中心的偏移，容差与过程性能的比值，一般表达式为

$$P_p=\frac{\text{USL}-\text{LSL}}{6\hat{\sigma}_S}$$

C_{PU}：上限能力指数，定义为容差范围上限除以实际过程分布宽度上限，一般表达为

$$C_{PU}=\frac{\text{USL}-\overline{\overline{X}}}{3\hat{\sigma}_{\overline{R}/d_2}}$$

C_{PL}：下限能力指数，定义为容差范围下限除以实际过程分布宽度下限，一般表达为

$$C_{PL}=\frac{\overline{\overline{X}}-\text{LSL}}{3\hat{\sigma}_{\overline{R}/d_2}}$$

前面讨论过的 C_{PK}，实际上是 C_{PU} 和 C_{PL} 中的较小值，读者可自行推导。P_{PK} 是考虑有偏移时的过程性能指数，与 C_{PK} 计算式不同之处是分母——分母为 $3\hat{\sigma}_S$，即 P_{PK} 是以下两式计算结果的较小值

$$P_{PU}=\frac{\text{USL}-\overline{\overline{X}}}{3\hat{\sigma}_S}$$

$$P_{PL}=\frac{\overline{\overline{X}}-\text{LSL}}{3\hat{\sigma}_S}$$

2）样本标准差计算及意义的说明

一般说来，受统计过程控制的过程，其性能可由样本推断。样本大小需要根据工程实际和运算条件等来确定。样本可能由多个子样构成。这样，根据过程数据计算过程标准差，就有两种情况：由子样计算标准差 s 和由总体样本计算标准差 S。前者代表子样变差，后者代表过程变差。前者通过 $\bar{s}/C_4$ 来估计过程变差，而后者可用来直接估计过程变差，为

$$S=\sqrt{\sum_{i=1}^{n}\frac{(x_i-\bar{X})^2}{n-1}}=\hat{\sigma}_S$$

8.3 计数型控制图

计数型数据只有两个值，如合格或不合格，高或低，大或小，通过或不通过，出席或缺席等。这种类型的数据虽然只有两个值，也可以计数和分析。例如用量规来测量轴的直径是否合格，用目视或量规来检查门的边缘是否可接受等。既然是一种数据，也就可以采用控制图方法监视、控制和改进过程。

计数型数据控制图也很重要，主要原因如下。

（1）计数型数据存在于技术或行政管理过程中，特别是由布尔变量构成的系统，可以在很多场合下应用计数型数据分析技术。

（2）在一些工程领域，如物流工程中的产品接受和交付过程，实际工作中产生丰富的计数型数据，将数据转化成控制图非常容易，不需要专门安排数据采集。

（3）一般来说，收集计数型数据既容易又快捷，不需要很多费用，通常不需要专业化收集技术。

（4）许多用于管理报告的数据是计数型的，控制图可作为重要依据和支持。例如，一次成功率，废品率、合格率、缺陷率等。

关于计数型控制图，主要讨论以下几种类型。

（1）不合格品率 p 控制图（样本容量不一定相同）；

（2）不合格品数 np 控制图（相同样本容量）；

（3）不合格数 c 控制图（相同样本容量）；

（4）单位不合格数 u 控制图（样本容量不一定相同）。

8.3.1 不合格品率 p 控制图

p 控制图用来测量在一批检验项目中不合格品项目的百分数。在使用 p 图以前，必须采取以下几个预备步骤。

（1）建立一个利于行动的环境（包括软件和硬件、物质上的和精神上的等），否则任何统计方法都会失败。

（2）定义过程。必须确定影响过程每个阶段的过程/要素（人、设备、材料、方法和环境、信息）。

（3）确定要管理的特性，精力应集中在关键特性上。

应适当考虑以下因素。

（1）顾客的需求。

（2）当前以及潜在的问题区域。

（3）特性的相互关系。充分利用特性间的关系是有效的研究方法，如果一个项目的几个不同的特性变化趋向于一致，则研究其一就够了。

（4）定义测量系统。

（5）尽力消除人为等不必要变差，免得一些明显问题带入控制图。应坚持过程记录的研究作风，客观记录过程发生的事件，以有利于分析、控制和改进过程。

1. 收集数据

1）选择子样的容量、频率及数量

（1）子样容量。用于计数型数据的控制图一般要求较大的子样容量应足够大，从可能性的角度讲，每个子样应包括几个不合格品（如 $n\overline{p}>5$，即如果平均不合格率 $\overline{p}=0.01$，子样容量 n 应该大于 500）。

（2）子样频率。应根据产品周期确定子样频率，以便帮助分析和纠正发现的问题，时间间隔短且反馈快。

（3）子样数量。收集数据的时间应足够长，以便找到所有可能影响过程变差的因素。一般情况下，子样数量应至少等于 25，以便很好地检验过程的稳定性；如果过程稳定，也可提高过程性能估计的可靠性。

2）计算每个子样的不合格品率 p

应计算和记录每个子样内的下列数据值：

（1）子样容量 n；

（2）发现的不合格项目的数量 np；

（3）计算子样不合格率 $p=np/n$。

3）选择控制图的坐标刻度

描绘数据点用的图应将不合格品率作为纵坐标，子样编号作为横坐标。纵坐标的刻度应从 0 到初步研究数据读数中最大的不合格率值的 1.5 到 2 倍。

4）将不合格品率描绘在控制图上

计算和描点子样的 p 值，将这些点连成线通常有助于发现异常图形和趋势。

记录过程的变化或者可能影响过程的异常情况，当这些情况被发现时，将它们记录在控制图的“ 备注” 部分。

2. 计算控制限

1）计算过程平均不合格品率 $\overline{p}$

对于 k 个子样，在研究时期，不合格品率的均值为

$$\overline{p}=\frac{\sum_{i=1}^{k}n_i p_i}{\sum_{i=1}^{k}n_i}$$

2）计算上、下控制限

如果过程受统计控制，子样的样本容量相同，对于 K 个子样，按下式计算上下控制限

$$UCL_p=\overline{p}+3\sqrt{\overline{p}(1-\overline{p})}/\sqrt{n}$$
$$LCL_p=\overline{p}-3\sqrt{\overline{p}(1-\overline{p})}/\sqrt{n}$$

式中，n 为子样容量；$n=n_1=n_2=n_3=\cdots=n_K$。

当 $\overline{p}$ 和 n 至少有 1 个很小时，LCL_p 可能为负值，此时没有下控制限。过程运行的特殊阶段，$\overline{p}=0$ 也是正常的，此时上、下控制限都为 0。

3）画线并标注

（1）过程均值 $\overline{p}$，水平实线。

（2）上控制限、下控制限，水平虚线。

在初始研究阶段，这些结果一般被认为是试验控制限。

如果子样容量不同，应分别计算各子样的控制限。实际应用时，当各子样容量与其平均值相差不超过正负 25%时，可用平均样本容量 $\overline{n}$ 来计算控制限，为

$$UCL_p=\overline{p}+3\sqrt{\overline{p}(1-\overline{p})}/\sqrt{\overline{n}}$$
$$LCL_p=\overline{p}-3\sqrt{\overline{p}(1-\overline{p})}/\sqrt{\overline{n}}$$

对于 p 控制图而言，数据采集过程可以主观控制，一般没有特殊要求和特殊意图，没有必要采取子样容量不相同的方案来工作，否则在控制图上会出现不同的控制限线条，计算也很麻烦。

3. 过程控制图分析

1）超限点

与计量型控制图一样，处于统计过程控制状态的过程只存在普通原因变差，出现超出控制限的点的事件是小概率事件，因此有理由认为是由于特殊原因造成的。特殊原因可能有益也可能有害，两种情况下都应立即调查分析，这是控制图分析的关键原则。应标注任何超出控制限的数据点。

出现超出上控制限的数据点（不合格品率更高）通常表明至少存在下列原因之一。

（1）控制限计算错误或画图描点错误；

（2）过程性能恶化；

（3）测量系统发生变化（如检验员、量规）。

低于下控制限的数据点（不合格品率更低）通常表明至少存在下列原因之一。

（1）控制限计算错误或画图描点错误；

（2）过程性能已改进；

（3）测量系统发生变化（如检验员、量规）。

控制限之内出现异常的图形或趋势，也表明存在过程失控或性能水平的变化。这种情况必须及时纠正，否则将造成超限情况发生。

当每个子样的不合格数的平均值 $n\overline{p}$ 较大时（≥9），子样的 p 近似于正态分布，可以采用 $\overline{X}$ 图相似的分析方法。若 $n\overline{p}$ 较小（≤5 以下），则不能直接应用下列确定为非随机分布的分析规则。

2）数据链

一个受控和 $n\overline{p}$ 较大的过程，落在均值两侧的数据点的数量应近乎相等。下列任一情况都表明过程发生失控或开始有失控变化的趋势。

（1）连续 7 点位于均值的一侧；

（2）连续 7 点上升（后点数据与前点数据相等或比前点数据者大）或连续地下降。

在这些情况下，应对这种数据点进行醒目的标记，必要时采取措施。

出现高于均值的长链或连续上升的点，通常表明至少存在下列情况之一。

（1）过程的性能已变差，而且可能还在发展；

（2）评价系统已改变。

出现低于均值的长链或连续下降，通常表明至少存在下列情况之一。

（1）过程性能已改进（应研究其原因，并将它固定下来）；

（2）评价系统已改变。

当 $n\overline{p}$ 很小时（$n\overline{p}<5$），出现低于 $\overline{p}$ 的链的可能性增加，因此有必要用长度为 8 点或更多的点的长链来作为不合格品率降低的标志。

3）明显的非随机图形

尽管通过控制图上数据点的趋势分析过程特性要小心谨慎，但一些明显的数据点图形表明可能存在特殊原因变差，如图形有某种规律性的趋势、具有周期性变化、控制限内异常分布的点以及子样内数据具有相关性（如子样中所有不合格都发生在最初的几个读数中）。以下为验证异常分布的方法。

（1）点到过程均值的距离：通常，一个处于统计控制状态的过程，仅存在普通原因变差，并且对于 $n\overline{p}$ 较大的过程，大约有 2/3 的数据点位于上下控制限之间区域中部 1/3 的区域内，1/3 的数据点位于其余部分区域；大约 1/20 的数据点位于接近控制限的 1/3 的区域内。

（2）如果明显多于 2/3 的数据点位于均值接近的区域（对于 25 个子样，如果 90%以上的点位于控制限中部 1/3 内），这意味着至少存在下列情况之一。

① 控制限或描点计算错误或画图描点错误；

② 过程或采样方法存在分层：每个子样包含来自两个或多个具有不同平均性能的过程测量（如两条平行的生产线的混合输出）；

③ 数据被编辑过（明显偏离均值的值已被调换或剔除）。

（3）如果位于过程均值接近的区域数据点大大少于 2/3（对于 25 个子样，40%以下的点位于中部 1/3 的区域内），这意味着至少存在下列情况之一。

① 发生了计算或描点错误；

② 过程或取样方法造成连续的子样包含来自两个或多个具有不同均值性能的过程的测量（如每班之间性能的差异）。

4）过程能力分析

在有效地消除了特殊原因后，控制图能反映出基本过程能力。

（1）过程能力计算。

对于 p 图，过程能力由过程平均不合格品率 $\overline{p}$ 来描述。如必要，也可以用符合规范的比率（$1-\overline{p}$）来描述。

对于过程能力的初步估计值，应使用历史数据，但应剔除与特殊原因有关的数据点。

当正式研究过程能力时，应使用新的数据，最好是 25 个或更多的子样，且所有的点都受统计控制。受控过程连续采样的 $\overline{p}$ 值是该过程当前能力的较好的估计。

（2）过程能力评价。

计算的过程能力反映该过程生产和可能预期生产的现阶段性能水平，只要过程保持受控状态并且在性能上不进行任何基础性改变，则过程能够按现有水平运行。在不同时间段，测得的不合格品率应在控制限间变化，合格品百分数的平均值将趋于稳定，否则应继续分析过程。

关于过程能力的改进，与前面计量型控制原理类似，不再重复。

4. p 图举例

某工厂对轴承表面硬度特性的表面处理过程开展过程能力研究，连续 25 天抽样，每天测量 500 个轴承，获得 500 个硬度数据，作为一个子样。经测量比较和计算，25 个子样中，不合格品率 p_i（i=1,2,…,25）分别为：0.024，0.030，0.038，0.026，0.018，0.052，0.036，0.028，0.034，0.036，0.032，0.048，0.022，0.062，0.032，0.020，0.032，0.034，0.040，0.030，0.016，0.026，0.024，0.034，0.036。试绘制 p 控制图。

解：（1）计算中心线，即 $\overline{p}=(p_1+p_2+\dots+p_{25})/25=0.0324$

（2）计算上控制限 $UCLp=\overline{p}+3\sqrt{\overline{p}(1-\overline{p})}/\sqrt{n}$

$$=0.0324+3\times\sqrt{0.0324(1-0.0324)}/\sqrt{500}$$

$$=0.0561$$

（3）计算下控制限 $LCLp=\overline{p}-3\sqrt{\overline{p}(1-\overline{p})}/\sqrt{n}=0.0087$

（4）描点（如图 8.21 所示）。

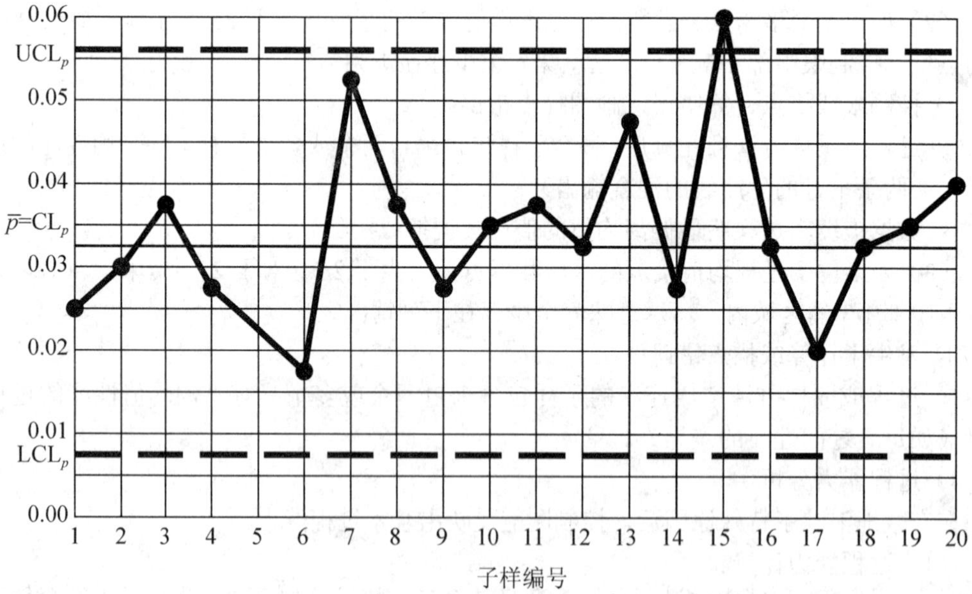

图 8.21　p 控制图案例

为作图方便，上例中并未把所有 25 个数据点画出，但已经说明了作图的过程。从图中发现，存在一个超出上控制限的数据点，原因是发生动力间断情况。对于生产动力突然中断影响过程输出的问题，应分析原因，提出措施并实施，直到今后不再发生此类质量事故。

除此而外，数据点基本属于随机正态分布。

8.3.2　不合格品数控制图——*np* 图

与 *p* 图不同，*np* 图用来度量不合格项的数量。*p* 图和 *np* 图适用情况基本相同，当满足下列情况时，可选用 *np* 图：①不合格项的实际数量比不合格品率更有意义或更容易报告；②过程各阶段子样的样本容量相同。关于 *np* 图的内容说明与 *p* 图相似，以下只就不同之处做出描述。

1. 收集数据

（1）子样容量必须相等。子样的周期应按照生产间隔和反馈信息等要求而定。样本容量应足够大使每个子样内都出现几个不合格品。

（2）记录并描绘每个子样内的不合格品数（*np*）。

2. 计算控制限

（1）计算过程不合格数的均值

$$n\overline{p} = (np_1 + np_2 + \ldots + np_K)/K$$

（2）计算上控制限

$$UCL_{np} = n\overline{p} + 3\sqrt{n\overline{p}(1-\overline{p})}$$

（3）计算下控制限

$$LCL_{np} = n\overline{p} - 3\sqrt{n\overline{p}(1-\overline{p})}$$

式中，*n* 为子样容量，且子样容量相等。

3. 过程控制和过程能力

分析见前面所述相关内容。

4. *np* 图案例

某工厂对轴承表面硬度特性的表面处理过程开展过程能力研究，连续 20 天抽样，每天测量 100 个轴承，获得 100 个硬度数据，作为一个子样。经测量比较和计算，20 个子样中，不合格品数 np_i（i=1,2,⋯,20）分别为：1、3、2、4、5、2、3、1、4、2、3、5、1、4、2、3、1、4、2、5。试绘制 *np* 控制图。

解：（1）平均不合格品数

$$n\overline{p} = (np_1 + np_2 + \ldots + np_K)/K$$

$$= (1+3+2+4+5+2+3+1+4+2+3+5+1+4+2+3+1+4+2+5)/20 = 57/20 = 2.85$$

（2）计算上、下控制限

$$UCL_{np} = n\overline{p} + 3\sqrt{n\overline{p}(1-\overline{p})} = 2.85 + 3\times\sqrt{(2.85(1-0.0285))} = 7.84$$

$$LCL_{np} = n\overline{p} - 3\sqrt{n\overline{p}(1-\overline{p})} = 2.85 - 4.99 < 0$$，无意义。

（3）描点（如图 8.22 所示）。

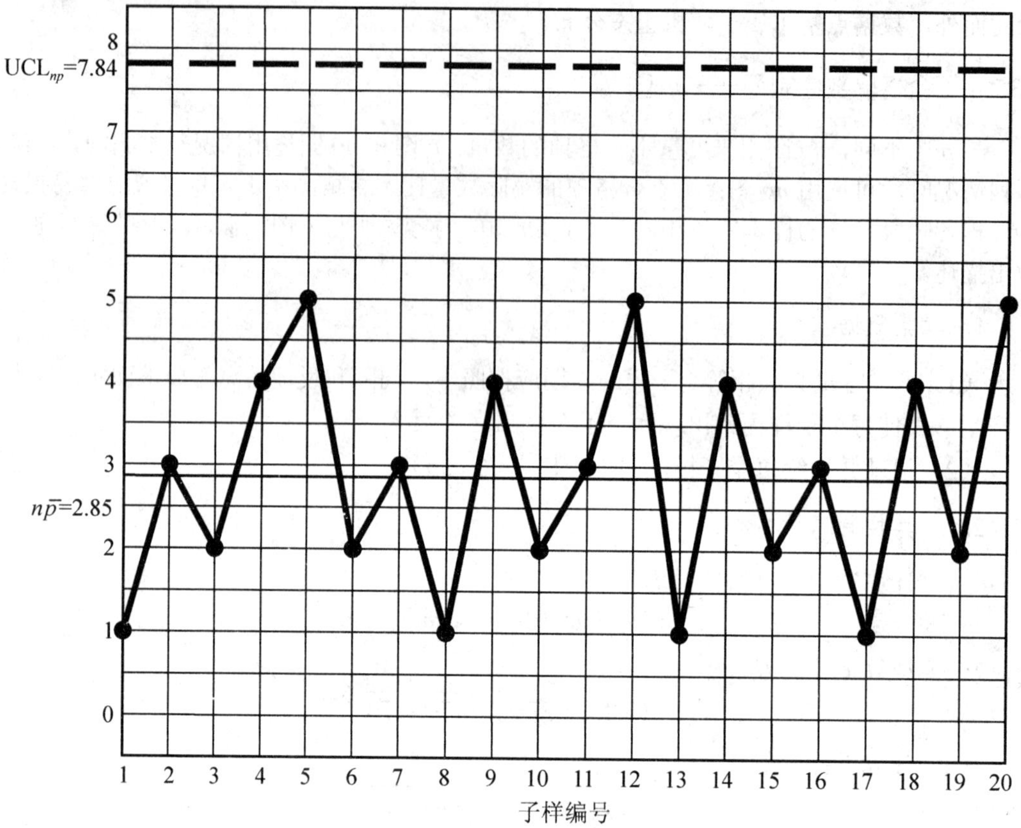

图 8.22　*np* 控制图案例

8.3.3　缺陷数控制图——*c* 图

c 图用来测量一个检验批内的不合格（或缺陷）的数量。*c* 图要求样本的容量恒定或受检材料的数量恒定，它主要应用于以下两类检验：不合格分布于连续的产品流中（例如每匹布上的瑕疵，玻璃上的气泡等），以及可以用不合格的平均比率表示的地方（如每 $100m^2$ 布匹上的瑕疵数）；在单个的产品检验中可能发现许多不同性质的不合格（例如每辆车或元件可能存在一个或多个不同的不合格）。

绘制和应用 *c* 图的步骤方法，与前面所介绍的 *p* 图有相同之处，不同之处介绍如下。

1. 收集数据

检验样本的容量（零件的数量，织物的面积，电线的长度等）要求相等，这样描绘的 *c* 值将反映质量性能的变化（不合格的发生率 *c*），而不是外观的变化（样本容量 *n*），在数据表中记录样本容量。

记录并描绘每个子样内的缺陷数 *c*。

2. 计算控制限

（1）过程缺陷数均值 $\bar{c}$

$$\bar{c} =（c_1+ c_2+\ldots c_K）/K$$

式中，c_1，c_2，…c_K 为每个子样的缺陷数。

（2）计算上、下控制限

$$UCL_c=\overline{c}+3\sqrt{\overline{c}}$$
$$LCL_c=\overline{c}-3\sqrt{\overline{c}}$$

3. 过程能力解释

过程能力为 $\overline{c}$，即固定容量 n 的样本的缺陷数平均值。

4. 缺陷数控制图案例

某工厂通过布匹瑕疵检查对过程稳定性进行研究，连续抽样，子样为 1 匹，连续对每匹布进行检查。经检查发现，20 个子样中，缺陷数分别为：8，14，10，7，16，10，4，10，12，6，9，11，3，2，6，1，2，2，5，1。试绘制 c 图。

解：（1）20 个子样的平均缺陷数

$$\overline{c}=（8+14+10+7+16+10+4+10+12+6+9+11+3+2+6+1+2+2+5+1）/20=6.95$$

（2）计算上、下控制限

$$UCL_c=\overline{c}+3\sqrt{\overline{c}}=6.95+3\times6.95^{1/2}=14.86$$
$$LCL_c=\overline{c}-3\sqrt{\overline{c}}=6.95-3\times6.95^{1/2}<0$$

（3）绘图（如图 8.23 所示）。

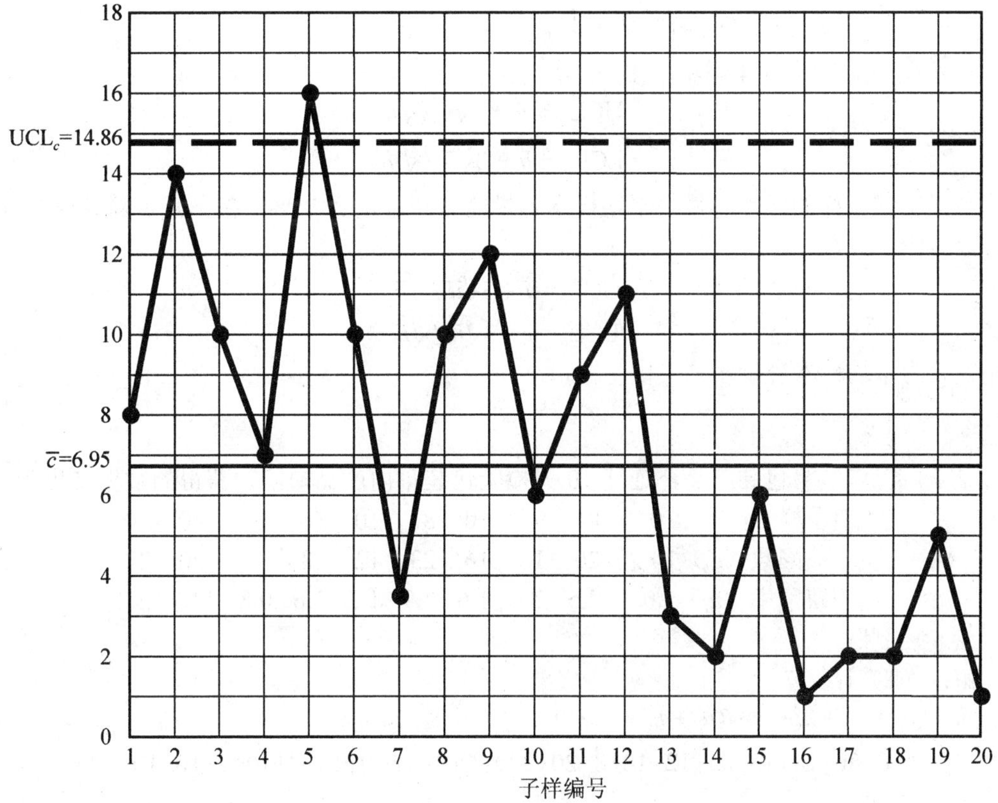

图 8.23　c 控制图案例

8.3.4 缺陷率控制图——u图

当子样容量多于“ 一个单位产品”，和样本容量不同时，必须采用u图来分析过程特性。u图的绘制与p图相似，不同之处如下。

1．收集数据

各子样样本的容量不必都相同，尽管使它的容量保持在其平均值的正负25%以内可以简化控制限的计算。

记录并描绘每个子样内的单位产品缺陷数u

$$u=c/n$$

式中，c为发现的缺陷数；n为子样容量（“ 一个单位产品” 的数量）。

每个子样的样本容量n是按检验报告单位来表示的，有时报告的单位是一个产品单元，如一台发动机。然而，多数情况下检验报告单位不是一个产品单位。例如，在注明为每100个单位产品中不合格的报告中，报告单位应为100个单位产品，而n代表检验了多少个一百。

2．计算控制限

计算每单位产品过程平均缺陷率

$$\overline{u}=(c_1+c_2+\ldots+c_k)/(n_1+n_2+\ldots+n_k)$$

式中，c_1，c_2，……为子样的缺陷数；

n_1，n_2，……为k个子样样本容量。

计算控制限UCL_u、LCL_u

$$UCL_u=\overline{u}+3\sqrt{\overline{u}}/\sqrt{n}$$
$$LCL_u=\overline{u}-3\sqrt{\overline{u}}/\sqrt{n}$$

如果某些子样的样本容量与平均样本容量的差超过正负25%，按下式重新计算其准确的控制限

$$UCL_u=\overline{u}+3\sqrt{\overline{u}}/\sqrt{\overline{n}}$$
$$LCL_u=\overline{u}-3\sqrt{\overline{u}}/\sqrt{\overline{n}}$$

式中，$\overline{n}$为平均样本容量。

3．案例分析

某工厂以包装箱包装产品，连续10天检验包装箱内产品缺陷，获得的数据结果为

子样（n_i）	10	8	9	10	8	10	7	10	10	10
缺陷数（c_i）	10	20	18	16	23	12	18	8	20	22
缺陷率（u_i）	1.0	2.5	2	1.6	2.9	1.2	2.6	0.8	2	2.2

绘u控制图。

解：（1）计算$\overline{u}$

$$\overline{u}=(c_1+c_2+\ldots+c_k)/(n_1+n_2+\ldots+n_k)$$

=（10+20+18+16+23+12+18+8+20+22）/（10+8+9+10+8+10+7+10+10+10）

=167/92

=1.82

（2）计算上下控制限

$$\mathrm{UCL}_u=\bar{u}+3\sqrt{\bar{u}}/\sqrt{n}=1.82+3\sqrt{1.82}/\sqrt{9.2}=3.15$$

$$\mathrm{LCL}_u=\bar{u}-3\sqrt{\bar{u}}/\sqrt{n}=1.82-3\sqrt{1.82}/\sqrt{9.2}=0.49$$

（3）绘制 u 图（见图 8.24）。

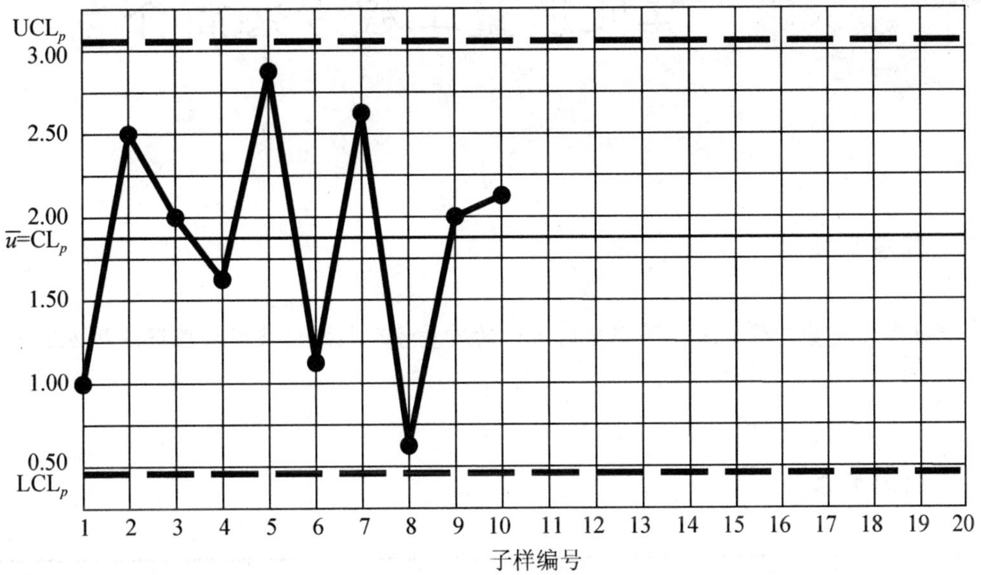

图 8.24　*u* 控制图案例

习题 8

1．一般说来，影响产品生产过程的因素（原因）有哪些？如何归类？

2．产品生产过程处于受控状态的特征有哪些？

3．产品生产过程处于受控状态时，是否存在不合格品？此时的不合格品数量可以预测吗？如何预测？

4．控制图技术是如何形成的？技术的关键是什么？

5．控制图的主要作用有哪些？

6．如何分析过程能力特性？

7．由过程能力特性推导过程产品不合格率的计算公式。

8．控制均值大小和控制标准差大小有什么不同？

9．试推导 6σ 准则下控制图控制界限和中心线的计算公式。如果在技术落后国家和技术发展中国家推行 6σ 准则，会发生什么现象？在发达国家呢？

10．结合课程实验或课程设计，采用计算机辅助控制图方法，对某产品生产过程的过程能力进行分析和控制。

第9章 其他质量工程方法简介

教学目标

学习其他质量工程方法，了解当前流行的质量管理与工程技术，理解这些方法的原理和实施步骤。

教学要求

能力目标	知识要点	权重	自测分数
熟悉生产件批准程序 PPAP	PPAP 内容步骤	15%	
了解实验设计（DOE）原理	DOE 原理	3%	
了解事件树（ETA）	ETA 原理	3%	
能够开发事故树（FTA）	FTA 原理与开发	15%	
了解同步工程（SE）	SE 原理	3%	
熟悉 6σ 管理原理和方法	6σ 管理原理和方法	15%	
了解三次设计法	三次设计法原理	3%	
了解精益生产方法	精益生产方法	3%	
熟悉 5S 管理方法	5S 管理的内容	25%	
了解价值工程（VE）	VE 原理	15%	

引例

在质量管理与工程领域，除前面所介绍的一般工具、模式化方法和专门技术方法之外，还有其他一些先进方法，这些方法有些直接就是质量管理与工程方法，有些是与质量管理和工程紧密相关的。编者根据多年跟踪，精心选择了对读者从事管理科学与工程专业活动中可能遇到的先进方法，包括生产件批准程序 PPAP、实验设计（DOE）、事件树（ETA）、事故树（FTA）、同步工程（SE）、6σ 管理、三次设计法、精益生产法、5S 管理和价值工程（VE）。对这些方法的介绍是初步的，需要时，读者可检索更详细的参考资料。

本书前面的内容比较详细地论述了目前流行于全球的重要的质量管理与工程技术和方法。但是，在一部主要面向工业工程专业本科生的教材中几乎不可能把所有的技术和方法都详细地加以介绍。为弥补上述之不足，本章对以上未曾论述的方法加以介绍。值得说明的是，以下介绍的方法，需要参考专门文献，或经老师课外辅导，才能达到可操作的程度。本章的目的在于使学生更多了解国际上存在的质量工程方法，以便日后走向社会和工作岗位时能够自主学习提高到可应用的程度。

9.1　生产件批准过程（PPAP）

在一个稳定的供应链中，在产品（包括硬件、软件、流程性材料和顾客 4 大类）的交付和接收过程中，以顾客为关注的焦点已经形成全球性共识。任何一个组织，其提供的产品能否被顾客接收，实质上取决于组织提供的产品是否满足顾客要求并具有足够的过程能力保证持续稳定地满足。为了识别确定提供产品的组织是否具有这种能力，顾客可以采取许多质量工程方法，如生产件批准过程、检验、现场观察、质量体系评价等。生产件批准过程（Production Part Approval Process，PPAP）是目前国际先进企业流行的一种质量工程方法，是国际汽车行业等质量体系中一项重要要求。

PPAP 是顾客确定产品供方的先期质量活动，一般发生在签订产品买卖合同或批量供货之前。PPAP 是一种质量控制过程。关于 PPAP 有关概念和具体内容介绍以下几点。

1. 生产件范围和目的

生产件是生产过程的一种输出，如机械零件、部件、整机，电子元件、器件、电子整机等。用作 PPAP 的生产件来自于有效的生产过程。典型地规定该生产过程 1 个小时到 1 个班次的生产，并输出至少 300 件产品，除非顾客另有书面规定。

生产件批准的目的是确定供方是否已经了解顾客工程设计规范的所有要求，该过程是否具有潜在能力，以实现在实际生产过程中按规定的生产节拍来生产满足顾客要求的产品。

2. 何时提交

显然，何时进行生产件批准的决定权在于顾客，并且依据相关技术法规进行。但通常情况下，在下述情况的第一批生产件发运前，应进行生产件批准。

（1）一种新产品（如以前未曾提供给顾客的零件、材料或颜色等）；

（2）对以前不合格产品进行修正后提交的产品；

（3）由于工程设计、设计规范或材料的改变而发生的产品变化；

（4）使用了未曾批准的其他可选择的结构和材料；

（5）使用新的或改变了的工具（易损工具除外）、模具等；

（6）对现有工装及设备进行重新装备或重新调整后进行的生产；

（7）生产过程或生产方法发生了一些变化后进行的生产；

（8）把工装或设备转到其他生产场地或在另一生产场地进行的生产；

（9）分供方发生了变化；

（10）工装在停止批量生产达 12 个月或更长时间后重新投入的生产；

（11）由于对供方质量的担心，顾客要求推迟供货的生产。

以上这些要求的目的是为了确定对直接顾客或车辆、部件最终购买者的影响。

直接供方应对分包的材料和服务负责。

任何与生产件批准程序要求有关的问题，需与零件批准的负责部门联系。

3. PPAP 要求

PPAP 的实质是产品供方向顾客提供产品和过程满足要求的证据。这些证据包括生产件样品和一些书面文件（如能证实产品质量特性和过程特性的文件）。一般说来，PPAP 要求的内容很丰富，但不一定每次 PPAP 都要求那么多内容，而是根据“提交等级”进行。完整的 PPAP 内容规定如下。

（1）生产件提交保证书。

（2）与生产件颜色、表面结构或表面要求有关的外观件批准报告（AAR）。

（3）提供两组样品或控制计划中批准的数量。由供方保留标准样品。

（4）顾客和供方包括成套零件图样在内的所有设计文件（如 CAD / CAM 数据资料、零件图样和技术规范）。

（5）尚未记入设计记录中，但已在零件上体现出来的任何批准的工程更改文件。

（6）零件图。

（7）对提交零件检验和试验使用的特殊辅助装置（夹具模型、样板、薄膜、膜图等）。

（8）按设计记录中规定的材料、性能和耐久性试验的结果。

（9）过程流程图。

（10）过程失效模式及后果分析（过程 FMEA）；如果供方负责设计，还要求提供设计 FMEA。

（11）控制计划。

（12）过程能力符合要求的证据，如控制图。

（13）对于新的或改进的量具、测量和试验设备的统计研究所使用的所有设备。

（14）在顾客的零件图或规范有要求时，应提交顾客进行工程批准。

4. 提交等级

顾客确定 PPAP 提交等级。顾客选择的等级主要取决于下列因素。

（1）零件的重要性；

（2）零件以往的提交经历；

（3）与特殊商品有关的供方鉴定报告。

对于同一供方的生产场地，有可能不同的顾客将指定不同的提交等级。

提交等级分为以下几种。

等级 1——只向顾客提交保证书（对指定外观项目，还应提交一份外观件批准报告）；

等级 2——向顾客提交保证书和零件样品及有限的支持数据；

等级 3——向顾客提交保证书和零件样品及完整的支持数据；

等级 4——向顾客提交保证书和完整的支持数据（不含零件样品）；

等级 5——在供方制造厂评审完整的支持数据和零件样品。

等级 3 是一般的指定等级，可用于所有的提交，除非零件批准负责部门提出其他的要求。各提交等级内容见表 9-1PPAP 保留/提交要求表。

表 9-1　PPAP 保留/提交要求表

序号	要求	等级 1	等级 2	等级 3	等级 4	等级 5
1	保证书	S	S	S	S	S
2	外观件批准报告	S	S	S	S	R
3	样品 ——标准样品	R R	S R	S R	R R	R R
4	设计记录	R	S	S	S	R
5	更改文件（如果有）	R	S	S	S	R
6	尺寸结果	R	S	S	S	R
7	检查辅助工具	R	R**	R**	R	R
8	试验结果	R	S	S	S	R
9	过程流程图	R	R	S	S	R
10	过程 FMEA 设计 FMEA	R R#	R R#	S S#	S S#	R R#
11	控制计划	R	R	S	S	R
12	过程能力研究	R	R	S	S	R
13	测量系统研究	R	R	S	S	R
14	设计工程批准	R	R	S	S	R

注：S——提交给指定的顾客产品批准部门，在制造厂只存复印件；R——在制造厂保留，顾客代表有要求时易于取得；*——除非顾客放弃；**——根据顾客要求提交；#——适用于顾客有设计职责的情况。

5. 过程要求

1）辅助图和简图

所有的附属文件（如辅助的简图等）应注明零件编号、更改水平、制图日期和供方名称。根据保存/提交要求表，适当保管这些辅助材料的复印件。

2）特殊检验或试验装置

如果要求使用特殊检验或试验装置，供方应提供该装置。必须按顾客的要求开展测量系统变差的研究（包括量具的再现性和重复性、偏移、线性和稳定性的研究）。

3）顾客确定的特殊特性

顾客可以使用特殊符号来标明重要特性，如有关安全、法规符合、功能、配合或外观等方面的特性。这些特性可称为：关键、主要、安全或重要特性。

4）初始过程能力研究

在 PPAP 材料提交之前，对于涉及安全、主要、关键或重要特性的产品，必须确定初始过程能力的可接受水平，以确定产品生产过程能否生产出满足顾客要求的产品。初始过程能力的研究，可参考本书第 8 章等有关内容。过程能力指标应该与顾客批准的一致。

5）外观件批准要求

对于顾客指定的“外观项目”，必须完成单独的外观件批准报告（AAR）。一旦完全满足所有要求的准则，供方应在 AAR 上记录所要求的资料。

6）尺寸评价

为了确定符合所有相关的设计规范，所有零件和有尺寸要求的产品材料都必须进行尺寸检验。

当使用第三方零件检验机构时，结果必须采用该机构的专用纸张或标准报告格式来提交，并写明测量零件的检验机构的名称。

所有尺寸（参考尺寸除外）、特性和在设计记录或控制计划上注明的技术规范应采用方便的格式列出实际的记录结果。不可笼统地说明合格与否，应标明这些测量进行的日期。

7）材料试验

如有要求，所有产品材料都应进行材料试验。供方必须按照材料规范和控制计划要求进行试验。

如果供方不能完成所要求的试验，那么试验应由有资格的部门承担，根据特别协商也可由顾客的试验室承担。当使用第三方试验室进行试验时，试验结果可以该试验室的专用报告纸张或正式报告格式给出，应注明完成试验的试验室名称。

8）性能试验

当规定有性能（或功能）要求时，应对所有的零件和产品材料进行性能试验。供方必须完成性能技术规范和控制计划要求的试验。

如果供方不能完成所要求的试验，那么试验应由有资格的部门承担，根据特别协商也可由顾客的试验室承担。当使用第三方试验室进行试验时，试验结果可以该试验室的专用报告纸张或正式报告形式给出，应注明完成试验的试验室名称。

9）零件提交保证书

圆满完成了所有要求的测量和试验后，供方应填写保证书上所要求的内容。

10）工程更改

对于由于工程更改的提交，由更改的程度来决定检验和试验的要求。例如，如果某些尺寸发生了变化，则应仅对受尺寸变化影响的部位进行尺寸测量评价。

11）多重型腔的铸模、工具、冲模和模型

如果生产件是采用多腔铸模、工具、冲模或模型加工出来的，要求对由每一个腔铸模等生产的零件进行完整的尺寸评价。供方必须在保证书中注明这种情况。

9.2 实验设计（DOE）

质量实验是通过实验的方法识别确定过程输入对过程最终即过程输出产生的影响，从而制定有效控制措施的一种质量工程方法。实验设计是通过一定方法，如优化实验方案，使实验过程和结果合理有效。目前，在质量工程领域，比较流行的实验方法是正交实验。

正交试验是对多因素分析的一种科学方法。利用规格化的表格——正交表，科学地挑选试验条件,合理安排实验。正交试验最早由日本质量管理专家田口玄一提出，称为国际标准型正交试验法。田口玄一认为：“一个工程技术人员若不掌握正交试验设计法，只能算半个工程师。”

9.2.1　正交实验名词术语

（1）试验因素：影响考核指标的量称为试验因素（因子），一般记为 A、B、C 等，包括定量的因素、可控因素、定性的因素、不可控因素。

（2）因素的位级（水平）：指试验因素所处的状态。例如，速度可能是某个试验的因素，如果将速度划分为 3 个离散值，则速度因素有 3 个位级（3 个水平）。

（3）考核指标：根据试验目的而选定的用来衡量试验效果的量及其大小（指标）。

（4）完全因素位级组合：指参与实验的全部因素与全部位级相互之间的全部组合，即全部实验次数。

例：有 3 个因素 A、B、C，每个因素有两个位级（A_1、A_2，B_1、B_2，C_1、C_2），则完全因素位级组合数为 $2^3=8$ 次（实验）。

（5）部分因素位级组合：包括因素转换法和正交试验法，比较流行的是正交实验法。

9.2.2　正交表

1. 正交表的符号

通常，正交表用 L_n (j^i) 来描述。其中，L——正交表的符号；n——正交表的行数（试验次数，试验方案数）；i——正交表的列数（试验因素的个数），j——正交表中的数码（因素的位级数，水平数）；$N=j^i$——全部试验次数（完全因素位级组合数）。

2. 正交表的结构

如 L_8（2^7）：表示 7 因素，每因素 2 水平的实验方案。如果不采取正交实验，考虑 7 因素每个因素 2 水平的全部实验次数为 128 个实验，而采取正交实验则为 8 个实验。类似的 L_9（3^4）为 4 因素 3 水平实验，全部实验为 91 个，正交实验为 9 个。而 L_8（$4^1 \times 2^4$）表示 1 个因素考虑 4 个水平，其余考虑 2 个因素，正交实验为 8 次实验。具体因素的组合可直接查正交表。如 L_8（2^7）见表 9-2。

表 9-2　L_8（2^7）

实验	因素（7 个因素）						
	1	2	3	4	5	6	7
1	1	1	1	2	2	1	2
2	2	1	2	2	1	1	1
3	1	2	2	2	2	2	1
4	2	2	1	2	1	2	2
5	1	1	2	1	1	2	1
6	2	1	1	1	2	2	1
7	1	2	1	1	1	1	1
8	2	2	2	1	2	1	2

由表 9-2 可知，第 1 个实验考虑了第 1 个因素、第 2 个因素、第 3 个因素和第 6 个因素的位级 1（水平 1），其余因素为水平 2。类似地，可以认识其他 7 个实验的内容。通过着 8 个实验代替 $128=2^7$ 个实验，来分析哪个因素和水平对实验结果影响最显著。

对于 L_8（$4^1\times2^4$），其方案见表 9-3。

表 9-3 L_8（$4^1\times2^4$）

实验	因素（5 个因素）				
	1	2	3	4	5
1	1	1	2	2	1
2	3	2	2	1	1
3	2	2	2	2	2
4	4	1	2	1	2
5	1	2	1	1	2
6	3	1	1	2	2
7	2	1	1	1	1
8	4	2	1	1	1

由表 9-3 可知，8 个实验可代替 $4^1\times2^4$ 共 64 次实验。

3. 正交表的正交性

（1）均衡分散性：每一列中各个字码（各因素水平）出现的机会是完全相等的。

（2）整齐可比性：任意两列间横向组合的数字对搭配是均衡的，每种数字对出现的次数相同。

由上述两个特性条件要求，可以制作正交表，或者说可以查到的正交表就是这样开发形成的。整齐可比性使得实验因素搭配有序合理，均衡分散性使得每个因素的各个水平被均衡地考虑。这样实验次数少，实验方案具有典型代表意义，可以获得可靠的结果。

4. 应用程序

（1）明确实验目的，确定考核指标。

（2）挑因素，选位级，确定因素位级表。

（3）选择适宜的正交表。

（4）因素位级上正交表，确定试验方案，并按实验方案进行试验。

（5）试验结果分析。

关于实验设计的正交实验方法和结果分析，应该在需要的时候阅读专门的著作，解决质量工程中多因素多水平影响下，产品质量特性（一个特性或多个特性）的变化，以确定过程因素（普通因素，或通过革新将特殊因素转变成的普通因素）。

9.3 事件树分析方法

事件树分析（Event Tree Analysis，ETA）也称为决策树分析（Decision Tree Analysis, DTA），是分析确定过程和产品质量事故的一种重要方法。

ETA 原理是基于系统/过程中具有两种可能状态（1，0）的事件，事件正常（1 态）和事件失效（0 态）都是可能的，事件失效可能导致系统/过程输出不合格的产品，事件正常可能导致系统/过程输出合格的产品。合格即为成功，不合格即为失败。这种分析方法的关键在于具备分析所需要的关于事件发生的概率数据。ETA 方法参考下面的案例。

现有 3 个元件 A、B、C 构成供水系统，3 个元件为串联，如图 9.1 所示。已知元件 A、B、C 正常工作的概率分别为 P_a=0.9，P_b=0.9，P_c=0.9。试采用事件树分析方法分析此供水系统/过程的可靠度和不可靠度。

事件树绘制如图 9.2 所示。

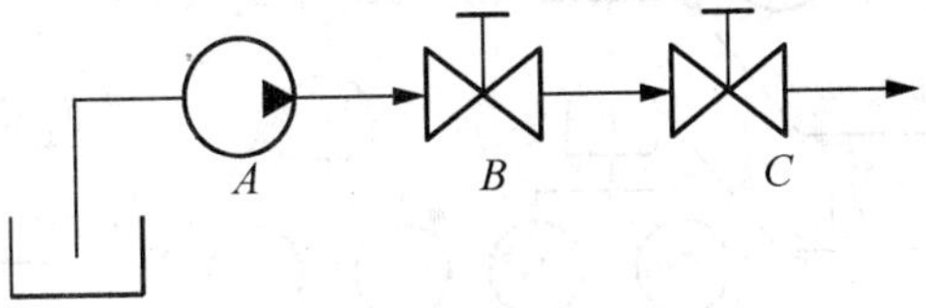

图 9.1　ETA 案例

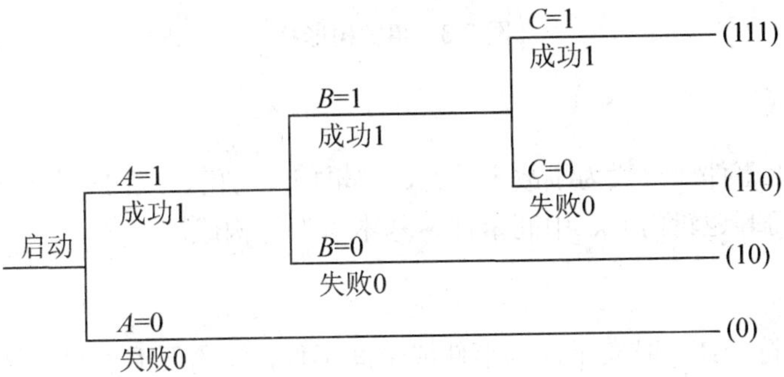

图 9.2　事件树绘制

计算成功概率 $p = P_a \times P_b \times P_c = 0.9\times0.9\times0.9 = 0.729$，失败概率 $\overline{p} = 1-0.729 = 0.271$。可以预见，对于复杂系统，事件树必定比较复杂，可能包括串联、并联和混联结构。但是只要事件树绘制正确，基本事件概率数据具备，总是可以推断出系统/过程的成功或失败的可能性大小的，能为决策机构提供保证过程正常运行的决策基础，特别是可以发现关键点元件，对关键点元件给予特别关注，就可以改善系统和过程，使系统和过程朝着有利方向运行。

9.4　事故树分析方法

事故树分析（Fault Tree Analysis）方法有时也称为故障树分析。通过系统中发生的事故，找到导致事故发生的触发事件，即确定导致质量事故的原因和主要原因。事故树形状如图 9.3 所示。

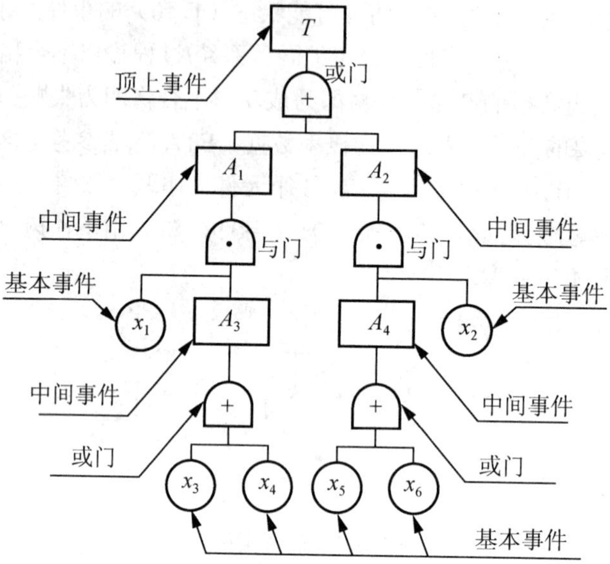

图 9.3　事故树形状

9.4.1　事故树构成

事故树由顶上事件（一般为事故事件）、逻辑门（与门、或门、条件与门、条件或门、限制门、排斥或门等逻辑门）、中间事件、基本事件等构成。

1. 事件符号

（1）矩形图符号：一般表示顶上事件或中间事件，即需要沿着树干继续往下分析的事件，如图 9.4（a）所示。事件属性可简要地在矩形框内予以描述，以利于分析思路的形成和分析工作的顺利展开。

（2）圆形图符号：表示基本事件，无需继续分析的事件，一般构成事故树形成的基本原因和主要原因，是需要消除的事件，如图 9.4（b）所示。

（3）屋形图符号：用来表示正常事件，即对象处于正常状态，如图 9.4（c）所示。

（4）菱形图符号：表示省略事件，表示二次事件，即不是本系统事故的原因事件，而是来自系统外部的原因事件，如图 9.4（d）所示。

图 9.4　事件符号

2. 逻辑门符号

逻辑门是上层事件和下层事件以及横向事件之间逻辑关系的控制元件，基本逻辑门符号如图 9.5 所示。

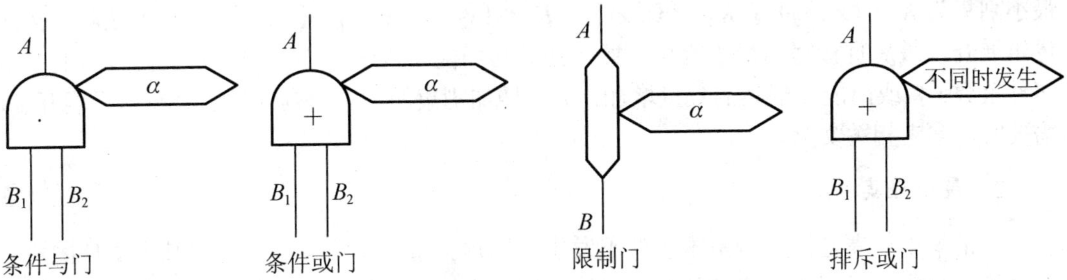

图 9.5　基本逻辑门符号

3. 转移符号

转移符号表示部分树的转入或转出，图形符号如图 9.6 所示。

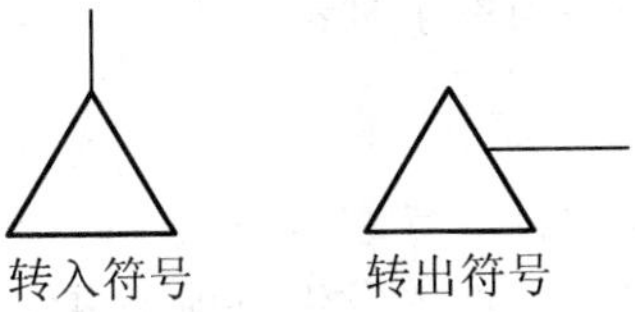

图 9.6　转入转出图形符号

9.4.2　事故树分析步骤

（1）确定顶上事件：顶上事件是质量事故，必须根据实际情况，正确确定顶上事件。

（2）了解系统：应充分了解产品实现过程特点，把握质量事故所涉及的范围和可能的原因事件。

（3）调查事故原因：采取有效方法，调查确定事故原因。

（4）确定控制目标：确定事故发生概率的目标值。

（5）建立事故树：在事故树中，应明确所有事件的内涵。

（6）定性分析：依据事故树中各事件的逻辑关系，写出逻辑式，求出最小割集、最小径集，确定各基本事件的结构重要度及其排序。

（7）定量分析：依据各基本事件发生的概率，求出顶上事件发生的概率，并计算各基本事件的概率重要度及临界重要度。

（8）制定措施：达到目标。

9.4.3　事故树定性分析

1. 最小割集

引起顶上事件发生的基本事件的集合即为最小割集。计算最小割集的方法有逻辑代数化简法和行列法，以下以图 9.3 为例予以说明。

图 9.3 事故树顶上事件与基本事件的逻辑关系为

$$T=A_1+A_2=x_1A_3+x_2A_4$$
$$=x_1x_3+x_1x_4+x_2x_5+x_2x_6$$

至此，上式已经不能再简化，因此最小割集有 4 个，每个割集包含 2 个基本事件，即

最小割集为 $K_1=\{x_1, x_3\}$；$K_2=\{x_1, x_4\}$；$K_3=\{x_2, x_5\}$；$K_4=\{x_2, x_6\}$。行列法就是按或逻辑展开，最后直接写出最小割集。此时注意与门能使割集大小增加（割集内包含的基本事件个数），或门能使割集的数量增加，而不增加割集的大小。具体做法不在这里展开了，需要时，参考相关文献。

2. 最小径集

所谓最小径集是指某些基本事件不发生，则顶上事件也不发生，这组基本事件的集合就是最小径集。根据逻辑代数的对偶定律（摩根定律），将事故树取反可以得到成功树。即将事故树的所有事件取反，事故树的反就是成功树。其他基本事件都取反，则事故树中事件的发生变成成功树中的不发生。或门变成与门，与门变成或门。将事故树变成成功树后，即可按事故树求最小割集的办法求出成功树的最小割集，成功树的最小割集就是事故树的最小径集。也可以按事故树求出最小割集，然后应用摩根定律计算最小径集。

3. 结构重要度

根据事故树结构分析各基本事件对导致事故发生的重要程度，即假设各基本事件发生概率都相同的情况下，分析各基本事件的发生对顶上事件发生的影响。结构重要度一般用 $I\phi(i)$ 来表示。

计算结构重要度有两种方法，一是计算结构重要系数，按系数大小排列结构重要度，比较精确，但计算繁琐。另一种方法是根据最小割集或最小径集判断系数的大小并排列顺序，精度较低。后一种方法介绍如下。

（1）最小割集或最小径集排列法原则。

① 最小割集中基本事件个数相同时，重复出现次数越多的基本事件结构重要度越大；

② 最小割集中基本事件个数不相同时，基本事件少的割集的基本事件比基本事件多的割集的基本事件的结构重要度大；

③ 基本事件少的最小割集中出现次数少的基本事件，比基本事件多的最小割集中出现次数多的基本事件结构重要度大。

【例 1】 假设事故树的最小割集为 $K_1=\{x_1, x_3, x_5, x_7\}$；$K_2=\{x_1, x_3, x_2, x_7\}$；$K_3=\{x_2, x_4, x_5, x_7\}$；$K_4=\{x_2, x_3, x_6, x_7\}$，试计算结构重要度。

解：根据上述最小割集排列法原则①，可知结构重要度排列顺序为

$$I_\phi(7)>I_\phi(3)=I_\phi(2)>I_\phi(1)=I_\phi(5)>I_\phi(6)=I_\phi(4)$$

【例 2】 假设事故树的最小割集为 $K_1=\{x_1, x_2, x_3, x_4\}$；$K_2=\{x_5, x_6\}$；$K_3=\{x_7\}$；$K_4=\{x_8\}$ 试计算结构重要度。

解：根据上述最小割集排列法原则②，可知结构重要度排列顺序为

$$I_\phi(7)=I_\phi(8)>I_\phi(5)=I_\phi(6)>I_\phi(1)=I_\phi(2)=I_\phi(3)=I_\phi(4)$$

（2）整体 1 算法：假设事故树割集中的每个最小割集结构重要度相同且为 1，然后计算基本事件的重要度。

【例 3】 假设事故树的最小割集为 $K_1=\{x_1, x_2, x_3, x_4\}$；$K_2=\{x_5, x_6\}$；$K_3=\{x_7\}$；$K_4=\{x_8\}$ 试计算结构重要度。

解：$I_\phi(7)\,I_\phi(8)=1>I_\phi(5)=I_\phi(6)=0.5>I_\phi(1)=I_\phi(2)=I_\phi(3)=I_\phi(4)=0.25$ 还有另外一些计算方法，需要时可参考相关文献，此处不再论述。

9.4.4　事故树定量分析

事故树定量分析内容包括：顶上事件发生概率的计算，概率重要度的计算和临界重要度的计算。

这些定量计算的关键是，事故树中各基本事件发生的概率是已知的，否则无法进行定量分析。如果已知基本事件发生的概率，则可以按古典概型计算各层次事件的概率，逐步计算到顶上事件，完成定量分析。

所谓概率重要度是指基本事件出现的概率的变化对顶上事件出现的概率的变化的影响程度，可以用下式计算

$$I_g(i)=\partial Q(T)/\partial q_i$$

式中，$I_g(i)$ ——第 i 个基本事件概率重要度；

$Q(T)$——顶上事件发生的概率；

q_i——第 i 个基本事件发生的概率。

临界重要度是综合考虑结构重要度和概率重要度形成的对基本事件的评价指标，定义计算公式为

$$I_c(i)=I_g(i)\,q_i/Q(T)$$

式中，$I_c(i)$ ——第 i 个基本事件临界重要度；

$I_g(i)$ ——第 i 个基本事件概率重要度；

$Q(T)$——顶上事件发生的概率；

q_i——第 i 个基本事件发生的概率。

9.5　同步工程（并行工程）

同步工程（Simultaneous Engineering，SE）又称并行工程。定义如下：“对整个产品开发过程实施同步、一体化设计，促使开发者始终考虑从概念形成直到用后处置的整个产品生命周期内的所有因素（包括质量、成本、进度和用户要求）的一种系统方法。在系统工程框架下，同步工程将目前习惯的按阶段分部门进行的工作尽可能同步实施”。SE 是现代质量管理与工程中一个重要理念和方法。

同步工程方法有如下特点。

（1）同步性：产品开发的各个子过程尽可能同步进行。

（2）约束性：将约束条件提前引入产品开发过程，尽可能满足各个方面要求。

（3）协调性：各个子过程间密切协调以获得质量（Q）、时间（T）、成本（C）等方面的最佳匹配。

（4）一致性：产品开发过程的重大决策建立在开发小组及必要相关方意见一致的基础上。

同步工程的目标如下。

（1）提高质量；

（2）降低成本；

（3）缩短产品开发周期。

同步工程达到目标的主要方法如下。

（1）开发有效性改进：使开发全过程方案更改次数减少 50%以上。

（2）开发过程同步：使产品开发周期缩短 40%～60%。

（3）设计和制造过程一体化：使制造成本降低 30%～50%。

9.6 6σ管理方法

美国通用电气（GE）公司总裁杰克·韦尔奇先生被人们赞誉为“世界头号老板”。1999 年 GE 公司市值突破 3000 亿美元，成为世界上最赢利和最值钱的企业。是什么使韦尔奇先生领导的这支世界超级企业舰队所向披靡？韦尔奇先生说是 GE 公司的“6σ”、“产品服务”、“全球化”3 大发展战略。韦尔奇先生视6σ管理战略为企业获得竞争优势和经营成功的金钥匙。他说6σ“是 GE 公司从来没有经历过的最重要的管理战略”。

9.6.1 什么是6σ

在统计学中，σ是一批数据偏离数据中心（平均值，一般用样本平均值估计）范围的一种度量，被称为数据标准差（一般用样本标准差估计）。在质量工程系统中，数据来自于过程，因此σ也可用来对产品生产过程变异进行测量、分析和控制。过程变异是质量损失的源泉。大多数企业的运作过程都保持在3σ～4σ的水平，描述为不合格率大约为 6200～68000 PPM（百万分之一，PPM）。而保持6σ运作的企业，不合格率大约为 3.4 PPM（百万分之 3.4，因此可以定义6σ管理是推行的百万分之三法则）。

正如本书第 8 章所述，过程处于统计控制状态时，过程输出质量特性符合正态分布。正态分布的数据其分布中心为平均值，偏离中心于两侧的数据的范围决定于σ的大小。如图 9.7 所示，σ大，偏离范围大，过程变异大（普通因素引起的变异）；σ小，偏离范围小，过程变异小。在一定的技术规范（容许变异）情况下，对于σ小的过程，即便是将σ乘以一个倍数K_σ，也能满足要求。显然σ越小，允许的倍数K_σ越大，说明过程能力越强。K_σ=6，这是先进过程才能达到的，如日本的制造业、中国的航天制造业、美国的电子制造业等，都能达到这个能力。但是，非常遗憾，目前流行的正态分布表中，只能查到K_σ=3 的数据，此时过程不合格率才接近千分之三（这是著名的千分之三法则）。

由图 9.7 可知，在6σ范围内，对σ_1代表的过程，仍有较多的能力剩余；对于σ_2代表的过程，过程能力也许刚好满足要求；对于σ_2代表的过程而言，则不能满足要求，质量损失较大。6σ管理就是适当追求过程能力，尽量减少损失。

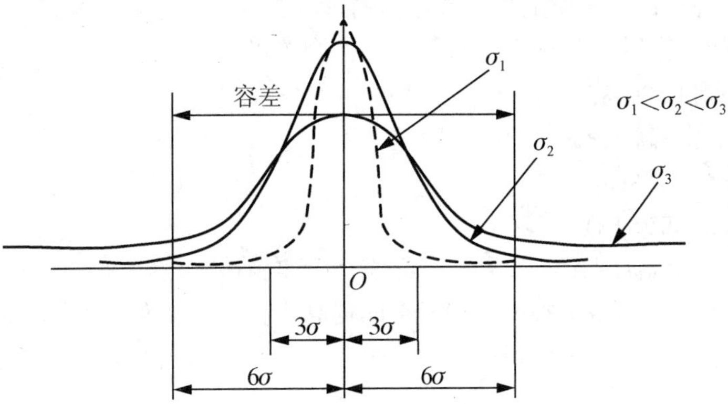

图 9.7　不同 σ 的过程分布

9.6.2　6σ 管理的起源

进入 20 世纪 90 年代以后，全球的市场竞争日益激烈，这在客观上要求企业必须提高产品质量和管理效率。在这样的背景下，摩托罗拉公司在 1993 年率先提出 6σ 管理模式并在企业中推行。自从采取了 6σ 管理后，该公司平均每年提高生产率 12.3%，因质量缺陷造成的损失减少了 84%，摩托罗拉公司因此取得了巨大的成功，成为世界著名跨国公司，并于 1998 年获得美国鲍德里奇国家质量管理奖。不过让 6σ 管理模式声名大振的还是美国通用电气公司（GE），该公司自 1995 年推行 6σ 管理模式以来，由此所产生的效益每年呈加速度递增；每年节省的成本为 1997 年 3 亿美元、1998 年 7.5 亿美元、1999 年 15 亿美元；利润率从 1995 年的 13.6%提升到 1998 年的 16.7%。GE 的总裁韦尔奇因此说：“6σ 是 GE 公司历史上最重要、最有价值、最赢利的事业。我们的目标是成为一个 6σ 公司，这将意味着公司的产品、服务、交易达到零缺陷。”

9.6.3　6σ 管理的实现

6σ 系统方法的基本目标是建立并实施以测量为依据的管理。这一目标要通过两套 6σ 系统方法来完成：DMAIC 和 DMADV。DMAIC（D——定义、M——测量、A——分析、I——改善和 C——控制）主要针对不能满足要求的过程，对其进行突破性改善。DMADV（D——定义、M——测量、A——分析、D——设计和 V——验证）主要针对新产品和过程的开发，使得新产品和过程达到 6σ 水平。以上的这两个过程都是由 6σ 绿带和黑带负责实施，由 6σ 黑带导师负责监督执行。

9.6.4　为什么要用 6σ 管理

提高过程能力和效益

1．任何组织都是由系统构成的，任何系统都是由过程构成的。过程存在波动，包括生产过程、服务过程、商务过程等。而波动影响顾客满意，即：质量、成本、周期的“敌人”。提高质量同时降低成本并缩短交付周期，取决于过程特别是产品实现过程的能力。过程能力实质就是过程输出波动的范围，即在几个 σ 范围内仍然满足要求。倍数越大还满足要求，则过程能力越强。6σ管理实质上是通过数据的过程管理，会带来巨大利益。一个3σ组织，通过改进过程，如果可以提高一个σ水平的话，则可以获得下述收益。

（1）利润率增长20%；

（2）产出能力提高12%～18%；

（3）减少雇员12%；

（4）资本投入减少10%～30%。

国外成功经验的统计显示：如果一个组织全力实施6σ革新，每年可提高一个σ水平，直到达到4.7σ，无须大的资本投入，利润率的提高十分显著。而当达到4.8σ时，再提高σ水平需要对过程重新设计（6σ设计），增加投入，但此时产品/服务的竞争力提高，市场占有率提高。

增强顾客满意

2. 日本著名质量管理专家田口先生指出，质量特性一旦偏离目标值就会对顾客造成损失；质量特性越远离目标值，对顾客造成的损失就越大；顾客的损失是与质量特性与目标值之差的平方成正比的。假设存在以下3种过程：第一批产品的质量特性均匀分布在规范内且没有超差品；第二批产品的质量特性呈钟形分布在规格限内；第三批产品达到了6σ质量，即质量特性呈倒钟形分布，且以目标值为中心分布在1/2规格限内（世界级企业按6σ原理持续改进获得的质量）。对同样的质量特性来说，它们给顾客造成的平均损失分别是：12∶4∶1。也就是说，如果从对顾客造成的损失来度量质量的优劣的话，第三批产品的质量，即6σ质量比第一批产品的质量优12倍，比第二批产品的质量优4倍。市场最终是由顾客决定的。毋庸置疑，6σ质量可以增强顾客满意度，具有强劲的市场竞争力。

9.6.5 6σ管理执行成员

一般情况下，6σ管理的执行成员组成如下。

（1）倡导者（Champion）：由企业内的高级管理层人员组成，通常由总裁、副总裁组成，他们大多数为兼职。一般会设1～2位副总裁全面负责6σ推行，主要职责为调动公司各项资源，支持和确认6σ全面推行，决定“该做什么”，确保按时、按质完成既定的财务目标，管理、领导大黑带和黑带。

（2）大黑带（Master Black Belt）：与倡导者一起协调6σ项目的选择和培训，该职位为全职6σ人员。其主要工作为培训黑带和绿带、理顺人员，组织和协调项目、会议、培训，收集和整理信息，执行和实现由倡导者提出的“该做什么”的工作。

（3）黑带（Black Belt）：企业中全面推行6σ的中坚力量，负责具体执行和推广6σ，同时负责培训绿带。一般情况下一名黑带一年要培训100名绿带。该职位也为全职6σ人员。

（4）绿带（Green Belt）：为6σ兼职人员，他们侧重于6σ在每日工作中的应用，通常为公司各基层部门的负责人。6σ占其工作的比重可视实际情况而定。

（5）以上各类人员的比例一般为：每1000名员工，配备大黑带1名，黑带10名，绿带50～70名。

6σ项目主要参与人员的责任和作用如下。

（1）最高管理层负责挑选顾问，协调高层管理工作坊，审批首批黑带，演示6σ测量系统，确定关键改善重点，改进项目的进展，建立奖励晋升体系。

（2）项目领导负责统筹管理人员的培训，挑选黑带人员，选择实施项目，组织审核，实施奖励和晋升体系。

（3）黑带人员和绿带人员协调确认和实施项目，向项目领导报告项目进展和存在的障碍，协调对部门经理和员工进行培训。

9.6.6　6σ 管理的实施步骤方法

目前，6σ 管理实施方法还没有一个统一的规范。一般采用摩托罗拉公司提出“七步骤法”（Seven-Step Method）。“七步骤法”的内容如下。

（1）找问题（Select a Problem and Describe It Clearly）：把要改善的问题找出来，当目标锁定后便召集有关员工，成为改善的主力，并选出首领，作为改善责任人，跟着便制定时间表跟进。

（2）研究现时生产方法（Study the Present System）：收集现时生产方法的数据，并作整理。

（3）找出各种原因（Identify Possible Causes）：集合有经验的员工，利用脑力风暴法（Brain Storming）、控制图（Control Chart）和鱼骨图（Cause and Effect Diagram），找出每一个可能发生问题的原因。

（4）计划及制定解决方法（Plan and Implement a Solution）：利用有经验的员工和技术人才，通过各种检验方法，找出各解决方法，当方法设计完成后，便立即实行。

（5）检查效果（Evaluate Effects）：通过数据收集、分析、检查其解决方法是否有效和达到什么效果。

（6）把有效方法制度化（Standardize Any Effective Solutions）：当方法证明有效后，便制定为工作守则，各员工必须遵守。

（7）检讨成效并发展新目标（Reflect on Process and Develop Future Plans）。

9.7　三次设计法概述

三次设计法是指系统设计、参数设计和容差设计。它是一种优化设计，是离线质量管理的主要内容。

9.7.1　系统设计（一次设计）

系统设计即传统的设计。它是依据技术文件进行的。例如：化工生产过程选择什么样的原材料和工艺路线；生产电机选用何种导线，采用什么加工工艺等。系统设计的质量取决于专业技术的高低。但对于某些结构复杂、多参数、多特性值的产品，要全面考虑各种参数组合的综合效应，单凭专业技术往往无法定量地确定经济合理的最佳参数组合。尽管系统设计存在这种不足，但它是整个设计的基础，它为选择需要考察的因素和待定的水平提供了依据。

9.7.2 参数设计（二次设计）

在系统设计的基础上，可以决定系统中各参数值的最优水平及最佳组合。但由于系统设计是凭专业知识推定出待考察的因素和水平，无法综合考虑减小质量波动、降低成本等因素。而参数设计是一种非线性设计，它运用正交试验、方差分析等方法来研究各种参数组合与输出特性之间的关系，以便找出特性值波动最小的最佳参数组合。因此，参数设计也称参数组合的中心值设计。

实践表明，整机质量的好坏，既取决于产品整体的设计，又取决于零部件的质量。一个系统功能好坏很大程度上取决于系统本身的结构。好的参数组合不一定是以每个零部件最优为条件的，而是一种不同档次、不同质量水平的低成本的组合，从而实现低成本高质量的设计要求。产品设计中的波动情况是复杂的，很多产品的输出特性与因素组合之间并不是线性关系。

在设计开发的过程中，常常是在关系未知的情况下进行参数设计的，而不总是关系明确可鉴。这就必须通过试验的办法，并借助于正交试验、方差分析、信噪比等数理统计的方法，以较少的次数找出符合设计目标值且稳定性很高的参数组合。

9.7.3 容差设计（三次设计）

系统要素的中心值决定后，便进入决定这些因素波动范围的容差设计。由于某些输出特性的波动范围仍然较大，若想进一步控制波动范围，就得考虑选择较好的原材料、配件，但这样自然会提高成本。因此有必要将产品的质量和成本进行综合平衡。容差是从经济角度考虑允许质量特性值的波动范围。容差设计通过研究容差范围与质量成本之间的关系，对质量和成本进行综合平衡。

例如：可以将那些对产品输出特性影响大而成本低的零部件的容差选得紧一些，而对输出特性影响小而成本又很高的零部件选得松一些。为此，必须要有一个质量损失函数来评价质量波动所造成的经济损失。

可见，容差设计是在决定了最佳参数组合的中心值后，根据质量损失函数，在综合平衡用户与制造厂质量费用的情况下，选定合理的公差范围。

9.8 精益生产

9.8.1 精益生产及其特点

精益生产（Lean Production，LP）又称精良生产，其中“精”表示精良、精确、精美；“益”表示利益、效益等。精益生产就是及时制造，消灭故障，消除一切浪费，向零缺陷、零库存进军。它是美国麻省理工学院在一项名为“国际汽车计划”的研究项目中提出来的。他们在做了大量的调查和对比后，认为日本丰田汽车公司的生产方式是最适用于现代制造企业的一种生产组织管理方式，称之为精益生产，以针砭美国大量生产方式过于臃肿的弊病。精益生产综合了大量生产与单件生产方式的优点，力求在大量生产中实现多品种高质量低成本的生产。

（1）精益生产以简化为手段，消除生产中一切不增值的活动。

精益生产方式把生产中一切不能增加价值的活动都视为浪费。为杜绝这些浪费，它要求毫不留情地撤掉不直接为产品增值的环节和工作岗位。在物料的生产和供应中严格实行准时生产制（just - in - time ）。

（2）精益生产强调人的作用，充分发挥人的潜力。

精益生产方式把工作任务和责任最大限度地转移到直接为产品增值的工人身上。而且任务分到小组，由小组内的工人协作承担。为此，要求工人精通多种工作，减少不直接增值的工人，并加大工人对生产的自主权。当生产线发生故障，工人有权自主决定停机，查找原因，做出决策。小组协同工作使工人工作的范围扩大，激发了工人对工作的兴趣和创新精神，更有利于精益生产的推行。

（3）精益生产采用适度自动化，提高生产系统的柔性。

精益生产方式并不追求制造设备的高度自动化和现代化，而强调对现有设备的改造和根据实际需要采用先进技术。按此原则来提高设备的效率和柔性。在提高生产柔性的同时，并不拘泥于柔性，以避免不必要的资金和技术浪费。

（4）精益生产不断改进，以追求“完美”为最终目标。

精益生产把“完美”作为不懈追求的目标，即持续不断地改进生产，消除废品，降低库存，降低成本和使产品品种多样化。富有凝聚力、善于发挥主观能动性的团队、高度灵活的生产柔性、6σ的质量管理原则等一系列措施，都是追求完美的有力保证。完美就是精益求精，这就要求企业永远致力于改进和不断进步。

从以上的特点可以看出，精益生产是一种适应现代竞争环境的生产组织管理方法。它有着极强的生命力，受到各国企业的极大重视。

9.8.2 传统生产与精益生产的区别

精益生产吸收了传统生产方式的大量优点，并且克服了传统生产方式的缺点。精益生产集准时生产制和柔性制造的优点于一体，在质量管理上贯彻6σ的质量管理原则，不是依检查，而是从产品的设计开始就把质量问题考虑进去，确保每一个产品只能严格地按照唯一正确的方式生产和安装；在库存管理上，体现了节约成本的要求，在满足顾客的需求和保持生产线流动的同时，做到了产成品库存和在制品库存最低；在员工激励上，精益企业里员工被赋予了极大的权利，真正体现了当家做主的精神，并且人事组织结构趋于扁平化，消除了上级与下级之间相互沟通的隔阂，做到全厂上下一条心。所有这一切都体现了降低成本、提高产品竞争力的要求。

对那些早已实现了精益生产的企业来说，它们早享受了精益化所带来的种种好处，如劳动利用率大幅度上升，产品市场竞争力的提高，库存降低，生产周期缩短，成本下降等。如果传统企业还在重复过去的生产方式，不进取不创新，是难以与精益企业相抗衡的。因此，传统企业只有探索精益之路，才能赢得竞争。

9.8.3 传统企业的精益之路

消灭浪费是精益企业始终不渝的追求。浪费在传统企业内无处不在：生产过剩、零件不必要的移动、操作工多余的动作、待工、质量不合格/返工、库存、其他各种不能增加价值的活动等。向精益化转变，基本思想是通过持续改进生产流程，消灭一切浪费现象，其重点是消除生产流程中一切不能增加价值的活动，传统企业的精益之路可以由下面几步完成。

1. *改进生产流程*

精益生产利用传统的工业工程技术来消除浪费，着眼于整个生产流程，而不只是个别或几个工序。

（1）消除质量检测环节和返工现象。如果产品质量从产品的设计方案开始，一直到整个产品从流水线上制造出来，其中每一个环节的质量都能做到百分百的保证，那么质量检测和返工的现象自然而然就成了多余之举。因此，必须把“出错保护”（ Poka - Yoke ）的思想贯穿到整个生产过程，也就是说，从产品的设计开始，质量问题就已经考虑进去了，保证每一种产品只能严格地按照正确的方式加工和安装，从而避免生产流程中可能发生的错误。

（2）消除零件不必要的移动。生产布局不合理是造成零件往返搬动的根源。在按工艺专业化形式组织的车间里，零件往往需要在几个车间中搬来搬去，使得生产线路长，生产周期长，并且占用很多在制品库存，导致生产成本很高。通过改变这种不合理的布局，把生产产品所要求的设备按照加工顺序安排，并且做到尽可能的紧凑，这样有利于缩短运输路线，消除零件不必要的搬动，节约生产时间。

（3）消灭库存。把库存当作解生产和销售之急的做法犹如饮鸩止渴。因为库存会掩盖许多生产中的问题，还会滋长工人的惰性，更糟糕的是要占用大量的资金。在精益企业里，库存被认为是最大的浪费，必须消灭。减少库存的有力措施是变“批量生产、排队供应”为单件生产流程（1 - piece - flow）。在单件生产流程中，基本上只有一个生产件在各道工序之间流动，整个生产过程随单件生产流程的进行而永远保持流动。理想的情况是，在相邻工序之间没有在制品库存。实现单件生产流程和保持生产过程的流动性还必须做到以下两点。

① 同步：在不间断的连续生产流程里，必须平衡生产单元内的每一道工序，要求完成每一项操作花费大致相同的时间。

② 平衡：合理安排工作计划和工作人员，避免一道工序的工作荷载一会儿过高，一会儿又过低。但是，在某些情况下，还必须保留一定数量的在制品库存，而这个数量就取决于相邻两道工序的交接时间。

实施单件生产流程、同步和平衡这些措施，其目标是要使每项操作或一组操作与生产线的单件产品生产时间相匹配。单件产品生产时间是满足用户需求所需的生产时间，也可以认为是市场的节拍或韵律。在严格地按照单件产品生产时间组织生产的情况下，产成品的库存会降低到最低限度。

2. 改进生产活动

仅仅对生产流程予以持续的改善，还不足以实现精益化生产，还要进一步改善生产流程中的个别活动，以更好地配合改进过的生产流程。如在没有或很少库存的情况下。要保证生产的连续性，必须通过减少生产准备时间，机器检修、待料的停工时间和减少废品的产生。

（1）减少生产准备时间。减少生产准备时间一般的做法是，认真细致地做好开机前的一切准备活动，消除生产过程可能发生的各种隐患，列举生产准备程序的每一项要素或步骤。辨别哪些因素是内在的（需要停机才能处理）；哪些是外在的因素（在生产过程中就能处理）。尽可能变内在因素为外在因素。利用工业工程方法来改进技术，精简所有影响生产准备的内在的、外在的因素，使效率提高。

（2）消除停机时间。全面生产维修（Total Productive Maintenance ，TPM）是消除停机时间最有力的措施，包括例行维修、预测性维修、预防性维修和立即维修 4 种基本维修方式。

① 例行维修——操作工和维修工每天所作的维修活动，需要定期对机器进行保养。

② 预测性维修——利用测量手法分析技术预测潜在的故障，保证生产设备不会因机器故障而造成时间上的损失。其意义在于未雨绸缪，防患于未然。

③ 预防性维修——为每一台机器编制档案，记录所有的维修计划和维修记录。对机器的每一个零部件都做好彻底、严格的保养，适时更换零部件，保证机器不发生意外故障。

④ 立即维修——当有故障发生时，维修人员要召之即来，随叫随到，及时处理。

由于在连续生产流程中，两道工序之间少有库存，若机器一旦发生故障，整个生产线就会瘫痪，因此消除停机时间对维持连续生产意义重大。TPM 的目标是零缺陷、无停机时间。要达到此目标，必须致力于消除产生故障的根源，而不是仅仅处理好日常表现的症状。

（3）减少废品产生。严密注视产生废品的各种现象（比如设备、工作人员、物料和操作方法等），找出根源，然后彻底解决。此外，那些消除返工的措施也同样有利于减少废品的产生。

3. 提高劳动利用率

提高劳动利用率有两个方面，一是提高直接劳动利用率，二是提高间接劳动利用率。

提高直接劳动利用率的关键在于一人负责多台机器，这就要求对操作工进行培训，培训的目的是使生产线上的操作工可以适应生产线上的任何工种。培训赋予了工人极大的灵活性，便于协调处理生产过程中的异常问题。实现一人多机的前提是建立工作标准化制度。工作标准化是通过对大量工作方法和动作进行研究，决定最有效和可重复的方法。工作时员工必须严格地按照标准化进行，其意义不仅在于直接劳动的利用率的提高，而且也提高了产品的质量，因为出错保护和防止废品产生等一系列技术措施的采用，确保了每一项操作只能按照唯一正确的方法进行。

在生产设备上安装自动检测的装置同样可以提高直接劳动利用率。生产过程自始至终处在自动检测装置严密监视下，一旦检测到生产过程中有任何异常情况发生，便发出警报或自动停机。这些自动检测的装置一定程度上取代了质量检测工人的活动，排除了产生质量问题的原因，返工现象也大大减少，劳动利用率自然提高。

间接劳动利用率随生产流程的改进和库存、检验、返工等现象的消除而提高，那些有利于提高直接劳动利用率的措施同样也能提高间接劳动率。库存、检验、返工等环节所消耗的人力和物力并不能增加产品的价值，因而这些劳动通常被认为是间接劳动，若消除了产品价值链中不能增值的间接活动，那么由这些间接活动引发的间接成本便会显著降低，劳动利用率也相应得以提高。

总而言之，精益生产是一个永无止境的精益求精的过程，它致力于改进生产流程和流程中的每一道工序，尽最大可能消除价值链中一切不能增加价值的活动，提高劳动利用率，消灭浪费，按照顾客订单生产的同时也最大限度的降低库存。精益是一种全新的企业文化，而不是最新的管理时尚。由传统企业向精益企业的转变不能一蹴而就，需要付出一定的代价，并且有时候还可能出现意想不到的问题，让那些热衷于传统生产方式而对精益生产持怀疑态度的人，能举出这样或那样的理由来反驳。但是，那些坚定不移地走精益之路的企业，大多数在 6 个月内，有的甚至还不到 3 个月，就可以收回全部改造成本，并且享受精益生产带来的好处。

9.9 现场的 5S 管理

9.9.1 5S 的起源

1. 5S 的沿革

5S 起源于日本，是指在生产现场中对人员、机器、材料、方法等生产要素进行有效的管理，这是日本企业独特的一种管理办法。

1955 年，日本的 5S 的宣传口号为“安全始于整理，终于整理整顿”。当时只推行了前两个 S，其目的仅为了确保作业空间和安全。后因生产和品质控制的需要而又逐步提出了 3S，也就是清扫、清洁、修养，从而使应用空间及适用范围进一步拓展。到了 1986 年，日本的 5S 的著作逐渐问世，从而对整个现场管理模式起到了冲击的作用，并由此掀起了 5S 的热潮。

2. 5S 的发展

日本式企业将 5S 运动作为管理工作的基础，第二次世界大战后，产品品质得以迅速地提升，奠定了经济大国的地位。在丰田公司的倡导推行下，5S 对于塑造企业的形象、降低成本、准时交货、安全生产、高度的标准化、创造令人心旷神怡的工作场所、现场改善等方面发挥了巨大作用，逐渐被各国的管理界所认识。随着世界经济的发展，5S 已经成为工厂管理的一股新潮流。

根据企业进一步发展的需要，有的企业在原来 5S 的基础上又增加了安全（Safety），形成了“6S”；有的企业再增加了节约（Save），形成了“7S”；也有的企业加上习惯化（Shiukanka）、服务（Service）及坚持（Shikoku），形成了“10S”，有的企业甚至推行“12S”，但是万变不离其宗，都是从“5S”里衍生出来的。例如在整理中要求清除无用的东西或物品，这在某些意义上来说，就能涉及节约和安全，具体一点，例如横在安全通道中无用的垃圾，这就是安全应该关注的内容。

3. 推行 5S 的作用

（1）改善工作环境，改善人的素质，提高企业形象；
（2）提高生产效率；
（3）提高库存周转率；
（4）减少故障，保障品质；
（5）加强安全，减少安全隐患；
（6）养成节约的习惯，降低生产成本；
（7）缩短作业周期，保证交期；
（8）改善服务；
（9）改善企业精神面貌，形成良好的企业文化。

9.9.2　5S 现场管理法的内容

5S 起源于日本，通过规范现场、现物，营造一目了然的工作环境，培养员工良好的工作习惯，是日式企业一种独特的管理方法，其最终目的是提升人的素质。

（1）革除马虎之心，养成凡事认真的习惯（认认真真地对待工作中的每一件“小事”）；
（2）遵守规定的习惯；
（3）自觉维护工作环境整洁明了的良好习惯；
（4）文明礼貌的习惯。

1. 整理

将工作场所任何东西区分为有必要的与不必要的：把必要的东西与不必要的东西明确地、严格地区分开来；不必要的东西要尽快处理掉。

整理的目的如下。

（1）腾出空间，空间活用；
（2）防止误用、误送；
（3）塑造清爽的工作场所；

生产过程中经常有一些残余物料、待修品、待返品、报废品，包括一些已无法使用的工夹具、量具、机器设备等滞留在现场，既占据了空间又阻碍生产，如果不及时清除，会使现场变得凌乱。生产现场摆放不要的物品是一种浪费。

（1）即使宽敞的工作场所，也将愈变窄小。
（2）棚架、橱柜等被杂物占据而减少使用价值。
（3）增加了寻找工具、零件等物品的困难，浪费时间。
（4）物品杂乱无章的摆放，增加盘点的困难，成本核算失准。

注意：要有决心，不必要的物品应断然地加以处置。

实施要领如下。

（1）自己的工作场所（范围）全面检查，包括看得到和看不到的；

（2）制定“要”和“不要”的判别基准；

（3）将不要的物品清除出工作场所；

（4）对需要的物品调查使用频度，决定日常用量及放置位置；

（5）制定废弃物处理方法；

（6）每天自我检查。

常用的方法如下。

（1）使用频率法；

（2）价值分析法；

（3）定点拍照法；

（4）红牌作战法；

（5）看板管理法等。

2. 整顿

对整理之后留在现场的必要的物品分门别类放置，排列整齐。明确数量，并进行有效的标识。

整顿的目的如下。

（1）工作场所一目了然；

（2）整整齐齐的工作环境；

（3）消除找寻物品的时间；

（4）消除过多的积压物品。

注意：这是提高效率的基础。

实施要领如下。

（1）前一步骤整理的工作要落实；

（2）流程布置，确定放置场所；

（3）规定放置方法、明确数量；

（4）划线定位；

（5）场所、物品标识。

整顿的“三要素”：场所、方法、标识。

放置场所：物品的放置场所原则上要100%设定，物品的保管要定点、定容、定量，生产线附近只能放真正需要的物品。

放置方法：易取；不超出所规定的范围；在放置方法上多下工夫。

标识方法如下。

（1）放置场所和物品原则上要一对一表示；

（2）现物的表示和放置场所的表示；

（3）某些表示方法全公司要统一；

（4）在表示方法上多下工夫。

整顿的“三定”原则：定点、定容、定量。

（1）定点：放在哪里合适（具备必要的存放条件，方便取用、还原放置的一个或若干个固定的区域）；

（2）定容：用什么容器、颜色（可以是不同意义上的容器、器皿类的物件，如筐、桶、箱篓等，也可以是车、特殊存放平台甚至是一个固定的存储空间等均可当作容器看待）；

（3）定量：规定合适的数量（对存储的物件在量上规定上下限，或直接定量，方便将其推广为容器类的看板使用，一举两得）。

常用方法为：①引线法；②形迹法；③标识法；④固定容器法；⑤红牌作战法；⑥定置管理法；⑦颜色管理法；⑧看板管理法。

3. 清洁

将工作场所清扫干净，保持工作场所干净、亮丽的环境。

清洁的目的：消除脏污，保持职场内干干净净、明明亮亮；稳定品质；减少工业伤害。

注意：责任化、制度化。

实施要领如下。

（1）建立清扫责任区（室内、外）；

（2）执行例行扫除，清理脏污；

（3）调查污染源，予以杜绝或隔离；

（4）建立清扫基准，作为规范。

4. 规范

将上面的 3S 实施的做法制度化、规范化，并贯彻执行及维持结果。目的是维持上面 3S 的成果。

注意：制度化，定期检查。

实施要领如下。

（1）落实前面 3S 工作；

（2）制定考评方法；

（3）制定奖惩制度，加强执行；

（4）高阶主管经常带头巡查，以表重视。

5. 素养

通过晨会等手段，提高全员文明礼貌水准。培养每位成员养成良好的习惯，并遵守规则做事。开展 5S 容易，但长时间的维持必须靠素养的提升。

目的是培养具有好习惯、遵守规则的员工；提高员工文明礼貌水准；营造团体精神。

注意：长期坚持，才能养成良好的习惯。

实施要领如下。

（1）制定服装、仪容、识别证标准；

（2）制定共同遵守的有关规则、规定；

（3）制定礼仪守则；

（4）教育训练；

（5）推动各种精神提升活动（晨会、礼貌运动等）。

9.9.3 现场管理法的推行步骤

掌握了 5S 现场管理法的基础知识，尚不具备推行 5S 活动的能力。因推行步骤、方法不当导致事倍功半，甚至中途夭折的事例并不鲜见。因此，掌握正确的步骤、方法是非常重要的。

1. 步骤

（1）成立推行组织；
（2）拟定推行方针及目标；
（3）拟定工作计划及实施方法 ；
（4）教育；
（5）活动前的宣传造势；
（6）实施；
（7）活动评比办法确定；
（8）查核；
（9）评比及奖惩；
（10）检讨与修正；
（11）纳入定期管理活动中。

2. 实施要领

整理：需不需要、一留一清。
整顿：巧妙布局、取用快捷。
清扫：美化环境、拿来即用。
清洁：形成制度、贯彻到底。
修养：遵守制度、养成习惯。

9.10 价值工程

价值工程法（Value Engineering，VE）又称为价值分析（Value Analysis，VA），是一门新兴的管理技术，是降低成本提高经济效益的有效方法。

9.10.1 价值工程法简介

价值工程法于 20 世纪 40 年代起源于美国，麦尔斯（L. D. Miles）是价值工程的创始人。1961 年美国价值工程协会成立时，他当选为该协会第一任会长。在二战之后，由于原材料供应短缺，采购工作常常碰到难题。经过实际工作中孜孜不倦地探索，麦尔斯发现有一些相对不太短缺的材料可以很好地替代短缺材料的功能。后来，麦尔斯逐渐总结出一套解决采购问题的行之有效的方法，并且把这种方法的思想及应用推广到其他领域，例如，将技术与经济价值结合起来研究生产和管理的其他问题，这就是早期的价值工程。1955 年这一方法传入日本后与全面质量管理相结合，得到进一步发扬光大，成为一套更加成熟的价值分析方法。麦尔斯发表的专著《价值分析的方法》使价值工程很快在世界范围内产生巨大影响。

所谓价值工程，指的都是通过集体智慧和有组织的活动对产品或服务进行功能分析，使目标以最低的总成本（寿命周期成本），可靠地实现产品或服务的必要功能，从而提高产品或服务的价值。价值工程的主要思想是通过对选定研究对象的功能及费用分析，提高对象的价值。这里的价值，指的是反映费用支出与获得之间的比例，用数学比例式表达如下：

价值=功能/成本

9.10.2　提高价值的基本途径

提高价值的基本途径有以下 5 种。

（1）提高功能，降低成本，大幅度提高价值；

（2）功能不变，降低成本，提高价值；

（3）功能有所提高，成本不变，提高价值；

（4）功能略有下降，成本大幅度降低，提高价值；

（5）适当提高成本，大幅度提高功能，从而提高价值。

9.10.3　开展价值工作的原则

麦尔斯在长期实践过程中，总结了一套开展价值工作的原则，用于指导价值工程活动的各步骤的工作。

（1）分析问题要避免一般化、概念化，要作具体分析。

（2）收集一切可用的成本资料。

（3）使用最好、最可靠的情报。

（4）打破现有框框，进行创新和提高。

（5）发挥真正的独创性。

（6）找出障碍，克服障碍。

（7）充分利用有关专家，扩大专业知识面。

（8）对于重要的公差，要换算成加工费用来认真考虑。

（9）尽量采用专业化工厂的现成产品。

（10）利用和购买专业化工厂的生产技术。

（11）采用专门生产工艺。

（12）尽量采用标准。

（13）以“我是否这样花自己的钱”作为判断标准。

这 13 条原则中，第（1）条至第（5）条是属于思想方法和精神状态的要求，提出要实事求是，要有创新精神；第（6）条至第（12）条是组织方法和技术方法的要求，提出要重专家、重专业化、重标准化；第（13）条则提出了价值分析的判断标准。

9.10.4　如何进行价值分析

进行一项价值分析，首先需要选定价值工程的对象。一般说来，价值工程的对象是要考虑社会生产经营的需要以及对象价值本身有被提高的潜力。例如，选择占成本比例大的原材料部分如果能够通过价值分析降低费用提高价值，那么这次价值分析对降低产品总成本的影响也会很大。当面临一个紧迫的境地，例如生产经营中的产品功能、原材料成本都需要改进时，研究者一般采取经验分析法、ABC 分析法以及百分比分析法。选定分析对象后，需要收集对象的相关情报，包括用户需求、销售市场、科技技术进步状况、经济分析以及本企业的实际能力等。价值分析中能够确定的方案的多少以及实施成果的大小与情报的准确程度、及时程度、全面程度紧密相关。有了较为全面的情报之后，就可以进入价值工程的核心阶段——功能分析。在这一阶段要进行功能的定义、分类、整理、评价等步骤。经过分析和评价，分析人员可以提出多种方案，从中筛选出最优方案加以实施。在决定实施方案后，应该制定具体的实施计划、提出工作的内容、进度、质量、标准、责任等方面的内容，确保方案的实施质量。为了掌握价值工程实施的成果，还要组织成果评价。成果的鉴定一般以实施的经济效益、社会效益为主。作为一项技术经济的分析方法，价值工程做到了将技术与经济的紧密结合，此外，价值工程的独到之处还在于它注重与提高产品的价值、注重研制阶段开展工作，并且将功能分析作为自己独特的分析方法。

9.10.5 价值工程的实施程序

价值工程已发展成为一项比较完善的管理技术，在实践中已形成了一套科学的实施程序。这套实施程序实际上是发现矛盾、分析矛盾和解决矛盾的过程，通常是围绕以下 7 个合乎逻辑程序的问题展开的。

（1）这是什么？

（2）这是干什么用的？

（3）它的成本多少？

（4）它的价值多少？

（5）有其他方法能实现这个功能吗？

（6）新的方案成本多少？功能如何？

（7）新的方案能满足要求吗？

顺序回答和解决这 7 个问题的过程，就是价值工程的工作程序和步骤。即：选定对象，收集情报资料，进行功能分析，提出改进方案，分析和评价方案，实施方案，评价活动成果。

9.10.6 价值工程的应用领域

价值工程虽然起源于材料和代用品的研究，但这一原理很快就扩散到各个领域，有广泛的应用范围，大体可应用在两大方面。

（1）在工程建设和生产发展方面。大的可应用到对一项工程建设，或者一项成套技术项目的分析，小的可以应用于企业生产的每一件产品、每一部件或每一台设备，在原材料采购方面也可应用此法进行分析，具体做法有：工程价值分析、产品价值分析、技术价值分析、设备价值分析、原材料价值分析、工艺价值分析、零件价值分析和工序价值分析等。

（2）在组织经营管理方面。价值工程不仅是一种提高工程和产品价值政技术方法，而且是一项指导决策，有效管理的科学方法，体现了现代经营的思想。在工程施工和产品生产中的经营管理也可采用这种科学思想和科学技术。例如：对经营品种价值分析、施工方案的价值分析、质量价值分析、产品价值分析、管理方法价值分析、作业组织价值分析等。

在实践过程中，当将价值工程的概念应用于人力资源的领域时，人自然而然地成为价值研究的对象。可以将人的功能加以分析，然后与具体工作岗位的要求相对应，应用价值系数评价来确定人员价值和群体价值，然后确定实施方案或者对实际方案进行改进，从而达到提高组织人员绩效的目的。

习题 9

1．简述 PPAP 流程和内容。

2．试以液压系统为例，采用事件树和事故树方法分析系统漏油（故障）的发生过程、发生概率和结构重要度。要求该系统应包括：至少一个动力元件；至少一个执行元件；至少一个压力控制元件；至少一个方向控制元件；可以假设基本事件的概率。

3．什么是6σ管理？6σ管理的关键是什么？6σ管理流程是什么？

4．5S 管理的内容和意义是什么？实施方法和步骤是什么？

5．结合课程设计或实验，设计一个三因素三水平（位级）的正交试验，并采用方差分析方法对各因素显著性影响进行分析。

6．简述价值工程实施方法和步骤。

附　　录

附录 1　标准正态分布表

$$\phi(x)=\int_{-\infty}^{x}\frac{1}{\sqrt{2\pi}}e^{-\frac{t^2}{2}\mathrm{d}t=p(X\leqslant x)}$$

x	0.00	0.01	0.02	0.03	0.04	0.05	0.06	0.07	0.08	0.09
0.0	0.500 0	0.504 0	0.508 0	0.512 0	0.516 0	0.519 9	0.523 9	0.527 9	0.531 9	0.535 9
0.1	0.539 8	0.543 8	0.547 8	0.551 7	0.555 7	0.559 6	0.563 6	0.567 5	0.571 4	0.575 3
0.2	0.579 3	0.583 2	0.587 1	0.591 0	0.594 8	0.598 7	0.602 6	0.606 4	0.610 3	0.614 1
0.3	0.617 9	0.621 7	0.625 5	0.629 3	0.633 1	0.636 8	0.640 4	0.644 3	0.648 0	0.651 7
0.4	0.655 4	0.659 1	0.662 8	0.666 4	0.670 0	0.673 6	0.677 2	0.680 8	0.684 4	0.687 9
0.5	0.691 5	0.695 0	0.698 5	0.701 9	0.705 4	0.708 8	0.712 3	0.715 7	0.719 0	0.722 4
0.6	0.725 7	0.729 1	0.732 4	0.735 7	0.738 9	0.742 2	0.745 4	0.748 6	0.751 7	0.754 9
0.7	0.758 0	0.761 1	0.764 2	0.767 3	0.770 3	0.773 4	0.776 4	0.779 4	0.782 3	0.785 2
0.8	0.788 1	0.791 0	0.793 9	0.796 7	0.799 5	0.802 3	0.805 1	0.807 8	0.810 6	0.813 3
0.9	0.815 9	0.818 6	0.821 2	0.823 8	0.826 4	0.828 9	0.835 5	0.834 0	0.836 5	0.838 9
1.0	0.841 3	0.843 8	0.846 1	0.848 5	0.850 8	0.853 1	0.855 4	0.857 7	0.859 9	0.862 1
1.1	0.864 3	0.866 5	0.868 6	0.870 8	0.872 9	0.874 9	0.877 0	0.879 0	0.881 0	0.883 0
1.2	0.884 9	0.886 9	0.888 8	0.890 7	0.892 5	0.894 4	0.896 2	0.898 0	0.899 7	0.901 5
1.3	0.903 2	0.904 9	0.906 6	0.908 2	0.909 9	0.911 5	0.913 1	0.914 7	0.916 2	0.917 7
1.4	0.919 2	0.920 7	0.922 2	0.923 6	0.925 1	0.926 5	0.927 9	0.929 2	0.930 6	0.931 9
1.5	0.933 2	0.934 5	0.935 7	0.937 0	0.938 2	0.939 4	0.940 6	0.941 8	0.943 0	0.944 1
1.6	0.945 2	0.946 3	0.947 4	0.948 4	0.949 5	0.950 5	0.951 5	0.952 5	0.953 5	0.953 5
1.7	0.955 4	0.956 4	0.957 3	0.958 2	0.959 1	0.959 9	0.960 8	0.961 6	0.962 5	0.963 3
1.8	0.964 1	0.964 8	0.965 6	0.966 4	0.967 2	0.967 8	0.968 6	0.969 3	0.970 0	0.970 6
1.9	0.971 3	0.971 9	0.972 6	0.973 2	0.973 8	0.974 4	0.975 0	0.975 6	0.976 2	0.976 7
2.0	0.977 2	0.977 8	0.978 3	0.978 8	0.979 3	0.979 8	0.980 3	0.980 8	0.981 2	0.981 7
2.1	0.982 1	0.982 6	0.983 0	0.983 4	0.983 8	0.984 2	0.984 6	0.985 0	0.985 4	0.985 7
2.2	0.986 1	0.986 4	0.986 8	0.987 1	0.987 4	0.987 8	0.988 1	0.988 4	0.988 7	0.989 0
2.3	0.989 3	0.989 6	0.989 8	0.990 1	0.990 4	0.990 6	0.990 9	0.991 1	0.991 3	0.991 6
2.4	0.991 8	0.992 0	0.992 2	0.992 5	0.992 7	0.992 9	0.993 1	0.993 2	0.993 4	0.993 6
2.5	0.993 8	0.994 0	0.994 1	0.994 3	0.994 5	0.994 6	0.994 8	0.994 9	0.995 1	0.995 2
2.6	0.995 3	0.995 5	0.995 6	0.995 7	0.995 9	0.996 0	0.996 1	0.996 2	0.996 3	0.996 4
2.7	0.996 5	0.996 6	0.996 7	0.996 8	0.996 9	0.997 0	0.997 1	0.997 2	0.997 3	0.997 4
2.8	0.997 4	0.997 5	0.997 6	0.997 7	0.997 7	0.997 8	0.997 9	0.997 9	0.998 0	0.998 1
2.9	0.998 1	0.998 2	0.998 2	0.998 3	0.998 4	0.998 4	0.998 5	0.998 5	0.998 6	0.998 6
x	0.0	0.1	0.2	0.3	0.4	0.5	0.6	0.7	0.8	0.9
3	0.998 7	0.999 0	0.999 3	0.999 5	0.999 7	0.999 8	0.999 8	0.999 9	0.999 9	1.000 0

附录2 常用正交表

1．$L_4(2^3)$

	1	2	3
1	1	1	1
2	1	2	2
3	2	1	2
4	2	2	1

2．$L_8(2^7)$

	1	2	3	4	5	6	7
1	1	1	1	1	1	1	1
2	1	1	1	2	2	2	2
3	1	2	2	1	1	2	2
4	1	2	2	2	2	1	1
5	2	1	2	1	2	1	2
6	2	1	2	2	1	2	1
7	2	2	1	1	2	2	1
8	2	2	1	2	1	1	2

3．$L_{12}(2^{11})$

	1	2	3	4	5	6	7	8	9	10	11
1	1	1	1	1	1	1	1	1	1	1	1
2	1	1	1	1	1	2	2	2	2	2	2
3	1	1	2	2	2	1	1	1	2	2	2
4	1	2	1	2	2	1	2	2	1	1	2
5	1	2	2	1	2	2	1	2	1	2	1
6	1	2	2	2	1	2	2	1	2	1	1
7	2	1	2	2	1	1	2	2	1	2	1
8	2	1	2	1	2	2	2	1	1	1	2
9	2	1	1	2	2	2	1	2	2	1	1
10	2	2	2	1	1	1	1	2	2	1	2
11	2	2	1	2	1	2	1	1	1	2	2
12	2	2	1	1	2	1	2	1	2	2	1

4．$L_9(3^4)$

	1	2	3	4
1	1	1	1	1
2	1	2	2	2
3	1	3	3	3
4	2	1	2	3
5	2	2	3	1
6	2	3	1	2
7	3	1	3	2
8	3	2	1	3
9	3	3	2	1

5. $L_{16}(4^5)$

	1	2	3	4	5
1	1	1	1	1	1
2	1	2	2	2	2
3	1	3	3	3	3
4	1	4	4	4	4
5	2	1	2	3	4
6	2	2	1	4	3
7	2	3	4	1	2
8	2	4	3	2	1
9	3	1	3	4	2
10	3	2	4	3	1
11	3	3	1	2	4
12	3	4	2	1	3
13	4	1	4	2	3
14	4	2	3	1	4
15	4	3	2	4	1
16	4	4	1	3	2

6. $L_{25}(5^6)$

	1	2	3	4	5	6
1	1	1	1	1	1	1
2	1	2	2	2	2	2
3	1	3	3	3	3	3
4	1	4	4	4	4	4
5	1	5	5	5	5	5
6	2	1	2	3	4	5
7	2	2	3	4	5	1
8	2	3	4	5	1	2
9	2	4	5	1	2	3
10	2	5	1	2	3	4
11	3	1	3	5	2	4
12	3	2	4	1	3	5
13	3	3	5	2	4	1
14	3	4	1	3	5	2
15	3	5	2	4	1	3
16	4	1	4	2	5	3
17	4	2	5	3	1	4
18	4	3	1	4	2	5
19	4	4	2	5	3	1
20	4	5	3	1	4	2
21	5	1	5	4	3	2
22	5	2	1	5	4	3
23	5	3	2	1	5	4
24	5	4	3	2	1	5
25	5	5	4	3	2	1

7. $L_8(4^1\times2^4)$

	1	2	3	4	5
1	1	1	1	1	1
2	1	2	2	2	2
3	2	1	1	2	2
4	2	2	2	1	1
5	3	1	2	1	2
6	3	2	1	2	1
7	4	1	2	2	1
8	4	2	1	1	2

8. $L_{12}(3^1\times2^4)$

	1	2	3	4	5
1	1	1	1	1	1
2	1	1	1	2	2
3	1	2	2	1	2
4	1	2	2	2	1
5	2	1	2	1	1
6	2	1	2	2	2
7	2	2	1	2	2
8	2	2	1	2	2
9	3	1	2	1	2
10	3	1	1	2	1
11	3	2	1	1	2
12	3	2	2	2	1

9. $L_{16}(4^4\times2^3)$

	1	2	3	4	5	6	7
1	1	1	1	1	1	1	1
2	1	2	2	2	1	2	2
3	1	3	3	3	2	1	2
4	1	4	4	4	2	2	1
5	2	1	2	3	2	2	1
6	2	2	1	4	2	1	2
7	2	3	4	1	1	2	2
8	2	4	3	2	1	1	1
9	3	1	3	4	1	2	2
10	3	2	4	3	1	1	1
11	3	3	1	2	2	2	1
12	3	4	2	1	2	1	2
13	4	1	4	2	2	1	2
14	4	2	3	1	2	2	1
15	4	3	2	4	1	1	1
16	4	4	1	3	1	2	2

参 考 文 献

[1] 潘渔州，等. 现代企业质量管理[M]. 北京：经济管理出版社，1997.

[2] 张根保，等. 现代质量工程[M]. 北京：机械工业出版社，2007.

[3] 郑跃文，等. 质量管理理论与实务[M]. 北京：经济管理出版社，1997.

[4] 刘广第，等. 质量管理学[M]. 北京：清华大学出版社，2002.

[5] 陈宝江，等. 质量管理体系审核员培训教程[M]. 北京：机械工业出版社，2003.

[6] 陈宝江，等. GB/T19000 族标准剖析及应用指南[M]. 北京：中国标准出版社，2001.

[7] 陈宝江，等. 质量、环境、职业健康与安全一体化体系设计和实施培训教程[M]. 北京：中国标准出版社，2003.

[8] 陈宝江，等. OHSMS 认证与安全评价[M]. 北京：中国标准出版社，2004.

[9] 王恩亮，等. 工业工程手册[M]. 北京：机械工业出版社，2006.

[10] 国家技术监督局. 质量管理体系标准[M]. 北京：中国标准出版社，2004.

[11] 张宗浩. 质量设计和控制基本原理. 北京：中国航空工业质量管理协会，1991.

[12] 邵家俊. 质量工程与健壮设计简介. 北京：国防科工委质量与可靠性研究中心，1991.

[13] 郑州航空学院质量控制与运筹研究室. 先进质量系统. 北京：中国航空工业质量管理协会，1992.

[14] 中国汽车技术研究中心. QS-9000 质量体系质量工程技术手册，1997.